普通高等院校经管系列
『十四五』规划教材·数字化财税应用系列

CHENGBEN YU GUANLI KUAIJI

宋粉鲜 主编

卫源 石鑫 副主编

成本与管理会计

立信会计出版社
LIXIN ACCOUNTING PUBLISHING HOUSE

图书在版编目(CIP)数据

成本与管理会计 / 宋粉鲜主编. —上海：立信会计出版社，2022.1(2024.1重印)

ISBN 978-7-5429-7008-4

Ⅰ. ①成… Ⅱ. ①宋… Ⅲ. ①成本会计—教材②管理会计—教材 Ⅳ. ①F234

中国版本图书馆 CIP 数据核字(2022)第 114868 号

策划编辑　张巧玲
责任编辑　张巧玲
助理编辑　窦乔伊

成本与管理会计
CHENGBEN YU GUANLI KUAIJI

出版发行	立信会计出版社		
地　　址	上海市中山西路 2230 号	邮政编码	200235
电　　话	(021)64411389	传　　真	(021)64411325
网　　址	www.lixinaph.com	电子邮箱	lixinaph2019@126.com
网上书店	http://lixin.jd.com		http://lxkjcbs.tmall.com
经　　销	各地新华书店		

印　　刷	常熟市人民印刷有限公司	
开　　本	787 毫米×1092 毫米	1/16
印　　张	24.25	
字　　数	530 千字	
版　　次	2022 年 1 月第 1 版	
印　　次	2024 年 1 月第 2 次	
书　　号	ISBN 978-7-5429-7008-4/F	
定　　价	58.00 元	

如有印订差错,请与本社联系调换

前　　言

本着与时俱进的原则,基于管理会计的理论发展和实践总结,在价值创造的目标导向下,本教材梳理和架构成本与管理会计的理论体系,打破传统管理会计教材套路,在保留精髓的基础上,吸收中外管理会计理论和实践发展的新内容,以管理会计是企业资源配置与利用的价格信号机制为基点,围绕管理会计的内在逻辑,将理论分析与实务案例相结合,系统介绍现代企业成本与管理会计的知识。

秉承管理会计为价值创造服务的理念,本教材以财政部颁发的《管理会计指引》为指导,设计了成本分析与控制、财务决策、全面预算管理三大主题,每个主题之间既相互独立又相互联系,且共同服务于企业价值创造的过程。其中,成本分析与控制主题包括成本核算原理、产品成本计算的流程及基本方法、变动成本法、本量利分析等;财务决策主题包括掌握财务分析的核心方法,为财务长短期决策提供支持;全面预算管理主题包括全面预算管理流程、预算目标分解、预算编制的流程及工具和方法、标准成本系统、预算控制与考评等。

本教材有以下四个特点:

(1) 总结提炼了成本分析与控制、财务决策、全面预算管理三项管理会计要素的内容。这三项要素构成了基础管理会计应用的有机体系,读者可以在分析这些管理会计应用环境的基础上,全面开展管理会计活动并提供有用信息,支持企业决策,推动企业实现战略规划。

(2) 颠覆了管理会计的传统章节,并依据管理会计实践业务流程对其进行了内容重构,最终形成成本分析与控制、财务决策、全面预算管理三大主题。在重构内容体系过程中,依据行业需要,以相关管理会计指引为内容纲领,形成以过程管理为重、以价值创造为终的内容体系,对传统管理会计教材边界进行了大胆扩展。

(3) 不仅系统地阐述了传统管理会计的内容,而且介绍了管理会计的新领域。编写过程中力图将理论与实践相结合、继承和发展相统一,博采中外各家所长。

(4) 力求由浅入深,每个知识点都用大量的案例予以解释说明,并以实际业务为依托,将理论与实践相结合、知识与能力相结合、实践与实务相结合,培养读者的自学能力和解决问题能力;知识内容重点突出应用型人才培养的特色。

本教材可作为会计学、财务管理及审计学等专业本科生和工商管理硕士(MBA)的教材,也可作为管理会计理论研究者、企业管理者以及从事企业实务的会计师的参考书。

本教材由宋粉鲜任主编,负责整体结构设计,由卫源、石鑫任副主编。具体分工为:卫源编写第一、第二、第三、第四、第五章,石鑫编写第六、第七、第八章,宋粉鲜编写第九、第十、第十一章。

本教材在编写过程中得到了各位编写人员所在院校的大力支持以及相关企业的热情协助,在此一并表示感谢。

教材中如有疏漏之处,恳请广大读者和同行不吝斧正。

宋粉鲜

2021 年 12 月

目　　录

第一章

管理会计概述、报告和职业道德

教学目标

本章各节内容共同构成管理会计的基本理论框架,对理解和学习管理会计有着重要的意义。通过本章教学,将使学生从总体上对管理会计有一个基本的理论认识,明确管理会计的定义,了解管理会计的产生和发展,管理会计假设、职能和内容,认识管理会计与财务会计的联系与区别,并掌握管理会计报告知识体系以及管理会计师职业道德。

第一节 管理会计概述

一、 管理会计的定义

管理会计是会计的重要分支,主要服务于单位(包括企业和行政事业单位)内部管理需要,是通过利用相关信息,有机融合财务与业务活动,在单位规划、决策、控制和评价等方面发挥重要作用的管理活动。管理会计的目标是通过运用管理会计工具方法,参与单位规划、决策、控制、评价活动并为之提供有用信息,推动单位实现战略规划。

美国会计学会(American Accounting Association,AAA)下属的管理会计委员会于1958年对管理会计做出如下定义:"管理会计是指在处理企业历史和未来的经济资料时,运用适当的技巧和概念来协助经营管理人员拟订能达到合理经营目的的计划,并做出能达到上述目的的明智的决策。"在这一定义中,重点突出了管理会计计划与决策的核心内容,从微观角度来解释管理会计。

1988年,国际会计师联合会(International Federation of Accountants,IFAC)所属的财务和管理会计委员会将管理会计定义为:"在一个组织中,管理当局用于计划、评价和控制的(财务和经营)信息的确认、计量、收集分析、编报、解释和传输的过程,以确保其资源的合理使用并履行相应的经营责任。"这一定义使管理会计更能适应目前正在逐渐形成和发展的宏观管理会计和国际管理会计的需要。

我国学者结合中国的情况,对管理会计的定义也提出了许多不同观点,较有代表性的是:"管理会计是通过一系列专门方法,利用财务会计及其他有关资料进行整理、计算、对比和分析,使企业各级管理人员据此对日常发生的一切经济活动进行预测、规划与控制,并帮助企业管理层做出各种专门决策的信息处理系统。"

二、 管理会计的产生与发展

在近代社会中,当公司的生产经营制度取代家庭生产经营制度,并且占据统治地位以后,企业的经济管理工作便进入了一个新的时代。在此阶段,会计在企业中的管理功能越来越突出,尤其是进入 20 世纪,人们已经认识到会计是企业经济管理工作中的一个重要组成部分。会计的管理功能最初都集中体现在成本管理方面。19 世纪下半叶,特别是在最后 20 年,工业化大生产格局已经处于形成阶段,在此期间,公司中的业主、经营主持者和管理人员都逐渐认识到产品固定成本增加对公司盈利的影响在日益扩大,并且这已成为一个必须研究和必须处理好的重要问题。因此,从 19 世纪到 20 世纪,人们已在逐步集中精力研究和解决这一方面的问题。20 世纪初期,随着工业化大生产基本格局的形成,大多数公司的组织规模一直处在不断扩大之中,规模大的公司,特别是在工业中那些具有不同垄断组织特征的大公司,已经开始在经济发达的国家中处于支配的地位。在工业公司中重型机器设备在资产中所占的比重越来越大,产品的制造程序亦日趋复杂,于是人们又开始研究、解决产品成本形成过程中的间接费用的分配问题。同时,经济竞争日益增大和一系列成本问题的集中,促使人们从总的方面考虑对产品制造成本的全方位控制问题。这时,不仅会计师对于成本控制的必要性与紧迫性有了明确的认识,而且有些工程师甚至在对一些与工程技术相关联的成本问题认识方面,比会计师有更深刻的体会。

会计学科产生之后,管理会计得到了迅速的发展。管理会计的发展历程大致可以分以下几个阶段。

第一阶段: 20 世纪初至 20 世纪 50 年代

20 世纪初至 20 世纪 50 年代,追求效率的管理会计时代。管理会计发源于 1911 年西方管理理论中古典派的代表人物泰罗发表的著名的《科学管理原理》。随着泰罗科学管理理论在实践中被广泛应用,标准成本、预算控制和差异分析等这些与泰罗的科学管理直接相关联的技术方法开始被引入管理会计。同时,学术界也开始涉及管理会计有关问题的研究。

第二阶段: 20 世纪 50 年代至 20 世纪 80 年代

20 世纪 50 年代至 80 年代,追求效益的管理会计时代。从 20 世纪 50 年代开始,西方国家进入了战后期,这时西方国家经济发展出现了许多新的特点。现代管理科学的形成和发展对管理会计的发展在理论上起着奠基和指导的作用,并在方法上赋予其现代化的管理方法和技术,使其焕然一新。20 世纪 50 年代,为了行之有效地实行内部控制,美国各企业建立了专门行使控制职能的总会计师制。20 世纪 60 年代,随着电子计算机以及信息科学的发展,业绩会计和决策会计产生,这使管理会计的理论方法体系得到进一步确定。20 世纪 70 年代末,美国学术界对管理会计理论体系的研究达到了高峰,以成本(管理)会计命名的专著和教科书就有百种之多,可谓"群芳竞香,百花争艳"。在这一时期,管理会计追求的是效益。它强调的是先把事情做正确,然后再把事情做好。至此,管理会计形成了以决策与计划会计和执行会计为主体的管理会计结构体系。

第三阶段: 20 世纪 80 年代至 20 世纪 90 年代

20 世纪 80 年代至 20 世纪 90 年代,管理会计反思时代。20 世纪 80 年代,"信息经济学"和"代理理论"的引进使得管理会计又有了新的发展。但面对世界范围内新技术的蓬勃发展以及在经济领域中的广泛应用,管理会计又显得过时落伍。管理会计的理论与实践脱节等类似的呼声很高。在西方管理会计的发展过程中,管理会计的研究存在两大流派:一是传统学派,二是创新学派。传统学派主张从早期的标准成本、预算控制以及差异分析的立场出发,以成本为中心,重视经验的积累,在总结经验的基础上加以发展,就如何提高企业经营管理水平和提高经济效益提出新课题。创新学派主张尽可能采用如数学和行为科学等相关学科的理论与方法研究管理会计问题。他们强调全面创新,偏好数学模型,依靠计算机技术解决预测、分析和决策所面临的复杂问题。20 世纪 70 年代至 20 世纪 80 年代初期,传统学派指责创新学派理论脱离实践,模型复杂远离现实世界。创新学派指责传统学派视野狭隘,观念陈旧,方法落后,很难适应新经济环境的要求。管理会计理论与实践脱节是西方管理会计理论研究共同关注的问题,这场纷争促使西方管理会计研究进入了反思阶段。

第四阶段: 20 世纪 90 年代至今

20 世纪 90 年代至今,管理会计主题转变的过渡时期。进入 20 世纪 90 年代,世界经济环境的主要特征是变化。基于环境的变化,管理会计信息的搜集任务也从管理会计人员转移到信息的使用者,从而保证企业能以一种及时的方式搜集相关的信息,并且据此做出反应。管理会计已经突破了管理会计师提供信息、管理人员使用信息的旧框,它由每一个员工直接提供和使用各种信息,管理会计信息提供者和使用者的界限逐渐模糊。这一时期管理会计的主题已从单纯的价值增值逐步转向企业组织对外部环境变化的适应上来。因此,20 世纪 90 年代可以被视为管理会计主题转变的过渡时期。20 世纪 90 年代管理会计理论研究的发展趋势体现在以下三个研究领域:一是管理会计在组织变化中的地位与作用,二是管理会计与组织结构之间的共生互动性,三是管理会计在决策支持系统中的作用。

三、管理会计假设

管理会计进行规划与决策所依据的信息主要取决于财务会计,因此财务会计的一些会计假设即会计主体假设、持续经营假设、货币计量、会计期间假设等同样也适用于管理会计。但管理会计的特点主要是对内报告会计,采用的方法具有较大的灵活性,因而需要对财务会计的某些假设进行修订,并产生出适用于管理会计的基础性假设,主要有以下几点假设。

(一) 会计主体假设

会计主体假设规定了会计活动的空间范围,与财务会计的会计主体有所区别的是,管理会计的会计主体除独立的经营单位外,还包括其内部各个责任层次的责任单位。它主要根据管理当局在企业内部经营管理活动中的具体需要而定,具有多样性和灵活性的特点。

(二) 持续经营假设

持续经营假设规定了会计活动在时间上的不间断性。对管理会计而言,其所进行的规划与决策、控制与业绩评价活动主要是以财务会计提供的信息为依据,而财务会计取得的会计信息必须以企业在其生产经营期间内不间断地持续经营为前提。因此,持续经营假设也同样适用于管理会计。

(三) 灵活分期假设

会计期间假设规定了会计活动的时间范围,管理会计与财务会计的会计分期假设有所不同的是,管理会计虽然也需要确定其活动的时间范围,但根据企业内部经营管理的实际需要,在时间跨度上具有很大的弹性,可以短至一天、长至数年灵活地分期来编制内部报告。因此,管理会计的会计分期具有较大的灵活性和不确定性。

(四) 多种计量单位假设

与财务会计的货币计量假设不同,管理会计在进行规划与决策、控制与业绩评价活动时,其计量单位除货币单位外,还可以使用实物量单位、时间量单位和相对数单位等。多种计量单位的选择,即根据企业内部经营管理的不同来选择不同的计量单位,也是管理会计区别于财务会计的一个重要特点。

(五) 成本分类多样性假设

与财务会计将企业的总成本简单分为产品生产成本和期间成本不同,管理会计主要是根据企业内部经营管理的需要对成本进行分类,即"为不同的目的而采用不同的成本"。如为了进行本量利分析和实施变动成本法等,需要根据成本习性原理将企业的全部成本划分为变动成本与固定成本;为了进行决策分析,需要根据成本的相关性将成本划分为相关成本和无关成本;在实施责任会计制度时,为了对成本中心的责任成本进行有效的控制,需要根据成本的可控性,将成本分为可控成本与不可控成本;为了实施作业成本计算法,需要根据成本动因将成本划分为短期变动成本、长期变动成本和固定成本等。成本分类的多样性充分体现了管理会计的"为不同目的而采用不同成本"的特点。

(六) 货币时间价值假设

与财务会计的币值不变假设不同的是,管理会计在进行投资决策时,必须要考虑货币的时间价值。特别是在进行长期投资决策时,需要将若干年后取得的投资报酬根据货币时间价值折为现值,以便同原投资额的现值进行比较;反之,为了确定一项投资方案的未来报酬,又需要按货币时间价值计算该项投资额的终值。由此看出,管理会计进行长期投资决策分析时,时间因素非常重要,时间越长,币值变动的幅度就越大。因此,货币时间价值是保证决策质量的一个重要前提条件。

四、 管理会计的职能和内容

管理会计的职能是指管理会计实践本身客观存在的必然性所决定的固有的内在功能。管理会计是管理科学与会计科学相结合的产物,因此,管理会计的管理职能和会计职能密切相关。管理会计的职能可概括为以下四个方面。

(一) 规划职能

规划是在对企业的历史资料和企业现状进行分析以及对企业未来经济活动进行预测的

基础上,对企业未来经济活动所做出的策划。规划是在预测数据和资料的基础上进行的更高层次的分析和判断,具有筹划或策划的作用。管理会计的规划功能是通过编制各种计划和预算实现的,它要求在最终决策方案的基础上,将事先确定的有关经济目标分解落实到各有关预算中去,从而合理有效地利用单位各项资源,并为控制和责任考核创造条件。本量利分析、经营预测、全面预算等内容,都是管理会计规划职能的体现。

(二) 决策分析职能

决策分析是指管理会计根据规划的资料,制定出供企业管理当局进行决策的若干可行方案,并对这些方案的可行性、方案编制的假设条件及限制条件、方案实施的前提条件、方案实施中应注意的问题以及该方案的优点及不足之处等,进行全面的分析及说明。管理会计提供的是决策方案以及对这些方案的分析。企业管理当局根据管理会计提供的决策方案及相关的分析资料选出最合理方案。短期经营决策分析、长期投资决策分析是管理会计决策分析职能的具体体现。

(三) 控制职能

控制是判断目标是否正在完成的过程,如果不是正在完成,则应考虑如何修改目标或完成已设定的目标。控制的目的在于使实际的经济活动严格地按照目标进行,或通过调整目标使实际的经济活动与目标相协调。控制既是管理的一个重要环节,也是会计的一个重要职能。标准成本、责任会计是管理会计控制职能的体现。

(四) 考核职能

考核又称业绩考核,就是将预算或标准与实际业绩进行比较,对企业各个部门或人员的工作做出评价。考核的目的不在于奖惩,而在于激励。考核职能在管理会计职能中,是按时间序列排列的最后一个环节,鉴于此,这个职能履行的好坏,对于管理会计的其他职能能否正常发挥起着十分重要的作用。全面预算、标准成本、责任会计等内容都是管理会计考核职能的体现。

第二节　管理会计与财务会计的联系和区别

一、 管理会计与财务会计的联系

(一) 起源相同

管理会计与财务会计两者源于同一母体,都是由传统会计孕育、发展而来的,都属于现代会计,两者共同构成了现代会计系统的有机整体,相互依存、相互制约、相互补充。

(二) 目标相同

尽管管理会计与财务会计分别对企业内部与外部提供信息,但最终目标都是使企业能够获得最大利润,提高经济效益。

(三) 基本信息同源

管理会计所使用的信息尽管广泛多样,但基本信息都来源于财务会计。有的是财务会计资料的直接使用,有的则是财务会计资料的调整和延伸。

(四) 服务对象交叉

虽然管理会计与财务会计有内外之分,但服务对象并不严格、唯一,在许多情况下,管理会计的信息可以为外部利益集团所利用(如盈利预测)。财务会计信息对企业内部决策也至关重要。

二、 管理会计与财务会计的区别

(一) 会计主体不同

管理会计主要以企业、车间、班组或个人等各个责任单位为对象,并对他们的日常业绩进行控制、评价与考核。财务会计主要以整个企业为主体,以整个企业为对象,综合评价与考核企业财务状况和经营成果。

(二) 服务对象不同

管理会计侧重于为企业内部管理人员服务。管理会计向企业内部管理人员提供有关经济信息,以帮助他们正确确定经营目标,制定经营决策,编制计划预算,实施控制考核,以提高企业的管理水平和经济效益,因此,管理会计被称为"内部会计"。财务会计虽然对内、对外都能提供有关企业的最基本的财务成本信息,但其主要是侧重于为企业外部团体或个人服务,因此,财务会计被称为"外部会计"。

(三) 工作重点不同

管理会计的工作重点在于为企业内部各级管理人员提供所需的会计信息资料,它不仅反映过去,更侧重于利用历史资料预测前景、参与决策、规划未来、控制和评价企业的一切经济活动。财务会计的工作重点在于向企业外部的投资者和债权人全面、公允地报告企业的财务状况和经营成果,并根据日常的记录定期编制财务会计报告。

(四) 核算方法和程序不同

1. 核算方法不同

财务会计采用货币为统一计量单位,核算时往往只需要运用简单的算术方法,其选择的会计方法比较稳定,这是为了避免由于轻易变动会计方法而影响某些相关者的利益,或以变动会计方法为手段去谋求某些相关者的利益而侵害其他相关者的利益。各国的会计准则均规定,财务会计选用某种会计方法后,一般不得轻易变动。如确有改动的必要而变动会计方法时,一般需要在会计报表中做出说明。管理会计采用多种计量单位,核算时运用多种现代数学核算方法,大量运用运筹学和计算机等现代手段。管理会计方法灵活多样,如本量利分析、标准成本计算、预算管理、边际分析、责任会计等,对不同的问题进行分析处理。另外,即使对相同的问题,它也能根据需要和可能而采用不同的方法。它不拘泥于固有的会计程序或规范,不受月、季、年的限制,可应管理工作之需,在任何期间编制有关管理会计报表,甚至编制未来某一期间的有关报表。

2. 核算程序不同

财务会计的核算程序是固定的,凭证、账簿、报表等都有规定的格式和种类,从制作凭证到登记账簿,直至编报财务报告,都必须按规定的程序处理,不得随意变更其工作内容或颠倒工作顺序。管理会计核算的程序性较差,没有固定的程序可以遵循,可以自由选择,所用报表可自行设计,没有规定的格式和种类,有较大的回旋余地,企业可根据自己实际情况设计管理会计工作的流程。

(五) 作用时效不同

财务会计实质上属于计算"呆账"的"报账型会计"。财务会计的作用时效主要在于反映过去,记录和总结企业经营状况,对财务报表进行制作、报告和审计。管理会计实质上属于计算"活账"的"经营型会计"。"活账"是指管理会计把面向未来的作用时效摆在第一位,在财务报表的基础上进行大量的分析和比较,履行预算、决策、规划、控制和考核的职能。"经营型会计"是指管理会计在分析过去的基础上能动地利用财务会计的资料进行预测和规划未来。同时,控制现在和分析过去是为了更好地指导未来,从而横跨过去、现在、未来三个时态。

(六) 信息披露法律责任不同

管理会计提供的报告是非正式报告,不需要定期编制,只在需要时编制;一般没有统一格式,不要求绝对准确,不需要承担法律责任。财务会计提供的报告是正式报告,必须定期编制;具有固定格式,要求绝对准确,需要承担法律责任。

(七) 对会计人员素质的要求不同

管理会计的方法灵活多样,又没有固定的工作程序可以遵循,其涉及的内容多而且比较复杂,要求从事这项工作的人员必须具备较宽的知识面和果断的应变能力,同时具备较强的分析问题、解决问题的能力。财务会计工作则需要基础知识比较扎实、操作能力强、工作细致的专业人才来承担。

第三节　管理会计报告

管理会计报告是指企业运用管理会计方法,根据财务和业务的基础信息加工整理形成的,满足企业价值管理和决策支持需要的内部报告。制定企业管理会计报告的目标是为企业各层级进行规划、决策、控制和评价等管理活动提供有用信息。根据《管理会计应用指引第 801 号——企业管理会计报告》,企业各部门都应履行提供管理会计报告所需信息的责任并建立管理会计报告组织体系。管理会计报告的形式要件包括报告名称、报告期间或时间、报告对象以及报告内容等。

管理会计提供的报告包括预算、责任报告、专门分析等,其种类与具体形式不受规定限制,只要管理人员认为对决策者有帮助即可;报告的时间,可以按年度、季度、月份等定期编制,也可根据实际需要按天、小时不定期编制,企业应根据管理的需要和管理会计活动的性质设定报告期间。企业管理会计报告的对象是对管理会计信息有需求的各个层级、各个环节的管理者。

管理会计报告体系可按照多种标准进行分类,按照管理会计报告使用者所处的管理层级可划分为战略层管理会计报告、经营层管理会计报告和业务层管理会计报告。

一、战略层管理会计报告

战略层管理会计报告是为战略层开展战略规划、决策、控制和评价以及其他方面的管理活动提供相关信息的对内报告。战略管理会计报告将战略管理思想贯穿于企业的业绩评价之中,通过对竞争对手的分析,提供财务和非财务指标,尤其大量提供了如质量、市场需求量、市场占有率等极为重要的非财务信息。

战略层管理会计报告的报告对象是企业的战略层,包括股东大会、董事会和监事会等。战略层管理会计报告包括但不仅限于战略管理报告、综合业绩报告、价值创造报告、经营分析报告、风险分析报告、重大事项报告等。这些报告可独立提交,也可根据不同需要整合后提交。战略层管理会计报告应精炼、简洁、易于理解,报告主要结果、主要原因,并提出具体的建议。

战略层管理会计报告类型及内容如表 1-1 所示。

表 1-1　　　　　　　　　　　战略层管理会计报告类型及内容

报告类型	报告内容
战略管理报告	内外部环境分析、战略选择与目标设定、战略执行及其结果,以及战略评价等
综合业绩报告	关键绩效指标预算及其执行结果、差异分析以及其他重大绩效事项等
价值创造报告	价值创造目标、价值驱动的财务因素与非财务因素、内部各业务单元的资源占用与价值贡献,以及提升公司价值的措施等
经营分析报告	过去经营决策执行情况回顾、本期经营目标执行的差异及其原因、影响未来经营状况的内外部环境与主要风险分析、下一期的经营目标及管理措施等
风险分析报告	企业全面风险管理工作回顾、内外部风险因素分析、主要风险识别与评估、风险管理工作计划等
重大事项报告	针对企业的重大投资项目、重大资本运作、重大融资、重大担保事项、关联交易等事项

二、经营层管理会计报告

经营层管理会计报告是为经营层进行规划、决策、控制和评价等管理活动提供相关信息的对内报告。其目的是为经营管理层开展与经营管理目标相关的管理活动提供相关信息。其报告对象是经营管理层。经营层管理会计报告主要包括但不限于全面预算管理报告、投资分析报告、项目可行性报告、融资分析报告、盈利分析报告、资金管理报告、成本管理报告、业绩评价报告、重大事项报告等。

经营层管理会计报告类型及内容如表 1-2 所示。

表 1-2 经营层管理会计报告类型及内容

报告类型	报告内容
全面预算管理报告	预算目标制定与分解、预算执行差异分析以及预算考评等
投资分析报告	投资对象、投资额度、投资结构、投资进度、投资效益、投资风险和投资管理建议等
项目可行性报告	项目概况、市场预测、产品方案与生产规模、厂址选择、工艺与组织方案设计、财务评价、项目风险分析，以及项目可行性研究结论与建议等
融资分析报告	融资需求测算、融资渠道与融资方式分析及选择、资本成本、融资程序、融资风险及其应对措施和融资管理建议等
盈利分析报告	盈利目标及其实现程度、利润的构成及其变动趋势、影响利润的主要因素及其变化情况，以及提高盈利能力的具体措施等
资金管理报告	资金管理目标，主要流动资金项目如现金、应收票据、应收账款、存货的管理状况、资金管理存在的问题以及解决措施等。企业集团资金管理报告的内容一般还包括资金管理模式（集中管理还是分散管理）、资金集中方式、资金集中程度、内部资金往来等
成本管理报告	成本预算、实际成本及其差异分析，成本差异形成的原因以及改进措施等
业绩评价报告	绩效目标、关键绩效指标、实际执行结果、差异分析、考评结果，以及相关建议等
重大事项报告	针对企业的重大投资项目、重大资本运作、重大融资、重大担保事项、关联交易等事项

三、　业务层管理会计报告

业务层管理会计报告是为企业开展日常业务或作业活动提供相关信息的对内报告。其报告对象是企业的业务部门、职能部门以及车间、班组等。业务层管理会计报告应根据企业内部各部门、车间或班组的核心职能或经营目标进行设计，主要包括研究开发报告、采购业务报告、生产业务报告、配送业务报告、销售业务报告、售后服务业务报告、人力资源报告等。

业务层管理会计报告类型及内容如表 1-3 所示。

表 1-3 业务层管理会计报告类型及内容

报告类型	报告内容
研究开发报告	研发背景、主要研发内容、技术方案、研发进度、项目预算等
采购业务报告	采购业务预算、采购业务执行结果、差异分析及改善建议等，重点反映采购质量、数量以及时间、价格等内容
生产业务报告	生产业务预算、生产业务执行结果、差异分析及改善建议等，重点反映生产成本、生产数量以及产品质量、生产时间等内容
配送业务报告	配送业务预算、配送业务执行结果、差异分析及改善建议等，重点反映配送的及时性、准确性以及配送损耗等内容

（续表）

报告类型	报告内容
销售业务报告	销售业务预算、销售业务执行结果、差异分析及改善建议等，重点反映销售的数量结构和质量结构等内容
售后服务业务报告	售后服务业务预算、售后服务业务执行结果、差异分析及改善建议等，重点反映售后服务的客户满意度等内容
人力资源报告	人力资源预算、人力资源执行结果、差异分析及改善建议等，重点反映人力资源使用及考核等内容

第四节　管理会计师职业道德

随着管理会计人员发挥的作用日益扩大，为使管理会计作为一种专门职业及其专业地位得到会计职业界和社会的承认，同时，也为加强全国会计师协会（National Association of Accountants，NAA)的社会地位，美国会计师协会于 1972 年设立了管理会计资格证书（Certificate in Management Accounting，CMA)项目，并专门为此设置了管理会计师协会（Institute of Management Accountants，IMA)具体负责该项目。

管理会计师协会是一个由会计师和财务专业人士组成的协会，是最大、最受尊敬的专门致力于促进管理会计职业发展的协会之一。管理会计师协会在全球范围内通过调查研究、CMA(注册管理会计师)项目、继续教育等形式倡导最高职业道德以支持并推进管理会计师这一职业的规范化实务工作。根据管理会计师协会于 2017 年 7 月 1 日发布并生效的《职业道德守则公告》，协会成员的行为应符合道德规范，并基于价值观和会员行为标准为首要原则承诺并实践管理会计师职业道德。

首要道德原则包括诚实、公平、客观和责任。作为管理会计师应有责任遵守和维护工作胜任能力、保密、客观公正及职业声誉等职业道德标准。

一、 职业道德标准

（一）工作胜任能力

管理会计师应：

（1）通过提高知识和技能，保持一定专业技能水平。

（2）按照有关法律、规章和技术标准，履行职责。

（3）提供准确、清晰、简明、及时的决策支持信息和建议，能够识别并帮助企业管控风险。

（二）保密

管理会计师应：

（1）除非授权或法律要求披露，应对工作过程中的信息保密。

（2）告知相关使用者合理使用机密信息，并实施监控以确保流程的合规性。

（3）避免将机密信息用于攫取非道德或非法的利益。

（三）客观公正

管理会计师应：

（1）减少实质性利益冲突。定期与商业伙伴进行沟通以避免明确的利益冲突，并向各方通报任何潜在的利益冲突。

（2）避免从事任何有损于履行道德职责的行为。

（3）避免从事或支持任何可能有损职业声誉的行为。

（4）积极促进职业道德文化，并置公平公正的职业操守优先于个人利益。

（四）职业声誉

管理会计师应：

（1）客观公正地形成信息交流。

（2）提供所有可能影响信息使用者对报告理解、分析或建议的相关信息。

（3）基于法律和机构章程，应报告一切可能导致信息延误或具有缺陷，且具有相关性和及时性的信息、工作流程或内部控制等内容。

（4）与信息使用者沟通基于职业限制或其他限制的原因而出现免除必要的决策责任的情况。

二、 应对职业道德冲突

在执行职业道德守则时，管理会计师可能会遇到不道德的问题或行为，在此情况下管理会计师不应坐视不理，而应积极寻求解决问题的办法。在决定应遵循哪项原则时，管理会计师应考虑所有涉及的风险以及是否需要寻求适当的职业保护。遇到严重的职业道德问题时，若管理会计师遵循职业道德守则却仍旧无法解决职业道德冲突，管理会计师应采取如下行动。

（一）与上级沟通

除非涉及有关上级管理者，管理会计师应与直接主管沟通相关问题，并尽早将问题提交。若问题仍得不到解决，应将问题提交至更高层的管理人员。

（二）向管理会计师协会咨询

管理会计师协会为协会成员提供匿名帮助热线，管理会计师可以通过拨打电话咨询《职业道德守则公告》指导解决严重的职业道德问题。

（三）向律师咨询

管理会计师应考虑咨询自己的律师，了解与该道德冲突有关的法律义务、权利和风险。

如果以上行动采取后仍无法应对面临的职业道德冲突，管理会计师可以考虑与组织机构解除合作关系。

思考题

1. 纵观管理会计的历史发展,有哪些思考和想法?
2. 管理会计与财务会计的区别与联系说明了什么?两者能否结合应用?请举例说明。
3. 管理会计报告按照使用者所处的管理层级划分可分为哪些?具体包括什么?
4. 当准确性和及时性发生矛盾时,你将如何决策?
5. 从管理会计人员的职业道德来看,你认为管理会计人员在企业管理中处于何种地位?

案例分析

中兴通讯管理会计的变革

中兴通讯是全球领先的综合通信解决方案提供商。公司为全球 140 多个国家和地区的电信运营商提供创新技术与产品解决方案。公司成立于 1985 年,在中国香港和深圳两地上市,是中国最大的通信设备上市公司。公司在美国、法国、瑞典、印度、中国等地共设有 18 个全球研发机构。中兴通讯坚持以持续技术创新为客户不断创造价值,在美国、瑞典、中国等地设立全球研发机构,同时进一步强化自主创新力度,保持在 5G 无线、核心网、承载、接入、芯片等核心领域的研发投入,研发投入连续多年保持在营业收入 10% 以上。中兴通讯拥有全球专利申请量 7.4 万件,已授权专利超过 3.4 万件,连续 9 年稳居 PCT 国际专利申请全球前五。

中兴通讯作为在中国香港、深圳两地上市的公司,有四大业务领域,在全球有 107 个分支机构,服务于 140 多个国家和地区,有 8 万多名员工,其中财务人员近千人。那么,面对这么庞大的机构体系,中兴通讯是如何做到财务的有效管理和财务地位的提升呢?中兴通讯财务副总裁陈虎为我们带来一组数据:中兴通讯财务现有 40% 的人员从事业务财务工作,40% 的人员从事共享服务工作,另外 20% 的人员从事战略财务工作,而财务人员占员工总人数的比重却控制在 1.1%~1.2%,接近 1% 的全球最佳水平。

1998 年,中兴通讯踏上国际化征程。此前中兴通讯在国内有 28 个办事处,7 个研究所,每个机构都有财务人员,每个办事机构有自己的出纳、财务经理。这些财务人员从事着低价值的工作,还在手工做报表。

财务部门迫切需要用最少的人力帮助企业创造价值。中兴通讯开展了以财务共享中心为基础的第二次管理变革。陈虎说:“在会计网络的支撑下,我们把全国办事处的财务业务全部集中到深圳总部进行处理。中国地区所有分子公司的全部财务业务,包括记账、资金首付等业务全部集中在总部财务部。”

这项变革给中兴财务部门带来的效益是巨大的。中兴通讯从事基础财务业务的人员减少了 40%,从单笔业务的财务处理成本来看,现在的单笔成本为人民币 7 元,全球最佳水平每单成本是 1 美元,达到了全球最佳水平。同时,财务人员占员工总人数的比重仍然控制在 1.2% 以下,核算人员占财务人员的比重则减少到 40%,更多的财务人员开始从事战略财务和业务财务等直接支持业务和决策的工作。

中兴通讯的财务体系是在共享之下建立的财务体系,是唯一把触角伸向公司业务的方方面面的管理体制。这一评价根植于中兴通讯的财务共享服务创新。"实施财务共享,把财务人员从繁杂的基本核算处理中解放出来,能够提高财务人员的处理效率,使整个财务部门得到重生。"陈虎说,"财务人员能够有精力去做应该做的企业管理方面的工作。基于此,中兴的财务部门衍生出两个部门:战略财务部门和业务财务部门"。

谈到中兴通讯成功的经验,陈虎认为,财务至少需要做三个方面的转变:首先要服务于业务,了解业务和领导的需求,把提供有价值的信息作为立足点;其次要将实时处理嵌入业务过程,把财务的信息采集员(业务财务)放到业务前端去,将传感器放到业务发生地,这样每当业务发生,信息就产生;最后还要帮助管理者制定业务处理规则。

根据陈虎所著的《财务共享服务行业调查报告》(2011)中的数据,国内企业已经实施的有34家,准备实施的有18家,在成本、满意度和工作效率三大评价指标中,实施财务共享服务中心后得到提升的企业比重分别为53%、83%和90%,由此可见财务共享服务中心的价值。因此,陈虎断言,"把财务的基础业务剥离出来,成立财务共享服务中心,用更加经济、高效的方式实现财务基础业务的运作,是财务变革的必由之路"。

从中兴通讯的案例中我们可以看到,正是财务核算集中化、战略财务专业化、业务财务一体化三者的有机组合,使得财务管理趋于精细,财务效能被放大,形成稳固的战略铁三角,从而实现了财务的集中和高效管理。

——本案例参考百度百科,由作者整理而成

第二章

成本核算的基本原理

教学目标

本章将介绍成本核算的基础知识以及成本核算的要求及成本核算的一般程序。学生通过学习,了解成本核算流程,理解成本的含义、作用,了解成本核算的对象、意义和作用,了解成本核算的产生与发展,遵循成本核算的各项要求,并建立成本核算工作流程。

第一节　成本核算概述

成本核算是指对生产经营过程中所发生的各项成本、费用,采用一定的程序和适当的方法,按照成本计算对象进行归集和分配,以计算出各成本对象的总成本和单位成本,并进行相应的账务处理。成本核算是成本管理会计工作的核心,是对成本计划执行结果的反映,也是对成本控制结果的反映。成本核算不仅可以考核和分析成本计划的执行情况、揭露企业生产经营中存在的问题,而且其所提供的成本数据也是制定产品价格的重要依据。

一、成本的含义

成本是商品经济的产物,是商品经济的一个价值范畴,是商品价值的重要组成部分。人们进行生产经营活动,必然会耗费一定的人力、物力、财力,这些耗费的资源的货币表现及其对象化就是成本。简言之,成本就是一个行为主体为达到预定的目标而发生的耗费,如物质生产部门在生产产品的过程中要消耗的原材料、支付的职工工资、开支的各项费用等。

商品作为用于交换的劳动产品,其价值是由三部分组成的,即物化劳动的转移价值、活劳动中劳动者为自己创造的价值和劳动者为社会创造的价值。马克思曾用一个公式表示这种关系:$W=C+V+M$。$C+V$ 就构成了产品的成本。企业对发生的成本费用要进行分类、归集和分配,计算出产品的总成本与单位成本,并依据成本资料进行成本分析和成本考核,以加强成本管理,降低成本支出。

按照持续经营的要求,企业的生产经营活动是不间断地进行的,产品的投入、产出也就是生产费用不一致,需要按照会计分期假设和权责发生制原则确认应当归属一定种类和数量的产品的生产耗费,即只有对象化的生产耗费才构成产品成本。简言之,产品成本是企业在一定期间为生产一定品种和数量的产品或提供一定数量的劳务而发生的各种耗费。

不同行业的会计对成本的处理是不同的。成本遍及各行各业的各项活动,不是所有活

动的成本都需要通过会计来进行核算和考核的,而是由活动的特点和管理的需要决定是否需要通过会计来核算和考核成本。政府机关和全额预算的事业单位等不以营利为目的的单位不进行成本核算与考核;以营利为目的的物质生产部门及企业化管理的事业单位需要进行成本核算与考核。

成本是一个发展的概念。随着商品经济的不断发展和企业管理要求的提高,成本概念的内涵与外延也在不断地发展、变化,成本的范围也逐渐扩大。比如,一些西方国家将成本定义为:成本是指为了一定目的而支付的或应支付的用货币测定的价值牺牲。该定义使成本的外延远远超出了产品成本概念的范围,包含产品成本以外的各种成本,如劳务成本、开发成本、质量成本、资金成本等。同样,成本的内涵决定了成本必须与管理相结合,要求成本的内容服从管理的需要。因此,在现代成本会计中,许多新的成本概念出现了,如变动成本、固定成本、边际成本、机会成本、目标成本、标准成本、沉没成本、可控成本、责任成本等,这些成本概念组成了多元化的成本概念体系。

二、 成本的作用

成本作为一个独立的经济范畴,是企业在生产经营过程中需要倍加关注的变量。其作用主要体现在以下四个方面。

(一) 成本是补偿生产耗费的尺度

为了保证再生产的不断进行,企业必须用生产经营成果对生产耗费进行补偿,而成本就是衡量这一补偿份额大小的尺度。企业取得销售收入后,必须拿出相当于成本部分的数额以补偿投入到生产经营中的资金耗费,才能维持资金周转和再生产按原有规模进行。

(二) 成本是综合反映企业工作质量的重要指标

成本是一项综合性的经济指标。企业生产、经营、管理活动各方面工作的业绩,都可以直接或间接地在成本上反映出来。因此,对成本进行计划、控制、监督、考核和分析等成本管理工作可促使企业以及企业内各核算单位加强成本管理,提高经济效益。

(三) 成本是影响企业制定产品价格的重要因素之一

无论是政府还是企业,在制定产品价格时都应遵循价值规律的基本要求。但在现实经济活动中,产品的价值往往难以计算,而只能计算成本,通过成本间接地、相对地掌握产品价值,因此,成本就成为制定产品价格的重要因素。当然,影响产品定价的还有许多其他因素,如市场供求关系、价格管制政策、企业价格竞争策略等,成本只是影响产品定价的重要因素之一。

(四) 成本是企业进行经营决策的重要依据

在市场经济条件下,企业要在竞争中获得生存和发展,就必须根据市场需要,结合自身的经营状况做出正确的决策。在市场价格一定的条件下,成本的高低直接影响企业的盈利水平和参与市场竞争的能力。企业根据决策目标从各种备选方案中选择最优方案,尽管需要考虑的因素很多,但成本是其应考虑的主要因素之一。对决策方案的分析、评价离不开成本效益分析,而成本是效益分析的基础,它为决策提供了重要依据。为避免决策失误,必须充分认识和发挥成本在经营决策中的作用。

在制定决策过程中,管理人员必须持续地预测未来的发展。对于制定决策来说,过去的信息是达到目的的一种工具,它有助于预测未来。过去的成本信息是进行决策分析的重要工具或依据,没有过去准确的成本信息是无法进行正确决策的。

三、 成本核算的对象

明确成本核算的对象,对于确定成本核算的目标、研究和运用成本核算的方法、更好地发挥成本管理会计在经济管理中的作用有着重要的意义。为了更详细、具体地了解成本核算的对象,企业必须结合其具体经营情况和现行有关制度的规定来加以说明。以制造企业为例,制造企业是社会再生产过程中从事工业产品生产的企业,其基本生产经营活动是生产和销售工业产品,以满足人民生活和各个方面消费的需要,并实现产品价值,取得盈利。制造企业在产品的生产过程中,一方面要制造出产品,另一方面要发生各种各样的生产耗费。这一过程中的生产耗费,包括劳动对象与劳动资料等物化劳动耗费和活劳动耗费两大部分。其中原材料等劳动对象在生产过程中或者被消耗掉,或者改变其实物形态,其价值随之一次性全部转移到产品中去,构成产品成本的一部分;房屋、机器设备等作为固定资产的劳动资料,在生产过程中长期发挥作用,但其价值则随着固定资产的磨损,通过计提折旧的方式逐渐转移到所制造的产品中去,也构成产品成本的一部分;生产过程是劳动者借助于劳动工具对劳动对象进行加工、制造产品的过程,其中劳动者通过自己的劳动所创造的那部分价值,企业以薪酬形式支付给劳动者,这部分薪酬也构成产品成本的一部分。制造企业在产品的制造过程中发生的上述各种生产耗费,用货币表现就构成了企业的生产费用。制造企业为生产一定种类、一定数量的产品所发生的各种生产费用之和就构成了产品成本。因此,产品制造过程中各种生产费用的支出和产品成本的形成,是成本核算应反映的主要内容。

制造企业在产品的销售过程中发生的各种各样的费用支出称为销售费用,如保险费、运输费、装卸费、包装费、展览费和广告费,以及专设的销售机构的职工薪酬、业务费、折旧费等经营费用。制造企业的行政管理部门为组织和管理企业生产经营所发生的费用称为管理费用,如公司经费、工会经费、董事会费、办公费、差旅费、业务招待费等。此外,制造企业为筹集生产经营所需资金等而发生的筹资费用称为财务费用,如利息支出、汇兑损益及相关的手续费等。企业的销售费用、管理费用和财务费用,可以总称为企业的经营管理费用。这些经营管理费用也是制造企业在生产经营过程中所发生的重要费用,因而其支出及归集过程也是成本核算所反映的内容。销售费用、管理费用和财务费用与产品生产没有直接联系,而是按发生的期间归集,直接计入当期损益,因此,它们构成了企业的期间费用。综上所述,制造企业成本会计的对象可以概括为:制造企业生产经营过程中发生的产品成本和经营管理费用。

成本核算不仅要在制造企业中运用,在其他行业企业中也要运用,如农业企业、批发零售企业、建筑企业、房地产企业、采矿企业、交通运输企业和服务企业等。虽然这些其他行业企业的生产经营过程各有其特点,但它们在生产经营过程中所发生的各种费用,同样是一部分形成企业的经营业务成本,如生物资产成本、商品采购成本、工程成本、开发项目成本、劳务成本等,另一部分形成经营管理费用,并作为期间费用直接计入当期损益。因此,成本会计的一般对象可以概括为:各行业企业生产经营过程中发生的生产经营业务成本和有关的经营管理费用,简称成本、费用。随着企业经营管理要求的不断提高,成本核算为了适应经营管理的不同目的,不仅应该按照有关制度的规定为企业正确计算利润和进行成本管理提供可靠的成本费用信息,而且还应该从企业内部经营管理的需要出发,提供多方面的成本费用信息。例如,为了进行短期的生产经营预测和决策,应计算变动成本、固定成本、增量成本和机会成本等;为了加强企业内部的成本控制和考核,应计算可控成本和不可控成本;为了进一步提高成本信息的准确性,还可以计算作业成本等。上述按照有关制度的规定所计算的成本、费用,可称为财务成本;为企业内部经营管理的需要所计算的成本,可称为管理成本。

四、 成本核算的意义和原则

(一) 成本核算的意义

成本核算既是成本会计的核心内容,也是成本会计的基本环节。在市场经济条件下,企业要真正成为依法自主经营、自负盈亏、自我发展、自我约束的商品生产和经营单位,实现以销售收入补偿生产经营过程中发生的成本、费用,并取得利润,进行严格的成本核算是必不可少的。它至少具有以下四个方面的意义。

1. 通过成本核算,提供衡量企业经济效益的客观尺度

企业通过成本核算,计算出产品成本,可以作为生产耗费的补偿尺度,也是确定企业盈利的依据。

2. 通过成本核算,提供反映企业总体管理水平的综合指标

企业通过成本核算,可以反映和监督企业各项消耗定额及成本计划的执行情况,可以控制生产经营过程中人力、物力和财力的耗费,从而做到增产节约、增收节支。同时,利用成本核算资料,开展对比分析,还可以查明企业生产经营的业绩及问题,从而采取措施,改善经营管理,促使企业进一步降低成本。企业通过成本核算,还可以反映和监督企业在产品和产成品存货占用资金的增减变动和结存情况,为加强存货资金的管理、提高资金周转速度和有效使用资金提供资料。

3. 通过成本核算,提供企业分析和制定产品价格的参考资料和编制成本报表的资料

成本报表的编制与分析是成本会计工作的重要内容,通过成本报表资料,能够及时发现在生产、技术、质量和管理等方面取得的成绩和存在问题。

4. 通过成本核算,提供企业进行成本管理的必要资料

通过成本核算取得的成本资料,是企业进行成本管理,包括成本预测、成本决策、成本计划、成本控制、成本考核等方面的重要数据,有助于企业管理部门及管理人员开展成本管理工作。

(二) 成本核算的原则

成本核算要做到提供相关、及时和准确的成本信息,充分发挥其应有的作用,必须遵循以下六点原则。

1. 合法性原则

合法性原则是指计入成本的开支必须符合国家法律、法规和制度的规定,不符合成本开支范围的支出不能计入成本。例如,构建固定资产发生的各项资本性支出不能直接计入成本;购入无形资产的支出、对外投资支出、各项罚款性质的支出等不能列入成本开支;发生的销售费用、管理费用和财务费用等作为期间费用处理,不能计入产品成本。

2. 成本分期原则

企业生产经营活动是连续不断进行的,为了计算一定期间的产品成本,企业就必须将其生产经营活动划分为一个个相等的、较短的成本会计期间,分别计算各期的产品成本。成本核算的分期,必须与会计年度的分月、分季、分年相一致,这样有利于各项会计工作的开展。但需要指出,成本核算的分期与产品成本(完工产品)的计算期不一定完全一致,不论生产类型如何,成本核算中的费用归集和分配都必须按月进行。

3. 实际成本计价原则

实际成本计价也称历史成本计价,它包含三方面的含义:第一,对生产所耗用的原材料、燃料和动力等费用,都是按实际成本计价。具体地说,原材料、燃料和动力在数量方面要按其实际耗用数量计算,而在价格方面虽然不一定必须采用实际价格,也可以采用计划价格计价,但是在计入产品成本时,需要对由计划价格与实际价格不同导致的成本差异进行调整,将计划成本调整为实际成本。第二,对固定资产折旧必须按其原始价值和规定的使用年限计算。第三,对完工产成品要按实际成本计价,但并不排除"库存商品"账户及其明细账也可以按计划成本计价,对于实际成本与计划成本之间的差额,另设"产品成本差异"账户登记,并在发出产成品时结转产品成本差异,将发出产成品的计划成本调整为实际成本。按实际成本计价,能正确地计算企业当期的盈利水平。

4. 一致性原则

企业在计算产品成本时,一般应根据企业生产的特点和管理要求,选择不同的成本计算方法进行成本计算。产品成本计算方法一经确定,没有特殊情况一般不应当变动,以确保不同期间的成本资料可相互进行对比。但因特殊情况需要改变原有的成本计算方法时,则必须在财务报告中加以说明,并对原成本数据进行必要的调整。

5. 重要性原则

在进行成本核算时,企业所采用的成本计算步骤、费用分配方法、成本计算方法等,都是根据企业本身的具体情况进行选择的。对于所生产的一些主要产品,企业应采用比较复杂、详细的方法对产品成本进行归集和分配,而对一些次要的产品,企业则可以采用简单的成本计算方法进行合并计算和分配。因此,按照重要性原则进行成本计算,既可以减少成本计算的工作量,也可以加快成本计算的速度。

6. 权责发生制原则

权责发生制是会计确认和计量的基础。企业进行成本核算时,必须遵循权责发生制原则。权责发生制的含义是:凡是本期已经实现的收入,无论其款项是否收到,都应当作为本期的收入;凡是本期已经发生或应当负担的费用,无论款项是否付出,都应当作为本期的费用。反之,凡是不属于本期的收入,即使款项已在本期收妥,也不应当作为本期的收入;凡是不属于本期的费用,即使款项已在本期付出,也不应当作为本期的费用。在进行成本核算时,对于已经发生的支出,如果其受益期包括不止一个会计期间,就应按其受益期进行分摊,不能全部列入当期成本;对于虽未发生但应由当期负担的支出,则必须先行计入当期成本中,待以后期间实际支出时,就不再列入成本。

五、 成本核算的产生与发展

成本核算是在社会经济发展过程中逐步形成和发展起来的。在资本主义初期,资本家为了对产品存货进行计价和对企业盈亏进行计量,就试图计算成本。开始时成本是估计的,后来逐步用统计方法进行计算,但计算出的成本很不准确。到了19世纪产业革命后,企业数量增多,规模扩大,企业间的竞争趋于激烈,生产成本受到重视。为了提高成本计算的精确性,资本家要求会计人员承担起这项工作,从而使成本计算与会计核算结合起来。

早期研究成本的会计专家劳伦斯(Lawrence)做过如下定义:"成本会计就是应用普通会计的原理、原则,系统地记录某一工厂生产和销售产品时所发生的一切费用,并确定各种产品或服务的单位成本和总成本,以供工厂管理当局决定经济的、有效的和有利的产销政策时参考。"

20世纪初,随着社会经济和科学技术的发展,生产工艺日益复杂,企业的规模不断扩大,传统的经验管理难以对企业的生产经营活动进行有效控制,这就导致了泰罗(Frederick Taylor)的科学管理制度的产生。泰罗的科学管理制度强调对动作和时间的研究,对生产过程的各个方面进行严格的标准化管理,从而推动资本主义工业迅速发展。生产规模不断扩大,也使自由竞争发展到了高峰,生产相对过剩导致的经济危机已经出现。在这样的条件下,仅靠扩大市场、提高售价获利的潜力有限,而改革企业内部管理方式,加强成本控制已成为企业获胜的重要途径。这反映在成本管理上,即是从传统的单纯计算实际成本进入了成本控制的阶段。随着泰罗科学管理制度的广泛推行,"标准成本""预算控制"和"差异分析"这些同泰罗的科学管理方法直接相联系的技术方法开始被引入会计核算。

第二次世界大战以后,技术和经济的高速发展,生产自动化程度的提高以及产品更新换代的加快,使得市场竞争更加激烈,经营环境变化莫测。为了适应管理的需要,企业管理上要求会计人员不仅要做好生产过程中的成本控制以及事后的成本核算和分析工作,更重要的是做好成本预测、决策工作,制定目标成本,加强事先成本控制,以成本的最优化方案来指导生产活动,从而取得最佳的经济效益。

20世纪中叶以来,由于科学技术的推动和社会经济的发展,企业环境发生了巨大的变化,新产品和新技术不断涌现,市场竞争激烈,企业的生存与发展充满艰险与危机,正确的发展战略和科学有效的管理成为企业生存与发展的关键。企业环境变化、制造业的创新和服务业的兴起对成本管理会计的发展提出新的挑战,但同时信息技术的发展也给成本核算的信息处理提供了极大的便利。

第二节　成本核算的要求

算管结合,算为管用。成本核算应当与加强企业经营与管理相结合,所提供的成本信息应当满足企业经营管理和决策的需要。为此,成本核算要对生产经营过程中发生的支出进行审核和控制,看其是否应该开支、应开支的费用是否应计入产品成本。对费用脱离定额或计划的差异要进行分析,及时反馈。对合法、合理、有利于提高经济效益的开支要积极支持;否则就要坚决抵制。对当时已经无法制止的开支,要追究责任,采取措施,防止以后再次发生。对属于定额或计划不符合实际情况而发生的差异,应按规定程序修订定额或计划。进行成本计算时,既要防止因片面追求简化而导致不能为管理提供必要的信息,也要防止为算而算,搞烦琐哲学,脱离成本管理实际需要的做法。成本核算应该做到:分清主次,区别对待,主要从细,次要从简,简而有理,细而有用。另外,为了满足企业经营管理和决策的需要,成本核算还应为不同的管理目的提供不同的管理成本信息,如变动成本与固定成本信息、可控成本与不可控成本信息、作业成本信息等。

成本核算应根据会计法、会计准则、财务通则和成本核算制度对产品成本资料进行真实、全面和有效益地核算。

一、认真执行成本开支的有关法规规定

进行成本核算时,企业应依据国家会计法、企业会计准则、产品成本核算制度以及企业的相关成本制度对各项费用支出进行事前、事中的审核和控制,并及时反馈信息。费用发生前,成本会计应认真审核其是否符合产品成本的开支范围;费用发生时,成本会计应严格执行各项定额、计划或标准,避免或减少浪费。进行产品成本核算时,应严格按成本开支范围处理费用列支。

二、正确划分各种费用的界限

(一) 正确划分计入成本费用与不计入成本费用的界限

企业经济活动的各项费用支出,可能是生产经营活动产生的,也可能是经营活动以外的费用支出。在进行成本核算时,成本会计应区分生产经营管理费用与非生产经营管理费用,并按用途进行合理划分。用于产品生产、销售、组织,管理生产经营活动以及筹资生产经营资金的各种费用属于收益性支出,计入成本、费用;用于资本性支出和不是企业日常生产经

营活动发生的费用支出都不计入成本费用。

（二）正确划分生产费用与期间费用的界限

企业把为生产产品所发生的材料费用、人工费用和制造费用等归集为产品成本；而把为销售产品发生的销售费用、为管理和组织生产经营活动发生的管理费用以及为筹集生产经营资金所发生的财务费用归集为期间费用，直接抵减当期损益。成本核算过程中成本会计应防止混淆生产费用与期间费用的界限，借以调节各月成本、费用的错误做法。

（三）正确划分本期生产费用的界限

成本核算是建立在权责发生制基础上的。因此，在核算生产成本时，成本会计应正确划分本期费用与非本期费用的界限。其界限划分的基本要求为：由本期负担的成本、费用都应计入本期的产品成本和期间费用；不由本期负担的成本、费用一律不得列入本期成本、费用。对于应由本期和以后各期负担的成本、费用，应根据收益期限，分别摊分到本期和以后各期中。

（四）正确划分各种产品成本的界限

对于生产两种及两种以上产品的企业，本期发生的生产费用应在各产品之间合理划分，以便分析和考核产品计划完成情况。其划分界限为：凡是属于单个产品发生的直接费用，应计入该产品的成本；对多种产品共同负担的间接费用，则应按合理的分配标准，分别计入这几种产品成本。禁止生产费用在盈利产品与亏本产品、可比产品与不可比产品之间任意转移，禁止虚报产品成本的做法。

（五）正确区分完工产品与在产品成本的界限

月末核算时，如果该产品全部完工，则计入该产品的生产成本就是完工产品成本。如果该产品全部未完工，则计入该产品的生产成本就是在产品成本。如果该产品部分完工，则应采用适当的分配方法在完工产品和在产品之间分配。禁止任意提高或降低期末在产品成本，人为调节完工产品成本。

三、 正确确定财产物资的计价和价值结转方法

企业在生产经营过程中，财产物资的消耗占相当大的比重，其计价和价值结转方法对本期产品成本产生重大影响。所以，成本核算必须根据国家有关法规确定恰当的计价和价值结转方法。

（一）直接消耗物资的计价和价值结转

直接消耗物资主要包括生产经营过程中耗用的原料、主要材料、辅助材料、燃料、周转材料等。这些直接物资可以采用实际成本计价，也可以采用计划成本计价。采用实际成本计价方法时，这些物资的发出应采用个别计价法、月末一次加权平均法、移动加权平均法或先进先出法等进行计量与确认。采用计划成本计价法时，发出物资按事先确定的价格计算发出成本，到月末再计算材料成本差异率，确认发出物资的材料成本差异，据以记录当期生产

费用的物资消耗。

（二）间接消耗物资的计价和价值结转

间接消耗物资是服务于企业生产经营而消耗的劳动资料或长期资产，如固定资产、无形资产等。间接消耗物资的计价包括初始计量和损耗计量。初始计量通常采用原始价值计量标准；损耗计量则按国家税法等有关法规规定及企业实际情况确定计价方法，例如，对于固定资产折旧，国家有关法律规定了年限控制和净残值的控制比例，企业根据自身情况在规定的范围内确定年限和净残值，月末计提折旧。

不管是直接消耗物资还是间接消耗物资，都必须合理确定计价和价值结转方法，做到准确、便捷。其具体要求是：国家有规定的，采用国家统一规定的方法；国家没有规定的，企业根据实际情况，结合管理要求合理选用，一经确定不得随意更改。

四、 夯实成本核算的基础工作

夯实成本核算的基础工作是保证成本核算工作质量的前提。成本核算的基础工作包括以下五项。

（一）建立与健全原始记录制度

成本核算的起点是各项成本、费用发生的原始记录，其可靠性、完整性和手续齐全性等直接关系成本核算信息的质量。因此，在生产过程中，企业对材料的发出、动力与人工的消耗、费用开支、废品损失、停工损失、生产费用在完工产品和在产品之间的分配、产品质量检验和产品入库等的原始记录必须真实、完整、手续齐全和要素完备。

原始记录一般包括生产记录、考勤记录、设备利用记录、材料物资的收发记录和无形资产减值记录等。成本会计的原始记录与财务会计的原始记录并不完全一样，其内容、范围取决于企业成本核算和管理的需要。

（二）建立与健全存货的计量验收制度

成本核算中，材料物资的计量、验收、领退和盘点是进行成本核算的重要前提。为了真实、准确地计算成本，企业必须建立与健全材料物资计量验收制度，避免成本费用资料的虚假。

存货的计量验收制度主要包括配备必要的计量工具或器皿，建立严格的材料物资的收发、领退手续以及定期或不定期的清查制度。

（三）实施有效的定额管理制度

生产流程标准化的企业，其各个生产环节的生产成本是可预测的，并且可以控制在一个合理范围内。这种成本可控性是制订成本计划、分析成本计划完成情况和考核各成本单位的重要依据，也是现代企业成本全面管理的重要基础。

定额根据所反映的内容不同分为工时定额、产量定额、材料消耗定额、费用定额、燃料和动力消耗定额等；根据其制定的标准不同分为计划定额和现行定额。企业应根据行业和自身情况科学地制订具体定额，并随业内环境变化动态地修订定额，以保持定额管理的效率性。

（四）建立合理的内部结算制度

企业各个生产单位都是生产费用的消耗单位，其生产费用的耗费量应独立核算，才可以更加清楚、准确地反映各生产单位的经济责任和绩效考核。企业内部结算价格是各生产单位进行独立核算的重要依据。一般采用企业制定的标准成本或计划成本为结算价格，也可以在计划成本的基础上加以合理的利润作为内部结算价格。

除了内部结算价格，内部结算制度还包括内部结算方式和内部结算货币等。在标准成本或计划管理较好的企业中，成本会计应对原材料、周转材料、半成品、厂内车间之间相互提供的劳务等制订厂内标准或计划价格，作为企业内部结算的依据。制订了计划成本的企业，各种材料物资的消耗、半成品的转移以及各车间之间的劳务交换都应按计划成本计算。月末计算实际成本时，在计划成本基础上采用适当的方法计算产品应负担的成本差异，将计划成本调整为实际成本。

（五）采用合适的成本计算方法

产品成本是在生产过程中形成的，不同的生产工艺和生产组织计算产品成本的方法应有所不同。根据企业产品生产工艺过程和管理特点，产品成本核算采用不同的计算方法。单步骤、大批量生产的产品应按品种法计算产品成本；多步骤、大批量生产的产品应按分步法计算产品成本；按批次生产的产品应按分批法计算产品成本。除了这些基本方法，还可以应用分类法、定额法等辅助方法。

五、 适应生产特点和管理要求，采用适当的成本计算方法

产品成本是在生产过程中形成的，产品的生产组织和生产工艺特点及管理的不同要求是影响产品成本计算方法的重要因素。而成本计算方法选择合理与否，将直接影响产品成本计算的准确性。因此，企业只有按照产品生产特点和管理要求，选用适当的成本计算方法，才能准确及时地计算产品成本，为成本管理提供有用的成本信息。

工业企业的生产，按照工艺过程是否可以间断，可以划分为单步骤生产（简单生产）和多步骤生产（复杂生产）两种类型。单步骤生产是指生产工艺不能间断，或者不能分散在不同地点进行的生产，如发电、铸造、玻璃制品等的生产。多步骤生产是指在生产工艺上可以间断，以几个生产步骤组成的生产，如纺织、钢铁等的生产。多步骤生产按其加工方式的不同，又可分为连续式多步骤生产和装配式多步骤生产。连续式多步骤生产，是指从投入原材料到制造出产成品，要经过若干个连续的生产步骤，前一个生产步骤制成的半成品，是下一个生产步骤的加工对象，直到最后步骤形成产成品。装配式多步骤生产，是指先将各种原材料进行平行地加工，制成各种零部件，然后再装配为产成品的生产。

工业企业的生产，按照生产组织的特点，可分为大量生产、成批生产和单件生产三种类型。大量生产是指不断地重复生产相同产品的生产，生产产品的品种一般较少，而且比较稳定，如采掘、钢铁、纺织、造纸等工业的生产。成批生产是指以订货单位的订单为依据或按照

事先规定的产品批别和数量进行的生产,产品的品种较多,而且具有一定的重复性,如服装、机械等工业的生产。成批生产按其批量的大小,又可分为大批生产和小批生产。大批生产的性质接近于大量生产,小批生产的性质接近于单件生产。单件生产是指按照订货单位的要求,生产个别的、性质特殊的产品的生产,这种生产,产品品种一般较多,但很少重复生产,如船舶、重型机械等的生产通常都是单件生产。

生产特点及管理要求不同,对成本计算对象的确定也不相同。成本计算对象是指为了指导决策,管理者需要知道某些事件(如一项新产品、一台机器、一种新的生产流程)的成本,这些事件就称为成本计算对象。通俗地讲,成本计算对象就是计算"什么"的成本。从产品生产工艺过程看,在单步骤生产条件下,成本计算只需按品种进行,无须也不可能分成步骤进行。而在多步骤生产情况下,为了加强各个生产步骤的成本管理,不但要按产品的品种计算成本,而且还要按产品的生产步骤计算成本。但是,如果企业的规模较小,管理上不要求按照生产步骤考核生产费用、计算产品成本,也可以不分步计算产品成本。

从产品生产组织特点看,在大量生产条件下,由于产品生产连续不断地进行,大量生产着相同的产品,因而一般情况下只要求、也只能够按照产品的品种计算成本。大批生产接近于大量生产,也只要求按产品品种计算成本。小批、单件生产,由于其生产的产品批量小,一批产品一般可以同时完工,因而有可能按照产品的批别或件别来计算产品成本。从管理要求看,为了分析和考核各批产品成本水平,也要求按照产品批别或件别计算成本。

由此可见,生产特点和管理要求决定了三种不同的成本计算对象,以此为标志,产生了三种基本的成本计算方法,即以产品品种为成本计算对象的品种法、以产品生产批别为成本计算对象的分批法、以产品及其生产步骤为成本计算对象的分步法。

产品成本的计算,除了上述三种基本方法,还有两种辅助方法,即分类法和定额法。这两种方法从计算产品实际成本的角度来说,并不是必不可少的,而且与生产特点没有直接、必然的联系,因此,只要符合其基本条件,就可应用于各种生产类型的企业。分类法适用于产品品种、规格繁多,但可以按照一定标准分类的企业;定额法则适用于定额管理工作开展较好的企业。

不论什么类型生产,也不论采用什么成本计算方法,最终都必须按照产品品种计算出产品成本。因此,按照产品品种计算成本是产品成本计算最一般、最起码的要求。

第三节　成本核算的一般程序

成本核算是指对企业生产经营过程中发生的各项费用,按照一定的程序和标准进行归集和分配,并进行相应的账务处理,最后计算出各种产品成本和各项期间费用的过程。成本核算包括费用的归集与分配和产品成本计算两个部分的内容。费用的归集与分配,就是把本期发生的各种要素费用按照一定程序进行归集和分配,以便汇总本期为生产产品所耗用的生产费用总额和期间费用总额。由于一个企业往往不只生产一种产品,而且期末通常有在产品存在,产品成本计算就是把本期生产费用总额在各种产品之间、产成品和在产品之间进行分配,以求得各种产品的总成本和单位成本。这两个部分的内容是密切联系、相互交织的,费用的归集与分配过程要按照产品成本计算的要求进行,而产品成本计算又有赖于费用的归集与分配提供的数据。

一、成本核算的基本程序

企业成本核算涉及的内容多,按照不同的工艺和不同的管理要求,采取的核算方法有所不同,但大多遵循一个基本程序,即确定成本核算对象、确定成本项目、确定成本计算期、归集和分配生产费用、计算完工产品成本和月末在产品成本、编制成本计算单——计算完工产品总成本和单位成本。

(一)确定成本核算对象

成本核算的最终目的是要将企业发生的成本费用归集到一定的成本核算对象上,计算出该对象的总成本和单位成本。因此,进行成本核算先必须确定成本核算对象。由于不同企业的生产工艺特点、管理水平和管理要求以及企业规模大小有所不同,成本核算对象也有所不同。对于制造企业,成本核算对象主要有产品品种、产品批别、产品生产步骤三种。企业应当根据自身的生产经营特点和管理要求确定适合本企业的成本核算对象,归集成本费用,计算产品的生产成本。

(二)确定成本项目

成本项目是指产品成本按其经济用途分类计算的项目。它可以反映产品生产过程中各种资金的耗费情况,便于分析各项费用的支出是否合理、节约。因此,企业在进行成本核算中,应根据自身的特点和管理的要求,确定成本项目。对于制造业企业,一般可设置直接材料、燃料和动力、直接人工和制造费用四个成本项目。如果需要,也可做适当调整,例如,可以不单独设置"燃料和动力"成本项目,而将工艺用燃料费用并入"直接材料"成本项目,将工艺用动力费用并入"制造费用"成本项目;如果废品损失在产品成本中所占比重较大,可以单设"废品损失"成本项目。

(三)确定成本计算期

成本计算期是指每次计算完工产品成本的间隔期间,即多长时间计算一次完工产品成本。企业应根据产品生产组织的特点确定各成本核算对象的成本计算期。成本计算期分为定期和不定期两种。通常在大量、大批生产的情况下,每月都有一定数量的完工产品,应定期按月计算完工产品成本,即成本计算期与会计核算期一致;在分批、单件生产的情况下,一般不要求定期按月计算完工产品成本,而是等一批产品全部完工时才计算该批完工产品成本,这时,成本计算期与生产周期一致。

(四)归集和分配生产费用

确定了成本核算对象、成本项目和成本计算期后,企业要按照车间和成本核算对象设置相应的成本核算总分类账和明细分类账,并按成本计算期归集、分配和计算产品成本。归集和分配生产费用时,首先,必须对发生的各项要素费用进行审核和控制,确定各项费用是否应该开支,已开支的费用是否应该计入产品成本和期间费用。其次,确定应计入本月产品成本的费用。本月支付的生产费用,不一定都计入本月产品成本;属于本月产品成本负担的费用,也不一定都是本月支付的费用。企业应按照权责发生制会计基础的要求,分清各项费用的归属期,即凡已在本期受益,应由本期产品成本负担的费用,不论是否在本期支付,都应全部计入本期产品成本;凡不应由本期产品成本负担的费用,即使在本期支付,也不能计入本期产品成本,而应计入受益期间。最后,对于应计入本月产品成本的各项生产费用,在各种产品之间,按照成本项目进行归集和分配。对于生产产品发生的各项直接生产费用,能分清成本核算对象的,直接计入该产品成本;不能分清的,分配计入各产品成本。对于生产产品发生的各项间接费用,先按照生产车间进行归集汇总,期末采用适当的分配方法分配计入各产品成本。由此可见,产品成本的计算过程,也就是生产费用的归集和分配过程。

(五) 计算完工产品成本和月末在产品成本

成本将生产费用计入各成本核算对象后,对于既有完工产品又有月末在产品的产品,应采用适当的方法,将生产费用在完工产品和月末在产品之间进行分配,分别计算完工产品成本和月末在产品成本。

(六) 编制成本计算单——计算完工产品总成本和单位成本

在产品成本核算过程中,企业应按照各成本核算对象设置产品成本计算单,分别计算各产品的完工产品成本和月末在产品成本,并计算完工产品的单位成本。这样,产品成本计算单上就汇集了本月各种产品的完工产品总成本和单位成本。

二、 成本总分类核算程序

(一) 成本总分类核算的账户体系

1. "生产成本"账户

为了进行产品成本的总分类核算,企业应设置"生产成本"总分类账户。该账户核算企业进行工业性生产发生的各项生产费用,包括生产各种产品(包括产成品、自制半成品等)、自制材料、自制工具、自制设备等。该账户借方登记生产过程中发生的直接材料、直接人工等直接成本以及分配转入的制造费用;贷方登记完工入库的产成品、自制半成品的实际成本。该账户的期末余额在借方,为尚未加工完成的在产品成本。为了分别核算基本生产成本和辅助生产成本,还应在该账户下分别设置"基本生产成本"和"辅助生产成本"两个明细账户进行明细核算。

2. "制造费用"账户

为了核算企业生产车间、部门为生产产品和提供劳务而发生的各项间接费用,企业应设置"制造费用"总账账户。该账户应当按照不同的生产车间、部门设置明细账,账内按费用项目设置专栏进行明细核算。"制造费用"账户的借方登记企业实际发生的各项制造费用;贷方登记分配计入有关的成本核算对象的制造费用;除了季节性的生产企业,该账户期末应无余额。

3."销售费用"账户

为了核算企业销售产品过程中所发生的各项费用,企业应设置"销售费用"总账账户。该账户的借方登记销售产品过程中发生的各项费用;贷方登记期末转入"本年利润"账户的销售费用;期末结转后该账户应无余额。"销售费用"账户应按费用项目设置明细分类账,进行明细核算。

4."管理费用"账户

为了核算企业行政管理部门为组织和管理生产经营活动所发生的各项管理费用,企业应设置"管理费用"总账账户。该账户的借方登记发生的各项管理费用;贷方登记期末转入"本年利润"账户的管理费用;期末结转后该账户应无余额。"管理费用"账户应按费用项目设置明细分类账,进行明细核算。

5."财务费用"账户

为了核算企业为筹集生产经营所需资金而发生的各项筹资费用,企业应设置"财务费用"总账账户。该账户的借方登记发生的各项财务费用;贷方登记应冲减财务费用的利息收入、汇兑收益以及期末转入"本年利润"账户的财务费用;期末结转后该账户应无余额。"财务费用"账户应按费用项目设置明细分类账,进行明细核算。

(二) 成本总分类核算的一般程序

根据前述费用的分类、对成本核算的要求和成本核算的账户体系的设置,可将企业成本总分类核算的一般程序归纳如下。

1.要素费用的归集和分配

成本核算先要对企业生产经营过程中发生的各项要素费用进行严格审核和控制,并按照国家的有关规定确定其应否计入生产经营费用,应该计入生产经营的费用是计入产品成本还是期间费用。也就是说,要在对各项支出的合理性、合法性进行严格审核、控制的基础上,根据其具体发生的地点和用途进行归集,并编制各种要素费用分配表,据以编制记账凭证,记入"生产成本""制造费用"和各有关的期间费用账户中。

2.辅助生产成本的归集和分配

因为辅助生产车间是为企业基本生产车间和行政管理部门提供产品或劳务的,所以辅助生产车间所发生的各种费用,应通过"生产成本——辅助生产成本"账户进行归集。期末应根据辅助生产车间提供的产品或劳务数量、发生的各种费用以及各基本生产车间和行政管理部门耗用产品或劳务的数量,通过编制"辅助生产成本分配表"的方式,将辅助生产成本分配到受益的各基本生产车间和行政管理部门,并从"生产成本——辅助生产成本"账户转入到"生产成本基本生产成本""制造费用""管理费用"和"销售费用"等账户。

3.制造费用的归集和分配

制造费用是企业生产车间为生产产品和提供劳务而发生的各项间接费用,其发生时不直接计入产品成本,而是通过"制造费用"账户进行归集。期末要采用适当的分配方法,通过编制"制造费用分配表"的方式,将制造费用分配到各车间生产的产品成本中,并从"制造费用"账户转入"生产成本"账户。

4. 计算完工产品成本和在产品成本

企业当期发生的各种生产费用通过前三步的归集和分配后,都集中在"生产成本——基本生产成本"账户和各"产品成本计算单"中。对于期末(月末)既有完工产品又有在产品的产品,则应采用适当的分配方法,将期初在产品成本与本期生产费用之和,在本期完工产品与期末在产品之间进行分配,计算出产品的完工产品成本和期末在产品成本,并将完工产品成本从"生产成本"账户转入"库存商品"账户中。

思考题

1. 企业正确组织产品成本核算具有什么重要意义?
2. 企业进行成本核算应遵循哪些基本原则?
3. 在进行成本核算时,企业应正确划分哪几个方面的费用界限?
4. 成本核算的基本程序包括哪些步骤?

案例分析

小型生产企业的成本核算改革

嘉德隆公司是一家小型生产企业,因为考虑成本-效益原则,所以在成本核算工作中存在一些不足。比如,材料消耗是根据实际领料数量进行核算的,没有考核标准,因而各月之间成本波动较大,而且领用材料计量不够准确,对于不能点数的材料采用目测的方法估算。鉴于公司存在的问题,企业经理决定进行整改。如果请你为经理出谋划策,请问你有哪些建议?

建议:实行成本核算,必须做好各项基础工作,包括:建立定额管理制度,制定必要的消耗定额,加强物资的计量、验收、领发和清查制度;建立内部结算制度,制定内部结算价格;建立原始记录制度,制定合理的凭证传递流程。

分析:本案例中的企业存在的问题,就是没有做好成本核算的基础工作。该企业只从成本效益原则出发,减少了一些必要的基础工作,比如,材料消耗是根据实际领料数量进行核算,没有考核标准。对于这个问题,解决的办法是:制定材料消耗定额,如原材料消耗定额、材料利用率、材料损耗率等。制定了消耗定额后,在生产过程中应对材料消耗进行控制,并采取适当的奖罚措施,调动生产部门所有职工节约生产消耗的积极性,从而达到降低产品成本的目的。

对于领用材料计量不够准确的问题,应加强材料物资的计量工作。做好材料物资的计量、验收、领发和清查工作,是正确计算成本的必要条件。企业一切物资的收发都要经过计量验收和办理必要的凭证手续。库存物资应定期进行清查、盘点,做到账物相符。对于不能点数的材料不能采用目测的方法估算,应根据不同计量对象配置必要的计量器具。领发材料物资必须要有严格的手续制度,如果制定了消耗定额,应按定额发料,以控制生产消耗。

——本案例参考中国工商管理案例库,由作者整理而成

第三章
产品成本计算的流程及基本方法

教学目标

本章从要素费用的归集与分配,辅助生产成本、制造费用及废品损失的归集与分配,生产费用在完工产品和在产品之间的分配以及产品成本计算的基本方法逐步展开介绍。学生通过学习,熟悉制造业企业产品成本计算方法,了解产品成本核算的全流程。

第一节 要素费用的归集和分配

工业企业发生的任何费用开支,应按照"谁耗用,谁承担"的原则进行归集和分配,具体包括如下各项。

对于企业经营管理过程中发生的用于产品销售、行政部门组织和管理生产经营以及筹集资金所耗用的费用,不计入产品成本,而应分别记入"销售费用""管理费用""财务费用"等期间费用账户,直接计入当期损益。

对直接用于产品生产,专门设有成本项目,并且能确定为哪一种产品所耗用的费用,应直接记入"生产成本——基本生产成本"或"生产成本——辅助生产成本"总账及其所属明细账。

对直接用于产品生产,专门设有成本项目,但为几种产品所共同耗用的费用,应采用适当的分配标准及方法,在有关产品之间进行分配,根据分配结果记入"生产成本——基本生产成本"等总账及所属明细账。

对间接用于产品生产,或是虽然直接用于产品生产,但没有专设成本项目的费用,应先记入"制造费用"总账及其所属明细账,然后通过一定的分配程序,转入"生产成本"总账及其所属明细账;对于上述费用中的各项间接计入费用,应该选择适当的方法进行分配。

分配方法适当,主要取决于分配标准的选择,分配标准与分配对象应该有较密切的联系,而且分配标准的资料比较容易取得,计算比较简便。

一、 材料费用核算

材料是产品成本的重要组成部分,主要包括原料及主要材料、辅助材料、修理用备件、外购半成品、燃料以及包装材料等。

材料是企业生产过程中的劳动对象,在生产过程中所起的作用各不相同。有的材料直接用于生产产品并构成产品的主要实体;有的材料虽不构成产品的主要实体,但却有助于产品的形成;有的材料在生产过程中被劳动工具所消耗。虽然材料在生产过程中的作用不同,但其价值转移方式却是相同的,即材料在生产过程中被全部消耗,或改变其原有的实物形态变成产品的组成部分,其价值也一次性地、全部转移到所生产的产品中去,构成产品成本的重要组成部分。对于生产过程中发生的材料费用,先应按其发生的地点和用途进行归集,然后再采用适当的方法进行分配。所以,材料费用的核算,包括材料费用的归集和分配两个方面。材料费用归集与分配的正确与否,对产品成本计算的准确性影响很大,因此,材料费用的归集和分配要求处理好两方面的问题:一是确定本期材料费用总额,也就是要正确计算发出材料的实际成本;二是确定材料费用应由哪些成本核算对象负担,各负担多少,也就是根据发出材料的具体用途分配材料费用,将其计入各种产品成本和期间费用。

企业生产经营过程中实际消耗的外购材料(包括原料、主要材料、辅助材料、燃料、备品备件、外购半成品、包装物及低值易耗品等)的成本,包括买价、运杂费、运输途中的合理损耗和入库前的整理挑选费用等。

自制材料的成本,包括制造过程中所消耗的材料费用、工资和其他各项实际支出。

委托外部加工材料的成本,包括加工耗用的原材料或成品的实际成本、运输费、装卸费、保险费和加工费用。

(一) 发出材料的日常核算

我国《企业会计准则》规定,材料的日常核算方法分为实际成本法和计划成本法两种。在会计实务中,材料日常收发核算应视企业规模的大小、材料品种的多少、收发业务的繁简程度等确定是采用实际成本法还是采用计划成本法。企业可以选择采用实际成本法(个别计价法、先进先出法、加权平均法、移动加权平均法)或计划成本法等方法确定领用材料的实际成本。具体的各类成本法介绍如下。

1. 个别计价法

个别计价法,又称个别认定法、具体辨认法。这种方法是假设材料的成本流转与实物流转相一致,按照各种材料,逐一辨认各批发出材料和期末材料所属的购进批别或生产批别,分别按其购入或生产时所确定的单位成本作为计算各批发出材料和期末材料成本的方法。采用这种方法,计算发出材料的成本和期末存货的成本比较合理、准确,但这种方法的前提是需要对发出和结存材料的批次进行具体认定,以辨认其所属的收入批次,所以实务操作的工作量繁重,困难较大。这种方法主要适用于材料收发业务小、品种少的企业或为某一特定项目专门购入并单独存放的材料。

2. 先进先出法

先进先出法是假定先购入的材料先发出去,第一批材料发完后再发第二批,这样顺着次序按各批材料的实际成本计算发料成本的方法。

应用先进先出法进行计价时,材料期末结存数是按照后进的实际成本计算的,因此,期末材料价值接近现行(重置)成本,但进入产品成本的材料费由于是按照先进的实际成本计算,将远离现行成本。如果各批材料取得的成本比较稳定,则计算出来的成本不论对产品成本还是库存材料价值的影响都不大,但如果材料的取得成本不断上涨,则会使计算出来的产品成本偏低,利润就会虚增。

【例 3-1】 嘉州企业 2021 年甲种材料明细账如表 3-1 所示。

表 3-1　　　　　　　　　　　　　　　材料明细账

材料名称:CJX2 接触器　　　　　　　　　　　　　　　　　　　　　　金额单位:元

2021		摘要	收入			发出			结存		
月	日		数量(千克)	单价(元)	金额	数量(千克)	单价(元)	金额	数量(千克)	单价(元)	金额
1	1	期初余额							150	10	1 500
	5	购入	100	12	1 200				150 100	10 12	1 500 1 200
	7	发出				150 50	10 12	1 500 600	50	12	600
	13	购入	200	14	2 800				50 200	12 14	600 2 800
	20	发出				50 50	12 14	600 700	150	14	2 100
	26	购入	100	15	1 500				150 100	14 15	2 100 1 500
	28	发出				100	14	1 400	50 100	14 15	700 1 500
	31	本期发生额及期末余额	400		5 500	400		4 800	50 100	14 15	700 1 500

3. 加权平均法

加权平均法是将某材料的月初库存金额与本月购入的金额之和除以月初库存数量与本月购入数量之和,所求得的该种材料月末平均单价,即作为本月发出材料成本的单价。其计算公式如下:

$$月末平均单价 = \frac{月初库存材料金额 + 本月购进的各批材料金额}{月初库存材料数量 + 本月购进的各批材料数量}$$

$$发出材料成本 = 发出材料数量 \times 月末平均单价$$

加权平均法的优点是计算手续简便,而且将市场价格上涨或下跌时所计算出来的单位成本平均化,对材料成本的分摊较为折中。其缺点是采用这种方法,必须到月末才能计算全月的加权平均单价,不利于核算的及时性。另外,这种方法平时无法从账上提供发出和结存材料的单价及金额,不便于加强材料资金的日常管理。

4. 移动加权平均法

移动加权平均法,又称移动平均法,是每次购入材料后要重新计算加权平均单位成本的方法,即将本次购进材料的金额与本次购进材料前结存材料金额之和除以本次购进材料的数量与本次购进材料前结存材料数量之和,所求得的移动平均单价,即作为本月计算某种材料每批次发出材料成本的单价。其计算公式如下:

$$移动平均单价=\frac{本次购进材料金额+本次购进材料前结存材料金额}{本次购进材料数量+本次购进材料前结存材料数量}$$

$$发出材料成本=发出材料数量×移动平均单价$$

5. 计划成本法

为了简化日常核算工作,材料品种、规格较多的企业可按照计划成本法进行材料日常核算,即材料的收、发、存都按预先确定的计划单价计价。材料明细账中收入材料和发出材料的金额都根据收发料凭证按计划成本进行登记。

在计划成本法下,企业应设立"原材料""材料采购""材料成本差异"三个总账账户,并按照材料类别设立明细账户。为了调整发出材料的成本差异,计算发出材料的实际成本,企业还应计算材料成本差异率。其计算公式如下:

$$材料成本差异率=\frac{月初结存材料成本差异+本月收入材料成本差异}{月初结存材料计划成本+本月收入材料计划成本}×100\%$$

根据材料成本差异率和发出材料的计划成本计算发出材料的成本差异和实际成本,其计算公式如下:

$$发出材料成本差异=发出材料计划成本×材料成本差异率$$

$$发出材料实际成本=发出材料计划成本±发出材料成本差异$$

(二) 材料费用的分配

材料费用的分配就是根据审核合格的领料凭证,按照材料的经济用途进行的分配和记录。直接用于产品生产的材料费用记入"生产成本"账户,用于产品销售以及组织和管理生产的材料费用记入"销售费用"和"管理费用"账户,用于建造固定资产的材料费用记入"在建工程"等账户。

在实际工作中,直接用于产品生产、构成产品实体的材料一般都分产品领用,属于直接费用,应根据领料凭证直接记入某一个产品"直接材料"成本项目中。由几种产品共同耗用的原材料属于间接费用,应选择适当的标准分配记入各产品成本明细账的"直接材料"成本项目。分配标准的选择要尽可能与材料费用的发生有密切关系,做到多耗用多分配,少耗用少分配。一般分配标准包括材料定额耗用量,材料定额成本,产品产量、重量、体积等。

1. 定额耗用量比例分配法

定额耗用量比例分配法是按各种产品对材料消耗定额的比例来分配材料费用的一种方法。它一般在各项材料消耗定额健全且比较准确的情况下采用。这种方法的计算公式如下:

$$某种产品材料定额耗用量=该种产品实际产量×单位产品材料定额耗用量$$

$$材料费用分配率=材料实际总耗用量×材料单价÷各种产品材料定额耗用量之和$$

$$某种产品应分配的材料费用=该种产品材料定额耗用量×材料费用分配率$$

【例3-2】 安星公司生产甲、乙两种产品,共耗用某种原材料6 000千克,每千克原材料价格为3.5元。甲产品实际产量为1 200件,单位产品材料消耗定额为3千克;乙产品实际产量为800件,单位产品材料消耗定额为1.5千克。采用定额耗用量比例分配法分配材料费用如下。

甲产品材料定额消耗量＝1 200×3＝3 600(千克)

乙产品材料定额消耗量＝800×1.5＝1 200(千克)

材料费用分配率＝(6 000×3.5)÷(3 600＋1 200)＝4.375

甲产品应分配的材料费用＝3 600×4.375＝15 750(元)

乙产品应分配的材料费用＝1 200×4.375＝5 250(元)

2. 定额费用比例分配法

定额费用比例分配法是按照原材料定额费用比例来分配原材料费用的一种方法。该方法适用于多种产品共同耗用多种材料的情况,其计算公式如下:

某种产品某种材料定额费用＝该种产品实际产量×单位产品该种材料费用定额

＝该种产品实际产量×单位产品该种材料定额耗用量×材料计划单价

材料费用分配率＝材料实际费用总额÷各种产品材料定额费用之和

某种产品应分配的材料费用＝该种产品材料定额费用×材料费用分配率

【例3-3】 安星公司2021年5月生产甲、乙两种产品,领用A、B两种材料,共计52 140元。甲产品本月产量为140件,乙产品本月产量为80件。甲产品的消耗定额为:A材料3千克,B材料5千克;乙产品的消耗定额为:A材料4千克,B材料7千克。A、B两种材料的计划单价分别为30元和20元。材料费用分配计算如下。

甲产品A种材料定额费用＝140×3×30＝12 600(元)

甲产品B种材料定额费用＝140×5×20＝14 000(元)

甲产品材料定额费用＝12 600＋14 000＝26 600(元)

乙产品A种材料定额费用＝80×4×30＝9 600(元)

乙产品B种材料定额费用＝80×7×20＝11 200(元)

乙产品材料定额费用＝9 600＋11 200＝20 800(元)

材料费用分配率＝52 140÷(26 600＋20 800)＝1.1

甲产品分配负担的材料费用＝26 600×1.1＝29 260(元)

乙产品分配负担的材料费用＝20 800×1.1＝22 880(元)

3. 产品重量比例分配法

产品重量比例分配法是按照各种产品的重量比例来分配材料费用的一种方法。这种方法一般在产品所耗用材料的多少与产品重量有着直接关系的情况下采用。与产品重量比例分配法类似的还有产品产量比例分配法、产品体积比例分配法和产品面积比例分配法。

二、 外购动力费用的核算

外购动力费用是指企业从外部购买电力、热力、蒸汽等动力而支付的金额。

（一）外购动力费用支出的核算

外购动力在付款时,理论上应按动力的用途直接借记有关的成本费用科目,贷记"银行存款"账户。在实际工作中,外购动力一般通过"应付账款"账户核算,在付款时先作为暂付款处理,借记"应付账款"账户,贷记"银行存款"账户,月末按照外购动力的用途和数量分配费用时,借记各成本费用科目,贷记"应付账款"账户。

因为在实际工作中,外购动力费用一般不是在每月末支付,而是在每月下旬的某日支付。如果支付时就直接借记各成本费用科目,贷记"银行存款"账户,由于该日计入的动力费用并不完全是当月的动力费用,而是上月付款日到本月付款日这一期间的动力费用,为了正确地计算当月动力费用,不仅要计算、扣除上月付款日到当月末的已付动力费用,而且还要分配、补记当月付款日到当月末的应付未付动力费用,核算工作量太大。通过"应付账款"账户核算可以免去这些核算工作,每个月只需在月末分配登记一次动力费用,从而大大简化了核算工作。

按照上述核算,"应付账款"账户借方所记本月所付动力费用与贷方所记本月应付动力费用往往不相等,从而出现月末余额。如果是借方余额,为本月支付款大于应付款的多付动力费用,可以抵冲下月应付费用;如果是贷方余额,为本月应付款大于支付款的应付未付动力费用,可以在下月支付。

如果每月支付动力费用的日期基本固定,而且每月付款日到月末的应付动力费用相差不多,各月付款日到月末的应付动力费用可以互相抵销,也可以不通过"应付账款"账户核算,而将每月支付的动力费用作为应付动力费用,在付款时直接借记各成本、费用科目,贷记"银行存款"账户,这样做不影响各月动力费用核算的正确性。

（二）外购动力费用分配的核算

外购动力费用包括外购电力费、蒸汽费等。付款时,一般借记"应付账款"账户,贷记"银行存款"账户。

产品成本明细账是否单设"燃料及动力"成本项目,应视情况而定。若外购动力费用、燃料费用占产品成本的比重较大,应单设"燃料及动力"成本项目;若外购动力费用、燃料费用占产品成本的比重较小,不需单设"燃料及动力"成本项目,燃料费用记入"直接材料"成本项目,外购动力费用记入"制造费用"成本项目。

外购动力有的直接用于产品生产,如生产工艺用电力;有的间接用于产品生产,如生产车间照明用电力;有的则用于经营管理,如企业行政管理部门照明用电力和取暖等。在有计量仪器记录的情况下,直接根据仪器所示的耗用数量和单价计算;在没有计量仪器的情况下,需按照生产工时比例、机器功率时数比例或定额消耗量的比例在各种产品之间进行分配。现以生产工时比例分配法举例说明。

生产工时比例分配法是以各种产品的生产工时为标准来分配动力费用的一种方法。其计算公式如下:

动力费用分配率＝待分配的动力费用总额÷各种产品生产工时之和

某种产品应分配的动力费用＝该种产品的实际生产工时×动力费用分配率

【例 3-4】　安星公司 2021 年 9 月电表记录基本生产车间生产甲、乙两种产品,共耗用外购电力 25 950 度,每度 0.60 元,共计 15 570 元,该公司按生产工时比例分配动力费用,其中,甲、乙产品分别耗用 20 600 小时和 14 000 小时。计算甲、乙产品分别耗用的电力费。

动力费用分配率＝15 570÷(20 600＋14 000)＝0.45

甲产品应分配的外购电力费用＝20 600×0.45＝9 270(元)

乙产品应分配的外购电力费用＝14 000×0.45＝6 300(元)

三、职工薪酬的核算

(一) 职工薪酬的核算内容

职工薪酬是指企业为获得职工提供的服务或解除劳动关系而给予的各种形式的报酬以及其他相关支出。职工薪酬主要包括:职工工资、奖金、津贴和补贴;职工福利费;养老保险费、医疗保险费、工伤保险费和生育保险费等社会保险费;住房公积金;工会经费和职工教育经费;非货币性福利;因解除与职工的劳动关系给予的补偿等。

(二) 工资费用的核算

为了正确计算工资费用,企业必须建立健全各种工资核算的原始记录,以作为工资结算与考核的依据。工资核算的原始凭证主要有工资卡、考勤记录、产量和工时记录等。

1. 计时工资的计算

计时工资是根据考勤记录和规定的工资标准计算每一职工应得的工资额。计时工资的计算分为月薪制和日薪制两种方法。

1) 月薪制

月薪制是指按照职工固定的月标准工资扣除缺勤工资计算其应得工资额的一种方法。在月薪制下,不管各月日历天数是多少,不论各月双休日和法定假日有多少天,每月的标准工资相同,只要职工当月出满勤,就可以得到固定的月标准工资。由于职工每月的出勤和缺勤情况不一样,每月应得计时工资也就不同。其计算公式如下:

$$\begin{aligned}某职工本月\\应得工资\end{aligned}=\begin{aligned}该职工月\\标准工资\end{aligned}-事假天数×\begin{aligned}日标准\\工资\end{aligned}-病假天数×\begin{aligned}日标准\\工资\end{aligned}×\begin{aligned}病假\\扣款率\end{aligned}$$

其中,日工资率的计算有以下两种方法。

方法一:每月固定按 30 日计算。其计算公式如下:

$$日工资率＝月标准工资÷30$$

在这种日工资率下,双休日和法定节假日视为出勤,应计付工资,但事假、病假等缺勤期间的节假日应按缺勤处理,扣发工资。

方法二：每月按 20.83 天计算。

全年平均每月标准工作日是 20.83 天。将全年 365 天减去 104 天双休日和 11 个法定节假日后再除以 12 个月计算求得平均每月工作日为 20.83 天。

$$日工资率＝月标准工资÷20.83$$

这种日工资率下，双休日不付工资，计算日工资率时已扣除双休日，因而缺勤期间的双休日也不扣发工资。

在计算缺勤扣款时，企业应区别不同情况，按照国家有关规定执行。对事假和旷工缺勤按 100％ 的比例扣发工资；因公受伤、探亲假、婚丧假、女工产假等缺勤期间应按 100％ 的比例全部照发工资；对病假或非因公负伤缺勤，应根据劳动保险条例的规定按病假期限和工龄长短扣发一定比例的工资。

【例 3-5】 新兴公司职工张华的月工资标准为 1 860 元。2021 年 8 月共有 31 天，其中事假 4 天，病假 2 天，双休日 10 天。根据该工人的工龄，其病假工资按工资标准的 10％ 扣款。该工人病假、事假期间没有节假日。按月薪制计算该工人本月应得工资。

方法一：每月按 30 天计算。

日工资率＝1 860÷30＝62(元)

应得工资＝1 860－4×62－2×62×10％＝1 599.60(元)

方法二：每月按 20.83 天计算。

日工资率＝1 860÷20.83＝89.29(元)

应得工资＝1 860－4×89.29－2×89.29×10％＝1 484.98(元)

2) 日薪制

日薪制是根据职工每月实际出勤天数和日工资率计算其应得工资额的一种方法。在日薪制下，由于各月日历天数不同，各月全勤工资也不同。其计算公式如下：

$$某职工本月应得工资＝该职工本月出勤天数×日标准工资＋病假天数×日标准工资×\left(1－病假扣款率\right)$$

其中，日工资率按月标准工资除以 30 天或者 20.83 天计算。日工资率的计算方法不同，当月的出勤天数的计算方式也不同。如果日工资率按 30 天计算，则节假日应视为出勤，计发工资，缺勤期间的节假日视为缺勤，不发工资。如果日工资率按 20.83 天计算，则双休日不计算工资，出勤期间的双休日不发工资，缺勤期间的双休日也不扣工资。

【例 3-6】 沿用[例 3-5]的资料，在日薪制下，该工人本月应得工资计算如下。

方法一：每月按 30 天计算。

应得工资＝(31－4－2)×62＋2×62×(1－10％)＝1 661.60(元)

方法二：每月按 20.83 天计算。

应得工资＝(31－4－2－10)×89.29＋2×89.29×(1－10％)＝1 500.07(元)

从以上计算结果可以看出,四种方法计算结果都不一样,各有利弊。按 20.83 天计算日工资率,双休日不计算工资,更能体现按劳分配原则。而在一般情况下,企业职工的出勤天数总比缺勤天数多,计算缺勤工资更容易,所以按 20.83 天计算日工资率,采用月薪制扣除缺勤工资的方法相对来说更合理一些。而日薪制工作量较大,适用于计算临时工的工资。

2. 计件工资的计算

计件工资是根据工作班产量记录或工作通知单登记的产量,乘以规定的计件单价计算的工资。

个人计件工资的计算应根据产量记录中每一职工个人完成的产品产量分别按下列公式计算:

$$应付计件工资 = \sum(某职工本月生产每种产品产量 \times 该种产品计件单价)$$

计算计件工资的产品产量包括合格产品产量和料废品(不是由生产工人过失造成的不合格品)数量,但不包括工废品(由于生产工人本人过失造成的不合格品)数量。

$$计件单价 = 单位产品加工工时定额 \times 小时工资标准(计件工资率)$$
$$小时工资率 = 月标准工资 \div 月工时定额$$

产品的计件单价是根据工人生产单位产品所需的工时定额和该级工人每小时的工资率得到的。

【例 3-7】　2021 年 5 月,新兴公司职工张华加工完成甲产品 200 件、乙产品 180 件。验收时发现甲产品料废 6 个,乙产品工废 4 个。该职工小时工资率为 5 元,制造甲产品定额工时为 1.5 小时,乙产品为 2 小时。张华 5 月应得的计件工资计算如下。

甲产品计件单价＝1.5×5＝7.50(元)

乙产品计件单价＝2×5＝10(元)

计件工资＝200×7.5＋(180－4)×10＝3 260(元)

(三) 职工薪酬的汇总与分配

1. 职工薪酬的汇总

职工薪酬分配之前,会计部门应根据计算的每位职工的工资总额,按照车间、部门分别编制工资结算单和工资结算汇总表,用以汇总归集各车间、部门发生的工资费用,它既是企业与职工进行工资结算的凭证,也是工资费用分配的基础。

2. 职工薪酬的分配

每月终了,企业应在汇总各部门职工薪酬的基础上,将职工薪酬按用途在各受益对象之间分配。根据"谁受益谁负担"的原则,直接进行产品生产的生产工人的职工薪酬应记入"生产成本——基本生产成本"账户,辅助生产工人的职工薪酬应记入"生产成本——辅助生产成本"账户,车间管理人员的职工薪酬应记入"制造费用"账户,企业各职能部门管理人员的职工薪酬、专设销售机构人员的职工薪酬、在建工程人员的职工薪酬则应分别记入"管理费用""销售费用""在建工程"账户。

对于基本生产车间发生的生产工人的职工薪酬,如果是为生产某一种产品单独发生的薪酬,直接计入该种产品的生产成本;如果是为生产几种产品共同发生的薪酬,则应选用适当的分配标准在各受益产品之间进行分配。分配标准一般为产品的实际工时或定额工时。职工薪酬的分配方法基本相同,现以工资费用为例说明如何进行分配。有关计算公式如下:

工资费用分配率=本期发生的生产工人工资总额÷各种产品实际(定额)生产工时之和

某种产品应分配的工资费用=该种产品实际(定额)生产工时×工资费用分配率

【例 3-8】 2021 年 4 月,启星工厂一车间和二车间生产工人生产甲、乙、丙三种产品共发生工资费用 61 200 元,工资按产品的生产工时比例进行分配。甲、乙、丙三种产品的实际生产工时分别为 3 400 小时、2 200 小时和 1 600 小时。工资分配计算如下。

生产工人工资分配率=61 200÷(3 400+2 200+1 600)=8.5

甲产品应负担工资费=8.5×3 400=28 900(元)

乙产品应负担工资费=8.5×2 200=18 700(元)

丙产品应负担工资费=8.5×1 600=13 600(元)

四、折旧费用的核算

(一) 折旧费用的归集

企业应当对所有固定资产计提折旧,已提足折旧仍继续使用的固定资产和单独计价入账的土地除外。当月增加的固定资产从下月开始计提折旧,当月减少的固定资产从下月起停止计提折旧。各月末,会计部门应根据上月折旧额、上月应计提折旧的固定资产的增减情况和固定资产的折旧率,分车间、部门归集计算当月折旧费用。其计算公式为:

$$\frac{本月应计}{提折旧额}=\frac{上月计提}{的折旧额}+\frac{上月增加固定资产}{应计提折旧额}-\frac{上月减少固定资产}{应计提折旧额}$$

企业应当根据与固定资产有关的经济利益的预期实现方式,合理选择固定资产折旧方法。可选用的折旧方法包括年限平均法、工作量法、双倍余额递减法和年数总和法等。固定资产的使用寿命、预计净残值和折旧方法一经确定,不得随意变更。企业至少应当于每年年度终了对固定资产的使用寿命、预计净残值和折旧方法进行复核。

(二) 折旧费用的分配

折旧费用应按固定资产的具体使用单位进行分配,其中,基本生产车间的折旧费用记入本车间的"制造费用"账户,辅助生产车间的折旧费用记入"辅助生产成本"账户,企业管理部门、专设销售机构的折旧费用分别记入"管理费用"和"销售费用"账户。折旧总额记入"累计折旧"账户的贷方。在实务中,固定资产折旧费的计算与分配是通过编制固定资产折旧费用分配表进行的,如表 3-2 所示。

表 3-2　　　　　　　　　　　　固定资产折旧费用分配表

金额单位：元

应借科目	车间、部门	上月应折旧额	上月增加固定资产应折旧额	上月减少固定资产应折旧额	本月应折旧额
制造费用	基本生产车间	15 300	600	300	15 600
辅助生产成本	机修车间	4 200		130	4 070
	运输车间	6 200	340		6 540
管理费用	行政部门	1 800			1 800
销售费用	专设销售机构	900	260	150	1 010
合计		28 400	1 200	580	29 020

五、　其他费用的核算

（一）利息费用的归集与分配

利息费用是财务费用核算的主要内容，应在"财务费用"账户中设置"利息支出"费用项目进行归集。利息费用一般按季结算支付。为了正确划分各个月份的费用界限，季内各月的利息费用一般应按季度分月计划数，或者按当月的实际应付数进行预提，季末再支付全季度的利息费用。实际支付数与预提数的差额调整计入季末月份的财务费用。每月预提利息费用时，借记"财务费用"账户，贷记"应付利息"账户；季末支付全季利息费用时，借记"应付利息""财务费用"账户，贷记"银行存款"账户。如果企业的利息费用数额不大，为了简化核算工作，季内前两个月也可以不预提，而在季末实际支付时全部计入当月的财务费用，借记"财务费用"账户，贷记"银行存款"账户。

（二）费用性税金的归集与分配

要素费用中的各种税金是管理费用的一部分，一般包括房产税、车船税、土地使用税和印花税等。有的税金（如印花税）可以用银行存款等直接交纳。交纳时，借记"管理费用"账户，贷记"银行存款"等账户。房产税、土地使用税、车船税等一般需要预先计算应交金额，然后实际交纳。计算出应交税费时，借记"管理费用"账户，贷记"应交税费"账户；实际交纳时，借记"应交税费"账户，贷记"银行存款"账户。

（三）其他费用的归集与分配

其他费用是指除前述各项要素费用以外的费用，包括邮电费、修理费、印刷费、租赁费、图书资料费、办公费、差旅费、试验检验费、排污费、误餐补助费、保险费、交通补贴费、职工培训费等。这些费用有的是产品成本的组成部分，有的则不是。这些费用发生时，应按发生的车间、部门和用途，分别借记"制造费用""管理费用""销售费用""在建工程"等账户，贷记"银行存款"或"库存现金"等账户。

第二节　辅助生产成本、制造费用及废品损失的归集与分配

一、辅助生产成本的归集与分配

(一) 辅助生产成本的特点

辅助生产是指工业企业为基本生产车间、行政管理部门等服务而进行的产品生产和劳务供应。辅助生产有两种类型：第一种是只生产一种产品或提供一种劳务的辅助生产车间，如供电、供水、运输等车间；第二种是生产多产品或提供多种服务的辅助生产车间，如模具制造车间。

辅助生产成本是指辅助生产车间为开展辅助生产而发生的费用，其实质就是辅助生产车间生产产品或提供劳务的成本，包括该辅助车间自身发生的各项费用，以及从其他辅助生产车间分配进来的费用。辅助生产车间生产的产品和劳务，首先是为基本生产车间服务，成为产品成本的组成部分；其次是为其他各部门服务，构成期间费用；最后是对外销售，成为企业的销售成本。合理分配辅助生产成本，对于降低产品成本、节约费用以及正确计算产品成本和期间费用有着重要的意义。

(二) 辅助生产成本的归集

企业应设置"生产成本——辅助生产成本"账户来核算企业所发生的辅助生产成本，该账户是成本计算账户，按车间进行明细核算。辅助生产车间发生的各项生产费用记入该账户的借方，生产完工的产品或劳务的成本经过分配转出时记入该账户的贷方。

辅助生产成本归集的方法有两种，两者的主要区别在于辅助生产制造费用归集的程序不同。

第一种方法：辅助生产的制造费用不通过"制造费用"账户，而直接记入"生产成本——辅助生产成本"账户。为简化核算，在辅助生产车间规模很小、制造费用很少、辅助生产不对外提供商品、不需要按照规定的成本项目计算产品成本的情况下，可以采用这种方法。只提供单一品种或服务的辅助生产车间也适用此法。

第二种方法：与基本生产的制造费用一样，先通过"制造费用——辅助生产车间"明细账进行单独归集，月终再按一定的标准分配转入"生产成本——辅助生产成本"账户。当辅助生产车间提供两种以上产品或劳务时，须采用这种方法。

为了正确核算各种产品或劳务的成本，提供多品种服务的辅助生产车间应按产品或劳务设置明细账户，将发生的直接费用直接计入该产品或劳务的明细账内，将发生的间接费用，先在"制造费用——辅助生产成本"账户内归集，月末采用一定的方法在各种产品和劳务之间进行分配，然后转入辅助生产成本的各种产品和劳务的明细账户内。

(三) 辅助生产成本的分配

辅助生产成本的分配是将归集在"生产成本——辅助生产成本"账户借方的辅助生产成

本采用一定的方法计算其总成本和单位成本,并按受益对象耗用劳务数量进行分配。

若辅助生产车间是生产辅助产品,如工具和模具车间生产的工具、模具和修理用备件等产品,应在产品完工入库时,将其从"生产成本——辅助生产成本"账户转入"周转材料"或"原材料"等账户的借方。各部门领用时,根据具体的用途和数量,一次或分次转入有关成本费用账户。

如果辅助生产车间提供电、水、气、机修、运输等劳务时,辅助生产车间发生的费用在归集后,要在各受益单位之间按照所耗数量或其他比例进行分配。分配时,将其从"生产成本——辅助生产成本"账户分别转入"基本生产成本""制造费用""销售费用""管理费用"和"在建工程"账户的借方。

辅助生产车间生产产品的成本计算过程与基本产品的成本计算过程一致,因此,本章重点介绍辅助生产车间提供劳务发生的辅助生产成本的分配方法。

(四) 辅助生产成本分配方法

辅助生产成本的分配通常有直接分配法、顺序分配法、交互分配法、计划成本分配法和代数分配法。

1. 直接分配法

直接分配法是将各辅助生产车间发生的费用,直接分配给辅助生产以外的各受益单位。辅助生产车间之间相互提供的劳务忽略不计,即辅助生产车间之间相互不分配费用。其计算公式如下:

某辅助生产车间劳务费用分配率=该辅助生产车间待分配的费用总额

÷该辅助生产车间对外提供的产品(劳务)总量

某受益部门应负担的辅助生产成本=该受益部门劳务耗用量×该辅助生产车间劳务费用分配率

【例 3-9】　华晨公司有供水和供电两个辅助生产车间,主要为本企业基本生产车间和行政管理部门等服务。2021 年 2 月,供水车间和供电车间分别发生费用 24 000 元和 15 000 元。各辅助生产车间对外提供的劳务数量如表 3-3 所示。

表 3-3　　　　　　　　　　　华晨辅助生产车间生产资料表

受益单位		耗水(立方米)	耗电(度)
基本生产车间	第一基本生产车间	28 000	15 000
	第二基本生产车间	40 000	36 000
辅助生产车间	供水车间		2 500
	供电车间	5 000	
行政管理部门		7 000	9 000
合计		80 000	62 500

计算各受益部门应承担的费用并编制辅助生产成本分配表,如表 3-4 所示。

表 3-4　　　　　　　　　　　　　　辅助生产成本分配法（直接分配法）

金额单位：元

受益部门		供电车间	供水车间	合计
待分配费用		15 000	24 000	39 000
劳务、作业总量		60 000	75 000	
计量单位		度	立方米	
劳务、作业单位成本		0.25	0.32	
第一基本生产车间	耗用量	15 000	28 000	
	金额	3 750	8 960	12 710
第二基本生产车间	耗用量	36 000	40 000	
	金额	9 000	12 800	21 800
行政管理部门	耗用量	9 000	7 000	
	金额	2 250	2 240	4 490

2. 顺序分配法

顺序分配法，也称梯形分配法，是先根据各个辅助生产车间相互受益的多少排序，受益少的排在前面，受益多的排在后面，然后按照事先排列的顺序分配辅助生产劳务费用的一种方法。分配费用时，排在前面的辅助生产车间发生的费用要分配给排在它后面的辅助生产车间及其他车间和部门，排在后面的辅助生产车间直接发生的费用加上排在前面的辅助生产车间分配进来的费用，分配给排在其后的辅助生产车间及其他车间和部门，不再分配给排在其前面的辅助生产车间。

【例 3-10】　沿用［例 3-9］资料，采用顺序分配法，计算过程如表 3-5 所示。

表 3-5　　　　　　　　　　　　　　辅助生产成本分配法（顺序分配法）

金额单位：元

受益部门		供水车间	供电车间	合计
待分配费用		24 000	15 000	40 500
劳务、作业总量		80 000	60 000	
计量单位		立方米	度	
劳务、作业单位成本		0.3	0.275	
供水车间	耗用量			
	金额			
供电车间	耗用量	5 000		
	金额	1 500		1 500

（续表）

受益部门		供水车间	供电车间	合计
第一基本生产车间	耗用量	28 000	15 000	
	金额	8 400	4 125	12 525
第二基本生产车间	耗用量	40 000	36 000	
	金额	12 000	9 900	21 900
行政管理部门	耗用量	7 000	9 000	
	金额	2 100	2 475	4 575

顺序分配法不进行交互分配，计算较为简便，能有重点地反映辅助生产车间交互服务的关系，但是采用这种方法时，排在前面的辅助生产车间不负担排在后面的辅助生产车间的费用，导致排在前面的辅助生产车间的费用归集不完整，不能全面反映辅助生产车间之间相互提供产品或劳务的关系，会影响分配结果的准确性。这种方法适用于各辅助生产车间之间相互受益程度有明显顺序的企业。

3. 交互分配法

交互分配法是先根据各辅助生产车间交互分配的单位成本（费用分配率）和相互提供的劳务数量，将各辅助生产车间的辅助生产成本在各辅助生产车间之间进行一次交互分配；然后将各辅助生产车间交互分配后的实际费用，向辅助生产车间以外的各受益单位按其耗用劳务数量的比例分配的一种方法。采用交互分配法，辅助生产成本的分配应分两步进行。

第一步，交互分配。将待分配的辅助生产成本在各辅助生产车间之间进行相互分配，对辅助生产车间以外的受益部门不进行分配。其计算公式如下：

某辅助生产车间交互分配费用分配率＝交互分配前待分配费用÷该辅助生产车间提供的产品（劳务）总量
某辅助生产车间应承担的其他辅助生产成本＝该辅助生产车间耗用数量×辅助生产车间费用分配率

第二步，对外分配。将待分配辅助生产成本，加上交互分配时从其他辅助生产车间分配转入的费用，减去交互分配时转给其他辅助生产车间的费用，成为辅助生产车间交互分配后归集的生产费用，称为对外分配的费用，再将其在辅助生产车间以外各受益对象之间进行分配。其计算公式如下：

$$\begin{matrix} \text{某辅助生产车间对} \\ \text{外分配的实际费用} \end{matrix} = \begin{matrix} \text{该辅助生产车间交} \\ \text{互分配前的费用} \end{matrix} + \begin{matrix} \text{交互分配} \\ \text{转入的费用} \end{matrix} - \begin{matrix} \text{交互分配} \\ \text{转出的费用} \end{matrix}$$

$$\begin{matrix} \text{某辅助生产车间对} \\ \text{外分配的费用分配率} \end{matrix} = \begin{matrix} \text{辅助生产车间交互} \\ \text{分配后的实际费用} \end{matrix} \div \begin{matrix} \text{该辅助生产车间提供给辅助生产部} \\ \text{门以外各受益部门的产品（劳务）总量} \end{matrix}$$

$$\begin{matrix} \text{辅助生产车间以外受益部} \\ \text{门应负担的辅助生产成本} \end{matrix} = \begin{matrix} \text{该受益部} \\ \text{门耗用量} \end{matrix} \times \begin{matrix} \text{该辅助生产车间交} \\ \text{互分配后费用分配率} \end{matrix}$$

【例3-11】 北碚企业有供电和供水两个辅助生产车间，本月供电车间和供水车间分别发生费用 3 000 元、1 900 元。各辅助生产车间提供的劳务数量如表3-6所示。

表 3-6 北碚辅助生产车间生产资料表

受益单位		供电数量(度)	供水数量(立方米)
基本生产车间		10 000	14 000
辅助生产车间	供水车间	1 000	
	供电车间		1 000
行政管理部门		4 000	5 000
合计		15 000	20 000

第一步,进行交互分配。

供电车间交互分配的分配率＝3 000÷15 000＝0.2

供水车间交互分配的分配率＝1 900÷20 000＝0.095

第二步,对外分配。

供电车间对外分配的分配率＝(3 000＋1 000×0.095－1 000×0.2)÷(15 000－1 000)＝ 0.2068

供水车间对外分配的分配率＝(1 900＋1 000×0.2－1 000×0.095)÷(20 000－1 000)＝ 0.1055

编制交互分配法的辅助生产成本分配表,如表 3-7 所示。

表 3-7 辅助生产成本分配法(交互分配法)

金额单位:元

供应单位			交互分配			对外分配		
			供电	供水	合计	供电	供水	合计
待分配费用			3 000	1 900	4 900	2 895	2 005	4 900
劳务供应量			15 000	20 000		14 000	19 000	
费用分配率			0.2	0.095		0.2068	0.1055	
应借科目	辅助生产成本	供电车间 耗用量		1 000				
		供电车间 金额		95	95			
		供水车间 耗用量	1 000					
		供水车间 金额	200		200			
	分配金额小计		200	95	295			
	制造费用	耗用量				10 000	14 000	
		金额				2 068	1 477	3 545
	管理费用	耗用量				4 000	5 000	
		金额				827	528	1 355
	分配金额合计					2 895	2 005	4 900

交互分配法对辅助生产车间内部相互提供的产品或劳务进行了相互分配,基本上反映了辅助生产车间之间相互提供产品或劳务的关系,从而提高了分配结果的正确性。但该方法需要经过两次分配,增加了计算的工作量。同时,由于采用实际分配率进行分配,会将辅

助生产成本节约或超支的差异一并转入基本生产费用,从而不利于对基本生产车间的业绩进行考核与评价。这种方法适用于各辅助生产车间之间相互提供产品或劳务较多且提供的数量不平衡的企业。

4. 计划成本分配法

计划成本分配法是指按照辅助生产成本的计划单位成本和各受益单位耗用的劳务数量分配辅助生产成本的一种方法。采用这种方法分配辅助生产成本时,可分为三个步骤进行:

第一步,按计划成本分配辅助生产成本,即根据各受益对象实际耗用的劳务数量和预先确定的计划单位成本计算分配辅助生产成本。

第二步,计算各辅助生产车间的成本差异。其计算公式如下:

$$\begin{matrix}\text{某辅助生产车} \\ \text{间的成本差异}\end{matrix} = \begin{matrix}\text{该辅助生产车} \\ \text{间实际总费用}\end{matrix} - \begin{matrix}\text{该辅助生产车} \\ \text{间计划总成本}\end{matrix} = \begin{matrix}\text{该辅助生产车} \\ \text{间待分配费用}\end{matrix} + \begin{matrix}\text{按计划成本分} \\ \text{配转入的费用}\end{matrix} - \begin{matrix}\text{按计划成本分配} \\ \text{转出的费用总额}\end{matrix}$$

第三步,结转分配成本差异。

对于辅助生产车间实际发生的费用(包括辅助生产交互分配转入的费用在内)与按计划单位成本分配转出的费用之间的差额,如果数额较大,可以按一定的分配标准(一般按实际耗用量)分配给辅助生产以外的各受益单位;如果数额较小,为了简化计算工作,也可以全部记入"管理费用"账户,借记"管理费用"账户,贷记"辅助生产成本"账户,超支用蓝字,节约用红字,或者节约做相反的会计分录。

【例3-12】 瓦盛企业有运输和供电两个辅助生产车间,2021年8月运输车间和供电车间分别发生费用76 000元、74 800元,假设运输车间计划单位成本为2.1元,供电车间计划单位成本为0.91元。各辅助生产车间提供的劳务数量如表3-8所示。

表3-8　　　　　　　　　　　瓦盛辅助生产车间生产资料表

受益单位		运输(千米)	耗电(度)
基本生产车间	XJK产品		24 000
	一般耗用	32 000	35 000
辅助生产车间	运输车间		7 000
	供电车间	1 000	
行政管理部门		3 000	10 000
销售部门		2 000	9 000
合计		38 000	85 000

采用计划分配法计算过程如下。

第一步,按计划单位成本分配费用。

基本生产车间应承担的运费=32 000×2.1=67 200(元)

供电车间应承担的运费=1 000×2.1=2 100(元)

行政部门应承担的运费=3 000×2.1=6 300(元)

销售部门应承担的运费＝2 000×2.1＝4 200(元)

XJK 产品应承担的电费＝24 000×0.91＝21 840(元)

基本生产车间应承担的电费＝35 000×0.91＝31 850(元)

运输车间应承担的电费＝7 000×0.91＝6 370(元)

行政部门应承担的电费＝10 000×0.91＝9 100(元)

销售部门应承担的电费＝9 000×0.91＝8 190(元)

编制相应分录：

借：生产成本——基本生产成本——XJK 产品	21 840
——辅助生产成本——运输车间	6 370
——供电车间	2 100
制造费用	99 050
管理费用	15 400
销售费用	12 390
贷：生产成本——辅助生产成本——运输车间	79 800
——供电车间	77 350

第二步，计算辅助生产成本差异。

运输车间实际费用＝76 000＋6 370＝82 370(元)

运输车间成本差异＝82 370－79 800＝2 570(元)

供电车间实际费用＝74 800＋2 100＝76 900(元)

供电车间成本差异＝76 900－77 350＝－450(元)

第三步，结转分配差异。

方法一：将成本差异直接记入"管理费用"科目。

借：管理费用	2 120
生产成本——辅助生产成本——供电车间	450
贷：生产成本——辅助生产成本——运输车间	2 570

方法二：将成本差异按实际耗用量在辅助生产车间以外的受益单位之间进行分配。

运输车间成本差异分配率＝2 570÷(38 000－1 000)＝0.069 5

基本生产车间应分配的运费＝32 000×0.069 5＝2 224(元)

行政部门应分配的运费＝3 000×0.069 5＝208.5(元)

销售部门应分配的运费＝2 570－2 224－208.5＝137.5(元)

供电车间成本差异分配率＝－450÷(85 000－7 000)＝－0.005 8

XJK 产品应分配的电费＝24 000×(－0.005 8)＝－139.2(元)

基本生产车间应分配的电费＝35 000×(－0.005 8)＝－203(元)

行政部门应分配的电费＝10 000×(－0.005 8)＝－58(元)

销售部门应分配的电费＝－(450－139.2－203－58)＝－49.8(元)

借：生产成本——辅助生产成本——供电车间　　　　　　　　　　450.00

　　制造费用　　　　　　　　　　　　　　　　　　　　　　　2 021.00

　　管理费用　　　　　　　　　　　　　　　　　　　　　　　 150.50

　　销售费用　　　　　　　　　　　　　　　　　　　　　　　　87.70

　贷：生产成本——辅助生产成本——运输车间　　　　　　　　2 570.00

　　　生产成本——基本生产成本——XJK 产品　　　　　　　　 139.20

实际工作中,通过编制辅助生产成本分配表进行分配,如表3-9所示。

表3-9　　　　　　　　　　辅助生产成本分配表(计划成本分配法)

金额单位：元

劳务耗用			运输车间		供电车间		合计
			数量	费用	数量	费用	
待分配辅助生产成本			38 000	76 000	85 000	74 800	150 800
计划单位成本				2.10		0.91	
辅助生产车间	运输车间	电费			7 000	6 370	6 370
	供电车间	运费	1 000	2 100			2 100
基本生产车间	XJK 产品	电费			24 000	21 840	21 840
		运费					
	一般耗用	电费			35 000	31 850	31 850
		运费	32 000	67 200			67 200
行政管理部门		电费			10 000	9 100	9 100
		运费	3 000	6 300			6 300
销售部门		电费			9 000	8 190	8 190
		运费	2 000	4 200			4 200
按计划分配合计				79 800		77 350	157 150
辅助生产实际成本				82 370		76 900	159 270
辅助生产成本差异				2 570		—450	2 120

采用计划成本分配法时,各辅助生产成本只分配一次,劳务的计划单价事先确定,不必单独计算费用分配率,简化了计算过程,加速了各车间成本计算的进程。它既考虑到各辅助生产之间的交互分配,也便于分析考核各辅助生产车间和其他各受益部门的经济责任。但是,该分配方法要求辅助生产成本实际成本比较稳定,辅助生产产品或劳务的计划单位成本资料必须准确。

5. 代数分配法

代数分配法是指运用代数中多元一次方程组的原理分配辅助生产成本的一种方法。

首先,假设各辅助生产车间提供产品或劳务的单位成本为未知数,并根据辅助生产车间之间相互提供产品或劳务的关系,建立多元一次方程组,每一组方程都是按下列公式建立的。

$$某辅助生产车间提 \atop 供产品(劳务)总量 \times {该产品(劳务)的 \atop 单位实际成本} = {该辅助生产车间 \atop 待分配费用总额} + {该辅助生产车间耗用其他辅 \atop 助生产车间产品(劳务)数量}$$

$$\times {某辅助生产车间产品 \atop (劳务)的单位实际成本}$$

其次,解多元一次方程组可计算出各辅助生产车间产品或劳务的单位成本,即辅助生产成本分配率。

最后,根据各受益对象(包括辅助生产车间)耗用产品或劳务的数量和相应的辅助生产成本分配率分配辅助生产成本。其计算公式如下:

$$某受益对象应承担 \atop 的辅助生产成本 = {该受益对象实际耗 \atop 用产品(劳务)数量} \times {该产品(劳务) \atop 单位计划成本}$$

【例 3-13】　沿用[例 3-12]的资料,采用代数分配法,计算过程如下。

设运输车间运费单位成本为 x 元,供电车间单位成本为 y 元,建立二元一次方程组:

$$\begin{cases} 76\,000 + 7\,000y = 38\,000x \\ 74\,800 + 1\,000x = 85\,000y \end{cases}$$

解上述方程组,得:

$x \approx 2.1675(元)$

$y \approx 0.9055(元)$

根据计算结果编制辅助生产成本分配表,如表 3-10 所示。

表 3-10　　　　　　　　　　　辅助生产成本分配表(代数分配法)

金额单位:元

辅助生产车间			运输	供电	合计
单位成本			2.1675	0.9055	
辅助生产车间	运输车间	耗用量		7 000	
		分配额		6 338.5	6 338.5
	供电车间	耗用量	1 000		
		分配额	2 167.5		2 167.5
基本生产车间	XJK 产品	耗用量		24 000	
		分配额		21 732	21 732
	一般耗用	耗用量	32 000	35 000	
		分配额	69 360	31 692.5	101 052.5
行政管理部门		耗用量	3 000	10 000	
		分配额	6 502.5	9 055	15 557.5
销售部门		耗用量	2 000	9 000	
		分配额	4 308.5	8 149.5	12 458
分配金额合计			82 338.5	76 967.5	159 306

根据辅助生产成本分配表,编制会计分录如下:

借：生产成本——辅助生产成本——运输车间　　　　　　　　6 338.50

　　　　　　　　　　　　——供电车间　　　　　　　　　　　2 167.50

　　　　　　——基本生产成本——甲产品　　　　　　　　　21 732.00

　　制造费用　　　　　　　　　　　　　　　　　　　　　　101 052.50

　　管理费用　　　　　　　　　　　　　　　　　　　　　　15 557.50

　　销售费用　　　　　　　　　　　　　　　　　　　　　　12 458.00

　　贷：生产成本——辅助生产成本——运输车间　　　　　　　82 338.50

　　　　　　　　　　　　　——供电车间　　　　　　　　　　76 967.50

　　采用代数分配法时,劳务费用的分配结果比较准确,但在实际工作中如果辅助生产车间较多,而且辅助生产车间之间提供的劳务比较复杂,则计算工作较为繁复,因此,这种方法在会计工作已经实现电算化的企业中比较适宜采用。

二、 制造费用的归集与分配

(一) 制造费用的概念

制造费用是指企业为生产产品(或提供劳务)而发生的、应该计入产品成本、但没有专设成本项目的各项生产费用,主要包括生产车间发生的管理人员工资、职工福利费,固定资产的折旧费和保险费,周转材料的摊销额,照明费、水电费、取暖费、差旅费和办公费等。制造费用是产品成本的重要组成部分,但是制造费用中大部分费用不是直接用于产品生产,而是间接用于产品生产。

(二) 制造费用的归集

为了核算制造费用,企业应设置"制造费用"账户。该账户的借方登记发生的制造费用,贷方登记分配计入有关成本核算对象的制造费用。该账户按不同的车间、部门设置明细账,账内按费用项目设专栏进行明细核算。对于生产单一产品或提供单一劳务的辅助生产车间,如果其制造费用金额较小,或不需要按照规定的成本项目计算产品成本,为了简化核算工作,可不设"制造费用"账户,而将本车间发生的制造费用直接计入辅助生产成本明细账及总账。发生制造费用应根据有关的凭证和费用分配表,借记"制造费用"账户,贷记"原材料""应付职工薪酬""累计折旧""银行存款"等账户。

(三) 制造费用的分配

月末,企业应将归集的制造费用分配转入有关产品成本或劳务成本。基本生产车间的制造费用是产品生产成本的组成部分。在只生产一种产品的车间,制造费用可以直接计入该产品的生产成本;在生产多种产品的车间,制造费用则应该选择合理的标准分配计入各种产品的生产成本。企业应根据自己的实际情况,选择合理的分配方法。分配方法一经确定,不能随意变动,以保证产品成本的客观性和可比性。不论采用哪一种分配方法,都应根据分配计算的结果编制制造费用分配表。

（四）制造费用的分配方法

制造费用分配方法通常采用实际分配率法或年度计划分配率分配法。

1. 实际分配率法

实际分配率法是指根据制造费用的实际发生额,按照一定的分配标准分配计入产品成本的方法。可供选择的标准有生产工时、生产工人工资、直接材料成本、机器工时等。其计算公式如下:

$$制造费用实际分配率＝实际制造费用总额÷各产品分配标准之和$$
$$某产品应分配的制造费用＝该产品分配标准数额×制造费用实际分配率$$

如果产品的工时定额比较准确,制造费用也可以按定额工时的比例分配。

【例 3-14】 华兴公司基本生产车间生产甲、乙、丙三种产品。2021 年 10 月归集的制造费用为 30 100 元。甲、乙、丙产品的生产工时分别为 3 200 小时、2 600 小时、2 800 小时。按生产工人工时比例分配制造费用如下。根据制造费用分配率计算分配的结果编制制造费用分配表,如表 3-11 所示。

表 3-11　　　　　　　　　　　　制造费用分配表

车间:基本生产车间　　　　　　　　　　　　　　　　　　　　　　　金额单位:元

科目		成本项目	分配标准	分配率	分配额
生产成本——基本生产成本	甲产品	制造费用	3 200		11 200
	乙产品	制造费用	2 600	3.5	9 100
	丙产品	制造费用	2 800		9 800

按生产工时比例分配制造费用,将产品负担的制造费用与劳动生产率的高低联系起来,劳动生产率提高,则单位产品生产所用工时减少,应负担的制造费用降低。但是,如果各种产品的机械化程度差异较大,采用生产工时作为分配标准,会使机械化程度较低的产品负担过多的费用,从而使分配结果与实际情况产生差异。这是因为制造费用中包含着大量与机械使用有关的费用,如机械设备的折旧费、保险费和经营租赁费等。机械化程度越高的产品,越要负担较高的费用。所以,此法适用于各受益产品机械化程度大致相同的车间。

生产工人工资比例分配法的优点是各产品所耗人工工资资料可直接从工资费用分配表中查找。基于与生产工时比例分配法相同的原因,此法适用于各受益产品机械化程度大致相同的企业和车间。

采用机器工时比例分配的前提条件是制造费用与机器操作时间有密切联系,也就是说发生的制造费用多少与机器运转工作时间长短有一定的比例关系。这种分配方法适用于机械化水平较高的企业和车间。因为机械化水平高,折旧费的数额就大,在制造费用中所占的比重也大,而分配折旧费的多少往往与机器耗用工时有直接联系。

2. 年度计划分配率分配法

年度计划分配率分配法是指根据企业各生产车间的制造费用计划和年度各产品计划产

量的定额工时,计算出各生产车间制造费用年度计划分配率,然后根据年度计划分配率和各月实际产量的定额工时分配制造费用的一种方法。采用这种分配方法时,不管各月实际制造费用是多少,每月各种产品中的制造费用都按年度计划确定的计划分配率和每月各种产品的实际产量的定额工时进行分配。其计算公式如下:

$$\text{年度计划分配率} = \text{某生产车间年度制造费用计划总额} \div \text{该生产车间年度各种产品计划产量的定额总工时之和}$$

$$\text{某产品本月应分配的制造费用} = \text{该产品本月实际产量的定额工时} \times \text{年度计划分配率}$$

采用年度计划分配率分配制造费用,实际发生的制造费用与本月按计划分配率分配转出的制造费用往往存在差异,产生借方或贷方余额。借方余额表示实际发生的制造费用大于分配结转的制造费用,属于已经支付但尚未计入成本的费用;贷方余额表示实际发生的制造费用小于分配结转的制造费用,属于已经计入成本但尚未支付的制造费用。

【例3-15】　新兴公司基本生产车间2021年全年制造费用计划发生额为810 000元。全年各种产品的计划产量为:甲产品30 000件,乙产品20 000件。单件产品工时定额为:甲产品5小时,乙产品6小时。11月实际产量为:甲产品3 000件,乙产品1 000件。本月实际发生制造费用为62 000元,"制造费用"账户本月期初余额为借方800元。按年度计划分配率分配法分配制造费用如下。

甲产品年度计划产量的定额工时＝30 000×5＝150 000(小时)

乙产品年度计划产量的定额工时＝20 000×6＝120 000(小时)

年度计划分配率＝810 000÷(150 000＋120 000)＝3

11月甲产品应分配的制造费用＝3 000×5×3＝45 000(元)

11月乙产品应分配的制造费用＝1 000×6×3＝18 000(元)

该车间本月份分配转出的制造费用＝45 000＋18 000＝63 000(元)

该车间本月初"制造费用"账户为借方余额800元,本月实际借方发生额为62 000元,分配转出贷方发生额为63 000元,则本月"制造费用"账户为贷方余额200元。

采用这种分配方法时,计划分配额与实际发生额之间的差异即为"制造费用"账户的期末余额,平时不做处理,逐月累计至年终时再进行调整。其调整方法有以下两种:

方法一:已分配金额比例法。将全年的差异即12月末"制造费用"账户余额,按已分配制造费用的比例进行调整,转入或冲转12月的生产成本。如果实际发生额大于计划分配额,用蓝字补记,否则用红字冲减。其计算公式为:

$$\text{差异分配率} = \frac{\text{某生产车间年度制造费用累计差异}}{\text{该生产车间年度各产品按计划分配率的全年已分配制造费用之和}}$$

某产品本月应分配的差异额＝该产品按计划分配率分配的全年已分配制造费用×差异分配率

方法二:将1~11月产生的"制造费用"账户余额并入12月制造费用的发生额中,采用年度实际分配率分配12月的制造费用。

无论采用哪一种方法,年终调整后,"制造费用"账户的余额为0。

【例 3-16】 沿用［例 3-15］的资料,假设全年实际发生制造费用 805 000 元,年末累计已分配制造费用 815 000 元,其中,甲产品分配 489 000 元,乙产品分配 326 000 元,多分配 10 000 元。

方法一:按各种产品全年已分配比例调整冲回多分配的制造费用。

差异分配率＝10 000÷815 000＝0.0012

甲产品应分配的差异额＝489 000×10 000÷815 000＝6 000(元)

乙产品应分配的差异额＝326 000×10 000÷815 000＝4 000(元)

12 月编制调整会计分录如下:

借:生产成本——基本生产成本——甲产品　　　　　　　　　　　　　　　　6 000
　　　　　　　　　　　　　——乙产品　　　　　　　　　　　　　　　　4 000
　　贷:制造费用——基本生产车间　　　　　　　　　　　　　　　　　　　10 000

方法二:"制造费用"账户余额并入 12 月制造费用的发生额中,采用年度实际分配率分配 12 月的制造费用。

假设 12 月初"制造费用"账户有借方余额 500 元,12 月甲产品的实际生产工时为 14 500 小时,乙产品的实际生产工时为 8 800 小时,实际发生制造费用为 67 070 元。

制造费用分配率＝(67 070＋500)÷(14 500＋8 800)＝2.9

甲产品应负担的制造费用＝14 500×2.9＝42 050(元)

乙产品应负担的制造费用＝8 800×2.9＝25 520(元)

12 月编制会计分录如下:

借:生产成本——基本生产成本——甲产品　　　　　　　　　　　　　　　42 050
　　　　　　　　　　　　　——乙产品　　　　　　　　　　　　　　　25 520
　　贷:制造费用——基本生产车间　　　　　　　　　　　　　　　　　　67 570

年度计划分配率分配法核算工作简便,特别适用于季节性生产的企业。因为在这种企业中,每月发生的制造费用相差不多,但淡季和旺季的产量却相差悬殊,如果各月按实际费用分配,则各月产品成本中的制造费用会忽高忽低,不便于成本分析。这种方法考虑了淡季发生费用与旺季的高产量之间的密切关系,如设备的维护保养在淡季进行,使其在旺季时能充分发挥技术效能。因此,这些费用也应由旺季产品共同负担,淡季和旺季的产品成本负担的制造费用才比较合理、稳定。

通过上述制造费用的归集与分配,除了采用年度计划分配率分配法的企业,"制造费用"总账账户和所属明细账月末都应无余额。

三、 废品损失的归集与分配

(一) 废品及废品损失的含义

1. 废品的含义

废品是指质量不符合规定的技术标准,不能按原定用途使用,或者需要加工修理后才能按原定用途使用的在产品、半成品和产成品。废品可能是在生产过程中被发现的,也可能是完工入库时被发现的。

2. 废品的分类

1) 按产生的原因

废品按产生的原因可分为料废品和工废品。

料废品是指由于原料不符合质量要求而产生的废品;工废品是指由于工人操作失误,如操作违反流程、看错图纸等原因而产生的废品。区分废品是料废品还是工废品,有利于分清产生废品的责任,贯彻企业经济责任制。

2) 按能否和有无修复必要

废品按能否和有无必要修复可分为可修复废品和不可修复废品。

可修复废品是指技术上或者工艺上可以修复,而且所需修复费用在经济上是合算的废品,可修复废品一般经过修复后可成为合格产品。不可修复废品是指在技术上或者工艺上不可能修复,或者虽然可以修复,但所需修复费用在经济上不合算的废品。

3. 废品损失核算的内容

废品损失是指由于产生废品而发生的损失,包括不可修复废品的生产成本和可修复废品的修复费用,扣除回收的残料和废料的价值,以及责任人赔偿后的净损失。区分可修复废品和不可修复废品是进行废品损失核算的前提,因为可修复废品和不可修复废品造成损失的组成内容不同。

对于不需返修而降价出售的不合格品,其降价损失反映为销售收入的减少,不作为废品损失处理。产成品入库后,由于保管不善而损坏变质的损失属于管理问题,应作为管理费用,不作为废品损失。实行包退、包修、包换"三包"的企业,在产品出售后发现的废品所发生的一切损失不包括在废品损失内,应计入销售费用和管理费用。

(二) 废品损失核算的账户

单独核算废品损失的企业应设置"废品损失"账户,在"生产成本——基本生产成本"明细账中增设"废品损失"成本项目。"废品损失"账户按车间设置明细账,账内按产品品种和成本项目登记废品损失,该账户借方归集不可修复废品的生产成本和可修复废品的修复费用,贷方登记废品残料回收价值和应收的赔款,以及废品净损失的结转,月末结转后该账户余额为零。

如果企业不单独核算废品损失,则不设"废品损失"账户,也不设"废品损失"成本项目,发生不可修复废品时,从全部产量中扣除报废产品数量,废品的残值直接冲减"生产成本——基本生产成本"账户及其明细账中的"直接材料"成本项目。发生可修复废品,其修复费用直接记入"生产成本——基本生产成本"账户及其明细账的有关成本项目。

(三) 废品损失的核算

1. 可修复废品损失的核算

可修复废品损失是指可修复废品在修复过程中发生的各项修复费用。可修复废品返修以前发生的生产费用,不必从"生产成本——基本生产成本"账户及其明细账中转出。只要在本月修复,所发生的修复费用都作为本月废品损失进行核算。

【例 3-17】 2021 年 2 月,新兴公司第一车间生产甲产品时发现可修复废品 13 件,修复过程中耗用材料费 890 元,直接人工费 450 元,应负担制造费用 360 元。根据资料计算废品损失如下。

废品损失＝890＋450＋360＝1 700(元)

根据废品损失计算结果编制会计分录如下:

借:废品损失——甲产品   1 700
    贷:原材料   890
        应付职工薪酬   450
        制造费用   360

2. 不可修复废品损失的核算

不可修复废品损失是指产品截至报废时所耗费的所有费用扣除回收的残值和应收赔款后的净损失。不可修复废品的成本与合格品的成本在分离前是归集在一起的,因此,需要采取一定的方法进行分配。常用的方法是按废品的实际成本计算和按废品所耗定额费用计算。

1) 按废品实际成本计算

按废品实际成本计算就是将废品和合格品共同发生的全部实际费用采用一定的方法在合格品与废品之进行分配,进而计算出废品的实际成本,从"生产成本——基本生产成本"账户贷方转入"废品损失"账户的借方。

如果不可修复废品是完工后发现的,单位废品负担的各项费用与单位合格品完全相同,按照两者的产量比例或生产工时比例进行分配。如果废品是在生产过程中发现的,则应根据废品的完工程度,将其折合成相当于合格品的数量(即约当产量)进行分配。其计算公式如下:

$$不可修复废品应负担的材料费用＝\frac{该产品耗用材料费用总额}{合格品数量＋废品约当产量}×废品约当产量$$

$$不可修复废品应负担的人工费用＝\frac{该产品耗用人工费用总额}{合格品数量＋废品约当产量}×废品约当产量$$

$$不可修复废品应负担的制造费用＝\frac{该产品耗用制造费用总额}{合格品数量＋废品约当产量}×废品约当产量$$

【例 3-18】 2021 年 2 月,华兴公司第一车间共生产 DLQ 产品 650 件,在完工 70% 时发现不可修复废品 20 件,材料已于生产开始时一次投入,生产甲产品耗用成本合计为 44 135 元,其中,直接材料成本 16 705 元,直接人工 14 495 元,制造费用 12 935 元。废品残值 50 元,应收责任人赔款 300 元,则 20 件不可修复废品的成本计算如下。

材料费用分配率＝16 705÷(630＋20)＝25.70

不可修复废品应负担的材料费用＝25.70×20＝514(元)

人工费用分配率＝14 495÷(630＋20×70%)＝22.51

不可修复废品应负担的人工费用＝22.51×20×70%＝315.14(元)

制造费用分配率＝12 935÷(630＋20×70%)＝20.09

不可修复废品应负担的制造费用＝20.09×20×70%＝281.26(元)

不可修复废品的净损失＝514＋315.14＋281.26－50－300＝760.40(元)

根据计算结果编制废品损失计算表,如表3-12所示。

表 3-12　　　　　　　　　　　　　废品损失计算表

车间:第一车间

产品名称:DLQ 产品　　　　　　　　　　　　　　　　　　　　　　　　　金额单位:元

项目	直接材料	直接人工	制造费用	合计
合格品和废品生产费用合计	16 705	14 495	12 935	44 135
费用分配率	25.70	22.51	20.09	
废品生产成本	514	315.14	281.26	1 110.40
减:残料价值	50			50
过失人赔款		300		300
废品净损失	464	15.14	281.26	760.40

根据废品损失计算表编制如下会计分录:

借:废品损失——甲产品　　　　　　　　　　　　　　　　　　　1 110.40

　　贷:生产成本——基本生产成本——甲产品　　　　　　　　　　　　　　1 110.40

借:原材料　　　　　　　　　　　　　　　　　　　　　　　　　50.00

　　其他应收款　　　　　　　　　　　　　　　　　　　　　　　300.00

　　贷:废品损失——甲产品　　　　　　　　　　　　　　　　　　　　　350.00

借:生产成本——基本生产成本——甲产品　　　　　　　　　　　760.40

　　贷:废品损失——甲产品　　　　　　　　　　　　　　　　　　　　　760.40

为了简化核算,在废品损失较少的企业可不设置"废品损失"账户,废品损失直接包含在当月的合格品成本中。对于发生的废品残值收入和应收过失人赔款,冲减生产成本,其中,残料价值从生产成本明细账的"直接材料"成本项目中扣除,应收赔款从"直接人工"成本项目中扣除。生产成本明细账汇集的完工产品总成本除以扣除废品数量以后的合格品数量,计算合格品的单位成本。

2) 按废品所耗定额费用计算

按废品所耗定额费用计算是按不可修复废品的数量和各项费用定额计算废品的定额成本,扣除废品残料回收价值和责任人赔偿来计算废品损失。在这种方法下,废品只负担定额成本,定额成本与实际成本之间的差异全部由合格产品负担。

【例3-19】　2021年2月,启明工厂基本生产车间生产乙产品,完工时发现不可修复废品

110 件。乙产品每件材料费用定额 35 元,工时定额 5 小时,计划小时工资率 3.5,计划小时制造费用率 1.5,废品回收残值 240 元,则不可修复废品的成本计算如下。

不可修复废品应负担的材料费用＝110×35＝3 850(元)

不可修复废品应负担的人工费用＝110×5×3.5＝1 925(元)

不可修复废品应负担的制造费用＝110×5×1.5＝825(元)

不可修复废品的净损失＝3 850＋1 925＋825－240＝6 360(元)

根据废品损失计算结果编制如下会计分录:

借:废品损失——乙产品   6 600

    贷:生产成本——基本生产成本——乙产品   6 600

借:原材料   240

    贷:废品损失——乙产品   240

借:生产成本——基本生产成本——乙产品   6 360

    贷:废品损失——乙产品   6 360

采用定额费用计算废品成本方法简便、计算及时,有利于控制废品损失,故应用较为广泛,但要求企业必须具有比较准确的定额成本资料,否则会影响成本计算的准确性。

第三节　生产费用在完工产品和在产品之间的分配

一、完工产品和在产品的含义

完工产品是指已经完成全部生产过程、符合质量要求并已验收入库,可以作为商品对外销售的产成品。在产品是指没有完成全部生产过程,不能作为商品销售的产品,包括正在车间加工中的在产品(包括正在返修的废品)和已经完成一个或几个生产步骤,但还需继续加工的半成品两部分。这里的在产品,就整个企业而言,即广义的在产品。从狭义的或者就某一车间或某一生产步骤来说,在产品只包括该车间或该生产步骤正在加工中的那部分在产品,车间或生产步骤已完工的半成品不包括在内。

二、分配的基本思路

如前所述,通过各项费用的归集与分配后,应计入本期各种产品的生产费用均已集中反映到各成本核算对象的"生产成本——基本生产成本"明细账的借方。期末,企业要将累计的生产费用在本期完工产品和期末在产品之间进行分配,用公式表示为:

期初在产品成本＋本期生产费用＝本期完工产品成本＋期末在产品成本

在上式中,左方两项均属已知数,即为本月累计生产费用发生额。其中,月初在产品成本就是上期期末的在产品成本。本期生产费用则表示本月产品生产所汇集的生产费用,可从其"生产成本——基本生产成本"明细账中直接取得。等式右边则表示生产费用的分配关系,是未知数。

如果本期生产的产品已经全部完工,则本期发生的生产费用就是本期完工产品的总成本;如果本期生产的产品全部未完工,则本期发生的生产费用就是期末在产品的总成本;如果本期产品生产既有完工产品,又有在产品,那么就需要采用适当的方法,将本月累计生产费用在完工产品和月末在产品之间进行分配。分配方法有两种:一种是倒算法,即先确定月末在产品成本,再倒挤出完工产品成本,或者先确定完工产品成本,再倒挤出月末在产品成本;另一种是比例分配法,即将本月累计生产费用按照一定比例在完工产品和月末在产品之间进行分配,同时求得完工产品成本和月末在产品成本。

三、 生产费用在完工产品与在产品之间的分配方法

在会计实务中,生产费用在完工产品与在产品之间分配方法有很多,企业应该根据在产品数量的多少、各月在产品数量变化的大小、各项费用比重的大小,以及定额管理基础的好坏等具体情况,选择既合理又较简便的分配方法。

(一) 约当产量法

约当产量法是将月末在产品的数量按其完工程度折算为相当于完工产品的数量,并将本期累计的生产费用按照完工产品数量和月末在产品的约当产量比例进行分配以计算完工产品成本和月末在产品成本的方法。该方法适用于月末在产品数量较多,各月在产品数量不稳定,产品成本中原材料费用和人工及制造费用的比重相差不大的成品。其计算公式如下:

某项费用分配率＝该项费用累计总额÷(完工产品数量＋月末在产品约当产量)

完工产品应负担的某项成本＝完工产品数量×某项费用分配率

月末在产品应负担的某项成本＝在产品约当产量×某项费用分配率

或　　　　　　　　　　　　　　　＝某项费用累计总额－完工产品应负担的某项成本

其中:　　　　　　　在产品约当产量＝在产品数量×在产品完工程度

1. 材料费用的分配

直接材料的完工程度也叫投料程度,是指在产品已投材料占完工产品应投材料的百分比。即:

在产品约当产量＝月末在产品数量×投料程度

根据原材料的投料方式不同,投料程度的计算也不同。

投料方式一:原材料在生产开始时一次投入。

此时,在产品和完工产品所投入的材料成本完全相同,耗料程度均为100%,用于分配直接材料的在产品的约当产量就是其月末结存数量。因此,期末按照完工产品和在产品的数

量比例分配直接材料费用。

投料方式二：原材料分工序于每道工序开始时一次投入。

此时，同一道工序中完工产品和在产品的原材料投料程度相同。因此，企业先要分工序计算月末在产品的约当产量，然后再汇总。其计算公式如下：

$$某工序在产品投料程度 =（前面各工序累计投入材料定额＋本工序材料投入定额）$$
$$\div 完工产品材料定额月末在产品的约当产量$$
$$= \sum（各工序在产品的实际数量 \times 各工序的投料程度）$$

【例3-20】 安迪公司A产品经过三道工序加工而成。A产品直接材料分工序在每道工序开始时一次投入，该产品在第一、第二、第三道工序上的直接材料消耗定额分别为50元、30元、20元。2021年2月末，三道工序分别有在产品500件、400件和800件，本月产品完工2000件。月初在产品和本月发生的直接材料费用分别为44800元和95055元。约当产量的计算过程及结果如表3-13所示。

表3-13 在产品投料程度和约当产量计算表

工序	月末在产品数量（件）	材料定额（千克）	各工序在产品投料程度	月末在产品约当产量（件）
1	500	50	（50÷100）×100％＝50％	250
2	400	30	［（50＋30）÷100］×100％＝80％	320
3	800	20	［（50＋30＋20）÷100］×100％＝100％	800
合计	1700	100		1370

材料费用分配率＝（44800＋95055）÷（2000＋1370）＝41.5

完工产品应负担的材料费用＝2000×41.5＝83000（元）

月末在产品应负担的材料费用＝1370×41.5＝56855（元）

投料方式三：原材料随加工进度在生产过程中陆续、均衡投入，并且和加工程度保持一致。

此时，原材料的投料程度要按加工程度来计算，即在分配直接材料费用、直接人工费用和制造费用时使用同一个加工程度。加工程度的具体计算方法参照后面对加工费用的分配方法。

投料方式四：原材料在生产过程中陆续、不均衡投入，且和加工程度不一致。

此时，原材料在各工序中的投料程度各不相同，企业应分别计算各工序中在产品的约当产量。每道工序中后面在产品多加工的程度可以抵补前面在产品少加工的程度，同一工序内部在产品的投料程度一律按50％计算。其计算公式如下：

$$某工序在产品投料程度 = \frac{前面各工序累计材料定额＋本工序材料定额 \times 50\%}{完工产品材料定额}$$

$$月末在产品的约当产量 = \sum 各工序在产品的实际数量 \times 各工序的投料程度$$

【例3-21】 安兴公司A产品需要经过三道工序加工而成。A产品直接材料分工序在每道工序中陆续投入,该产品在三道工序上的直接材料消耗定额分别为第一工序40元,第二工序35元,第三工序25元。2021年7月末完工产品3 000件,三道工序在产品分别有400件、600件、840件。月初在产品和本月发生的直接材料费用分别为20 736元、144 000元。约当产量的计算过程及结果如表3-14所示。

表3-14 在产品投料程度和约当产量计算表

工序	月末在产品数量(件)	材料定额(元)	各工序在产品投料程度	月末在产品约当产量(件)
1	400	40	$(40×50\%÷100)×100\%=20\%$	80
2	600	35	$[(40+35×50\%)÷100]×100\%=57.5\%$	345
3	840	25	$[(40+35+25×50\%)÷100]×100\%=100\%$	735
合计	1 840	100		1 160

材料费用分配率$=(20\ 736+144\ 000)÷(3\ 000+1\ 160)=39.6$

完工产品应负担的材料费用$=3\ 000×39.6=118\ 800(元)$

月末在产品应负担的材料费用$=1\ 160×39.6=45\ 936(元)$

2. 直接人工和制造费用的分配

直接人工和制造费用属于加工费用,其完工程度也叫加工程度。测定在产品加工程度的方法一般有两种。

第一种:平均计算。在各工序在产品数量和单位产品在各工序的加工量相差不多的情况下,后面各工序的在产品多加工的程度可以抵补前面各工序少加工的程度,全部在产品完工程度均按50%计算。

第二种:各工序分别测定在产品加工程度。若各工序在产品数量及加工程度相差悬殊,为了提高成本计算的正确性和及时性,可根据各工序的累计工时定额占完工产品工时定额的百分比分别测定在产品的完工程度。其计算公式如下:

某工序在产品完工程度$=$(前面各工序累计工时定额$+$本工序工时定额$×50\%$)$÷$完工产品工时定额

月末在产品的约当产量 $= \sum$(各工序在产品的实际数量$×$各工序的完工程度)

为了简化核算,各工序内的在产品按平均完工50%计算。

【例3-22】 安兴公司A产品的工时定额为20小时,需要经过三道工序加工而成。其各工序工时定额分别为18小时、20小时和12小时。2021年4月末完工产品3 000件,三道工序在产品数量分别为400件、600件、840件,月初和本月发生的直接人工费用总计20 736元,制造费用总计41 472元。约当产量的计算过程及结果如表3-15所示。

表 3-15 在产品完工程度和约当产量计算表

工序	月末在产品数量(件)	工时定额(元)	各工序在产品完工程度	月末在产品约当产量(件)
1	400	18	(18×50%÷50)×100%＝18%	72
2	600	20	[(18＋20×50%)÷50]×100%＝56%	336
3	840	12	[(18＋20＋12×50%)÷50]×100%＝88%	739.20
合计	1 840	50		1 147.20

人工费用分配率＝20 736÷(3 000＋1 147.20)＝5

制造费用分配率＝41 472÷(3 000＋1 147.20)＝10

完工产品应负担的人工费用＝3 000×5＝15 000(元)

完工产品应负担的制造费用＝3 000×10＝30 000(元)

月末在产品应负担的人工费用＝1 147.20×5＝5 736(元)

月末在产品应负担的制造费用＝1 147.20×10＝11 472(元)

【例 3-23】 新兴公司生产的甲产品分三道加工工序完成。2021 年 2 月有关甲产品的产量、工时定额、成本费用等资料如下。原材料在生产开始时一次投入;当月完成甲产品 500 件;月末各道工序在产品的数量分别为 80 件、100 件和 60 件;各工序的工时定额工时分别为 50 小时、30 小时和 20 小时;月初在产品成本为直接材料 9 200 元,直接人工 1 170 元,制造费用 1 280 元;本月发生费用为直接材料 50 000 元,直接人工 18 000 元,制造费用 11 500 元。采用约当产量法计算当月完工产品成本和月末在产品成本,并登记产品成本明细账。有关计算分配如表 3-16 所示。

第一步,分配直接材料。

月末在产品的约当产量＝80＋100＋60＝240(件)

材料费用分配率＝(9 200＋50 000)÷(500＋240)＝80

完工产品应负担的材料费用＝500×80＝40 000(元)

月末在产品应负担的材料费用＝240×80＝19 200(元)

第二步,分配直接人工和制造费用。

表 3-16 在产品加工程度和约当产量计算表

工序	月末在产品数量(件)	工时定额(元)	各工序在产品完工程度	月末在产品约当产量(件)
1	80	50	(50×50%÷100)×100%＝25%	20
2	100	30	[(50＋30×50%)÷100]×100%＝65%	65
3	60	20	[(50＋30＋20×50%)÷100]×100%＝90%	54
合计	240	100		139

人工费用分配率＝（1 170＋18 000）÷（500＋139）＝30

制造费用分配率＝（1 280＋11 500）÷（500＋139）＝20

完工产品应负担的人工费用＝500×30＝15 000（元）

完工产品应负担的制造费用＝500×20＝10 000（元）

月末在产品应负担的人工费用＝139×30＝4 170（元）

月末在产品应负担的制造费用＝139×20＝2 780（元）

（二）定额成本法

定额成本法是指月末在产品根据在产品数量和单位定额成本计算，从本月累计生产费用中扣除，即为完工产品的总成本。计算步骤及公式如下。

第一步，计算月末在产品的定额成本。

月末在产品直接材料定额成本＝月末在产品约当产量×单位产品材料定额成本

月末在产品直接人工定额成本＝月末在产品约当产量×单位产品定额工资

或： ＝月末在产品的定额工时×单位工时定额工资

月末在产品制造费用定额成本＝月末在产品定额工时×单位工时定额制造费用

第二步，计算本期完工产品的成本。

本月完工产品成本＝月初在产品定额成本＋本月的生产费用－月末在产品定额成本

在这种方法下，完工产品成本是倒推出来的，每月生产费用总额与定额费用的差异全部由完工产品成本负担。因此，这种方法适用于定额管理基础比较好，各项消耗定额或费用定额比较准确稳定，而且各月在产品数量变动不大的产品。

【例3-24】 安兴公司生产ISO产品，材料系生产开始一次投入。2021年2月完工甲产品1 500件，月末结存在产品500件，加工程度为60％。单位产品材料消耗定额2千克，材料的计划单价为30元，单位产品工时定额2小时，定额直接人工计划数15元/小时，定额制造费用计划数22元/小时。月初在产品和本月生产耗费总计为直接材料126 000元，直接人工57 600元，制造费用75 600元。月末在产品定额成本计算如下。

月末在产品直接材料成本＝500×2×30＝30 000（元）

月末在产品直接人工成本＝500×60％×2×15＝9 000（元）

月末在产品制造费用＝500×60％×2×22＝13 200（元）

月末在产品定额成本＝30 000＋9 000＋13 200＝52 200（元）

完工产品成本＝（126 000＋57 600＋75 600）－52 200＝207 000（元）

（三）定额比例法

定额比例法是指按完工产品和月末在产品的定额消耗量或定额费用的比例分配生产费用，计算完工产品成本和月末在产品成本的方法。直接材料费用一般按材料定额耗用量或材料定额费用比例分配，直接人工和制造费用按定额工时或定额费用比例分配。现以定额耗用量分配材料费用、定额工时分配直接人工和制造费用的计算公式如下：

$$直接材料费用分配率=\frac{月初在产品材料费用+本月发生材料费用}{完工产品材料定额耗用量+月末在产品材料定额耗用量}$$

$$完工产品直接材料=完工产品定额耗用量\times直接材料分配率$$

$$月末在产品直接材料=在产品定额耗用量\times直接材料分配率$$

$$直接人工分配率=\frac{月初在产品直接人工+本月发生直接人工}{完工产品定额工时+在产品定额工时}$$

$$制造费用分配率=\frac{月初在产品制造费用+本月发生材料费用}{完工产品定额工时+在产品定额工时}$$

$$完工产品直接人工（制造费用）=完工产品定额工时\times直接人工（制造费用）分配率$$

$$月末在产品直接人工（制造费用）=月末在产品定额工时\times直接人工（制造费用）分配率$$

【例3-25】 启星工厂生产加工 RG 产品,2022 年 2 月有关费用及定额资料如表 3-17 所示。

表 3-17 　　　　　　　　　　　RG 产品费用及有关定额资料

金额单位:元

项目	直接材料	直接人工	制造费用	合计
月初在产品	5 800	3 000	1 400	10 200
本月生产费用	44 600	18 600	16 840	80 040
单位完工产品定额	50 千克	40 小时	40 小时	
月末在产品定额	50 千克	20 小时	20 小时	
完工产品产量(件)				500
月末在产品产量(件)				200

根据上述资料采用定额比例法,计算本月完工产品成本和期末在产品成本如下。

完工产品直接材料定额耗用量＝50×500＝25 000(千克)

月末在产品直接材料定额耗用量＝50×200＝10 000(千克)

直接材料分配率＝(5 800＋44 600)÷(25 000＋10 000)＝1.44

完工产品应负担的材料费用＝25 000×1.44＝36 000(元)

月末在产品应负担的材料费用＝10 000×1.44＝14 400(元)

完工产品直接人工(制造费用)定额工时＝40×500＝20 000(小时)

月末在产品直接人工(制造费用)定额工时＝20×200＝4 000(小时)

直接人工分配率＝(3 000＋18 600)÷(20 000＋4 000)＝0.9

完工产品应负担的直接人工＝20 000×0.9＝18 000(元)

月末在产品应负担的直接人工＝4 000×0.9＝3 600(元)

制造费用分配率＝(1 400＋16 840)÷(20 000＋4 000)＝0.76

完工产品应负担的制造费用＝20 000×0.76＝15 200(元)

月末在产品应负担的制造费用＝4 000×0.76＝3 040(元)

必须指出的是,采用定额比例法计算完工产品和在产品成本时,同样要考虑在产品的完工程度和材料的投料程度,以便准确计算成本。

定额比例法弥补了在产品在定额成本计算法下定额脱离实际的差异全部由完工产品负担的缺陷,但是由于要逐项计算各项费用的定额比例,再根据比例分配完工产品成本与在产品成本,计算工作量较大。该方法适用于定额管理基础较好,各项消耗定额或费用定额比较准确、稳定,各月末在产品数量变动较大的产品。

(四) 其他的简化方法

1. 不计算在产品成本法

不计算在产品成本是指将本月归集的生产费用全部计入完工产品成本,月末在产品不负担成本。该方法适用于月末在产品数量少而且稳定的企业,如采煤采矿业。

2. 在产品成本按年初固定数计算法

在产品成本按年初固定数计算是指年内各月在产品成本按照年初在产品成本计算,即每月(1～11 月)固定不变。其计算公式如下:

$$月末在产品成本＝月初在产品成本$$
$$本月完工产品成本＝本月生产费用$$

为了避免由于时间过长,在产品成本与实际出入过大而影响成本计算的准确性,每年年末企业应根据实际盘点的在产品数量重新确定年末在产品成本,作为次年在产品成本计算的依据。

该方法适用于各月末在产品数量较小,或者在产品数量较多,但各月之间变化不大的产品。例如,化工企业、炼铁企业的产品,由于化学反应装置和高炉的容积是固定的,其在产品成本可以用该方法计算。

3. 在产品按完工产品成本计算法

在产品按完工产品成本计算是指将在产品视同完工产品分配费用。该方法适用于月末在产品已经接近完工,或者产品已经加工完毕,但尚未验收或包装入库的产品。

4. 在产品成本按所耗直接材料费用计算法

在产品成本按所耗直接材料费用计算是指月末在产品成本只计算所耗用的直接材料费用,直接人工和制造费用全部由完工产品成本负担。该方法适用于各月末在产品数量较大,各月在产品数量变化也较大,且直接材料费用在成本中所占比重较大的产品,如酿酒、纺织、造纸等企业的产品。

直接材料费用在完工产品和在产品之间分配时,如果是一次投料,直接材料费用按完工产品和在产品数量比例分配;如果是陆续投入,还需采用约当产量比例法进行分配。

第四节 产品成本计算的基本方法

一、产品成本计算方法概述

工业企业计算产品成本有不同的方法,在实际工作中,各个企业所采取的成本计算方法应根据企业的生产特点和管理要求来确定,即产品成本的核算方法必须与企业的生产类型相适应。

(一)生产类型和管理要求对产品成本计算的影响

企业的生产类型可以按照生产工艺过程的特点和生产组织的特点进行划分。

1. 企业的生产类型按照生产工艺过程的特点划分

生产工艺过程是指产品从投产到完工的生产工艺技术过程。按生产工艺过程的特点,工业企业的生产可分为单步骤生产和多步骤生产两种。

1)单步骤生产

单步骤生产也称简单生产,是指生产工艺过程不能间断,不能分散在不同工作地点进行的生产。属于简单生产的企业,其产品的生产周期一般比较短,通常没有自制半成品或其他中间产品,而且产品生产工艺过程的特点决定了它只能由一个企业独立完成,而不能由几个企业协作进行生产。如发电、采掘等企业,就是简单生产的典型企业。

2)多步骤生产

多步骤生产也称复杂生产,是指生产工艺过程中间可以间断,由若干生产步骤所组成的生产,它既可以在一个企业或车间内独立进行,也可以由几个企业或车间在不同的工作地点协作进行生产。属于复杂生产的企业,其产品的生产周期一般较长,产品品种不是单一的,有半成品或中间产品,而且可以由几个企业或车间协作进行生产。

多步骤生产按产品的生产过程又可分为连续式生产和装配式生产两种类型。

(1)连续式生产是指原材料投入生产以后,需经过许多相互联系的加工步骤才能最后生产出产成品,前一个加工步骤生产出来的半成品,是后一个加工步骤的加工对象,直到最后一个加工步骤才能生产出产成品,如钢铁企业、棉纺织企业等。棉纺织企业的生产过程中,棉花先经过清棉、梳棉、并条、粗纺和细纺等步骤,被制成半成品棉纱,然后棉纱经过络筒、整经、装纱、穿经和织造等步骤,最后被制成棉布。

(2)装配式生产是指将原材料投入生产后,在各个步骤进行平行加工,制造成产成品所需的各种零件和部件后,再将各生产步骤的零件和部件组装为产成品,如机床企业、汽车企业、自行车生产企业等。自行车生产企业就是将材料分别加工成车把、前叉、车架和车轮钢圈等零部件,然后再将这些零部件组装成自行车。

2. 企业的生产类型按照生产组织的特点划分

生产组织是指保证生产过程各个环节、各个因素相互协调的生产工作方式。按生产组织的特点,工业企业生产可分为大量生产、成批生产和单件生产三种。

1) 大量生产

大量生产是指不断地重复生产一种或几种产品的生产。这种类型的生产主要特点是企业生产的产品品种较少,各种产品的产量较大,一般是采用专业设备重复进行生产,专业化水平较高,如纺织、采掘、冶金等企业。

2) 成批生产

成批生产是指按照事先规定的产品批别和数量重复进行若干种产品的生产。在这种生产的企业或车间里,通常产品品种较多、产量较大,生产具有重复性,如服装、机械的生产。成批生产按照产品批量的大小,又可分为大批生产和小批生产。大批生产由于产品批量较大,往往在几个月内不断地重复生产一种或几种产品,因而性质上接近于大量生产;小批生产由于产品批量较小,一批产品一般可以同时完工,因而性质上接近于单件生产。

3) 单件生产

单件生产是指根据各订单单位的要求,生产某种规格、型号、性能等特定产品的生产,这种类型生产的主要特点是品种多,每一订单产品数量少,一般不重复或不定期重复生产,专业化程度不高,通常采用设备进行加工。造船、重型机械等企业就是单件生产的典型企业。

(二) 生产类型和管理要求决定成本计算方法

产品成本计算方法的主要影响因素有成本计算对象、成本计算期、完工产品成本与在产品成本的划分等。因此,生产类型和管理要求对产品成本计算方法的影响主要表现在对成本计算对象、成本计算期和生产费用在完工产品与在产品之间分配三个方面。

1. 对成本计算对象的影响

计算产品成本首先要确定产品成本计算对象,然后在各成本计算对象之间归集和分配费用,最后将归集到某一成本计算对象上的生产费用在各相应成本计算对象的完工产品与在产品之间进行分配,从而计算出该产品完工产品成本和月末在产品成本。

成本计算对象的确定原则是:符合企业不同生产类型的生产特点,满足企业成本管理的要求。

在确定成本计算对象时,要视企业生产类型和管理要求而定。在单步骤大量生产的企业中,由于生产过程比较短和生产技术上的不可间断性,连续不断地重复生产一种产品或几种产品,一般没有在产品和半成品,或者数量很少,因而管理上只要求按照产品品种计算成本,即成本计算对象确定为每种产品。

在多步骤生产企业里,各个生产步骤可以分散在不同地点进行,为了考核和控制各个步骤的成本,管理上往往要求按照生产步骤分别计算半成品成本,最后通过汇总,计算出产成品成本。在这种情况下,它的成本计算对象就是各种产成品及其所经过的各个步骤半成品。

在单件小批生产的企业中,产品批量小,一批产品往往同时完工。企业一般按照批别归集费用,管理上往往也要求分批计算成本,因此,在这种情况下,就以批别为成本计算对象,计算产品成本。

2. 对成本计算期的影响

成本计算期是指每次计算产品成本的期间,即间隔多长时间计算一次成本。生产类型不同,成本计算期也不同。在大量大批生产类型下,产品分月陆续完工,通常每月末均有完工产品,因而要求按月定期计算完工产品成本,其成本计算期与会计报告期一致,与生产周期不一致。

在单件小批生产的情况下,由于产品品种多、批量小,一批产品往往同时投产,同时完工,且生产周期相对较长,当该批或该件产品未完工时全部为在产品,完工时全部为产成品,因此,产品成本计算只能在某批或某件产品完工后进行,成本计算期一般与产品生产周期一致,而与会计报告期不一致。

3. 对生产费用在完工产品与在产品之间分配的影响

生产类型和管理要求对生产费用在完工产品与在产品之间分配的影响,主要表现为月末是否需要将生产费用在完工产品与在产品之间进行分配。

在单步骤生产的情况下,月末一般没有在产品或在产品数量很少,是否计算在产品成本对完工产品成本影响不大,因此,不需要将生产费用在完工产品与在产品之间进行分配。

在多步骤生产的情况下,月末一般有在产品,且在产品数量较多,同时管理上也要求分步骤计算产品成本,因此,需要采用适当的方法,将生产费用在完工产品与在产品之间进行分配。

在单件小批生产的情况下,以批别或件别为成本计算对象,且批量小,一批产品往往同时投产,同时完工。因此,在某批或某件产品完工前,归集到该批或该件产品成本明细账中的生产费用就是在产品成本;在产品完工后,则是完工产品成本,不需要将生产费用在完工产品和在产品之间进行分配。

(三) 产品成本计算的基本方法和辅助方法

1. 产品成本计算的基本方法

根据生产工艺过程和生产组织特点以及企业成本管理要求,工业企业有三种产品成本计算的基本方法,即品种法、分批法和分步法。

1) 品种法

大量大批单步骤生产企业,或者管理上不要求分步骤计算成本的多步骤生产企业,只需要以产品品种为成本核算对象来归集和分配生产费用,计算出各种产品(品种)的实际总成本和单位成本,就产生了品种法。

大量大批生产企业不可能等全部产品完工以后才计算其实际总成本,成本计算期只能与会计报告期(定期按月)一致,与生产周期不一致。品种法在按月计算成本时,有些单步骤生产企业没有月末在产品,不需要在本月完工产品和月末在产品之间分配生产费用,本月生产费用等于本月完工产品成本。而管理上不要求分步骤计算成本的大量大批多步骤生产企业,通常有月末在产品,需要在本月完工产品和月末在产品之间分配生产费用。

2）分批法

单件小批生产企业是按照客户的订单来组织生产的,客户的订单不仅在产品的数量和质量上的要求不同,交货日期也不一样。因此,单件小批生产企业只能以生产的产品批别为成本核算对象,来归集和分配生产费用,计算出各种产品的实际总成本和单位成本,这就产生了分批法。

在分批法下,由于成本核算对象是产品的批别,只有在该批产品全部完工以后,才能计算其实际总成本,因此,分批法的成本计算期是不定期的,与产品的生产周期一致。分批法的成本计算期与生产周期一致,因此不需要将生产费用在本月完工产品和月末在产品之间进行分配。

3）分步法

在大量大批多步骤生产企业,如果企业成本管理上要求按生产步骤归集生产费用、计算产品成本,就需要将产品及其所经过的生产步骤作为成本核算对象,来归集分配生产费用,计算出各个生产步骤和最终产品的实际总成本和单位成本,这就产生了分步法。

与品种法相同,采用分步法的大量大批多步骤生产企业,不可能等全部产品完工以后才计算成本,只能定期按月计算成本,成本计算期与会计报告期一致,但与生产周期不一致。

大量大批多步骤生产企业在月末计算产品成本时,通常有在产品,因此,分步法需要将生产费用在本月完工产品和月末在产品之间进行分配。

2. 产品成本计算的辅助方法

在实际工作中,除了上述三种基本成本计算方法,还有为了解决某一特定问题而产生的其他成本计算方法,统称为成本计算的辅助方法,即分类法、定额法。

1）分类法

分类法是以产品类别为成本计算对象,将生产费用先按产品的类别进行归集,计算各类产品生产成本,然后再按照一定的分配标准在各种产品之间分配,以计算各种产品成本的一种方法。分类法主要是为了解决某些企业产品品种规格繁多、成本核算工作繁重等问题,而在基本成本计算方法基础上设计的一种简化的成本计算方法。此方法适用于产品品种、规格繁多,但每类产品的结构、所用原材料、生产工艺过程基本相同的企业。

2）定额法

定额法是以产品定额成本为基础,加上（或减去）脱离定额差异和定额变动差异,来计算产品成本的一种方法。定额法是定额管理基础较好的工业企业为了加强生产费用和产品成本的定额管理、加强成本控制而采用的成本计算方法。此方法适用于定额管理制度比较健全、定额管理基础工作较好、产品生产定型、消耗定额合理且稳定的企业。

需要指出的是,分类法和定额法与生产类型没有直接关系,不论哪种类型的生产,只要具备这些条件,都可以采用分类法和定额法核算生产费用,计算产品成本。但这两种方法不是独立的成本计算方法,必须结合品种法、分批法、分步法等基本方法一起使用。

二、品种法

(一)品种法的含义和适用范围

产品成本计算的品种法,是以产品品种为成本计算对象,归集生产费用、计算产品成本的一种方法。品种法是最基本的产品成本计算方法。

品种法主要适用于大量大批单步骤生产企业。具体地说,发电、采掘、供水、供气、磨粉、铸造等企业都不需要分批、分步骤计算产品成本,可以直接用品种法计算一种或几种产品的成本。这种类型的生产企业,其产品工艺过程不能间断或不能划分为几个生产步骤进行。因此,也就不需要或不可能按照生产步骤计算产品成本。同时,对于企业内部的辅助生产车间,如供水、供电、供气等车间,也可按品种法计算所提供的劳务成本。

品种法还适用于大量大批多步骤生产但管理上不要求分步骤计算产品成本的企业。有的大量大批多步骤生产企业生产规模较小,各步骤生产的半成品只能满足本企业连续加工的需要,直到产品加工完毕,那么,该类企业管理上不要求分步骤计算产品成本,只要求按照产品品种计算成本,如小型水泥厂、砖瓦厂等。

(二)品种法的特点

1. 成本计算对象

以产品品种为成本计算对象,设置产品成本明细账,归集生产费用。生产一种产品的企业或车间,只需要开设一个产品成本明细账,发生的全部生产费用都是为了生产该产品而发生的,可以直接根据有关凭证和费用分配表,分成本项目全部计入该种产品的成本计算单中。如果企业生产多种产品,则需要按照产品品种分别开设产品成本明细账,发生的生产费用,要区分直接费用和间接费用。凡能分清应由某种产品负担的直接费用,应直接计入该种产品的成本计算单中;凡是由几种产品共同耗用而又分不清应由哪种产品负担多少数额的间接费用,应采用适当的分配方法,在各种产品之间直接进行分配,或先行归集,再分配计入各成本计算单中的有关成本项目中。

2. 成本计算期

品种法一般按月定期计算产品成本。大量大批单步骤生产企业由于重复不断地生产一种或几种产品,不可能等到产品全部制造完工时再计算成本,只能定期在月末计算,这样,成本计算期与会计报告期一致,与生产周期不一致。

3. 生产费用在完工产品和月末在产品之间的分配

在单步骤生产的企业中,月末没有在产品或在产品数量很少,就不需要计算在产品成本。这种情况下,月末生产费用一般不进行分配,生产成本明细账中所归集的生产费用,就是该产品的完工产品成本,再除以该产品的产量,就是完工产品的单位成本。

大量大批的多步骤生产但管理上不要求分步骤计算产品成本的企业月末一般都会有在产品,而且数量多,占用的费用也较大,这就需要对归集在生产成本明细账中的生产费用(包括月初在产品的生产成本和本月所发生的生产费用)采用适当的分配方法,在完工产品和在产品之间进行分配计算,得出完工产品成本和月末在产品成本。

(三) 品种法的计算程序

1. 按产品品种设置生产成本明细账

企业应在"生产成本"总分类账户下,设置"基本生产成本"和"辅助生产成本"二级账(也可把这两个账户设置为一级总分类账户),同时,按企业确定的成本计算对象(产品品种)设置"基本生产成本"明细账,按照辅助生产车间或辅助生产所提供的产品(劳务)设置"辅助生产成本"明细账;在"制造费用"总分类账户下,按生产单位(分厂、车间)设置"制造费用"明细账。

2. 归集和分配本月所发生的各项生产费用

根据生产过程中发生的各项费用的原始凭证和有关资料,编制费用分配表,根据分配结果,编制会计分录,并据以登记"基本生产成本"明细账、"辅助生产成本"明细账、"制造费用"明细账。对产品生产中发生的各项费用,凡能直接记入"生产成本"明细账的,应当直接记入;不能直接记入的,按一定标准进行分配。根据有关费用分配表,编制会计分录,记入"生产成本"明细账。

3. 分配辅助生产费用

根据"辅助生产成本"明细账归集的辅助生产费用总额,按照谁受益谁承担的原则分配后,编制辅助生产费用分配表。根据分配结果,编制会计分录,据以登记"生产成本"明细账。

辅助生产单位发生的制造费用,如果单独设置"制造费用"明细账归集,应在分配辅助生产费用前,将制造费用转入各个"辅助生产成本"明细账中,并入辅助生产费用总额。

4. 分配基本生产车间的制造费用

各生产单位发生的制造费用,先通过"制造费用"明细账归集,然后按一定的方法分配,编制制造费用分配表,根据分配结果,编制会计分录,据以登记"基本生产成本"明细账。

5. 计算完工产品总成本和单位成本

根据归集在"基本生产成本"明细账中的生产费用(包括月初在产品的生产成本和本月所发生的生产费用)的累计数,采用适当的分配法,在完工产品和在产品之间进行分配,计算出完工产品总成本和月末在产品成本。完工产品总成本除以该产品的产量,就是完工产品的单位成本。

6. 结转完工产品成本

根据产品成本计算单的计算结果,编制本月"完工产品成本汇总表",编制完工产品验收入库、结转生产成本的会计分录,分别登记"基本生产成本"明细账和"库存商品"明细账。

【例 3-26】 东德化纤厂为大量大批单步骤生产的企业,根据该厂的生产特点和管理要求,采用品种法计算产品成本。企业设有一个基本生产车间,生产甲、乙两种产品,设有一个辅助生产车间——供电车间,为全厂提供电力,并且辅助生产车间不单独核算制造费用。该企业不单独核算废品损失,产品成本包括"直接材料""直接人工"和"制造费用"三个成本项目。该厂 10 月有关产品成本核算资料如表 3-18、表 3-19 所示。

表 3-18   甲、乙产品的产量资料

单位：件

产品名称	月初在产品	本月投产	本月完工产品	月末在产品	完工率
甲	50	800	700	150	60%
乙	20	500	520	0	

表 3-19   甲、乙产品的月初在产品成本

单位：元

产品名称	直接材料	直接人工	制造费用	合计
甲	1 678	1 093	361	3 132
乙	1 325	554	187	2 066

该厂本月发生的生产费用资料如下：

（1）生产甲产品直接耗用材料 48 800 元，生产乙产品直接耗用材料 78 560 元，生产甲、乙产品共同耗用材料 20 000 元；供电车间耗用材料 5 000 元，基本生产车间耗用消耗性材料 6 000 元。甲、乙两种产品共同消耗的材料按材料定额耗用量为标准进行分配，其中：甲产品材料定额耗用量为 19 200 千克，乙产品材料定额耗用量为 30 800 千克。

（2）该厂本月基本生产车间生产工人工资 84 000 元，供电车间工人工资 5 800 元，基本生产车间管理人员工资 8 800 元。生产工人工资按产品生产工时分配，本月甲产品实际耗用的生产工时为 3 300 小时，乙产品实际耗用的生产工时为 2 700 小时。

（3）福利费按工资总额的 14% 计提。

（4）本月折旧费分别为：基本生产车间 8 020 元，供电车间 1 008 元，企业管理部门 3 322 元，合计 12 350 元。

（5）本月应摊销低值易耗品 4 800 元，其中：基本生产车间摊销 3 600 元，供电车间摊销 1 200 元。本月应摊销报纸杂志费 2 000 元，其中：基本生产车间 800 元，供电车间 200 元，企业管理部门 1 000 元。

（6）本月以银行存款支付的其他费用汇总如表 3-20 所示。

表 3-20   其他费用发行情况

单位：元

其他费用项目	基本生产车间	供电车间	企业管理部门	合计
办公费	5 000	1 200	8 000	14 200
劳动保护费	4 000	400	300	4 700
水费	2 000	400	1 700	4 100
合计	11 000	2 000	10 000	23 000

（7）本月供电车间提供电力 2 000 千瓦，其中为甲产品提供电力 800 千瓦，为乙产品提供电力 500 千瓦，为基本生产车间一般消耗提供电力 400 千瓦，为行政管理部门提供电力 100 千瓦，为供电车间提供电力 200 千瓦。（采用直接分配法分配辅助生产费用，即电力车间为其本身提供电力不进行分配。）

（8）本月制造费用按产品生产工时进行分配。本月甲产品实际耗用的生产工时为 3 300 小时，乙产品市级耗用的生产工时为 2 700 小时。

（9）甲产品耗用的原材料在生产开始时一次投入，乙产品耗用的原材料在生产过程中均衡投入，其他各项费用随着生产的进行均衡发生。

对该月发生的生产费用资料进行分配并编制会计分录，如表 3-21、表 3-22、表 3-23 所示。

表 3-21　　　　　　　　　　　　　　　　原材料费用分配表

单位：元

应借账户		成本或费用项目	直接计入	分配计入			合计
				分配标准	分配率	金额	
生产成本——基本生产	甲产品	直接材料	48 800	19 200		7 680	56 480
	乙产品	直接材料	78 560	30 800		12 320	90 880
	小计		127 360	50 000	0.4	20 000	147 360
生产成本——辅助生产成本		机物料消耗	5 000				5 000
制造费用		机物料消耗	6 000				6 000
合计			138 360			20 000	158 360

表 3-22　　　　　　　　　　　　　　　　工资费用分配表

单位：元

应借账户		成本或费用项目	直接计入	分配计入			合计
				分配标准	分配率	金额	
生产成本——基本生产	甲产品	直接人工		3 300		46 200	46 200
	乙产品	直接人工		2 700		37 800	37 800
	小计			6 000	14	84 000	84 000
生产成本——辅助生产成本		工资	5 800				5 800
制造费用		工资	8 800				8 800
合计			14 600			84 000	98 600

表 3-23 福利料费用分配表 单位：元

应借账户		成本或费用项目	工资总额	计提比例(14%)	金额
生产成本——基本生产	甲产品	直接人工	46 200	14	6 468
	乙产品	直接人工	37 800	14	5 292
	小计		84 000	14	11 760
生产成本——辅助生产成本		福利费	5 800	14	812
制造费用		福利费	8 800	14	1 232
合计			98 600		13 804

辅助生产费用的归集和分配如表 3-24、表 3-25 所示。

表 3-24 生产成本——辅助生产成本明细账

车间：供电车间 单位：元

年 月	年 日	凭证号	摘要	机物料消耗	工资	福利费	办公费	劳动保护费	折旧费	水费	报纸杂志费	低值易耗品	合计
10	略	略	材料费用	5 000									5 000
			工资		5 800								5 800
			福利费			812							812
			办公费				1 200						1 200
			劳保费					400					400
			折旧费						1 008				1 008
			水费							400			400
			报纸杂志费								200		200
			低值易耗品									1 200	1 200
			待分配费用合计	5 000	5 800	812	1 200	400	1 008	400	200	1 200	16 020

表 3-25 辅助生产费用分配表

项目		供电车间
待分配辅助生产费用(元)		16 020
供应辅助生产以外的劳务数量(千瓦)		1 800
分配率		8.9
甲产品	耗用数量	800
	分配金额	7 120

（续表）

项目		供电车间
乙产品	耗用数量	500
	分配金额	4 450
基本生产车间	耗用数量	400
	分配金额	3 560
企业管理部门	耗用数量	100
	分配金额	890
合计		16 020

制造费用的归集和分配，如表3-26、表3-27所示。

表3-26　　　　　　　　　　　制造费用明细账

车间：基本生产车间　　　　　　　　　　　　　　　　　　　　　　单位：元

年		凭证号	摘要	机物料消耗	工资	福利费	办公费	劳动保护费	折旧费	水费	报纸杂志费	低值易耗品	电费	合计
月	日													
10	略	略	材料费用	6 000										6 000
			工资		8 800									8 800
			福利费			1 232								1 232
			办公费				5 000							5 000
			劳保费					4 000						4 000
			折旧费						8 020					8 020
			水费							2 000				2 000
			报纸杂志费								800			800
			低值易耗品									3 600		3 600
			供电车间分配电费										3 560	3 560
			待分配费用合计	6 000	8 800	1 232	5 000	4 000	8 020	2 000	800	3 600	3 560	43 012

表3-27　　　　　　　　　　　制造费用分配表　　　　　　　　　　　单位：元

分配对象	分配标准（工时）	制造费用	
		分配率	分配金额
甲产品	3 300		23 656.71
乙产品	2 700		19 355.29
合计	6 000	7.1687	43 012

计算完工产品成本和月末在产品成本,如表3-28、表3-29、表3-30所示。

表3-28 产品成本明细账(甲产品)

产品名称:甲产品 单位:元

月	日	摘要	数量	直接材料	直接人工	制造费用	合计
10	1	月初在产品成本		1 678	1 093	361	3 132
	31	根据分配表4		56 480			56 480
		根据分配表5			46 200		46 200
		根据分配表6			6 468		6 468
		根据分配表8		7 120			7 120
		根据分配表10				23 656.71	23 656.71
		生产费用合计		65 278	53 761	24 017.71	143 056.71
		完工产品产量	700				
		月末在产品产量	150				
		约当产量		850	790	790	
		单位成本		76.80	68.05	30.4	175.25
		完工产品总成本		53 760	47 635	21 280	122 675
		在产品成本		11 518	6 126	2 737.71	20 381.71

表3-29 产品成本明细账(乙产品)

产品名称:乙产品 单位:元

月	日	摘要	数量	直接材料	直接人工	制造费用	合计
10	1	月初在产品成本		1 325	554	187	2 066
	31	根据分配表4		90 880			90 880
		根据分配表5			37 800		37 800
		根据分配表6			5 292		5 292
		根据分配表8		4 450			4 450
		根据分配表10				19 355.29	19 355.29
		生产费用合计		96 655	43 646	19 542.29	159 843.29
		完工产品产量	520				
		月末在产品产量					
		约当产量		520	520	520	
		单位成本		185.88	83.93	37.58	307.39
		完工产品总成本		96 655	43 646	19 542.29	159 843.29
		在产品成本					

表 3-30　　　　　　　　　　　　完工产品成本汇总表　　　　　　　　　　　单位：元

产品名称	计量单位	完工数量	成本项目				单位成本
			直接材料	直接人工	制造费用	合计	
甲产品	件	700	53 760	47 635	21 280	122 675	175.25
乙产品	件	520	96 655	43 646	19 542.29	159 843.29	307.39
合计			150 415	91 281	40 822.29	282 518.29	

三、分批法

(一) 分批法的含义和适用范围

分批法是以产品批别或件别作为成本计算对象,计算产品成本的一种方法。每批或每件产品的品种、数量一般都是按客户的订单确定,并下达生产通知单的,因此,分批法也称订单法。

分批法一般适用于单件小批生产类型的企业,如船舶制造、重型机械以及精密仪器、专用设备、服装等企业。对于新产品试制、工业性修理作业和辅助生产的工具模具制造等也可以采用分批法计算产品成本。

(二) 分批法的特点

1. 成本计算对象

分批法以产品的批别(或订单)为成本计算对象。在小批生产情况下,按照产品的批别开设产品成本明细账,计算各批产品的成本;在单件生产的情况下,按照产品的件别开设产品成本明细账,计算各件产品的成本。

2. 成本计算期

采用分批法计算产品成本的企业,要按月汇集各批产品的实际生产费用,但只有该批产品或订单产品全部完工,才能计算其实际成本。如果某批次产品尚未完工,则不计算其成本。因此,分批法的产品成本计算期与会计报告期不一致,而与该批产品或该订单产品的生产周期一致。

3. 生产费用的分配

分批法一般不存在完工产品与月末在产品之间分配生产费用的问题。小批生产批内产品一般都能同时完工,在月末计算成本时,某批产品或全部完工,或全部没有完工,因此,不存在完工产品与月末在产品之间分配生产费用。单件生产,产品完工前,产品成本明细账所登记的生产费用,都是在产品成本;产品完工以后,产品成本明细账所登记的生产费用,都是完工产品成本。因此,在月末也不存在完工产品与月末在产品之间分配生产费用。但是,在特定情况下,也需要在完工产品和在产品之间采用适当的方法分配生产费用,例如,批内产品陆续完工的,并且已完工的产品按合同规定分批陆续交货,为了计算和结转产品的销售成本,就要先计算完工产品的生产成本。

（三）分批法的计算程序

采用分批法计算批别或订单的产品成本时，成本计算按以下程序进行。

1. 开设产品生产成本明细账

财务部门根据生产计划部门下达的"生产任务通知单"中注明的工作令号，开设各批别或订单的产品生产成本明细账。

2. 按产品批别归集和分配本月发生的各项费用

企业当月发生的生产费用，能够按照批次划分的直接材料费用、直接人工费用等直接计入各批产品生产成本明细账；对于多批产品共同发生的材料和人工费用，则应按照企业确定的费用分配方法，在各批产品之间进行分配以后，再计入各批产品生产成本明细账。

3. 分配辅助生产费用

在设有辅助生产单位的企业，月末应将汇集的辅助生产费用分配给各受益对象。

4. 分配基本生产车间的制造费用

基本生产车间的制造费用应由该生产车间的各批产品成本负担，月末将汇集的基本生产单位的制造费用分配给各受益对象。

5. 计算完工产品总成本和单位成本

采用分批法一般不需要在本月完工产品和月末在产品之间分配生产费用。某批产品完工，则该批产品生产成本明细账归集的生产费用合计数就是该批产品的实际总成本。实际总成本除以产量就是该批产品的单位成本。如果批内产品少量跨月陆续完工，可以用完工产品实际数量乘以近期相同产品的实际单位成本或计划单价成本、定额单位成本，作为完工产品实际总成本。为了正确分析和考核该批产品成本计划的执行情况，待该批产品全部完工后，再计算该批产品的实际总成本和单位成本。如果批内产品跨月完工数量较多，还要采用适当的方法，将生产费用在完工产品和在产品之间分配，计算出完工产品的成本。

6. 结转完工产品成本

期末，根据成本计算结果，编制"完工产品成本汇总表"结转完工入库产品的成本。

【例 3-27】 海西集团下属的东南公司设有一个基本生产车间，按生产任务通知单（工作令号）分批组织生产，属于小批生产组织类型的企业。根据其自身的生产特点和管理要求，采用一般分批法计算投产各批产品的生产成本。

海西集团下属的东南公司 2021 年 9 月 1 日投产的甲产品 100 件，批号为 901#，在 9 月份全部完工；9 月 10 日投产乙产品 150 件，批号 902#，当月完工 40 件；9 月 15 日投产丙产品 200 件，批号为 903#，尚未完工。

本月发生的各项费用如下：

（1）901# 产品耗用原材料 125 000 元；902# 产品耗用原材料 167 000 元；903# 产品耗用原材料 226 000 元；生产车间一般耗用原材料 8 600 元。

（2）生产工人工资 19 600 元；车间管理人员工资 2 100 元。

（3）车间耗用外购的水电费 2 400 元，以银行存款付讫。

（4）计提车间负担的固定资产折旧费 3 800 元。

（5）车间负担的其他费用 250 元，以银行存款付讫。

其他有关资料：

（1）该企业的职工福利费按工资总额的 14% 计提。

（2）原材料采用计划成本计价，差异率为 +4%。

（3）生产工人工资按耗用工时比例分配，其中：901# 产品工时为 18 000 小时；902# 产品工时为 20 000 小时；903# 产品工时为 11 000 小时。

（4）制造费用也按耗用工时比例进行分配。

（5）902# 产品完工 40 件按定额成本转出，902# 产品定额单位成本为：直接材料 1 100元，直接人工 75 元，制造费用 60 元。

分批法的成本计算程序如下。

第一步，设置成本计算单。

在成本计算的分批法下，成本计算单应按产品的投产批别分别设置，见表 10-5、表10-6、表 10-7。

第二步，分配各项费用要素。

根据资料，编制费用分配表来分配各费用要素，编制会计分录。

编制原材料费用分配表，如表 3-31 所示。

表 3-31 　　　　　　　　　　　　　原材料费用分配表 　　　　　　　　　　单位：元

应借账户		成本或费用项目	计划成本	材料差异额	材料实际成本
基本生产成本	901# 产品	直接材料	125 000	5 000	130 000
	902# 产品	直接材料	167 000	6 680	173 680
	903# 产品	直接材料	226 000	9 040	235 040
小　　计			518 000	20 720	538 720
制造费用	机物料消耗	材料费	8 600	344	8 944
合　　计			526 600	21 064	547 664

根据原材料分配表，编制会计分录：

借：基本生产成本——901# 产品 　　　　　　　　　　　　　　　　　　125 000

　　　　　　　　——902# 产品 　　　　　　　　　　　　　　　　　　167 000

　　　　　　　　——903# 产品 　　　　　　　　　　　　　　　　　　226 000

　　制造费用——基本生产车间 　　　　　　　　　　　　　　　　　　　8 600

　　贷：原材料 　　　　　　　　　　　　　　　　　　　　　　　　　　　　526 600

借：基本生产成本——901# 产品 　　　　　　　　　　　　　　　　　　　5 000

　　　　　　　　——902# 产品 　　　　　　　　　　　　　　　　　　　6 680

　　　　　　　　——903# 产品 　　　　　　　　　　　　　　　　　　　9 040

　　制造费用——基本生产车间 　　　　　　　　　　　　　　　　　　　　344

　　贷：材料成本差异 　　　　　　　　　　　　　　　　　　　　　　　　　21 064

编制工资及职工福利费分配表,如表3-32所示。

表3-32 工资及职工福利费分配表 单位:元

应借账户		工 资				职工福利费(14%)	合 计
		生产工人		其他人员	合 计		
		工时	分配金额(分配率:0.40)				
基本生产成本	901#产品	18 000	7 200		7 200	1 008	8 208
	902#产品	20 000	8 000		8 000	1 120	9 120
	903#产品	11 000	4 400		4 400	616	5 016
	小 计	49 000	19 600		19 600	2 744	22 344
制造费用				2 100	2 100	294	2 394
合 计			19 600	2 100	21 700	3 038	24 738

根据工资分配表,编制会计分录:

借:基本生产成本——901#产品　　　　　　　　　　　　　　　　 7 200

　　　　　　　　——902#产品　　　　　　　　　　　　　　　　 8 000

　　　　　　　　——903#产品　　　　　　　　　　　　　　　　 4 400

　　制造费用——基本生产车间　　　　　　　　　　　　　　　　 2 100

　　贷:应付工资　　　　　　　　　　　　　　　　　　　　　　　　 21 700

借:基本生产成本——901#产品　　　　　　　　　　　　　　　　 1 008

　　　　　　　　——902#产品　　　　　　　　　　　　　　　　 1 120

　　　　　　　　——903#产品　　　　　　　　　　　　　　　　 616

　　制造费用——基本生产车间　　　　　　　　　　　　　　　　 294

　　贷:应付职工薪酬　　　　　　　　　　　　　　　　　　　　　　 3 038

折旧费、水电费及其他费用的核算:

(1)支付本月的水电费:

借:制造费用——基本生产车间　　　　　　　　　　　　　　　　 2 400

　　贷:银行存款　　　　　　　　　　　　　　　　　　　　　　　　 2 400

(2)提取固定资产折旧费:

借:制造费用——基本生产车间　　　　　　　　　　　　　　　　 3 800

　　贷:累计折旧　　　　　　　　　　　　　　　　　　　　　　　　 3 800

(3)本月发生的其他费用:

借:制造费用——基本生产车间　　　　　　　　　　　　　　　　 250

　　贷:银行存款　　　　　　　　　　　　　　　　　　　　　　　　 250

归集和分配基本生产车间的制造费用,如表3-34、表3-34所示。

表3-33   **制造费用明细账**   单位:元

2021年		摘要	材料费	工资	福利费	水电费	折旧费	其他	合计
月	日								
9	30	消耗材料	8 600						8 600
	30	结转成本差异	344						344
	30	结算工资		2 100					2 100
	30	计提福利费			294				294
	30	支付水电费				2 400			2 400
	30	计提折旧					3 800		3 800
	30	其他费用						250	250
	30	本月合计	8 944	2 100	294	2 400	3 800	250	17 788
	30	分配转出	8 944	2 100	294	2 400	3 800	250	17 788

表3-34   **制造费用分配表**   单位:元

应借账户		成本项目	实用工时	分配率	应分配金额
	901# 产品	制造费用	18 000		6 534
基本生产成本	902# 产品	制造费用	20 000		7 260
	903# 产品	制造费用	11 000		3 994
合 计			49 000	0.3630	17 788

根据制造费用分配表,编制会计分录:

借:基本生产成本——901# 产品   6 534

           ——902# 产品   7 260

           ——903# 产品   3 994

  贷:制造费用——基本生产车间   17 788

计算并结转完工产品成本。如表3-35、表3-36、表3-37所示。

表3-35   **基本生产成本明细账**

批号:901#   开工日期:9月1日

产品名称:甲产品   批量:100件   完工:100件   完工日期:9月30日

2020年		凭证		摘 要	直接材料	直接人工	制造费用	合 计
月	日	种类	号数					
9	30			材料分配表	130 000			130 000
	30			工资福利分配表		8 208		8 208
	30		略	制造费用分配表			6 534	6 534

（续表）

2020年		凭证		摘　要	直接材料	直接人工	制造费用	合　计
月	日	种类	号数					
	30			合计	130 000	8 208	6 534	144 742
	30			结转完工产品成本	130 000	8 208	6 534	144 742
	30			单位成本	1 300	82.08	65.34	1 447.42

表3-36　　　　　　　　　　　　基本生产成本明细账

批号：902[#]　　　　　　　　　　　　　　　　　　　　　　开工日期：9月10日

产品名称：乙产品　　　　　　　　　　　批量：150件　　　　　　　　　　完工：40件

单位：元

2020年		凭证		摘　要	直接材料	直接人工	制造费用	合　计
月	日	种类	号数					
9	30			材料分配表	173 680			173 680
	30			工资福利分配表		9 120		9 120
	30		略	制造费用分配表			7 260	7 260
	30			合计	173 680	9 120	7 260	190 060
	30			结转完工产品成本	44 000	3 000	2 400	49 400
	30			月末在产品成本	129 680	6 120	4 860	140 660

备注：完工产品成本采用定额成本法计算，其中：直接材料 40×1 100＝44 000；直接人工 40×75＝3 000；制
　　　造费用 40×60＝2 400。

表3-37　　　　　　　　　　　　基本生产成本明细账

批号：903[#]　　　　　　　　　　　　　　　　　　　　　　开工日期：9月15日

产品名称：丙产品　　　　　　　　　　　　　　　　　　　　　　批量：200件

单位：元

2020年		凭证		摘　要	直接材料	直接人工	制造费用	合　计
月	日	种类	号数					
9	30			材料分配表	235 040			235 040
	30			工资福利分配表		5 016		5 016
	30			制造费用分配表			3 994	3 994
	30			合计	235 040	5 016	3 994	244 050

　　根据成本计算单编制结转901[#]、902[#]完工产品成本的会计分录：

　　借：库存商品——901[#]产品　　　　　　　　　　　　　　　　144 742

　　　　　　　——902[#]产品　　　　　　　　　　　　　　　　49 400

　　　贷：基本生产成本——901[#]产品　　　　　　　　　　　　144 742

　　　　　　　　　　——902[#]产品　　　　　　　　　　　　49 400

四、分步法

（一）分步法的含义和适用范围

分步法是指按生产产品的品种及其所经过的生产步骤归集生产费用、计算产品成本的一种成本计算方法。

产品成本计算的分步法适用于大量大批的多步骤生产，而且管理上要求分步计算产品成本的工业企业，如纺织、冶金、造纸及机械制造等类型的生产企业。在这种类型的企业里，生产过程由若干个生产步骤组成，从原材料的投入生产，到产品的制造完成，除了最后一个步骤，其他各个步骤所生产完成的都是各种半成品。为了适应企业的生产特点和成本管理的要求，计算产品生产成本时，不仅需要按照产品品种计算，而且还要求按照生产步骤计算，即应采用分步法。

（二）分步法的特点

1. 成本计算对象

分步法的成本计算对象是各种产品及其所经过的各个生产步骤，并据以设置产品成本明细账，归集生产费用和计算产品成本。如果企业只生产一种产品，成本计算对象就是该种产品及其所经过的各生产步骤，产品成本明细账应按照产品的生产步骤开设。如果企业生产多种产品，成本计算对象则是各种产成品及其所经过的各生产步骤，产品成本明细账按照每种产品的各个生产步骤开设。但应指出的是，这里所指的步骤是指成本计算上的步骤，它与生产步骤的口径可能一致，也可能不一致。有时为了简化成本计算工作，可以只对管理上有必要分步计算成本的生产步骤单独设立产品成本明细账，单独计算成本；而对管理上不要求单独计算成本的生产步骤，则可与其他生产步骤合并计算其成本。

2. 成本计算期

成本计算期一般在月末进行成本计算。在大量大批多步骤生产中，由于生产过程较长，可以间断，而且产品往往都是跨月陆续完成，成本计算一般都是定期在月末进行。成本计算期与会计报告期一致，但与生产周期不一致。

3. 生产费用分配

在大量大批的多步骤生产的企业，生产过程持续不断，产品往往跨月陆续完工，每月都有大量完工产品，同时，月末通常都会有在产品，所以，企业必须按加工步骤将所归集的生产费用在完工产品和在产品之间进行分配。

在采用分步法计算产品成本时，各个企业生产工艺过程及成本管理不同，因此，对各生产步骤成本资料要求也不一样。产品成本计算的分步法，按是否计算各生产步骤的半成品成本，可以分为逐步结转分步法和平行结转分步法两种。

（三）逐步结转分步法

1. 逐步结转分步法的含义

逐步结转分步法是指按产品加工步骤的先后顺序，逐步计算并结转各步骤半成品成本，直至最后计算出产品成本的一种方法。逐步结转分步法实际上是品种法的多次连续使用，它适用于各步骤半成品有独立的经济意义、管理上要求核算半成品成本的企业。

2. 逐步结转分步法的特点

逐步结转分步法的成本计算对象是各步骤的半成品和最后步骤的产成品。

各加工步骤的半成品成本，随半成品实物转移而在各加工步骤之间顺序结转。半成品的实物结转方式有两种：一是上一步骤完工的半成品，直接转入下一步骤继续加工，这时半成品不通过仓库收发。因此，不需要编制半成品入库和从仓库领用的会计分录。二是半成品完工后通过半成品仓库收发，这时应设置"自制半成品"明细账。通过该明细账结转完工入库的自制半成品成本和生产领用的半成品成本。因此，这时需要编制半成品入库和从仓库领用的会计分录。

各步骤的在产品成本是狭义的在产品成本，反映结存在该步骤的在产品的全部成本，即在产品成本是按在产品实物所在地反映的。

3. 逐步结转分步法的分类

采用逐步结转分步法计算产品成本，各步骤半成品成本随着半成品实物的转移，结转到下一步相同产品成本的明细账中，可以按"半成品"项目综合列示，也可以按原始成本项目列示。由于半成品成本在下一步骤成本明细账中反映方法的不同，即半成品成本结转的方式不同，就形成了逐步综合结转分步法和逐步分项结转分步法两种方法。

1）逐步综合结转分步法

采用逐步综合结转分步法（以下简称综合结转法）结转产品成本时，上一步骤半成品所耗用的直接材料费用、直接人工费用和制造费用，即上一步骤所产半成品的成本要随着半成品实物的转移，结转到下一步骤相同的产品成本明细账中，不是按照成本项目分别结转，而是把各个成本项目汇总在一起，以"直接材料"或专设"半成品"项目综合计入其产品成本明细账中。因此，逐步结转分步法的计算程序要受半成品实物流转程序制约。半成品实物的流程有两种，即不通过仓库收发和通过仓库收发。另外，综合结转可以按照半成品实际成本结转，也可以按半成品的计划成本或定额成本结转。

（1）按实际成本结转。

采用按实际成本结转半成品，半成品的收、发、结存一律按实际成本计价。其核算类似于原材料按实际成本计价的核算。半成品的收入按其实际成本入账；半成品的发出由于各月所产半成品的单位成本不同，发出半成品的单位成本也要采用一定的方法确定。

情况一：半成品不通过仓库收发。

在这种情况下，逐步结转分步法的产品成本计算程序是：首先计算第一步骤半成品成本，然后随半成品实物转移，将其成本转入第二步骤产品成本明细账，再加上第二步骤所发生的费用，计算第二步骤半成品成本，依次逐步累计结转，直到最后步骤计算出产品成本为止。

情况二：半成品通过仓库收发。

在这种情况下，成本核算的基本步骤与上述半成品不通过仓库收发基本相同，唯一差别是：在各步骤设立"自制半成品明细账"核算各步骤半成品的收、发、存情况，因而需要编制半成品入库和从仓库领用的会计分录。如果每个步骤加工完成的半成品先转入半成品仓库，然后再办理领料手续领料，用于下步骤生产，则要做两步会计分录。半成品入库时，借记"自制半成品"账户，贷记"基本生产成本"账户；当下步骤从仓库领用半成品时，则编制相反分录。

从以上所述的成本结转计算程序可以看出，如将各步骤半成品视作产成品，就可以发现，逐步结转分步法实际上就是品种法的多次连续应用，因此，其计算产品成本的程序与品种法基本相同。即在采用品种法计算上一步骤的半成品成本以后，按照下一步骤的耗用数量转入下一步骤成本；在下一步骤再一次采用品种法归集所耗半成品的费用和本步骤其他费用，计算其半成品成本。如此逐步结转，直至最后一个步骤计算出产成品成本。

半成品成本按实际成本计价结转，能保证成本计算比较直观且符合实际。但它也有一定的局限性：每一步骤耗用上步骤半成品成本，只有在上一步骤半成品成本计算完毕以后才能进行，从而影响成本计算和分析的及时性；后一步骤产品成本水平直接受上步骤半成品成本水平的影响。为此，有的企业采取计划成本对半成品进行计价结转。

（2）按计划成本结转。

半成品按计划成本结转是指半成品在各步骤间的结转及日常收发核算均按计划成本进行的一种结转形式；在期末半成品成本计算出来以后，根据其实际成本与计划成本的差异计算出半成品成本差异率，调整所耗半成品的成本，使之符合实际。半成品按计划成本计价综合结转能简化和加速核算工作，并便于进行成本的考核和分析。半成品按计划成本结转的程序与按实际成本结转的程序基本一致。半成品实物的流程也有不通过仓库收发和通过仓库收发两种。在半成品不通过仓库收发，按计划成本综合结转时，各步骤所耗上一步骤的半成品成本应根据所耗的半成品数量乘以半成品的计划单位成本计算。各步骤所耗上步骤的半成品数量应根据实际耗用量确定，半成品的计划单位成本应根据年初制定的半成品计划单位成本确定。半成品通过仓库收发按计划成本计价时，应设置"自制半成品"账户进行核算，并反映其成本差异。但在具体操作时，为了便于核算，半成品的成本差异一般不另设其他的账户，而是直接在自制半成品明细账内归集和分配，以便使发出的半成品直接在自制半成品明细账内调整为实际成本。

综上所述，综合结转半成品成本的核算，类似于各步骤领用原材料的核算。可以采用实际成本结转，也可以采用计划成本结转。但一般工业企业半成品的种类不多，半成品的收发也不如材料收发那么频繁，因此大多数按实际成本进行综合结转半成品成本的核算。

（3）逐步综合结转分步法的成本还原。

采用逐步综合结转分步法计算结转半成品成本时，各步骤所耗上步骤的半成品成本，不分成本项目，在下一步骤的生产成本明细账中的"自制半成品"项目中综合反映。这样成本计算结果中，除了第一步骤的半成品成本可以按照成本项目如实反映其成本构成，其余各步骤的半成品成本中的"自制半成品"项目中均包含随着半成品成本的综合结转而转入的之前步骤发生的直接人工和制造费用，使其不能反映真实的成本项目构成，从而不便于分析和考核产品成本结构及各成本项目的升降变化情况。所以应采用一定的方法进行成本还原，将产成品成本的"自制半成品"项目中包括的直接人工和制造费用分离出来，恢复其原来的成本结构。

成本还原就是把各步骤所耗上一步骤半成品的综合成本逐步进行分解还原成直接材料、直接人工、制造费用等原始成本项目,以便提供按原始成本项目反映的产品成本资料。成本还原的方法是倒序法,即从最后步骤起,先把各步骤所耗上步骤半成品的综合成本,按本期上步骤半成品的成本构成进行分解,直到第一步骤,然后,再将各步骤相同的成本项目数额相加,得出按原始成本项目反映的产成品成本。成本还原率计算公式如下:

$$成本还原率 = \frac{本月产成品成本中所耗上步骤半成品成本}{上步骤本月完工半成品成本} \times 100\%$$

$$还原成本上步骤直接材料 = 上步骤本月完工半成品直接材料 \times 成本还原率$$

$$还原成本上步骤直接人工 = 上步骤本月完工半成品直接人工 \times 成本还原率$$

$$还原成本上步骤制造费用 = 上步骤本月完工半成品制造费用 \times 成本还原率$$

逐步综合结转分步法的优点是我们可以在各步骤的生产成本明细账中看出所耗上一步骤半成品成本的水平和本步骤发生的直接人工和制造费用的水平,便于分析和考核各步骤所耗半成品费用水平,有利于各生产步骤的成本管理。其缺点是不能直接反映产品成本的原始成本项目构成情况,为了加强对成本的管理,就必须进行成本还原,从而加大了成本核算的工作量。因此,该方法一般适用于管理上要求计算各步骤所耗半成品费用而不要求进行成本还原的企业。

2) 逐步分项结转分步法

采用逐步分项结转法(以下简称分项结转法)结转半成品成本时,上一步骤半成品所耗用的直接材料费用、直接人工费用和制造费用结转到下一步骤相同的产品成本明细账时,是按照原始成本项目分别结转的。即各生产步骤所耗上一步骤半成品费用,按照成本项目分项转入各该步骤产品成本明细账相应的成本项目。如果半成品通过仓库收发,那么在自制半成品明细账中登记半成品成本时,也要按照成本项目分别登记。结转时,可按半成品的实际成本分项结转;也可先按半成品的计划成本分项结转。但如果半成品按计划成本分项结转后,还要按成本项目分项调整成本差异,这样计算工作量过大。因此,在实际中,分项结转一般按半成品的实际单位成本结转。分项结转法的基本原理与综合结转法基本相同。

分项结转法和综合结转法所计算的完工产品成本总额是相同的,但各成本项目数额不同。采用分项结转法结转半成品成本可以直接提供按原始成本项目反映的企业产品成本资料,不需要进行成本还原。但是,这种方法的成本结转工作比较复杂,如果半成品通过半成品仓库收发,"自制半成品"明细账上也要按照成本项目计算半成品单位成本,则计算和结转的工作更为复杂。而且,使用分项结转法时,在各步骤完工产品成本中看不出所耗上一步骤半成品费用的水平和本步骤发生的加工费用的水平,不便于进行各步骤的成本管理。因此,这种方法一般适用于管理上要求按原始成本项目计算产品成本,不要求分别提供各步骤完工产品所耗半成品费用和本步骤加工费用资料的企业。

【例 3-28】 青峰工厂通过三个基本生产车间连续加工的方式大量生产甲产品,其中第一车间生产 A 半成品,第二车间将 A 半成品加工成 B 半成品,第三车间将 B 半成品加工成甲产成品。原材料在第一车间生产开始时一次投入。各步骤在产品完工程度均按 50% 计算。完工产品与月末在产品的费用分配采用约当产量法。为计算方便,各项数据均列入各产品成本明细账中。各项费用均已登记入账,并将成本计算单的有关内容合并到产品成本明细账中(实务中也可以这样做)。费用归集与成本计算情况如表 3-38、表 3-39、表 3-40 所示。

表 3-38　　　　　　　　　　　　　第一车间产品成本明细账

产品:A 半成品　　　　　　　　　　　　　　　　　　　　　　　　　　　　　金额:元

摘要	直接材料	直接人工	制造费用	合计
①月初在产品成本	5 000	1 250	1 000	7 250
②本月发生生产费用	55 000	26 250	21 000	102 250
③生产费用合计	60 000	27 500	22 000	109 500
④完工产品数量	200	200	200	
⑤在产品数量	40	40	40	
⑥在产品约当产量	40	20	20	
⑦约当总产量	240	220	220	
⑧费用分配率	250	125	100	475
⑨完工半成品成本	50 000	25 000	20 000	95 000
⑩月末在产品成本	10 000	2 500	2 000	14 500

计算完第一步骤完工产品与月末在产品费用后,要将第一步骤完工 A 半成品综合成本 95 000 元转入第二步骤产品成本明细账中,如表 3-39 所示。

表 3-39　　　　　　　　　　　　　第二车间产品成本明细账

产品:B 半成品　　　　　　　　　　　　　　　　　　　　　　　　　　　　　金额:元

摘要	A 半成品	直接人工	制造费用	合计
①月初在产品成本	19 000	4 000	3 000	26 000
②本月本步发生费用		40 000	30 000	70 000
③本月上步转入费用	95 000			95 000
④生产费用合计	114 000	44 000	33 000	191 000
⑤完工产品数量	200	200	200	
⑥在产品数量	40	40	40	
⑦在产品约当产量	40	20	20	
⑧约当总产量	240	220	220	
⑨费用分配率	475	200	150	825
⑩完工半成品成本	95 000	40 000	30 000	165 000
⑪月末在产品成本	19 000	4 000	3 000	26 000

计算完第二步骤完工产品与月末在产品费用后,要将第二步骤完工 B 半成品的综合成本 165 000 元直接转入第三步骤产品成本明细账中,如表 3-40 所示。

表 3-40 　　　　　　　　　　　　　第三车间产品成本明细账

产品:甲产品 金额:元

摘要	B 半成品	直接人工	制造费用	合计
①月初在产品成本	33 000	4 000	3 000	40 000
②本月本步发生费用		42 000	31 500	73 500
③本月上步转入费用	165 000			165 000
④生产费用合计	198 000	46 000	34 500	278 500
⑤完工产品数量	220	220	220	
⑥在产品数量	20	20	20	
⑦在产品约当产量	20	10	10	
⑧约当总产量	240	230	230	
⑨费用分配率	825	200	150	
⑩完工产品成本	181 500	44 000	33 000	258 500
⑪月末在产品成本	16 500	2 000	1 500	20 000

由于第三步骤完工的是甲产成品,所以完工入库的分录如下:

借:库存商品——甲商品 258 500

贷:基本生产成本——甲产品 258 500

以上结合实例介绍了在综合结转分步法下,按实际成本核算,并且各步骤生产的半成品直接交下步骤使用的情况下,各步骤半成品(最后步骤为产成品)的成本计算和结转的程序。

如果各步骤生产的半成品经半成品库收发,那么各步骤完工半成品入库与过去所讲完工产品入库的程序是一样的,而下一步骤从半成品库领用上步骤生产的半成品与生产领用原材料的程序和处理方法是一样的。

要进行成本还原的对象就是第三步骤生产的甲产品中"B 半成品"成本项目的"181 500元"。要将它还原为"直接材料""直接人工""制造费用"等原始成本项目。

成本还原的程序是:从最后步骤完工产品成本项目中的"半成品"成本项目中的金额开始,一步步将产成品耗用的以前各步骤半成品的成本,按上一步骤半成品成本构成的比例进行还原,直到还原为第一步骤的原始成本项目。然后将还原后的各相同成本项目的金额相加,计算出按原始成本项目反映的产成品成本构成。

比如,上述甲产品的生产分三个生产步骤,成本还原从第三步骤完工产品所消耗的由第二步骤生产出来的"B 半成品"项目的金额开始,先将它还原为第二步骤的各成本项目。

第二步骤的成本项目包括三部分:即"A 半成品""直接工资""制造费用"。所以先要将第三步骤耗用的"B 半成品"还原成"A 半成品""直接人工""制造费用"三个项目,如图 3-1

所示。

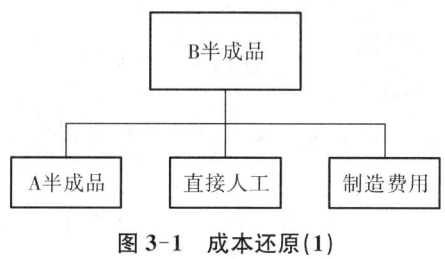

图 3-1　成本还原(1)

但在这三个项目中,"A 半成品"项目又包含第一步骤的"直接材料""直接人工"和"制造费用"。所以还要将"A 半成品"还原为第一步骤的成本项目金额,如图 3-2 所示。

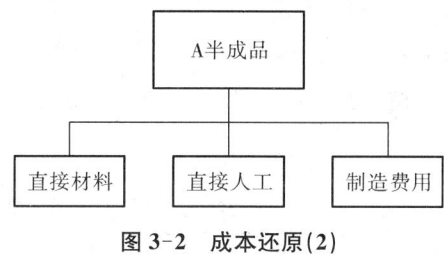

图 3-2　成本还原(2)

最后再将各步骤发生的相同项目的金额相加,便是还原后的按原始成本项目反映的完工产品成本。

成本还原有两种方法:

第一种方法是按上步骤所产半成品中,各成本项目占总成本的比例进行还原。

(1) 按这种方法进行成本还原主要分为两步:

计算上一步骤所产半成品中各成本项目占总成本的比例:上述表 3-39 第二车间本月所产完工 B 半成品的成本构成情况是:A 半成品 95 000 元、直接人工 40 000 元、制造费用 30 000 元。B 半成品的总成本是 165 000 元。

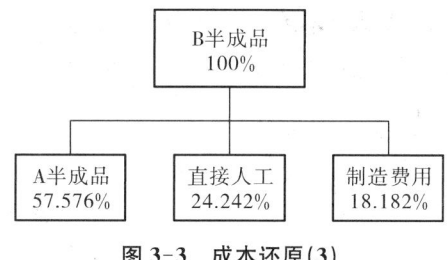

图 3-3　成本还原(3)

各成本项目金额占总成本的比例是:

$$A 半成品所占比例 = \frac{95\,000}{165\,000} \times 100\% = 57.576\%$$

$$直接人工所占的比例=\frac{40\,000}{165\,000}\times100\%=24.242\%$$

$$制造费用所占的比例=\frac{30\,000}{165\,000}\times100\%=18.182\%$$

(2) 将本步骤所耗用上步骤的半成品按上步骤成本构成的比例进行成本还原：

$$\begin{matrix}本步骤完工产品所耗用上步骤\\半成品应还原的某项目金额\end{matrix}=\begin{matrix}本步骤完工产品所耗用\\上步骤半成品的综合成本\end{matrix}\times\begin{matrix}上步骤所产半成品\\本项目所占的比例\end{matrix}$$

如上述第三步骤生产的甲产品所耗用的第二步骤生产的"B 半成品"的综合成本为181 500 元。

在 B 半成品的 181 500 元的综合成本中,如图 3-4 所示。

应还原为"A 半成品"的金额=181 500×57.576%=104 500(元)

应还原为"直接人工"的金额=181 500×24.242%=44 000(元)

应还原为"制造费用"的金额=181 500×18.182%=33 000(元)

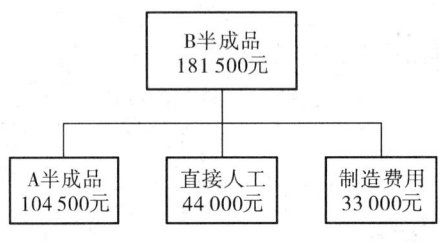

图 3-4　成本还原(4)

这样,便将第三步骤耗用的 B 半成品分解为相当于第二步骤的三个成本项目的金额。

但是,还原后的"A 半成品"项目的金额"104 500 元",还是一个综合成本项目,它本身又包含第一步骤消耗的"直接材料""直接人工"和"制造费用",所以对这部分综合成本还要按第一步骤本月所产的"A 半成品"的成本构成的比例继续还原。

第一步骤本月所产 A 半成产品成本构成情况为:直接材料 50 000 元、直接人工 25 000元、制造费用 20 000 元,A 半成品总成本为 95 000 元。

A 半成品各成本项目占总成本的比例为:

$$直接材料所占比例=\frac{50\,000}{95\,000}=52.632\%$$

$$直接人工所占比例=\frac{25\,000}{95\,000}=26.316\%$$

$$制造费用所占比例=\frac{20\,000}{95\,000}=21.052\%$$

将上述从 B 半成品中还原出来的 A 半成品 104 500 元的综合成本按第一步各成本项目所占的比例继续还原,如图 3-5 所示。

应还原的"直接材料"项目金额=104 500×52.632%=55 000(元)

应还原的"直接人工"项目金额＝104 500×26.316％＝27 500(元)

应还原的"制造费用"项目金额＝104 500×21.052％＝22 000(元)

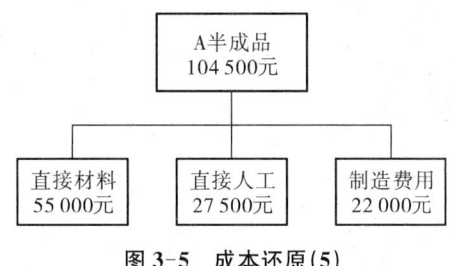

图3-5　成本还原(5)

这样将产成品中所耗用的B半成品中包含的A半成品还原成了直接材料、直接人工和制造费用三个成本项目。

在成本核算实务中,成本还原是通过编制成本还原计算表进行的。根据上述资料编制"成本还原计算表"如表3-41所示。

表3-41　　　　　　　　　　　　　　成本还原计算表

产品:甲产品　　　　　　　　　　　　　　　　　　　　　　　　　完工产品220件

金额:元

摘　要	成本项目					
	B半成品	A半成品	直接材料	直接人工	制造费用	合　计
①第三步还原前完工产品总成本	181 500			44 000	33 000	258 500
②第二步骤B半成品成本构成		57.576％		24.242％	18.182％	100％
③B半成品成本项目还原	−181 500	104 500		44 000	33 000	
④第一步骤A半成品成本构成			52.632％	26.316％	21.052％	100％
⑤A半成品成本项目还原		−104 500	55 000	27 500	22 000	
⑥还原后总成本＝①＋③＋⑤			55 000	115 500	88 000	258 500
⑦还原后单位成本			250	525	400	1 175

成本还原后的总成本不变,只是各成本项目金额发生了变化。

成本还原的第二种方法是用本步骤本月所耗用上步骤半成品占上步骤本月所产该种半成品的比率进行还原。

按这种方法进行成本还原,也经过两步:

第一步,计算还原分配率。

第三步骤产成品本月所耗第二步骤生产的 B 半成品综合成本为 181 500 元,而第二步骤本月所产的 B 半成品为 165 000 元,其中各成本项目金额为:A 半成品 95 000 元,直接人工 40 000 元,制造费用 30 000 元。

将第三步骤产成品所耗 B 半成品还原到第二步骤的还原分配率为:

$$还原分配率 = \frac{181\,500}{165\,000} = 1.1$$

第二步,计算还原金额。

第三步骤产成品所耗的 B 半成品 181 500 元应还原到上步骤各成本项目金额为:

还原到"A 半成品"成本项目的金额 = 95 000×1.1 = 104 500(元)

还原到"直接人工"项目的金额 = 40 000×1.1 = 44 000(元)

还原到"制造费用"项目的金额 = 30 000×1.1 = 33 000(元)

这样将产成品所耗的 B 半成品 181 500 元还原到上步骤各成本项目金额。

181 500 = 104 500+44 000+33 000

将"A 半成品"项目 104 500 元继续向前还原可照此类推。

按这种方法进行成本还原,在成本核算实务中,成本还原也是通过编制成本还原计算表进行的,如表 3-42 所示。

表 3-42　　　　　　　　　　成本还原计算表

产品:甲产品　　　　　　　　　　　　　　　　　　　　　完工产品 220 件

金额:元

摘　要	还原分配率	成本项目					
		B 半成品	A 半成品	直接材料	直接人工	制造费用	成本合计
①第三步骤还原前总成本		181 500			44 000	33 000	258 500
②第二步骤本月所产 B 半成品成本			(95 000)		(40 000)	(30 000)	(165 000)
③将 B 半成品成本进行还原	1.1	−181 500	104 500		44 000	33 000	
④第一步骤本月所产 A 半成品成本				(50 000)	(25 000)	(20 000)	(95 000)
⑤将 A 半成品成本进行还原	1.1		−104 500	55 000	27 500	22 000	
⑥还原后的总成本=①+③+⑤		0	0	55 000	115 500	88 000	258 500
⑦还原后单位成本				250	525	400	1 175

4. 逐步结转分步法的优缺点

逐步结转分步法的优点:能够提供各个生产步骤的半成品成本资料;半成品产品随实物

转移而结转,有利于加强半成品和在产品的实物管理和资金管理;能够反映各生产步骤所耗上一步骤半成品费用和本步骤加工费用,有利于成本管理。

逐步结转分步法的缺点:各生产步骤半成品成本要逐步结转,影响成本计算工作的及时性;采用综合结转方式,需要进行成本还原,而采用分项结转方式,各步成本结转工作比较复杂,核算工作量大。

(四) 平行结转分步法

1. 平行结转分步法的含义

平行结转分步法是指各步骤不计算所产半成品的成本,也不计算所耗上一步骤半成品成本,只计算本步骤发生的各项费用以及这些费用中应计入产成品成本的份额,然后将各步骤相同产品的"份额"平行结转汇总的计算产品成本的一种方法。

在大量大批多步骤生产的企业中,如果各生产步骤所产半成品的种类很多,但半成品外售的情况却较少,且管理上不要求计算半成品成本,为了简化和加速成本计算工作,在计算产品成本时,可以不计算各步骤所发生的半成品成本,也不计算上一生产步骤半成品成本。在这种情况下,可以采用平行结转分步法计算完工成品的成本。

2. 平行结转分步法的特点

(1) 在平行结转分步法下,各生产步骤不计算上步骤转来的半成品成本,也不计算本步骤所产半成品成本,只计算本步骤发生的各项生产费用以及应计入最终产成品成本的"份额"。

(2) 半成品成本不随实物转移而结转,实物流转与其成本流转相脱节;半成品在各步骤之间转移,无论是否通过半成品库收发,均不通过"自制半成品"账户进行总分类核算。

(3) 平行结转分步法下的在产品指的是广义在产品。广义在产品不仅包括本步骤正在加工的在产品(即狭义在产品),还包括本步骤已经加工完成,但从全厂的角度来看尚未最后完工的半成品。

(4) 产成品成本由各生产步骤确定的应计入产成品的"份额"平行汇总。

3. 平行结转分步法的成本计算程序

(1) 按产品和加工步骤设置生产成本明细账,分成本项目归集本步骤消耗的生产费用。

(2) 月末将本步骤归集的所有生产费用,在企业的完工产品和企业的未完工产品,也就是产成品和广义在产品之间进行分配,计算各步骤费用应计入产成品成本的"份额"。

(3) 月末将各步骤应计入产成品成本的"份额",平行结转、汇总,最终计算出产成品成本。

(4) 计算在产品成本。各步骤生产成本明细账所归集的费用总额,减去计入产成品成本的"份额"后的余额,就是在产品成本。

4. 平行结转分步法的优缺点

平行结转分步法的优点:各步骤可以同时计算产品成本,平行汇总计入产成品成本,不必逐步结转半成品成本,还能够直接提供按原始成本项目反映的产成品成本资料,不必进行成本还原,从而可以简化和加速成本计算工作。

平行结转分步法的缺点:由于各步骤不计算和结转半成品成本,因而不能提供各个步骤的半成品成本资料,并且半成品实物转移与费用结转脱节,不能为各个生产步骤在产品的实物管理和资金管理提供资料。另外,各生产步骤的产品成本不包括所耗用半成品费用,因而除了第一步骤,不能全面地反映各步骤产品的生产费用水平。

因此,平行结转分步法一般在半成品种类较多、逐步结转半成品成本的工作量较大、管理上又不要求提供各步骤半成品成本资料的情况下采用。

【例3-29】 海西集团下属的闽江公司生产的丁产品经过三个车间连续加工制成,第一车间生产 D 半成品,直接转入第二车间加工制成 H 半成品,H 半成品直接转入第三车间加工成丁产成品。其中,1件丁产品耗用1件 H 半成品,1件 H 半成品耗用1件 D 半成品。原材料于第一车间生产开始时一次投入,第二车间和第三车间不再投入材料。各车间月末在产品完工率均为 50%。各车间生产费用在完工产品和在产品之间的分配采用约当产量法。

本月各车间产量资料如表3-43所示。

表3-43   各车间产量资料表

单位:件

摘 要	第一车间	第二车间	第三车间
月初在产品数量	20	50	40
本月投产数量或上步转入	180	160	180
本月完工产品数量	160	180	200
月末在产品数量	40	30	20

各车间月初及本月费用资料如表3-44所示。

表3-44   各车间月初及本月费用

单位:元

摘 要		直接材料	直接人工	制造费用	合计
第一车间	月初在产品成本	1 000	60	100	1 160
	本月的生产费用	18 400	2 200	2 400	23 000
第二车间	月初在产品成本		200	120	320
	本月的生产费用		3 200	4 800	8 000
第三车间	月初在产品成本		180	160	340
	本月的生产费用		3 450	2 550	6 000

下面采用平行结转法计算丁产品的生产成本,计算过程如下。

编制各生产步骤的约当产量的计算表,如表3-45所示。

表3-45　　　　　　　　　　各生产步骤约当产量的计算表　　　　　　　　单位:元

摘　　要	直接材料	直接人工	制造费用
第一车间步骤的 约当产量	290 (200+40+30+20)	270 (200+40×50%+30+20)	270
第二车间步骤的 约当产量	250 (200+20+30)	235 (200+30×50%+20)	235
第三车间步骤的 约当产量	220 (200+20)	210 (200+20×50%)	210

编制各生产步骤的成本计算单,如表3-46、表3-47、表3-48所示。

表3-46　　　　　　　　　　产品成本计算单(D半成品)

车间:第一车间　　　　　　　　品名:丁产品(D半成品)　　　　　　　　单位:元

摘　　要	直接材料	直接人工	制造费用	合计
月初在产品成本	1 000	60	100	1 160
本月发生费用	18 400	2 200	2 400	23 000
合计	19 400	2 260	2 500	24 160
第一步骤的约当产量	290	270	270	
分配率	66.90	8.37	9.26	
应计入产成品成本份额	13 380	1 674	1 852	16 906
月末在产品成本	6 020	586	648	7 254

表3-47　　　　　　　　　　产品成本计算单(H半成品)

车间:第二车间　　　　　　　　品名:丁产品(H半成品)　　　　　　　　单位:元

摘　　要	直接人工	制造费用	合计
月初在产品成本	200	120	320
本月发生费用	3 200	4 800	8 000
合计	3 400	4 920	8 320
第二步骤约当产量	235	235	
分配率	14.47	20.94	
应计入产成品成本份额	2 894	4 188	7 082
月末在产品成本	506	732	1 238

表 3-48 产品成本计算单

车间：第三车间　　　　　　　　　品名：丁产品　　　　　　　　　单位：元

摘　要	直接人工	制造费用	合计
月初在产品成本	180	160	340
本月发生费用	3 450	2 550	6 000
合计	3 630	2 710	6 340
第三步骤约当产量	210	210	
分配率	17.29	12.90	
应计入产成品成本份额	3 458	2 580	6 038
月末在产品成本	172	130	302

编制产品成本汇总表，如表 3-49 所示。

表 3-49 产品成本汇总计算表

产品名称：丁产品　　　　　　　　　单位：元

项目	数量（件）	直接材料	直接人工	制造费用	总成本	单位成本
第一车间		13 380	1 674	1 852	16 906	84.53
第二车间			2 894	4 188	7 082	35.41
第三车间			3 458	2 580	6 038	30.19
合计	200	13 380	8 026	8 620	30 026	150.13

根据产品成本汇总计算表和产成品入库单，编制结转完工入库产品生产成本的会计分录如下：

借：库存商品——丁产品　　　　　　　　　　　　　　　　　30 026
　　贷：基本生产成本——第一车间　　　　　　　　　　　　　　16 906
　　　　　　　　　　　——第二车间　　　　　　　　　　　　　　7 082
　　　　　　　　　　　——第三车间　　　　　　　　　　　　　　6 038

思考题

1. 简述制造业成本核算的内容。

2. 什么是费用要素？什么是成本项目？具体包括哪些内容？

3. 划分完工产品与在产品成本的方法有哪些？

4. 为什么要引进约当产量这个概念？要解决什么问题？

5. 试分别简述品种法、分步法和分批法适用范围、特点以及计算程序。

品种法下的成本核算

海西集团下属的北方公司 2020 年 8 月生产甲、乙两种产品,本月有关成本计算资料如下。

1. 月初在产品成本

甲、乙两种产品的月初在产品成本如下,如表 3-50 所示。

表 3-50　　　　　　　　　甲、乙产品月初在产品成本资料表

单位:元

摘　要	直接材料	直接人工	制造费用	合计
甲产品月初在产品成本	164 000	32 470	3 675	200 145
乙产品月初在产品成本	123 740	16 400	3 350	143 490

2. 本月生产数量

甲产品本月完工 500 件,月末在产品 100 件,实际生产工时 100 000 小时;乙产品本月完工 200 件,月末在产品 40 件,实际生产工时 50 000 小时。甲、乙两种产品的原材料都在生产开始时一次投入,加工费用发生比较均衡,月末在产品完工程度均为 50%。

3. 本月发生生产费用

(1) 本月发出材料汇总表,如表 3-51 所示。

表 3-51　　　　　　　　　　　发出材料汇总表

单位:元

领料部门和用途	材料类别			合　计
	原材料	包装物	低值易耗品	
基本生产车间耗用				
甲产品耗用	800 000	10 000		810 000
乙产品耗用	600 000	4 000		604 000
甲、乙产品共同耗用	28 000			28 000
车间一般耗用	2 000		100	2 100
辅助生产车间耗用				
供电车间耗用	1 000			1 000
机修车间耗用	1 200			1 200
厂部管理部门耗用	1 200		400	1 600
合计	1 433 400	14 000	500	1 447 900

备注:生产甲、乙两种产品共同耗用的材料,按甲、乙两种产品直接耗用原材料的比例进行分配。

（2）本月工资结算汇总表及职工福利费用计算表（简化格式），如表3-52所示。

表3-52   工资及福利费汇总表

单位：元

人员类别	应付工资总额	应计提福利费	合计
基本生产车间			
产品生产工人	420 000	58 800	478 800
车间管理人员	20 000	2 800	22 800
辅助生产车间			
供电车间	8 000	1 120	9 120
机修车间	7 000	980	7 980
厂部管理人员	40 000	5 600	45 600
合计	495 000	69 300	564 300

（3）本月以现金支付的费用为2 500元，其中：基本生产车间负担的办公费250元，市内交通费65元；供电车间负担的市内交通费145元；机修车间负担的外部加工费480元；厂部管理部门负担的办公费1 360元，材料市内运输费200元。

（4）本月以银行存款支付的费用为14 700元，其中：基本生产车间负担的办公费1 000元，水费2 000元，差旅费1 400元，设计制图费2 600元；供电车间负担的水费500元，外部修理费1 800元；机修车间负担的办公费400元；厂部管理部门负担的办公费3 000元，水费1 200元，招待费200元，市话费600元。

（5）本月应计提固定资产折旧费22 000元，其中：基本生产车间折旧10 000元，供电车间折旧2 000元，机修车间折旧4 000元，厂部管理部门折旧6 000元。

（6）根据"待摊费用"账户记录，本月应分摊财产保险费3 195元，其中供电车间负担800元，机修车间负担600元，基本生产车间负担1 195元，厂部管理部门负担600元。

要求：根据品种法进行成本核算。

成本核算步骤如下。

1. 设置有关成本费用明细账和成本计算单

按品种设置基本生产成本明细账（表3-59、表3-60）和成本计算单（表3-69、表3-70），按车间设置辅助生产成本明细账（表3-61、表3-62）和制造费用明细账（表3-63），其他与成本计算无关的费用明细账，如管理费用明细账等，此略。

2. 分配要素费用

根据各项生产费用发生的原始凭证和其他有关资料，编制各项要素费用分配表，分配各项要素费用。

（1）分配材料费用。其中：生产甲、乙两种产品共同耗用材料按甲、乙两种产品直接耗用原材料的比例分配。分配结果,如表 3-53、表 3-54 所示。

表 3-53 甲、乙产品共同耗用材料分配表

单位:元

产品名称	直接耗用原材料	分配率	分配共耗材料
甲产品	800 000		16 000
乙产品	600 000		12 000
合计	1 400 000		28 000

表 3-54 材料费用分配表

单位:元

会计科目	明细科目	原材料	包装物	低值易耗品	合计
基本生产成本	甲产品	816 000	10 000		826 000
	乙产品	612 000	4 000		616 000
	小计	1 428 000	14 000		1 442 000
辅助生产成本	供电车间	1 000			1 000
	机修车间	1 200			1 200
	小计	2 200			2 200
制造费用	基本生产车间	2 000		100	2 100
管理费用	修理费	1 200		400	1 600
合　计		1 433 400	14 000	500	1 447 900

根据材料费用汇总表,编制发出材料的会计分录如下:

借:基本生产成本——甲产品 826 000

　　　　　　——乙产品 616 000

　辅助生产成本——供电车间 1 000

　　　　　　——机修车间 1 200

　制造费用——基本生产车间 2 100

　管理费用——修理费 1 600

　贷:原材料 1 433 400

　　包装物 14 000

　　低值易耗品 500

(2) 分配工资及福利费用。其中:甲、乙两种产品应分配的工资及福利费按甲、乙两种产品的实际生产工时比例分配。分配结果,如表 3-55 所示。

表 3-55　　　　　　　　　　　　　工资及福利费用分配表

单位：元

分配对象		工资			福利费	
会计科目	明细科目	分配标准	分配率	分配额	分配率	分配额
基本生产成本	甲产品	100 000		280 000		39 200
	乙产品	50 000		140 000		19 600
	小计	150 000		420 000		58 800
辅助生产成本	供电车间			8 000		1 120
	机修车间			7 000		980
	小计			15 000		2 100
制造费用	基本生产车间			20 000		2 800
管理费用	工资、福利费			40 000		5 600
合计				495 000		69 300

根据工资及福利费分配表，编制工资及福利费分配业务的会计分录如下：

借：基本生产成本——甲产品　　　　　　　　　　　　　　　　　280 000
　　　　　　　　　——乙产品　　　　　　　　　　　　　　　　140 000
　　辅助生产成本——供电车间　　　　　　　　　　　　　　　　　8 000
　　　　　　　　　——机修车间　　　　　　　　　　　　　　　　7 000
　　制造费用——基本生产车间　　　　　　　　　　　　　　　　20 000
　　管理费用——修理费　　　　　　　　　　　　　　　　　　　40 000
　　　贷：应付工资　　　　　　　　　　　　　　　　　　　　　　　　495 000

借：基本生产成本——甲产品　　　　　　　　　　　　　　　　　39 200
　　　　　　　　　——乙产品　　　　　　　　　　　　　　　　19 600
　　辅助生产成本——供电车间　　　　　　　　　　　　　　　　　1 120
　　　　　　　　　——机修车间　　　　　　　　　　　　　　　　　980
　　制造费用——基本生产车间　　　　　　　　　　　　　　　　　2 800
　　管理费用——修理费　　　　　　　　　　　　　　　　　　　　5 600
　　　贷：应付福利费　　　　　　　　　　　　　　　　　　　　　　　69 300

（3）计提固定资产折旧费用及摊销待摊费用。分配结果如表 3-56、表 3-57 所示。

表 3-56　　　　　　　　　　　　　折旧费用计算表

单位：元

会计科目	明细科目	费用项目	分配金额
制造费用	基本生产车间	折旧费	10 000

(续表)

会计科目	明细科目	费用项目	分配金额
辅助生产成本	供电车间	折旧费	2 000
	机修车间	折旧费	4 000
管理费用		折旧费	6 000
合计			22 000

根据折旧计算表,编制计提折旧的会计分录如下:

借:制造费用——基本生产车间　　　　　　　　　　　　　　　　　　　　10 000

　　辅助生产成本——供电车间　　　　　　　　　　　　　　　　　　　　　2 000

　　　　　　　　——机修车间　　　　　　　　　　　　　　　　　　　　　4 000

　　管理费用——折旧费　　　　　　　　　　　　　　　　　　　　　　　　6 000

　　贷:累计折旧　　　　　　　　　　　　　　　　　　　　　　　　　　　22 000

表 3-57　　　　　　　　　　　　待摊费用(财产保险费)分配表

单位:元

会计科目	明细科目	费用项目	分配金额
制造费用	基本生产车间	保险费	1 195
辅助生产成本	供电车间	保险费	800
	机修车间	保险费	600
管理费用		保险费	600
合计			3 195

根据待摊费用分配表,编制摊销财产保险费的会计分录如下:

借:制造费用——基本生产车间　　　　　　　　　　　　　　　　　　　　1 195

　　辅助生产成本——供电车间　　　　　　　　　　　　　　　　　　　　　800

　　　　　　　　——机修车间　　　　　　　　　　　　　　　　　　　　　600

　　管理费用——财产保险费　　　　　　　　　　　　　　　　　　　　　　600

　　贷:待摊费用——财产保险费　　　　　　　　　　　　　　　　　　　3 195

(4)分配本月现金和银行存款支付费用。分配结果如表 3-58 所示。

表 3-58　　　　　　　　　　　　其他费用分配表

单位:元

会计科目	明细科目	现金支付	银行存款支付	合　计
制造费用	基本生产车间	315	7 000	7 315
辅助生产成本	供电车间	145	2 300	2 445
	机修车间	480	400	880

（续表）

会计科目	明细科目	现金支付	银行存款支付	合 计
管理费用		1 560	5 000	6 560
合 计		2 500	14 700	17 200

根据其他费用分配表，编制会计分录如下：

借：制造费用——基本生产车间　　　　　　　　　　　　　　　　7 315

　　辅助生产成本——供电车间　　　　　　　　　　　　　　　　2 445

　　　　　　　　——机修车间　　　　　　　　　　　　　　　　　880

　　管理费用——财产保险费　　　　　　　　　　　　　　　　　6 560

　　贷：库存现金　　　　　　　　　　　　　　　　　　　　　　2 500

　　　　银行存款　　　　　　　　　　　　　　　　　　　　　14 700

（5）根据各项要素费用分配表及编制的会计分录，登记有关基本生产成本明细账（表3-59、表3-60）、辅助生产成本明细账（表3-61、表3-62）和制造费用明细账（表3-63）。

表3-59　　　　　　　　　　　　　　　　基本生产成本明细账（甲产品）

产品名称：甲产品　　　　　　　　　　　　　　　　　　　　　　　　单位：元

2020 年		凭证字号	摘 要	直接材料	直接人工	制造费用	合 计
月	日						
7	31		月末在产品成本	164 000	32 470	3 675	200 145
8	31	略	材料费用分配表	826 000			826 000
	31		工资福利费分配表		319 200		319 200
	31		生产用电分配表	6 120			6 120
	31		制造费用分配表			37 300	37 300
	31		本月生产费用合计	832 120	319 200	37 300	1 188 620
	31		本月累计	996 120	351 670	40 975	1 388 765
	31		结转完工入库产品成本	830 100	319 700	37 250	1 187 050
	31		月末在产品成本	166 020	31 970	3 725	201 715

表3-60　　　　　　　　　　　　　　　　基本生产成本明细账（乙产品）

产品名称：乙产品　　　　　　　　　　　　　　　　　　　　　　　　单位：元

2020 年		凭证字号	摘 要	直接材料	直接人工	制造费用	合 计
月	日						
7	31		月末在产品成本	123 740	16 400	3 350	143 490
8	31	略	材料费用分配表	616 000			616 000
	31		工资福利费分配表		159 600		159 600

（续表）

2020年		凭证字号	摘 要	直接材料	直接人工	制造费用	合计
月	日						
	31		生产用电分配表	3 060			3 060
	31		制造费用分配表			18 650	18 650
	31		本月生产费用合计	619 060	159 600	18 650	797 310
	31		本月累计	742 800	176 000	22 000	940 800
	31		结转完工入库产品成本	619 000	160 000	20 000	799 000
	31		月末在产品成本	123 800	16 000	2 000	141 800

表 3-61　　　　　　　　　　辅助生产成本明细账(供电车间)

车间名称：供电车间　　　　　　　　　　　　　　　　　　　　　　　　单位：元

2020年		凭证字号	摘 要	直接材料	直接人工	制造费用	合计
月	日						
8	1	略	材料费用分配表	1 000			1 000
	31		工资福利费分配表		9 120		9 120
	31		计提折旧费			2 000	2 000
	31		分摊财产保险费			800	800
	31		其他费用			2 445	2 445
	31		本月合计	1 000	9 120	5 245	15 365
	31		结转各受益部门	1 000	9 120	5 245	15 365

表 3-62　　　　　　　　　　辅助生产成本明细账(机修车间)

车间名称：机修车间　　　　　　　　　　　　　　　　　　　　　　　　单位：元

2020年		凭证字号	摘 要	直接材料	直接人工	制造费用	合计
月	日						
8	31	略	材料费用分配表	1 200			1 200
	31		工资及福利费分配表		7 980		7 980
	31		计提折旧费			4 000	4 000
	31		分摊财产保险费			600	600
	31		其他费用			880	880
	31		本月合计	1 200	7 980	5 480	14 660
	31		结转各受益部门	1 200	7 980	5 480	14 660

表 3-63　　　　　　　　　　制造费用明细账(基本生产车间)

车间名称：基本生产车间　　　　　　　　　　　　　　　　　　　　　　单位：元

年		凭证号	摘要	材料费	人工费	折旧费	修理费	水电费	保险费	其他	合计
月	日										
8	31	略	材料费用分配表	2 100							2 100
	31		工资及福利费分配表		22 800						22 800
	31		折旧费用计算表			10 000					10 000
	31		待摊费用分配表						1 195		1 195
	31		其他费用分配表							7 315	7 315
	31		辅助生产分配表				10 500	2 040			12 540
	31		本月合计	2 100	22 800	10 000	10 500	2 040	1 195	7 315	55 950
	31		结转制造费用	2 100	22 800	10 000	10 500	2 040	1 195	7 315	55 950

3. 分配辅助生产费用

(1) 根据各辅助生产车间制造费用明细账汇集的制造费用总额,分别转入该车间辅助生产成本明细账。本例题供电和机修车间提供单一产品或服务,未单独设置制造费用明细账,车间发生的间接费用直接记入各车间辅助生产成本明细账。

(2) 根据辅助生产成本明细账(表 3-61、表 3-62)归集的待分配辅助生产费用和辅助生产车间本月劳务供应量,采用计划成本分配法分配辅助生产费用(表 3-65),并据以登记有关生产成本明细账或成本计算单和有关费用明细账。

本月供电和机修车间提供的劳务量如表 3-64 所示。

每度电的计划成本为 0.34 元,每小时机修费的计划成本为 3.5 元;成本差异全部由管理费用负担。按车间生产甲、乙两种产品的生产工时比例分配,其中:甲产品的生产工时为 100 000 小时;乙产品的生产工时为 50 000 小时。分配记入产品成本计算单中"直接材料"成本项目,分配结果见表 3-66。

表 3-64　　　　　　　　　供电和机修车间提供的劳务量表

受益部门	供电车间(度)	机修车间(小时)
供电车间		400
机修车间	3 000	
基本生产车间	33 000	3 000
产品生产	27 000	
一般耗费	6 000	3 000
厂部管理部门	10 000	1 100
合计	46 000	4 500

表 3-65　　　　　　　　　　　　　　　辅助生产费用分配表

单位：元

受益部门	供电(成本单位：元)		机修	
	用电度数(度)	计划成本	机修工时(小时)	计划成本
供电车间			400	1 400
机修车间	3 000	1 020		
基本生产车间	33 000	11 220	3 000	10 500
产品生产	27 000	9 180		
一般耗费	6 000	2 040	3 000	10 500
厂部管理部门	10 000	3 400	1 100	3 850
合计	46 000	15 640	4 500	15 750
实际成本		16 765		15 680
成本差异		1 125		—70

备注：供电车间实际成本＝15 365＋1 400＝16 765(元)；机修车间实际成本＝14 660＋1 020＝15 680(元)。

表 3-66　　　　　　　　　　　　　　　产品生产用电分配表

单位：元

产　品	生产工时(小时)	分配率	分配金额
甲产品	100 000		6 120
乙产品	50 000		3 060
合计	150 000		9 180

　　根据辅助生产费用分配表，编制会计分录如下：

（1）结转辅助生产计划成本。

借：辅助生产成本——供电车间　　　　　　　　　　　　　　　　1 400

　　　　　　　　——机修车间　　　　　　　　　　　　　　　　1 020

　　基本生产成本——甲产品　　　　　　　　　　　　　　　　　6 120

　　　　　　　　——乙产品　　　　　　　　　　　　　　　　　3 060

　　制造费用——基本生产车间　　　　　　　　　　　　　　　　12 540

　　管理费用　　　　　　　　　　　　　　　　　　　　　　　　7 250

　　贷：辅助生产成本——供电车间　　　　　　　　　　　　　　　　15 640

　　　　　　　　　——机修车间　　　　　　　　　　　　　　　　15 750

（2）结转辅助生产成本差异，为了简化成本计算工作，成本差异全部计入管理费用。

借：管理费用　　　　　　　　　　　　　　　　　　　　　　　　1 055

　　贷：辅助生产成本——供电车间　　　　　　　　　　　　　　　　1 125

　　　　　　　　　——机修车间　　　　　　　　　　　　　　　　　70

4. 分配制造费用

根据基本生产车间制造费用明细账(表 3-63)归集的制造费用总额,编制制造费用分配表,并登记基本生产成本明细账和有关成本计算单。

本例题按甲、乙两种产品的生产工时比例分配制造费用,分配结果如表 3-67 所示。

表 3-67　　　　　　　　　　　　　　制造费用分配表

车间名称:基本生产车间　　　　　　　　　　　　　　　　　　　　　　　　单位:元

产　品	生产工时(小时)	分配率	分配金额
甲产品	100 000		37 300
乙产品	50 000		18 650
合　计	150 000		55 950

根据制造费用分配表,编制会计分录如下:

借:基本生产成本——甲产品　　　　　　　　　　　　　　　　　37 300
　　　　　　　　　——乙产品　　　　　　　　　　　　　　　　18 650
　　贷:制造费用——基本生产车间　　　　　　　　　　　　　　　　55 950

5. 在完工产品与在产品之间分配生产费用

根据各产品成本计算单归集的生产费用合计数和有关生产数量记录,在完工产品和月末在产品之间分配生产费用。

该企业本月甲产品完工入库 500 件,月末在产品 100 件;乙产品完工入库 200 件,月末在产品 40 件。按约当产量法分别计算甲、乙两种产品的完工产品成本和月末在产品成本。月末在产品约当产量计算情况见表 3-67 和表 3-68。

表 3-67　　　　　　　　　　　　在产品约当产量计算表(甲产品)

产品名称:甲产品　　　　　　　　　　　　　　　　　　　　　　　　　　单位:件

成本项目	在产品数量	投料程度(加工程度)	约当产量
直接材料	100	100%	100
直接人工	100	50%	50
制造费用	100	50%	50

表 3-68　　　　　　　　　　　　在产品约当产量计算表(乙产品)

产品名称:乙产品　　　　　　　　　　　　　　　　　　　　　　　　　　单位:件

成本项目	在产品数量	投料程度(加工程度)	约当产量
直接材料	40	100%	40
直接人工	40	50%	20
制造费用	40	50%	20

根据甲、乙两种产品的月末在产品约当产量,采用约当产量法在甲乙两种产品的完工产品与月末在产品之间分配生产费用。编制成本计算单如表3-69和表3-70所示。

表3-69　　　　　　　　　　　　　**产品成本计算单(甲产品)**

产品名称:甲产品　　　　　　　　产成品:500件　　　　　　　　　在产品:100件

单位:元

摘　要	直接材料	直接人工	制造费用	合计
月初在产品成本	164 000	32 470	3 675	200 145
本月发生生产费用	832 120	319 200	37 300	1 188 620
生产费用合计	996 120	351 670	40 975	1 388 765
完工产品数量	500	500	500	
在产品约当量	100	50	50	
总约当产量	600	550	550	
分配率(单位成本)	1			2
完工产品总成本	830 100	319 700	37 250	1 187 050
月末在产品成本	166 020	31 970	3 725	201 715

表3-70　　　　　　　　　　　　　**产品成本计算单(乙产品)**

产品名称:乙产品　　　　　　　　产成品:200件　　　　　　　　　在产品:40件

单位:元

摘　要	直接材料	直接人工	制造费用	合计
月初在产品成本	123 740	16 400	3 350	143 490
本月发生生产费用	619 060	159 600	18 650	797 310
生产费用合计	742 800	176 000	22 000	940 800
完工产品数量	200	200	200	
在产品约当量	40	20	20	
总约当产量	240	220	220	
分配率(单位成本)	3 095	800	100	
完工产品总成本	619 000	160 000	20 000	799 000
月末在产品成本	123 800	16 000	2 000	141 800

6. 编制完工产品成本汇总表

根据表3-69、表3-70中的分配结果,编制完工产品成本汇总表(表3-71),并据以结转完工产品成本。

表 3-71   **完工产品成本汇总表**

单位：元

成本项目	甲产品（500件）		乙产品（200件）	
	总成本	单位成本	总成本	单位成本
直接材料	830 100	1	619 000	3 095
直接人工	319 700		160 000	800
制造费用	37 250		20 000	100
合计	1 187 050	2	799 000	3 995

根据完工产品成本汇总表或成本计算单及成品入库单，结转完工入库产品的生产成本。编制会计分录如下：

借：库存商品——甲产品   1 187 050

       ——乙产品   799 000

  贷：基本生产成本——甲产品   1 187 050

           ——乙产品   799 000

第四章

变 动 成 本 法

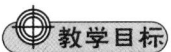

本章重点介绍管理会计中的成本相关内容。学生通过学习,在了解成本分类概念的基础上,明确成本性态分析所涉及的各种成本及其特性,理解成本性态及其在决策特别是短期决策中的重要作用,掌握成本性态分析的程序,了解变动成本法的具体应用。

第一节　成 本 分 类

一、 成本按经济用途分类

根据经济用途不同,产品成本可划分为生产成本和非生产成本两大类。

(一) 生产成本

生产成本也称制造成本,是指为生产产品或提供劳务而发生的支出。它由三种基本要素构成,即直接材料成本、直接人工成本和制造费用成本。

1. 直接材料成本

直接材料成本是指在生产过程中用于构成产品实体的那部分材料成本。

2. 直接人工成本

直接人工成本是指在生产过程中对材料进行直接加工使其变成产品所耗用的人工成本。

3. 制造费用成本

制造费用成本是指在生产产品或提供劳务过程中发生的各种间接费用。从核算的角度讲,制造费用成本包括直接材料、直接人工以外的为生产产品和提供劳务而发生的,只是无法直接归属于某一产品的全部支出。人们通常还将其细分为:

(1) 间接材料成本:间接材料成本是指在产品生产过程中被耗用,但不便归入某一特定产品的材料成本,如机器机油、油漆和清洁材料等。

(2) 间接人工成本:间接人工成本是指为生产服务而不直接进行产品加工的工人成本,如维修人员工资、设备养护人员工资等。

(3) 其他制造费用成本:这是指不属于上述两种的其他各类间接费用,如设备的折旧费、维修费、保险费等。

（二）非生产成本

非生产成本也称期间费用,是指生产成本以外的成本,一般可以分成销售成本和管理成本两大类。

1. 销售成本

销售成本是指在流通领域为销售产品而发生的各项成本,如广告宣传费、送货运杂费、销售佣金、销售人员的工资、福利费以及销售部门的其他费用(办公费、差旅费、修理费)等。

2. 管理成本

管理成本是指企业行政管理部门为组织企业生产所发生的成本,如董事经费,行政管理人员的工资、福利费、办公费、邮电费、业务费,行政管理部门固定资产的折旧费等。在财务会计中,非生产成本通常包括管理费用、销售费用和财务费用。

成本按经济用途分类如图 4-1 所示。

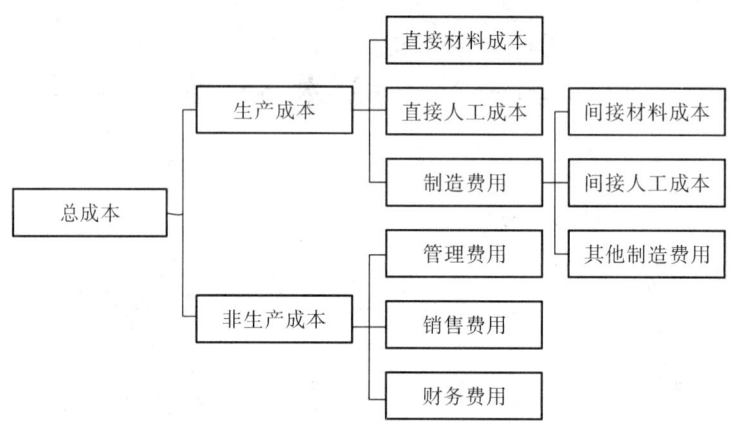

图 4-1　成本按经济用途分类

二、 成本按性态分类

成本性态(cost behavior)是指成本总额对特定业务量(产量或销售量)的依存关系,又称为成本习性或成本特性。其中,业务量是指企业在一定的生产经营期内的经营工作量的统称,通常是指生产量或销售量。这里的成本总额主要是指为取得营业收入而发生的营业成本费用,包括生产成本和销售费用、管理费用及财务费用等非生产成本。成本按其性态分类可分为固定成本、变动成本和混合成本三大类。

（一）固定成本

固定成本是指其总额在一定时期和一定业务量范围内,不受业务量增减变动的影响而相对保持不变的成本。固定成本的概念是就总额而言的,产品的单位固定成本与业务量成反比例变动关系。如按直线法计提的固定资产折旧费、租金、管理人员工资、财产保险费等,均属固定成本,这些费用一般是固定发生的,不受当期业务量变化的影响。其主要特点有:

(1) 在一定期间、一定业务量范围内,固定成本总额不受业务量变动的影响,保持固定不变,如图 4-2 所示。

（2）在一定期间、一定业务量范围内,随着业务量的变动,单位固定成本成反向变动,如图 4-3 所示。

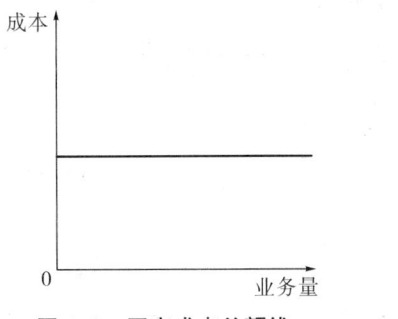

图 4-2 固定成本总额线

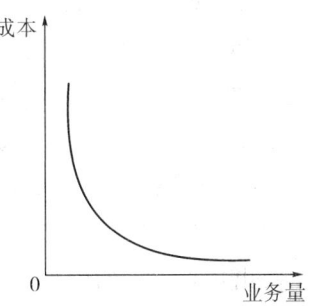

图 4-3 单位固定成本线

【例 4-1】 假设电视机厂使用某租赁设备进行生产,该设备年租金为 350 000 元,该机器年最大产能为 5 000 台。当该厂年实际产量小于等于 5 000 台时,其租金成本一般不随产量的变动而变动,固定为 350 000 元,但当每月的产量分别为 1 000 台、1 750 台、4 000 台和 5 000 台时,其单位固定成本将随产量的增加成反比例下降,如表 4-1 所示。

表 4-1 固定成本与业务量之间的关系

电视机产量（台）	固定成本总额（元）	单位固定成本（元）
1 000	350 000	350.0
1 750	350 000	200.0
4 000	350 000	87.5
5 000	350 000	70.0

固定成本一般包括下列内容：房屋设备租赁费、保险费、广告费、不动产税金、按使用年限法计提的固定资产折旧费、管理人员薪金等。工业企业生产成本中的固定成本则主要指：制造费用中不随产量变动的办公费、差旅费、折旧费、劳动保护费、管理人员工资、租赁费等；销售费用中不受销量影响的销售人员工资、广告费和折旧费；管理费用中不受产量或销量影响的企业管理人员工资、折旧费、租赁费、保险费、土地使用税等。

固定成本按其可控性,还可进一步细分为约束性固定成本和酌量性固定成本。这种细分对于成本决策和成本控制具有重要意义。

1. 约束性固定成本

约束性固定成本是指企业管理决策行动不能改变其数额的固定成本,也就是为了完成一定的经营业务而必须付出的固定成本。如厂房设备折旧费、财产保险费、管理人员的工资、照明费等。

约束性固定成本是为保持一定的生产经营能力而产生的,其数额与企业规模有关,而与生产能力利用程度无关,所以西方国家的企业把这部分成本视为企业的开工成本和生产经营活动的维持成本。约束性固定成本有两个特点:这类成本性质上具有长期性和数量上不可为零。只要企业经营能力一经形成,约束性固定成本就必不可少,如果企业经营能力不改变,约束性固定成本支出就很少发生变化。因此,约束性固定成本可视为企业生产经营能力成本。在企业生产经营能力既定的情况下,企业决策无法改变其支出数额。从成本控制方面分析,约束性固定成本属于不可控成本,这种成本具有很大的约束性。

2. 酌量性固定成本

酌量性固定成本,又称选择性固定成本,是指管理决策行动可以改变其数额的固定成本,也就是为了完成一定量的经营业务而可能支付的固定成本,如新产品研究开发成本、广告宣传成本、职工培训费、科研经费、会议费、经营性租赁费等。

这部分成本支出具有一定的弹性,企业决策者可根据年度经营方针和经营目标确定其支出数额。从成本控制角度考察,酌量性固定成本属于可控成本。根据约束性固定成本和酌量性固定成本的特性,我们不难发现:在成本控制过程中,由于约束性固定成本总额保持不变,这就要求更为经济合理地形成和利用生产经营能力,降低单位产品中的固定成本;酌量性固定成本关系到企业的竞争力,只能从总量上对其进行控制,这时决策者的判断力就显得非常重要。

在管理会计中,固定成本的水平一般是以其总额表现的。但应当注意的是,固定成本总是与特定的计算期间相联系,不同时段的固定成本的水平肯定不同;而且某些成本项目只是对某一特定业务量来说属于固定成本,对其他业务量来说则不属于固定成本。因此,在研究固定成本问题时,必须以明确时间范围和业务量的具体形式为前提。

(二) 变动成本

变动成本是指其总额随着业务量的增减变动成正比例变动的成本。变动成本的概念是就总额而言的,若从产品的单位成本来看,产品单位变动成本不受业务量的影响,相对保持不变。比如,直接材料、直接人工、外部加工费等,均属于变动成本。在相关范围内这些费用与业务量之间具有线性关系,在相关范围外可能不具有线性关系。其主要特点有:

(1) 在一定期间、一定业务量范围内,变动成本总额随业务量的变动成正比例变动,如图4-4所示。

(2) 在一定期间、一定业务量范围内,随着业务量的变动,单位变动成本不受其影响,如图4-5所示。

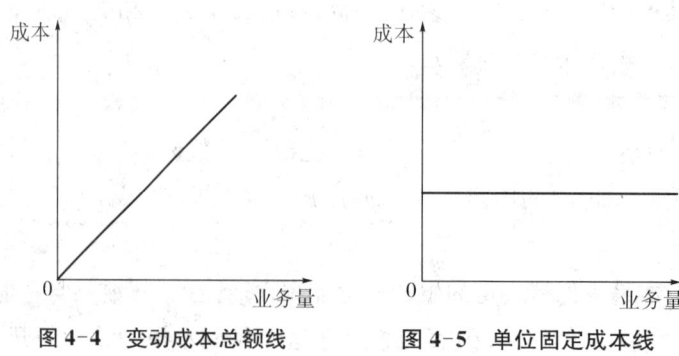

图4-4 变动成本总额线   图4-5 单位固定成本线

【例4-2】 东丽公司主营药品制造,生产某种药品需外购原料药物,该药品每盒需30元的原材料药物,该药物材料成本随产量增加而成正比例增加,如表4-2所示。

表4-2 变动成本与业务量之间的关系

药品产量(盒)	变动材料成本总额(元)	单位材料变动成本(元)
500	15 000	30
1 000	30 000	30
1 500	45 000	30
2 000	60 000	30

变动成本一般包括下列内容:直接用于产品制造的、与产量成正比的原材料、燃料及动力、外部加工费、外购半成品、按产量法计提的折旧费和计件工资形式下的生产工人工资以及与销售量成正比例的销售费用等。

(三) 混合成本

在经济生活中,并不是所有的成本费用都会分别以固定成本或变动成本的简明形态出现,有许多成本属于混合成本这一类。混合成本是指介于固定成本和变动成本之间,其总额虽随业务量变动但又不成正比例变动的那部分成本。混合成本与业务量之间的关系比较复杂,按照变动趋势的不同,混合成本又可分为半变动成本、半固定成本、延期混合成本和曲线式混合成本四类。下面介绍四种混合成本的特点及其性态模型。

1. 半变动成本

半变动成本即标准式混合成本,由固定和变动两部分组成,它通常有一个初始量,作为基数保持不变,类似于固定成本;在这个基数的基础上,成本随业务量的增减变动成正比例变动,类似于变动成本,如图4-6所示。如固定电话座机费、水费、煤气费、机器设备维修保养费、销售人员基础工资加提成等。

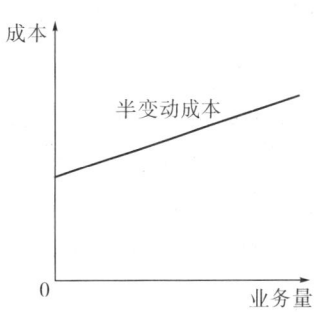

图4-6 半变动成本的特征

【例4-3】 某辆公车租用一台机器,租约规定每年支付固定租金6 000元,同时,机器运转1小时支付租金0.5元,那么机器的总成本就是半变动成本。其中,6 000元是固定成本,每小时0.5元是变动成本。

2. 半固定成本

半固定成本又称阶梯式混合成本,在一定业务量范围内其发生额表现为固定不变;当业务量超过这个范围,其发生额就会跳跃上升;然后在业务量增长后的一定范围内,其发生额又保持不变,直到业务量再次突破,其发生额再次跳跃上升,如图4-7所示。如企业化验员、保养工、质检员、运货员等人员的工资等就属于这类成本。

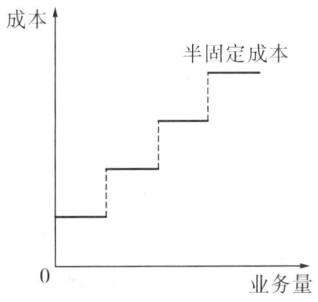

图4-7 半固定成本的特征

【例 4-4】 年华公司通过租赁仓库进行存货的存放,其租赁费为一年 8 000 元,伴随着产量的增长,库存量也随之增长,仓库的容纳量为 20 000 件存货,当存货量超过 20 000 件导致已租赁的仓库被放满时,就需要租赁新的仓库,租金成本将呈阶梯上升,仓库租金成本与租用个数相关,故伴随产量呈现阶梯型变动。

3. 延期混合成本

延期混合成本,也称低坡式混合成本,在一定业务量范围内保持不变,类似于固定成本;当业务量超过该范围以后,成本总额则随着业务量的增减变动成正比例变动,类似于变动成本,如图 4-8 所示。比如,职工的基本工资,在正常工作时间情况下是不变的;如果工作时间超出正常标准,则需按加班时间的长短成比例地支付加班薪金。

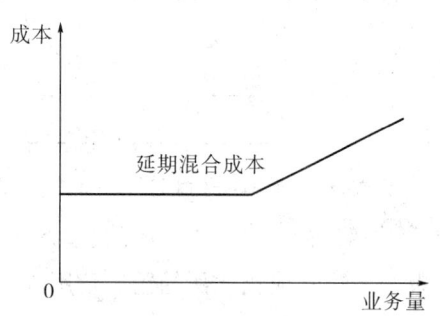

图 4-8 延期混合成本的特征

【例 4-5】 假设每名员工组装的产品小于 160 个,每月领取固定工资 4 000 元,当超过 160 个,超过部分每个奖励 20 元,这种情况就是典型的延期混合成本。

4. 曲线式混合成本

曲线式混合成本通常有一个初始量,一般不变,相当于固定成本;在这个初始量的基础上,成本随业务量变动但并不存在线性关系,在平面直角坐标图上表现为一条抛物线。按照曲线斜率的不同变动趋势,这类混合成本可进一步分为递增型混合成本、递减型混合成本。

(1) 递增型混合成本总额的增长幅度大于业务量的增长幅度,成本的斜率随业务量递增,如累计制工资、各种违约罚金等。其成本习性如图 4-9 所示。

(2) 递减型混合成本总额的增长幅度小于业务量的增长幅度,成本的斜率随业务量递减。例如,热处理使用的电炉设备,每班需要预热,因预热而耗用的成本属于固定成本性质。而预热后进行热处理的耗电成本,则随业务量的增加呈现出抛物线上升的趋势。其成本习性如图 4-10 所示。

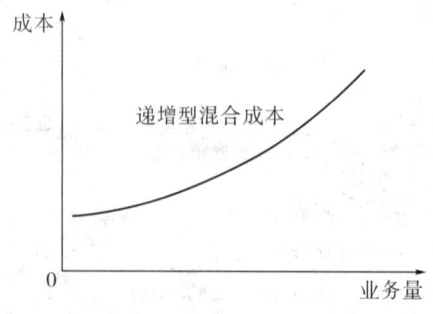

图 4-9 递增型混合成本的特征

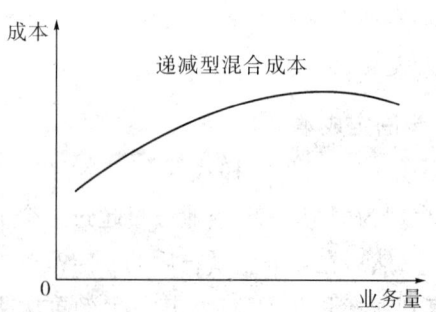

图 4-10 递减型混合成本的特征

三、 成本性态假设的局限性

成本与业务量之间的完全线性关系的假设在现实工作中不可能完全切合实际。在假设的相关范围内,不管时间多久,业务增减变动幅度多大,固定成本总额的不变性和变动成本总额的正比例变动性都将存在。超过这个范围,将不能保持固定成本总额不变和单位变动成本不变的性态,所有成本都将呈现混合成本的性态。因为不论是从较长时期看,还是从业务量的无限变动看,没有绝对不改变数额的成本,也不可能存在绝对正比例变动的成本。

如前所述,固定成本与变动成本的成本性态应在一段有限的期间和一个有限的产量范围内体现其习性,如果超过了一定时期或者一定的业务量范围,成本性态的特点就有可能发生变化,使得成本性态分析及其结果的应用必须保持在一定的相关范围内。

固定成本的相关范围如图 4-11 所示。变动成本的相关范围如图 4-12 所示。

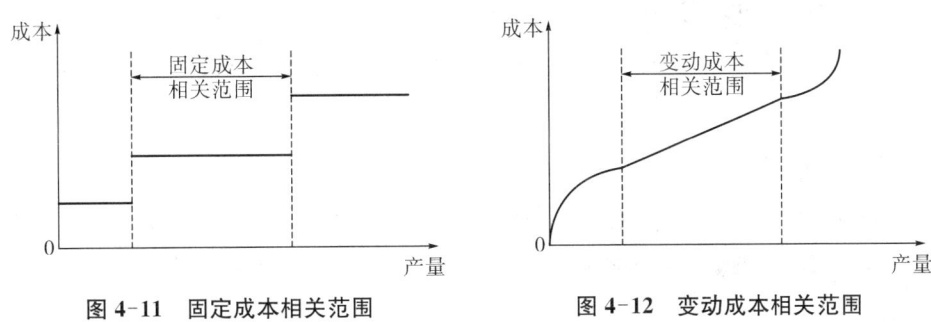

图 4-11　固定成本相关范围　　　　图 4-12　变动成本相关范围

在管理会计中,对相关范围的研究具有一定的实践意义。由于相关范围的客观存在,使得各项成本性态的划分具有相对性、暂时性和可转化性的特点。相对性是指在同一时期,同一成本项目在不同企业之间可能具有不同的性态,因而不能盲目照搬其他企业和部门的成本性态分析结论。暂时性是指就同一企业而言,同一成本项目在不同时期可能有不同的性态。因此,企业必须根据情况的变化,适时进行成本性态分析。可转化性是指在同一时空条件下,某些成本项目可以在固定成本和变动成本之间相互转化。如公司支付厂房租金,在长期租用时是固定成本,在临时租用时则是变动成本。

第二节　混合成本的分解

成本性态分析是指在明确各种成本性态的基础上,按照一定的程序和方法,最终将全部成本区分为固定成本和变动成本两大类,并建立相应成本函数模型的过程。它是管理会计的一项最基本的工作。通过成本性态分析,我们可以从定性和定量两方面把握成本的各个组成部分与业务量之间的依存关系和变动规律,从而为应用变动成本法,开展本量利分析,进行短期决策、预测分析、全面预算、标准成本法的操作和落实责任会计奠定基础。

在实际工作中,许多成本项目同时兼有固定和变动性质,如果我们可以对费用逐笔、逐次进行分析分解,那么结果无疑是最为准确的,但是这种分解工作的成本相当大。在实践中,人们往往在一类成本中选择具有代表性的成本项目进行性态分析,并以此为基础推断该类成本的性态。这样做,只要分类合理、选择得当,就可以一个较低的分解成本而获得一个相对而言较为准确的结果。混合成本的分解方法通常有历史成本法、账户分析法和技术测定法。

一、历史成本法

历史成本法是根据混合成本在过去一定期间内的成本与业务量的历史资料,采用适当的数学方法对其进行数据处理,从而分解出固定成本和变动成本的一种定量分析法。只要企业生产流程不发生重大变化,根据过去的生产经验,就可以较为准确地预计未来成本随产量变化而变化的情况。该方法要求企业历史资料齐全,成本数据与业务量的资料要同期配套,具备相关性。因此,历史成本法适用于生产条件比较稳定、成本水平波动不大以及有关历史资料比较完备的企业。常用的历史分析法包括高低点法、散布图法和回归直线法。

(一) 高低点法

高低点法是以一定时期、一定业务量范围内的最高业务量和最低业务量的混合成本之差除以最高业务量和最低业务量之差,来推算混合成本总额中固定成本和变动成本含量的一种简便方法。

高低点法的基本原理是:假设任何一个混合成本项目都含有变动成本和固定成本因素,并能用直线方程 $y = a + bx$ 来表示。其中,y 代表混合成本总额,a代表混合成本中的固定成本总额,b代表混合成本中单位变动成本,x 代表业务量。通过最高点和最低点来求得公式中的 b 和 a。

高低点法的基本步骤:

第一步,求单位变动成本,又称成本变动率。其计算公式如下:

$$单位变动成本(b) = \frac{最高点混合成本 - 最低点混合成本}{最高点产量 - 最低点产量}$$

第二步,计算出固定成本总额。其计算公式如下:

$$固定成本总额(a) = 最高点混合成本(y) - 单位变动成本(b) \times 最高点业务量(x)$$
$$或固定成本总额(a) = 最低点混合成本(y) - 单位变动成本(b) \times 最低点业务量(x)$$

混合成本分解完后,将 a,b 的值代入直线方程 $y = a + bx$ 公式中,可用来预测成本。但是必须注意,高低点是相关范围(历史资料)中的两个极限,并假定在相关范围内是能够代表成本特征的。这种方法虽然简便,但存在明显缺点,分析成本效果较差,一般适用于混合成本的变动部分与业务量基本保持正比例的成本项目。

【例 4-6】 恒泰企业有关资料如表 4-3 所示,请用高低点法对混合成本进行分解。

表 4-3　　　　　　　　　　　　　　混合成本资料

月份	1	2	3	4	5	6
产量 x(件)	450	400	470	530	420	650
混合成本 y(元)	5 000	4 300	4 700	6 500	5 200	5 800

下面用高低点法将混合成本分解为变动成本和固定成本。

(1) 设混合成本直线模型为 $y = a + bx$,且根据上述资料已知最高点为(650, 5 800),最低点为(400, 4 300)。

(2) 求单位变动成本:

$$b = \frac{5\ 800 - 4\ 300}{650 - 400} = 6(元)$$

(3) 求固定成本:

$$a = 5\ 800 - 6 \times 650 = 1\ 900(元) \quad 或 \quad a = 4\ 300 - 6 \times 400 = 1\ 900(元)$$

(4) 将 a,b 分别代入直线方程,求混合成本:

$$y = a + bx = 1\ 900 + 6x$$

该企业混合成本模型为 $y = 1\ 900 + 6x$,其中固定成本为 1 900 元,单位变动成本为 6 元/件。

在实际工作中,若半变动成本的变动部分与业务量基本上保持正比例关系高低点法进行分解最为简便且易于理解。但此法也有明显的局限性,因为它只采用了历史成本资料中的高点和低点两组数据,依此建立起来的成本性态模型不太具有代表性,误差较大。这种方法只适用于成本变化趋势比较稳定的企业。

(二) 散布图法

散布图法是指将若干期业务量和成本的历史数据标注在坐标纸上,通过目测画一条尽可能接近所有坐标点的直线,并据此来推算固定成本(或混合成本中的固定部分)a 和单位变动成本(或混合成本中变动部分的单位额)b 的一种成本性态分析方法。此法又称目测画线法。散布图法的具体步骤是:

(1) 建立平面坐标系,以纵轴 y 代表成本,以横轴 x 代表业务量。

(2) 将各期业务量与相应成本的历史资料作为点的坐标标注在平面直角坐标图上。

(3) 目测画一条直线,使其尽可能通过或接近所有坐标点。

(4) 在纵轴上读出该直线的截距值,即固定成本总额 a。

(5) 在直线上任取一点 P,假设其坐标值为 (x, y)。 将它们代入下式计算单位变动成本 b:

$$b = \frac{y - a}{x}$$

(6) 将 a、b 值代入下式,写出一般成本性态模型:

$$y = a + bx$$

【例 4-7】 兴旺企业半年的机器维修成本资料如表 4-4 所示,请用散布图法对混合成本进行分解。

表 4-4   混合成本资料

月份	1	2	3	4	5	6
机器小时 x(小时)	12 000	13 000	11 000	14 500	9 000	8 000
总成本 y(元)	26 000	24 000	25 000	27 000	22 000	22 000

将该企业 6 个月的机器维修成本点坐标分别标在坐标纸上,形成散布图,并目测画一条直线,使其尽可能通过或接近所有坐标点,如图 4-13 所示。

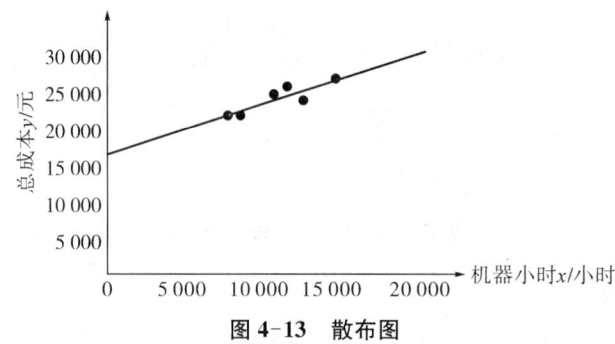

图 4-13   散布图

该直线的截距 a=16 286,在直线上任取一点 P,测出其坐标为(15 000, 17 357),则有:

$$b = (17 357 - 16 286) \div 15 000 = 0.7143$$

则该企业的机器维修成本模型为:

$$y = 16 286 + 0.7143x$$

相比高低点法,散布图法准确程度相对较高。虽然散布图法通过目测而得到的结果仍不免带有一定程度的主观臆断性,但该法将全部成本数据均作为描述混合成本性态的依据,因而较之高低点法还是要准确一些。从理论上讲,图上的每一点应当与斜线重合,但许多点却分布在斜线两侧,因此,它只是说明一种变动趋势,并不能保证每一点都很精确地在这条直线上。该方法的优点是简易、形象、直观,比只要两头不要中间的高低点法更为精确。但由于按目测画线,该线客观上存在一定误差。采用散布图法应注意两点:一是将成本数据精确地标在坐标纸中;二是目测成本变动趋势,根据该趋势描绘一直线,力求该直线最大限度地表达变动趋势,使误差达到最小。

(三) 回归直线法

在一组具有相关关系的变量的数据(业务量 x 与混合成本 y)间,通过散点图我们可观察出所有数据点都分布在一条直线附近,这样的直线可以画出若干条,而在若干条直线中希望有一条最准确地反映 x 与 y 之间的关系,即通过找出一条直线,使这条直线"最贴近"已知的数据点,记此直线方程即成本性态模型为 $y = a + bx$。回归直线法运用最小二乘法原理建立反映业务量和成本之间关系的回归直线方程,并计算成本中的固定成本(或混合成本中的固定部分)a 和单位变动成本(或混合成本中变动部分的单位额)b,其计算结果比前两种方法更准确、科学,但计算量大,公式复杂。

直线回归法的具体步骤是:

(1) 根据历史资料列表,求 n、$\sum x$、$\sum y$、$\sum xy$、$\sum x^2$ 和 $\sum y^2$ 的值。

(2) 将相关值代入公式,求出 a 和 b 的值:

$$b = \frac{n\sum xy - \sum x \sum y}{n\sum x^2 - \left(\sum x\right)^2}$$

$$a = \frac{\sum y - b\sum x}{n}$$

(3) 建立成本性态模型,将 a 和 b 的值代入,得到 $y = a + bx$。

【例 4-8】 方达公司 1～6 月的生产维修费(为混合成本)与相关业务量(为直接人工小时)历史数据如表 4-5 所示,请用回归直线法对混合成本进行分解。

表 4-5　　　　　　　　　　　　　　维修成本资料

月份 n	人工小时 x(千小时)	维修成本 y(千元)
1	38	400
2	46	600
3	24	400
4	14	280
5	30	360
6	44	460

根据方达公司历史生产资料数据,得到相关值,如表 4-6 所示。

表 4-6　　　　　　　　　　　　回归直线法混合成本分解

月份 n	人工小时 x(千小时)	维修成本 y(千元)	xy	x^2
1	38	400	15 200	1 444
2	46	600	27 600	2 116
3	24	400	9 600	576
4	14	280	3 920	196
5	30	360	10 800	900
6	44	460	20 240	1 936
合计	196	2 500	87 360	7 168

将表 4-6 数据带入公式,求出 a、b:

$$b=\frac{6\times 87\,360-196\times 2\,500}{6\times 7\,168-(196)^2}=7.44$$

$$a=\frac{2\,500-7.44\times 196}{6}=173.67$$

将 a、b 值代入 $y=a+bx$,可写出一般成本性态模型:$y=173.67+7.44x$。其中,固定成本部分为 173.67,变动成本部分为 7.44x。

回归直线法相对而言比较麻烦,但与高低点法相比,由于选择了包括高低两点在内的全部观测数值,避免了高低两点可能带来的偶然性;与散布图法相比,则是以计算代替了目测方式,所以是一种比较好的混合成本分解方法。不过,不论计算如何准确,回归直线法与高低点法和散布图法一样,分解的结果仍具有一定的假定性和估计的成分,决策者在据以决策时需加以考虑;同时与高低点法和散布图法相同,应剔除非正常值的影响。

二、 账户分析法

账户分析法是根据各个成本、费用账户的内容,直接判断其与业务量之间的依存关系,从而确定其成本性态的一种成本分解方法。基本做法是:根据各有关成本账户的具体内容,判断其特征是更接近于固定成本还是更接近于变动成本,进而直接将其确定为固定成本或变动成本。

账户分析法的优点为:账户分析法是混合分解的诸多方法中最为简单的一种,只要有相关历史成本费用账户信息,就可以分解混合成本。其缺点为:在缺乏历史成本数据的情况下不能使用此方法;当历史成本具有无效或者不正常的项目时,其会影响估计成本的准确性;分析结果的可靠性很大程度上取决于有关分析人员的判断能力,可能会存在一定的片面性和局限性。

三、 技术测定法

技术测定方法是一种根据生产过程中各种材料和人工成本消耗量的技术测定来划分固定成本和变动成本的方法,只适用于投入成本与产出数量之间有规律性联系的成本分解。

技术测定法的优点为:技术测定法在缺乏历史成本数据的情况下也可以分解混合成本,同时,技术测定法还可以对历史成本分析的结论进行验证;由于其基本原理可以排除无效或非正常的成本数据,分析结果更具有客观性、科学性和先进性。但其也存在缺点:技术测定法的分析成本很高,需要投入很多人力、物力和时间对投入产出过程进行观察分析;对于不能直接将其归属于特定投入产出过程的成本,或属于不能单独进行观察的联合过程中的成本,如各种间接成本,不能使用技术测定法。

第三节 变动成本法与完全成本法

变动成本法和完全成本法是企业成本核算所采用的两种基本方法。变动成本法起源于20世纪30年代的美国,1936年美国会计学者乔纳森·N.哈斯提出变动成本计算法,第二次世界大战以后,变动成本法已广泛应用于美国、日本、西欧各国企业的内部管理中,成为企业进行经营决策和成本控制的有效方法。此后变动成本法得到了广泛应用,成为现代管理会计的重要内容。变动成本法产生后,为了加以区别,人们就把传统的成本计算方法称为完全成本法。

一、变动成本法与完全成本法的含义

变动成本法又称直接成本法,是指在计算产品成本的过程中,只包括产品生产过程中所消耗的直接材料、直接人工和制造费用中的变动部分,而不包括制造费用中固定部分的核算方法。制造费用中的固定部分被视为期间成本,而从相应期间的收益中扣除。

变动成本法将全部成本按性态分为变动成本与固定成本两类。因产品生产而耗费的直接材料、直接人工、变动制造费用等随产量变动的生产成本计入产品成本,这些费用是产量的函数,因此,应随产品而流动。固定制造费用的发生主要是定期创造了可供利用的生产能力,为企业提供一定的生产经营条件,这些生产经营条件一经形成,不管其实际利用程度如何,有关费用照样发生。例如,房屋、建筑物、机器设备的折旧费及保险费用、财产税、管理人员工资等,其费用总额不会随产量的增减而相应增减。即它同产品的实际产量没有直接联系,属于相关会计期间所发生的费用,其作用将随着时间的推移而丧失。因此,其效益不应递延到下一会计期间,而应在发生的当期作为当期收入的一个扣减项目。如果将这部分固定制造费用计入产品成本,则会使产量变动引起的成本升降与节约或浪费引起的成本升降两个因素混淆在一起,给预测、决策、规划、控制和考核评价增加困难。所以,按照变动成本法计算的产品成本,只包括直接材料、直接人工和变动制造费用,不包括固定性制造费用。

完全成本法又称吸收成本法,是将企业的成本按照经济用途分为生产成本与非生产成本,不仅包括产品生产过程中所消耗的直接材料、直接人工,还包括全部的制造费用(即变动制造费用和固定制造费用)的核算方法。

按照传统的完全成本法计算的产品成本,不注重按成本性态划分,它不仅包括直接材料、直接人工、变动制造费用,而且还包括固定制造费用。完全成本法认为:固定制造费用虽然同企业生产能力的形成和正常维护相关联,但它是产品最终形成不可缺少的,应与生产过程中发生的直接材料、直接人工和变动制造费用一样,汇集于产品,成为产品成本的一个组成部分,随产品而流动,产品销售之后,应将它计入产品销售成本,从销售收入中补偿;如果产品尚未销售,则应计入产品存货,作为流动资产的一部分,结转到下期,使本期已销售的产品和期末在产品、产成品存货具有相同的成本构成。

【例4-9】 德宏公司只生产一种产品,月初无存货,当月产出50件产品并全部进行销售,其成本项目如表4-7所示。

表4-7   德宏公司当月生产资料

成本项目	金额(元)
单位产品材料费	200
单位产品人工费	60
单位变动制造费用	20
本月车间固定资产折旧	2 000
本月发生管理人员工资	4 000
固定销售费用	3 000

公司分别用变动成本法和完全成本法进行成本归集,如表4-8与表4-9所示。

表4-8   变动成本法成本归集

成本项目		总成本(元)	单位成本(元)
变动成本	直接材料	10 000	200
	直接人工	3 000	60
	变动制造费用	1 000	20
	合计	14 000	280
固定成本	固定制造费用	2 000	
	管理费用	4 000	
	销售费用	3 000	
	合计	9 000	

表4-9   完全成本法成本归集

成本项目		总成本(元)	单位成本(元)
生产成本	直接材料	10 000	200
	直接人工	3 000	60
	变动制造费用	1 000	20
	固定制造费用	2 000	40
	合计	16 000	320
期间费用	管理费用	4 000	
	销售费用	3 000	
	合计	7 000	

由[例4-9]可知,按完全成本法确定的产品总成本和单位成本高于按变动成本法确定的

产品总成本和单位成本,完全成本法下的期间成本却高于变动成本法下的期间成本,它们共同的期间成本是销售费用和管理费用,这种差异的形成主要源于两种方法对固定制造费用的处理不同。在变动成本法下,产品成本中不包括固定制造费用,在产量波动的情况下,产品的单位成本一般保持不变;而在完全成本法下,由于产品的成本中包含固定制造费用,在产销量波动的情况下,产品的单位成本一般也随之上下波动。

二、 变动成本法与完全成本法的区别

(一) 成本的分类依据不同

完全成本法以经济用途为分类标准,将成本划分为生产成本和非生产成本两类。其中,生产成本包括直接材料、直接人工和制造费用;非生产成本包括管理费用、销售费用和财务费用。

变动成本法以成本性态为分类标准,将成本划分为变动成本和固定成本两大类。变动成本又可以细化为变动生产成本(包括直接材料、直接人工、变动制造费用)和变动非生产成本(包括变动管理费用、变动销售费用、变动财务费用)两类。固定成本包括固定制造费用、固定管理费用、固定销售费用和固定财务费用四类。

(二) 企业成本结构不同

在变动成本法下,产品成本只包括变动生产成本,而将固定制造费用和销售费用、管理费用和财务费用全部列入固定成本处理。

在完全成本法下,产品成本则包括全部生产成本,只将非生产成本作为期间成本处理。

变动成本法和完全成本法在上述两方面的区别具体如表 4-10 所示。

表 4-10　　　　　　　　变动成本法与完全成本法的成本结构不同

变动成本法		完全成本法	
成本分类	成本项目	成本分类	成本项目
变动成本	直接材料	生产成本	直接材料
	直接人工		直接人工
	变动制造费用		变动制造费用
	变动管理费用		
	变动销售费用		
	变动财务费用		
			固定制造费用
固定成本	固定制造费用	期间费用	
	固定管理费用		管理费用
	固定销售费用		销售费用
	固定财务费用		财务费用

(三) 存货成本不同

在完全成本法下,产品成本包括固定制造费用,无论是已销售产品还是产成品、在产品,其成本中均包含一部分固定制造费用。固定制造费用需要在销售与存货之间进行分配,使得一部分固定制造费用转化为销货成本冲减当期利润,另一部分则仍保留在存货成本中递延至下期。

在变动成本法下,无论是在产品、产成品还是已销售产品,其成本中只包含变动生产成本,不包含固定制造费用,固定制造费用列入期间成本,直接冲减当期利润。

从上述分析中可以看出,两种方法因对固定制造费用的处理方法不同,导致存货成本和销售成本的水平也不同。

(四) 企业损益计算结果不同

采用变动成本法计算,对固定性制造费用的补偿由当期销售的产品承担;而采用完全成本法计算,固定制造费用由当期生产的产品分摊,按期末未销售的产品与当期已销售的产品的比例补偿。固定制造费用上述处理上的不同对两种成本计算方法下的损益计算结果有影响,影响的程度取决于产量与销量的均衡程度,且表现为相向关系,即:产销越均衡,两种成本计算法所计算的损益差额就越小,反之则越大。只有产成品实现零存货即产销绝对均衡时,损益计算上的差异才会消失。事实上,产销绝对均衡只是个别的和相对的,不均衡才是普遍的和绝对的。

变动成本法与完全成本法虽然在确定损益方法和步骤上有所不同,但主要是对固定成本处理不同,变动成本法将固定制造费用作为期间成本在每期销售收入中全部扣除,而完全成本法则将固定制造费用分摊到每台产品成本中,各期已销售产品的固定制造费用构成销售产品成本,未销售产品的固定制造费用则构成产成品存货成本。

为更好地说明两种方法计算的损益结果不同,下面具体举例说明。

【例 4-10】 天宇公司从事单一产品生产,连续 3 年销售量均为 1 000 件,而 3 年的产量分别为 1 000 件、1 200 件和 800 件。单位产品售价为 200 元,管理费用与销售费用均为固定成本,两项费用各年总额均为 50 000 元,单位产品变动生产成本为 90 元(其中单位耗用原材料为 35 元,单位耗用人工费用 15 元,单位变动性制造费用为 40 元),固定性制造费用为 20 000 元,如表 4-11 所示。

表 4-11 天宇公司三个会计年度有关资料

单位:元

项目	第一年	第二年	第三年
销售量(件)	1 000	1 000	1 000
单价(元/件)	200	200	200
销售收入	200 000	200 000	200 000

（续表）

项目	第一年	第二年	第三年
生产成本：			
单位生产耗用原材料	35	35	35
单位生产耗用人工	15	15	15
单位变动制造费用	40	40	40
固定制造费用	20 000	20 000	20 000
产量(件)	1 000	1 200	800
销售及管理费用：			
固定销售费用	20 000	20 000	20 000
固定管理费用	30 000	30 000	30 000
期末库存(件)	0	200	0

在不考虑税金的情况下，请分别用变动成本法与完全成本法计算各年营业利润。

使用变动成本法计算该公司三年利润，结果如表 4-12 所示。

表 4-12 利润表(变动成本法) 单位：元

项目	第一年	第二年	第三年
销售收入	200 000	200 000	200 000
减：变动成本	90 000	90 000	90 000
其中：本期销货成本	90 000	90 000	90 000
边际贡献	110 000	110 000	110 000
减：固定成本	70 000	70 000	70 000
其中：固定性制造费用	20 000	20 000	20 000
固定性销售和管理费用	50 000	50 000	50 000
税前利润	40 000	40 000	40 000

使用完全成本法计算该公司三年利润，结果如表 4-13 所示。

表 4-13 利润表(完全成本法) 单位：元

项目	第一年	第二年	第三年
销售收入	200 000	200 000	200 000
减：销货成本	110 000	106 666.7	113 333.3
其中：期初存货成本	0	0	21 333.3
加：本期生产成本	110 000	128 000	92 000
减：期末存货成本	0	21 333.3	0

（续表）

项目	第一年	第二年	第三年
销售毛利	90 000	93 333.3	86 666.7
减：销售和管理费用	50 000	50 000	50 000
其中：固定性销售和管理费用	50 000	50 000	50 000
税前利润	40 000	43 333.3	36 666.7

由以上结果可以看出：

第一，如果期末存货等于期初存货，即产销平衡（生产量等于销售量）时，两种成本计算方法的营业利润相等。如本例中第一年，生产量 1 000 件等于销售量 1 000 件，此时，变动成本法确定的营业利润 40 000 元与完全成本法确定的营业利润相等。原因是：当生产量等于销售量，无期末存货时，当期的固定制造费用无论采用哪一种计算方法，均在当期全部扣除，故两种方法确定的营业利润相同。

第二，如果期末存货大于期初存货，即产大于销（生产量大于销售量）时，按变动成本法计算的营业利润小于按完全成本法计算的营业利润。如本例中第二年，生产量 1 200 件大于销售量 1 000 件，此时，变动成本法确定的营业利润 40 000 元小于完全成本法确定的营业利润 43 333.3 元。原因是：按变动成本法计算，本期所发生的固定制造费用 20 000 元全额从本期销售收入中扣除。而在完全成本法下，生产量大于销售量，说明本期生产的产品没有全部销售出去，产成品的期末存货增加，而期末存货又会负担一部分本期发生的固定制造费用。即本期发生的固定制造费用 20 000 元中有一部分由销货成本吸收，从本期的销售收入中扣除，其余 3 333.3 元（20 000÷1 200×200）则以期末存货形式结转到下期。由此可见，从本期销售收入中扣减的固定制造费用不是全额。所以，在销售收入相同的情况下，采用变动成本法扣除了全部的固定制造费用，而采用完全成本法仅扣除了部分的固定制造费用，变动成本法确定的营业利润必然小于完全成本法确定的营业利润。

第三，如果期末存货小于期初存货，即产小于销（生产量小于销售量）时，按变动成本法计算的营业利润大于按完全成本法计算的营业利润。如本例中第三年，生产量 800 件小于销售量 1 000 件，此时，变动成本法确定的营业利润 40 000 元大于完全成本法确定的营业利润 36 666.7 元。

据此，我们从案例中可以得出以下结论，具体如表 4-14 所示。

表 4-14　　　　　　　　变动成本法与完全成本法下产销量与税前利润的关系

产量与销量差异	税前利润差异
本期生产量＝本期销售量	按完全成本法计算的税前利润＝按变动成本法计算的税前利润
本期生产量＞本期销售量	按完全成本法计算的税前利润＞按变动成本法计算的税前利润
本期生产量＜本期销售量	按完全成本法计算的税前利润＜按变动成本法计算的税前利润

(五) 所提供信息的用途不同

变动成本法是为适应企业加强内部经营管理的需要,对成本进行规划和日常控制,以及改善经营决策而产生的。因此,变动成本法主要适用于管理会计系统,用来编制企业的内部管理报表,为企业内部管理提供有用的信息。

而完全成本法是传统的成本计算方法,它主要遵循企业财务会计准则,汇总和分配企业一定期间所发生的生产费用,计算和确定产品成本和存货成本。因此,完全成本法主要适用于财务会计系统,用来编制对外的财务会计报表。

三、 变动成本法的优缺点

(一) 变动成本法的优点

变动成本法是为面向未来,加强企业内部管理而产生的。它能够提供科学反映成本与业务量之间、利润与销售量之间有关的变化规律的信息,因此,它有助于加强成本管理,强化管理会计预测、决策、规划、控制和业绩考核等职能。具体说来它有以下优点。

1. 防止企业盲目生产,注重销售,有利于全面完成产销计划

在固定成本较高的情况下,采用全部成本法计算的单位产品成本受产量变动的影响较大,企业只要大幅度增产,就可以降低单位产品成本,即使销售量不变,甚至下降,也会增加利润,特别在产销不平衡的条件下尤为严重。这会给企业造成错觉,误认为只有扩大生产才能扩大盈利,从而导致盲目生产。而采用变动成本法,产量的高低和存货的增减对税前利润没有直接影响,在销售单价、单位变动成本、销售结构不变的情况下,盈利将随着销售量的增加而增加。这给管理者提供了一个重要的信息——只有扩大销售才能扩大盈利,从而促使管理者重视销售环节,努力开拓销售渠道,树立"以销定产"的观念,增强企业现代经营管理意识。

2. 便于简化成本核算

采用变动成本法,把固定制造费用列入期间成本,从贡献边际项下直接扣除,这样大大简化了产品成本计算中间接费用的分配过程,并可减少由于分配标准的多样性而可能产生的主观随意性,从而使会计人员从繁重的成本核算工作中解脱出来。

3. 有利于管理当局加强对成本的控制和考核

采用变动成本法,当产品成本出现了不利差异,就可以通过对产品的变动生产成本和固定生产成本进行分析,找出差异的原因,及时加以纠正。例如,如果发现直接材料成本、直接人工成本等出现了不利差异,就可以查找供应部门或生产部门的工作是否存在不足之处;如果固定生产成本出现了不利差异,则应由有关管理部门承担责任。这样有利于企业加强成本管理工作和划分经济责任。

4. 能够向管理当局提供加强内部管理所需的短期预测和决策的信息资料

变动成本法是本量利分析的前提,通过分析利用变动成本法所提供的成本及贡献边际指标,为管理当局进行短期预测、规划目标利润和目标成本、进行本量利分析、短期决策、编制弹性预算、制定标准成本等提供了有用的数据。

(二)变动成本法的缺点

1. 成本性态分类具有局限性

一方面,变动成本与固定成本的划分是有条件的,即在一定的时间范围和一定的产量范围内。随着客观条件的变化,相关范围会在一定程度上发生变化,而变动成本法的计算又要求变动成本与固定成本具有相对的稳定性,这必然导致实际成本与计算结果的差异。另一方面,准确地划分变动成本与固定成本存在一定的困难。企业经营活动中发生的耗费按成本性态划分大都属于混合成本,无论是按高低点法还是散布图法,分解的结果都不可能十分准确,会影响成本信息的有效性。

2. 按变动成本法计算出的产品成本不符合传统的成本概念

传统的观点认为,产品成本是"一切可以计入存货的制造成本",是"为了生产产品或为了销售而购入的产品而发生的成本""是为了获得某些产品或劳务作业而做出的一切牺牲"。按照这些传统的观点,产品成本中就应当既包括变动生产成本,又包括固定生产成本。这种观点长期以来在世界范围内得到广泛的支持和认可,并被吸收进企业(财务)会计基本准则之中,作为对外报告的标准。但是按变动成本法确定的产品成本显然不能满足这一要求。

3. 不能适应长期决策的需要

变动成本法建立在成本性态分析的基础之上,它以相关范围假定为存在前提。但是成本的性态受到多个因素的影响,因此,固定成本和变动成本的水平不可能长期不变。而长期决策涉及的时间较长,又要解决增加或减少生产能力和扩大或缩小经营规模的问题,必然突破相关范围。因此,变动成本法所提供的资料,虽然有利于短期决策,但不能适应长期决策的需要。

4. 提供的成本信息不适应以成本为依据的定价决策的需要

定价决策必须充分考虑成本计价的完整性。合理的商品价格的制定,既要能保证企业各种耗费的补偿,又要通过销售的顺利实现获得盈利。这种补偿必须包括变动成本和固定成本。如果只考虑产品的变动成本,易导致定价偏低,因此,变动成本计算提供的产品变动成本资料不能适应定价决策的需要。

四、完全成本法的优缺点

为更好地理解变动成本法,现将完全成本法与变动成本法进行对比,对其优缺点也逐一进行分析。

(一)完全成本法的优点

1. 使人们重视生产环节

采用完全成本法,在市场竞争激烈的环境下,可以通过增加产品产量降低单位产品生产成本。因为产量越高,单位产品分摊的固定成本越少,使得整个单位产品成本下降。固定成本占总成本的比重越大,产量的变动对单位产品成本的影响也越大。

2. 便于直接编制对外财务报表

企业财务报表的使用者,如投资者、债权人都是从长期的角度衡量企业的盈利能力和财务状况,为此,提供的财务会计信息必须满足他们长期决策的需要。从长远的观点看,固定成本也是决策需要考虑的因素之一。同时,完全成本法提供的成本资料可以直接用来编制对外的财务会计报表,不需要进一步加工处理。

3. 产品成本计算符合人们对传统产品成本概念的认识

产品成本计算的核心在于尽可能客观地确定产品的实际成本。因此,无论在理论上还是实务中都必须着重解决一个根本性的问题,就是根据企业各项成本在产品形成过程中所起的作用,确定应该把哪些项目包括在产品成本之内,哪些项目排除在产品成本之外。完全成本法计算的产品成本包括为生产产品而发生的所有变动成本和固定成本。这样计算的产品成本显然符合人们对产品传统概念的认识。

(二) 完全成本法的缺点

1. 提供的成本资料不便于预测和决策分析

采用完全成本法,不按成本性态将全部成本划分为固定成本和变动成本,计算的产品成本中包括变动成本、固定成本和混合成本,不能清晰反映成本、业务量和利润之间的内在依存关系,不便于进行预测、决策和编制弹性预算。管理人员在规划和控制企业的经营活动时,还需对成本资料进行加工整理。

2. 完全成本法所确定的分期损益难以被管理部门所理解

在产品售价、成本和销售结构不变的情况下,利润的多少理应和销售量的增减相一致,即销售量增加,利润也应增加;反之,销售量减少,利润也会减少。但是,如果按完全成本法计算由于其中掺杂固定生产成本的因素,利润的多少和销售量的增减就不能保持相应的比例,因此,不易为管理部门所理解,不便于为决策、控制和分析直接提供有关的资料,而且会促使企业为了增加利润,盲目扩大产量,不注重销售。这是一种不正常的现象。

3. 固定制造费用的分摊会增加工作量

采用完全成本法使得固定生产成本的分摊工作十分烦琐,要采用不同的分摊方法和分摊标准,在不同的产品中进行摊销,工作量很大。即使这样,分摊的结果也不一定精确,主观随意性较大。

思考题 ‖

1. 按成本性态划分,企业成本可分为几类?可否分别举例说明?

2. 混合成本的分解方法有哪几种?相互之间的区别和各自的优缺点是什么?

3. 请从产生的原因和各自的特点出发,阐述变动成本法和完全成本法的内涵、适用范围和对企业的影响,并解释在当今会计制度框架下如何应用变动成本法。

案例分析

电冰箱公司的扭亏为盈之路

某电冰箱股份有限公司连续两年亏损,总经理召集有关部门的负责人开会研究扭亏为盈的办法。会议纪要如下:

总经理:"我公司去年亏损 500 万元,比前年还糟糕。中国证监会对于连续三年亏损的企业将暂停上市交易,进行特别处理;金融机构对于连续三年亏损的企业,也将停止贷款。如果今年再不扭亏为盈,不只是我,大家的日子也不会好过。今天把大家请来,就是要大家多出点主意,想些办法。希望大家能集思广益,畅所欲言。"

销售部经理:"问题的关键是,我们以每台冰箱 1 600 元的价格销售,而每台冰箱的成本是 1 700 元。如果提高售价,面临竞争,冰箱就卖不出去。出路只有降低成本;否则,销售越多,亏损越大。"

生产部经理:"我不同意!每台冰箱的生产成本只有 1 450 元,我公司的生产设备和工艺是国内最先进的,技术力量强,熟练工人多,控制物料消耗成本的经验得到了行业学会的肯定与表扬,大家应该都还有印象。现在的问题在于生产线的设计能力是年产 10 万台,而因为销路打不开,去年只生产了 4 万台,所销售的 5 万台中,还有 1 万台是前年生产的。对了,前年的产量也是只有 4 万台。现在由于开工不足,大半数工人面临下岗,内部矛盾增加,人心已经涣散。"

总经理:"成本到底是怎么回事?"

财务部经理:"每台冰箱的变动生产成本是 1 050 元,全年固定制造费用总额是 1 600 万元,全年固定销售及管理费用总额是 1 250 万元。我建议,生产部门满负荷生产,通过扩大产量来降低单位产品负担的固定制造费用。这样,即使不提价,不扩大销售量,也能扭亏为盈,度过危机。但是,为了减少将来的风险,提高企业的市场竞争能力,今年应追加 50 万元改进产品质量,这笔费用计入固定制造费用;再追加 150 万元的固定销售费用,其中,100 万元用于广告宣传,50 万元用于提高销售人员的待遇。"

总经理:"会议到此结束,会后请财务部经理马上到我办公室来一趟。"

——本案例参考 MBA 智库百科全书,由作者整理而成

思考:

1. 说明去年亏损的 500 万元是怎样计算出来的。

2. 如果采纳财务部经理的建议,不提价也不扩大销售量,而且比上年又增加 50 万元的固定制造费用和 150 万元的固定销售费用,如果真能扭亏为盈,分析其原因是什么,并按完全成本法编制该公司的损益表。

3. 如果对外报送的会计报表改按变动成本法列报,采纳财务部经理的建议后,其净收益(或净亏损)应为多少?

4. 结合本例简要说明按完全成本法对外提供会计报表做法的缺陷。

第五章

本 量 利 分 析

教学目标

本章主要介绍本量利分析的含义、意义、基本假设、基本模型、边际贡献及其相关指标、单一品种和多品种条件下本量利分析、利润敏感性分析等相关知识。学生通过学习,掌握本量利分析的基本原理和分析方法,理解本量利分析的基本假设和成本按性态划分的意义以及了解本量利分析在预测、决策中的用途。

第一节　本量利分析概述

一、 本量利分析的含义

本量利分析(cost-volume-profit analysis,CVP),又称量本利分析(VCP 分析),是指在变动成本计算模式的基础上,通过对成本、业务量和利润三者关系的分析,以数字化的会计模型与图文来揭示变动成本、固定成本、销售量、销售单价和利润等诸多变量之间的内在规律性联系,为预测、决策及规划等提供必要的决策信息的一种定量分析方法。

本量利分析是在管理会计领域中进行定量研究的重要方法。定量分析是与定性分析相对应的。定性分析,也称非数量分析法,主要依靠预测人员的丰富实践经验以及主观的判断和分析能力,推断出事物的性质和发展趋势的分析方法,属于预测分析的一种基本方法。该方法往往会受主观因素的影响,因人而异,不同的总结者常会得出不同的结果,使结论具有随意性。而定量分析,是对社会现象的数量特征、数量关系与数量变化的分析。定量分析从数量方面对事物进行调查、计算和分析,采用数学的方法,揭示事物的数量特征、数量关系和数量变化,进而确定事物的本质及其发展规律,从而使结论具有可靠性、精确性和科学性。本量利分析这一定量研究方法为企业管理人员提供成本、数量和利润相关的数学模型,在规划企业经济活动、正确进行经营决策和有效控制经济过程等方面具有广阔的用途。

本量利分析与传统会计分析有较大的区别。传统会计分析认为,在产品的销售量和成本保持不变的情况下,销售利润的增减变化与销售数量的增减变化是方向一致的正比例变化。按照本量利分析的观点,企业销售利润的增减幅度往往大于销售量的增减幅度。在本量利分析中,固定成本总额在相关范围内是固定的。因此,当产销量增加时,总成本增加,但总成本中固定成本并没有增加,这样,利润的增幅势必大于产销量的增幅;同样,当产销量减少时,总成本减少,但总成本的减少额中减少的只是相应产量的变动成本,因此,利润的减幅也大于产销量的减幅。

二、 本量利分析的意义

本量利分析是现代管理会计学的重要组成部分,其理论日臻完善,其分析技术已在企业实践中得到广泛的应用。它与经营风险分析相联系,可促使企业努力降低风险;与预测技术相结合,企业可进行保本预测、确保目标利润实现的业务量预测等;与决策融为一体,企业可据此进行生产决策、定价决策和投资不确定性分析;企业还可以将其应用于全面预算、成本控制和责任会计等方面。

其作用主要有以下几个方面:

(1)应用于保本分析。企业将本量利分析和预测技术相结合,可以进行保本预测,确定保本销售量(额),进而预测利润编制利润计划。

(2)应用于目标控制。企业将本量利分析用于目标控制,可以确定实现目标利润所需控制的目标销售量(额)以及目标成本水平,从而有效地进行目标管理。

(3)进行风险分析。企业将本量利分析与风险分析结合起来,可以分析企业的经营安全性指标,确定企业经营的安全状态,还可以促使企业重视经营杠杆的作用,努力降低风险。

(4)进行生产决策。企业通过本量利分析。可以进行生产工艺选择的决策、产品品种和生产数量的决策、产品竞争决策以及定价决策等。

本量利分析除了上述作用,还可以应用于企业投资不确定性分析、全面预算、成本控制和责任会计等方面。

三、 本量利分析的基本假设

进行本量利分析需要一系列的前提条件,这些条件称为本量利分析的基本假设。了解这些基本假设,可以十分便利地使用简单的数学模型或图形来揭示成本、数量和利润等诸多因素之间内在联系和变化规律,有助于深刻理解本量利分析的基本原理,有助于本量利分析的运用。同时,这些基本假设也是在提醒人们,现实与理论之间总有一定的差距,在实际工作中不能盲目套搬本量利分析的数学模型,必须根据实际情况加以调整修正,以便克服其本身的局限性。

本量利分析的基本假设包括以下四个方面。

(一)相关范围假设

相关范围是指一定时期和一定业务量的变动范围。相关范围假设是假定在一定的时期和一定的业务量范围内,固定成本和变动成本保持其成本特性,前者总成本固定不变,后者总成本与产量呈正比例变动;另外,该假设还假定单价水平不因产销量的变化而改变。特别需要注意的是"期间假设"和"业务量假设"之间的相互依存关系。这种依存关系表现为在一定期间内业务量往往不变或者变化不大,而一定的业务量又从属于特定的期间。换言之,不同期间的业务量往往发生了较大变化,特别是不同期间相距较大时更是如此,而当业务量发生很大变化时,企业可能会增置固定资产,固定成本就会显著增加,原有的依存关系就不复存在了。

(二) 线性关系假设

线性关系是指自变量 x 与因变量 y 之间可以表示成 $y = a + bx$ (a,b 为常数),即 x 与 y 之间存在线性关系。线性关系假设 x 与 y 在总体上具有线性关系,这是一条最基本的假设,也就是说回归分析一定要建立在变量之间存在线性关系的基础上。如果变量之间不存在线性关系,则需要使用非线性模型。

本量利分析的线性关系假设,是指固定成本与产量无关,变动成本与业务量(产量)成正比例关系;它通常都假设销售单价是一个常数,销售收入与销量成正比,两者存在一种线性关系,但这些假设也只在一定的相关范围内才能成立。

(三) 产销平衡假设

产销平衡是指企业生产出来的产品总是可以销售出去,能够实现生产量等于销售量。本量利分析的核心是分析收入与成本之间的对比关系。产量这一业务量的变动无论是对固定成本还是对变动成本都可能产生影响,而销量的变化则影响到收入的变化,这种影响当然也会影响收入与成本之间的对比关系。鉴于此,当站在销售数量的角度进行本量利分析时,就必须假设产销关系平衡。在这一假设下,本量利分析中的量就是指销售量而不是生产量,进一步讲,销售价格不变时,这个量就是指销售收入。但在实际经济生活中,生产量可能会不等于销售量,这时产量因素就会对本期利润产生影响。

(四) 品种结构稳定假设

品种结构稳定是指在一个生产和销售多种产品的企业里,每种产品的销售收入占总销售收入的比重不会发生变化,即在企业安排多品种产品生产的条件下,不仅假定产销平衡,而且在销售总量(额)发生变化时,是以产品品种结构比重不变为前提条件的。但在现实经济生活中,企业很难始终按照一个固定的品种结构来销售产品,由于多品种条件下各种产品的获利能力不尽相同,如企业产销的品种结构发生较大变动,会导致利润与原来品种结构不变假设下预计的利润有很大差别。

以上是一些主要的基本假设,这些基本假设均有一个共同的特点,就是假设进行本量利分析所需的数据在相关范围内基本处于静止状态。有了上述假定,就可以十分便利地使用简单的数学模型或图形来揭示成本、业务量和利润等诸因素之间联系的规律性。进行本量利分析时,还应明确在市场经济条件下,各种因素都在不同程度地变化着。因此,通过本量利分析得出的结果,也只可能是一种近似值,而不是精确的结果。虽然本量利分析方法有上述局限性,但只要在分析时做到心中有数,并对分析的结果做适当调整,那么,提供的数据对企业管理人员进行经营预测、决策和规划,仍具有十分重要的参考价值。

四、 本量利分析的基本模型

本量利分析是以成本性态分析和变动成本法为基础的。本量利分析关注的目标是利润,而现实生活中,多数企业使用损益法来计算利润。损益法首先确定一定期间的收入,然后确认与产生这些收入相配合的成本,期间利润就是收入和成本的差额。因此,在本量利分析中,成本、业务量和利润之间的关系如下:

$$利润＝销售收入－总成本$$
$$＝销售收入－(变动成本＋固定成本)$$
$$＝单价×销售量－单位变动成本×销售量－固定成本$$
$$＝销售量×(单价－单位变动成本)－固定成本$$

上述本量利分析的基本公式,又称本量利分析的基本数学模型,即变动成本法下计算利润的公式,该公式反映了价格、成本、业务量和利润各因素之间的相互关系。在本量利分析的基本公式中,可以用英文字母表示各变量,其中:营业利润用 OI(operating income)来表示,固定成本用 FC(fixed cost)来表示,单位变动成本用 UVC(unit variable cost)来表示,单价用 USP(unit selling price)来表示,销售量(业务量)用 Q(quantity)来表示,则本量利的基本公式可以表示为:

$$OI = USP \cdot Q - (UVC \cdot Q + FC) = USP \cdot Q - UVC \cdot Q - FC = Q(USP - UVC) - FC$$

【例 5-1】 程诚企业生产销售某种产品,有关资料如表 5-1 所示。预计销售量为 80 000 件,则预计营业利润为多少?

表 5-1 企业相关生产资料

项目	金额(元)
单价	100
单位直接材料	40
单位直接人工	20
单位销售费用	2
固定制造费用	294 000
固定管理费用	200 000

根据本量利分析基本模型公式:

$$OI = Q(USP - UVC) - FC$$

需确定本量利分析模型中的各项参数:

$$Q(销售量) = 80\,000(件)$$
$$USP(单价) = 100(元)$$
$$UVC(单位变动成本) = 40 + 20 + 2 = 62(元)$$
$$FC(固定成本) = 294\,000 + 200\,000 = 494\,000(元)$$

代入公式得到:

OI（营业利润）＝80 000×（100－62）－494 000＝2 546 000（元）

当预计销售量为 80 000 件,预计营业利润为 2 546 000 元。

本量利分析的基本公式是包含利润、固定成本、单位变动成本、单价和销售量（业务量）五个相互联系的变量。在这五个变量中,只要知道其中任意的四个,就能够得出另一个的值。在应用本量利分析来规划生产经营活动的利润时,通常视单价、单位变动成本、固定成本为固定不变的常量,而视销售量和利润为变量。当销售量发生改变时,利润也会随之发生变动。因此,如果目标的销售量已经确定,通过计算可以得出目标销售量下将产生的利润。反过来,当利润目标已经被确定后,可以通过上面的公式计算出完成目标利润所需要达到的销售量,在利用本量利分析的基本公式计算销售量等其他变量时,引申出几个公式的变化形式。

（1）在已知其他四个变量,计算销售量时,可以使用以下变换公式:

$$销售量＝（固定成本＋利润）÷（单价－单位变动成本）$$

（2）在已知其他四个变量,计算单价时,可以使用以下变换公式:

$$单价＝单位变动成本＋（固定成本＋利润）÷销售量$$

（3）在已知其他四个变量,计算单位变动成本时,可以使用以下变换公式:

$$单位变动成本＝单价－（固定成本＋利润）÷销售量$$

（4）在已知其他四个变量,计算固定成本时,可以使用以下变换公式:

$$固定成本＝（单价－单位变动成本）×销售量－利润$$

五、 边际贡献及其相关指标

在本量利分析中,边际贡献是一个非常重要的概念。边际贡献（contribution margin）是指产品的销售收入与相应变动成本之间的差额。这一概念是指产品销售收入扣除自身的变动成本后给企业做的贡献,而这种贡献要在扣除固定成本后才能成为真正的利润。很显然,只有产品销售收入在补偿了变动成本后还有剩余,才可能对企业盈利有所贡献。

边际贡献有两种表现形式:一种是用绝对数量表示的,包括单位边际贡献、边际贡献总额两种具体形式;另一种是用相对数量表示的,称为边际贡献率。

（一）单位边际贡献与边际贡献总额

单价扣减单位变动成本后的余额即为单位边际贡献,而销售收入扣减变动成本总额后的余额即为边际贡献总额。当企业恰好处于盈亏平衡点状态时,边际贡献总额与固定成本总额相等;当边际贡献总额超过固定成本总额时,企业才有利润。因此,企业通过产品销售获得的边际贡献有两个用途:弥补固定成本和形成利润。于是,边际贡献既可用于保本点计算,也可对利润的高低产生直接影响。

因为边际贡献是销售收入与变动成本的差额,意味着在现有产销量的基础上增加产品

销售对企业利润增加的贡献,反映产品盈利能力大小,也可以称为边际贡献或边际利润。其计算公式如下:

$$单位边际贡献＝销售单价－单位变动成本$$

单位边际贡献反映的是单位产品的创利能力,也就是每增加一个单位产品的销售可提供的创利额。

边际贡献的另一种表现形式是总额概念,称为边际贡献总额,简称边际贡献,是指产品的销售收入总额减去变动成本总额后的余额。其计算公式如下:

$$边际贡献＝销售收入－变动成本＝USP \cdot Q－UVC \cdot Q$$

(二) 边际贡献率

边际贡献率是指边际贡献总额占销售收入总额的百分比,或单位边际贡献占销售单价的百分比,反映每百元销售额中能提供的边际贡献额。其计算公式如下:

$$边际贡献率＝边际贡献÷销售收入×100\%＝单位边际贡献÷单价×100\%$$

(三) 变动成本率

变动成本率是与边际贡献率相对应的指标。变动成本率是指变动成本总额占销售收入总额的百分比,或单位变动成本占销售单价的百分比,反映每百元销售额中变动成本所占的金额。其计算公式如下:

$$变动成本率＝变动成本÷销售收入×100\%＝单位变动成本÷销售单价×100\%$$

由于边际贡献加上变动成本等于销售收入,则边际贡献率加上变动成本率等于100%,故它们之间的关系如下:

$$边际贡献率＋变动成本率＝1$$

由此可见,边际贡献率与变动成本率属互补性质,变动成本率高的企业,其边际贡献率低,创造利润能力反而小;反之,变动成本率低,则边际贡献率高,创造利润能力大。

【例 5-2】 某企业生产销售 A 产品,单价为 100 元,单位变动成本为 68 元,销量为 700 件。求边际贡献总额、单位边际贡献、边际贡献率以及变动成本率。

根据相关指标计算公式,将数值代入得到:

$$边际贡献＝700×100－700×68＝22\ 400$$
$$单位边际贡献＝100－68＝32$$
$$边际贡献率＝22\ 400÷(700×100)×100\%＝32\%$$

或:

$$边际贡献率＝32÷100×100\%＝32\%$$
$$变动成本率＝68÷100×100\%＝68\%$$

或:

$$变动成本率=1-32\%=68\%$$

第二节 单一品种条件下本量利分析

一、保本分析

保本是指企业在一定时期内的收支相等、盈亏平衡、不盈不亏、利润为零。当企业处于这种收支相等、损益平衡、不盈不亏、利润为零的特殊情况时,称企业达到保本状态。用公式表示为:销售收入=销售成本,贡献边际=固定成本。保本分析就是研究当企业恰好处于保本状态时本量利关系的一种定量分析方法。它是确定企业经营安全程度和进行保利分析的基础,又叫盈亏临界分析、损益平衡分析、两平分析、够本分析等。

保本点(break-even point,BEP)又称盈亏平衡点、盈亏临界点,是指企业的总成本同总收入相等的销售量或销售额。其研究主要目的是确定企业一定时期内事先知道销售多少产品保本,这对企业的经营决策显然是很重要的,因为保本是获得利润的基点,超过这一销售量再扩大销售量,企业才能获利。保本点通常有两种表现形式:一种是用实物量表示,称为保本销售量;另一种是用货币金额表示,称为保本销售额。单一产品保本点计算模型如下:

$$保本销售量=固定成本÷(单价-单位变动成本)$$

或:

$$保本销售量=固定成本÷单位边际贡献$$
$$保本销售额=保本量×单价$$

或:

$$保本销售额=固定成本÷边际贡献率$$

【例5-2】 嘉德企业只生产和销售单一品种的水杯产品,预计单位售价为25元,单位变动成本为15元,全年固定成本总额为180 000元,求该企业保本点。

依据题意,该企业属于单一产品的保本点计算,将各相关值代入公式:

$$保本销售量=180\,000÷(25-15)=18\,000(个)$$

或:

$$单位边际贡献=25-15=10$$
$$保本销售量=180\,000÷10=18\,000(个)$$
$$保本销售额=18\,000×25=450\,000(元)$$

或：

$$边际贡献率＝10÷25×100\%＝40\%$$

$$保本销售额＝180\ 000÷40\%＝450\ 000(元)$$

（一）保本图

保本分析可采用绘制保本图(break-even chart)的方式进行。保本图是指将保本点分析反映在直角坐标系中，将影响利润的有关因素及其相应关系，以图的形式表现出来。保本图具有直观、简明的特点，便于使用者理解和接受。但由于它是依靠目测绘制而成，所以难以准确，通常应结合其他方法一起使用。保本图如图 5-1 所示。

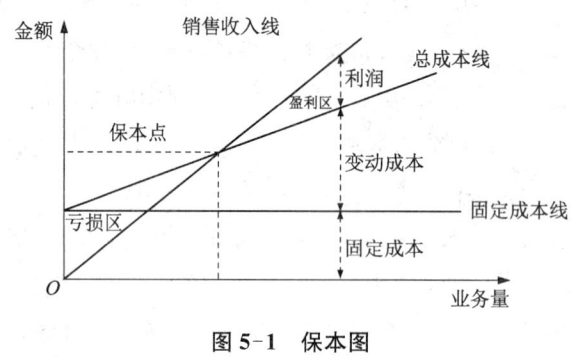

图 5-1　保本图

其中，在直角坐标系中，横轴表示业务量，纵轴表示金额；固定成本线以纵轴上确定的固定成本为起点，与横轴平行；销售收入线根据"销售收入＝单价×销售量(销售量≥0)"的函数关系式，从原点出发呈一条斜线；总成本由固定成本和变动成本两个部分构成，其根据"总成本＝单位变动成本×销售量＋固定成本(销售量≥0)"的函数关系式呈现一条具有与纵轴有一定截距的斜线；销售收入线与总成本线的交点即为保本点。在销售量小于保本点时，企业处于亏损状况，亏损额随销售量的增加而逐渐减少。在销售量大于保本点时，企业处于盈利状态，盈利额随销售量的增长而逐渐增加。

（二）利量图

利量图也称为利量式保本图(profit-volume chart，P/V Chart)，是上述保本图的一种变化形式，它以利润线代替了销售收入线和总成本线，因此，可以将其视为简化的保本图。该图突出了利润与销售量之间的关系，提供的利润信息比上述两种图形都要直截了当。利量图如图 5-2 所示。

在平面直角坐标系中，横轴表示业务量，纵轴表示利润(或者亏损)，纵轴上固定成本点(0,固定成本数值)表示当销售量为零时，企业发生的亏损等于固定成本，利润线以(0,固定成本数值)为起点，以单位边际贡献为斜率，形成一条斜线，并与坐标轴横轴产生交点，该交点即为保本点。

该图直观地反映了销售量与利润、贡献毛益与固定成本之间的关系。当销售量为零时，

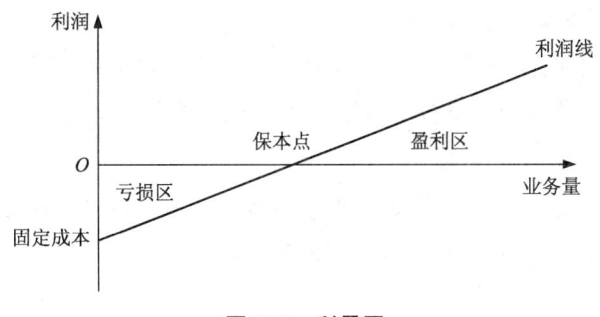

图 5-2　利量图

企业发生的亏损恰好等于固定成本；随着销售量的逐渐增加，亏损会越来越少，当销售量超过盈亏平衡点的销售量时，企业开始转亏为盈，实现利润，且销售量越大，利润就越多。

二、保利分析

当企业销售量超出保本点时，可以实现利润。企业的目标当然不是利润为零，而是尽可能多地超越保本点而实现利润。只有考虑到存在利润的条件才能充分揭露成本、业务量和利润之间的关系。对实现目标利润进行分析又称为保利分析。保利分析是保本分析的延伸和拓展。

保利点是在单价和成本水平既定的情况下，为确保确定的目标利润能够实现而应达到的销售量和销售额的总称。企业对一定时期内目标利润已知条件下的本量利分析就是保利分析。通过保利分析，可以首先确定为实现目标利润而应达到的目标销售量和目标销售额，从而以销定产，确定目标生产量、生产成本以及资金需要量。保利点一般也有两种表现形式：一种是保利销售量，另一种是保利销售额。其计算公式如下：

保利销售量＝（固定成本＋目标利润）÷（单价－单位变动成本）

保利销售量额＝（固定成本＋目标利润）÷边际贡献率

【例 5-3】　接［例 5-2］资料，嘉德企业生产资料不变，假设该年的目标利润为 120 000 元，求该企业保利点。

依据题意，该企业属于单一产品的保利点计算，将各相关值代入公式：

保利销售量＝（180 000＋120 000）÷10＝30 000（个）

保本销售额＝（180 000＋120 000）÷40％＝750 000（元）

三、经营安全程度分析

只有当产品销售量大于保本点销售量时，企业才处于盈利状态，而且产品的销售量大于保本点销售量的数量越大，获得的利润就越大；反之，获得的利润就越小，甚至亏损。从企业经营的角度来看，产品的销售量与保本点的销售量的差额越大，经营就越安全；反之亦然。衡量企业经营安全性的指标有安全边际率、保本作业率以及经营杠杆。

（一）安全边际与安全边际率

安全边际是与保本点相关的一项指标，它反映了企业经营的安全程度。其具体表现形式有绝对数和相对数两种。安全边际的绝对数表现形式有安全边际量和安全边际额；安全边际的相对数表现形式有安全边际率。

安全边际量是指企业实际（预计）销售量超过保本点销售量的差额。它表明企业的销售量下降多少，仍不致发生亏损，即安全边际数值越大，企业发生亏损的可能性就越小，企业的生产经营活动就越安全。其计算公式如下：

$$安全边际量＝实际（预计）销售量－保本点销售量$$

安全边际率是指安全边际与实际（预计）销售量（销售额）之间的比率。其计算公式如下：

$$安全边际率＝安全边际销售量÷实际（预计）销售量×100\%$$

【例 5-4】 安得企业实际销售电冰箱产品 2 000 台，保本点销售量为 1 250 台。求安全边际量与安全边际率。

$$安全边际量＝2\ 000－1\ 250＝750（台）$$
$$安全边际率＝750÷2\ 000×100\%＝37.5\%$$

（二）保本作业率

保本作业率是指保本点销售量（销售额）与实际（预计）销售量（销售额）的百分比。其计算公式如下：

$$保本作业率＝保本销售量÷实际（预计）销售量×100\%$$
$$保本作业率＝保本销售额÷实际（预计）销售额×100\%$$

保本作业率是一个反指标，该指标越小越安全，数值越小，说明企业经营安全程度越高。

安全边际率与保本作业率的关系为：

$$安全边际率＋保本作业率＝1$$

【例 5-5】 沿用[例 5-4]资料，求安得企业保本作业率及其与安全边际率之间的关系。

$$保本作业率＝1\ 250÷2\ 000×100\%＝62.5\%$$

根据公式：安全边际率＋保本作业率＝1

$$37.5\%＋62.5\%＝1$$

（三）经营杠杆

在其他条件不变的情况下，产销量的增加虽然一般不会改变固定成本总额，但会降低单位固定成本，从而提高单位利润，使息税前利润的增长率大于产销量的增长率；反之，产销量的减少会提高单位固定成本，降低单位利润，使息税前利润下降率大于产销量下降率。如果不存在固定成本，所有成本都是变动的，那么，边际贡献就是息税前利润。这时，息税前利润变动率就同产销量变动率完全一致。在某一固定成本比重下,产销量变动对息税前利润产生的作用,称为经营杠杆。

只要企业存在固定性经营成本,就存在经营杠杆效应。但不同的产销业务量,其杠杆效应的大小程度是不一致的。测算经营杠杆效应程度,常用指标为经营杠杆系数。经营杠杆系数(DOL)也称经营杠杆率,是指息税前利润($EBIT$)的变动率相对于产销量(Q)变动率的倍数。其定义公式为:

$$\text{经营杠杆系数} = \frac{\text{息税前利润变动率}}{\text{产销量变动率}} = \frac{\Delta EBIT/EBIT}{\Delta Q/Q}$$

对上述基础公式进行变换,推导得出经营杠杆系数等于基期边际贡献(TCM)除以基期息税前利润,其简化公式为:

$$\text{经营杠杆系数} = \frac{\text{基期边际贡献}}{\text{基期边际贡献} - \text{基期固定成本}} = \frac{TCM}{TCM - FC} = \frac{\text{基期边际贡献}}{\text{基期息税前利润}} = \frac{TCM}{EBIT}$$

【例5-6】 大宇公司生产电视机,电视机的销售单价为4 500元。上年度该电视机的产销量为10 000台,预计计划年度产销量增长30%。全年固定成本总额为3 000 000元,单位变动成本为3 600元,请计算经营杠杠系数 DOL 并说明其含义。

根据题意及已知信息:

产销量变动率=$\Delta Q/Q$=30%

基期息税前利润=(4 500-3 600)×10 000-3 000 000=6 000 000(元)

计划年度息税前利润=(4 500-3 600)×10 000×(1+30%)-3 000 000=8 700 000(元)

息税前利润变动率=(8 700 000-6 000 000)÷6 000 000×100%=45%

代入基础公式:

$$\text{经营杠杆系数} = \frac{\Delta EBIT/EBIT}{\Delta Q/Q} = \frac{45\%}{30\%} = 1.5$$

或代入简化公式:

$$\text{经营杠杆系数} = \frac{TCM}{EBIT} = \frac{(4\ 500 - 3\ 600) \times 10\ 000}{6\ 000\ 000} = 1.5$$

大宇公司经营杠杆系数(DOL)为1.5,说明当年度产销量增长或下降一定比率时,其息税前利润将呈1.5倍的该比率增长或下降。其经营杠杆系数从一定程度上反映了大宇公司的经营安全程度。

导致企业出现经营风险的主要原因是市场需求和成本等因素的不确定性,经营杠杆本身并不是利润不稳定的根源。但是,产销量增加时,息税前利润将以经营杠杆系数的幅度增加;而产销量减少时,息税前利润又将以经营杠杆系数的幅度减少。由此可见,经营杠杆扩大了市场和生产等不确定因素对利润变动的影响,而且经营杠杆系数越高,利润变动越激烈,企业的经营风险就越大。因此,企业经营风险的大小和经营杠杆有着重要关系。

其简化公式表明,经营杠杆系数将随固定成本的变化呈同方向变化,即在其他因素一定的情况下,固定成本越高,经营杠杆系数越大。同理,固定成本越高,企业经营风险也就越大。

在实际经营过程中,若企业对产品的市场前景看好,便可以增加固定成本的投入,从而增大经营杠杆系数,使产品的销量增长带来利润的更大幅度增长。而在市场衰退业务不振时,公司应尽量压缩开发费用、广告费用、市场营销费、职工培训费等酌量性固定成本的开支,甚至必要时变卖固定资产,以减少固定成本的比重,降低经营杠杠系数,从而降低经营风险。

第三节　多品种条件下本量利分析

一、保本分析

前文提到的本量利分析模型均针对单一产品,但是在实际经济生活中,绝大多数的企业都不可能只生产一种产品,更多的是从事多种产品的产销活动。每种产品的售价、成本、边际贡献都不一样,因此,企业综合盈亏平衡分析就不能用产品的实物量表示,而必须利用能够综合反映各种产品销售量的金额指标,即销售收入。企业在产销多种产品的情况下,由于各种产品的性能存在着差异,因而从会计角度而言,各种产品在实物数量上的简单相加并无多大实际意义。因此,在计算多品种盈亏平衡点时,就不适宜采用实物量单位进行分析,而只能用金额来反映,即计算盈亏平衡点的销售额。

在实际工作中,可以通过计算综合边际贡献率求出综合保本销售额。具体步骤如下:

(1) 计算全部产品的总销售额。其计算公式如下:

$$全部产品的总销售额 = \sum(某种产品的销售量 \times 该种产品的销售单价)$$

(2) 计算某种产品销售额占全部产品的总销售额的百分比。其计算公式如下:

$$某种产品销售额占全部产品销售额的百分比 = (某种产品销售额 \div 全部产品销售额) \times 100\%$$

(3) 计算全部产品的综合边际贡献率。其计算公式如下:

$$综合边际贡献率 = \sum(某种产品的边际贡献率 \times 该种产品销售额占全部产品销售额的百分比)$$

(4) 计算综合保本销售额。其计算公式如下:

$$综合保本销售额 = 固定成本总额 \div 综合边际贡献率$$

(5) 计算某种产品保本销售额和销售量。其计算公式如下:

某种产品的保本销售额＝综合保本销售额×该种产品销售额占全部产品销售额的百分比

某种产品的保本销售量＝该种产品的保本销售额÷该种产品销售单价

【例5-7】 宏远服装公司生产西服、皮带、西裤三款服装产品,其全年固定成本总额为198 000元,三种产品的有关资料如表5-2所示。

表5-2 宏远公司产品相关资料

品种	销售单价(元)	销售量(件)	单位变动成本(元)
西服	2 000	60	1 600
皮带	500	30	300
西裤	1 000	65	700

请根据相关资料计算宏远服装公司的综合保本销售额以及各种服装产品的保本销售量。

(1) 计算全部产品的总销售额。

西服产品的销售额＝2 000×60＝120 000(元)

皮带产品的销售额＝500×30＝15 000(元)

西裤产品的销售额＝1 000×65＝65 000(元)

全部产品的总销售额＝120 000＋15 000＋65 000＝200 000(元)

(2) 计算某种产品销售额占全部产品的总销售额的百分比。

西服产品销售额占全部产品销售额比重＝120 000÷200 000×100％＝60％

皮带产品销售额占全部产品销售额比重＝15 000÷200 000×100％＝7.5％

西裤产品销售额占全部产品销售额比重＝65 000÷200 000×100％＝32.5％

(3) 计算全部产品的综合边际贡献率。

西服产品边际贡献率＝(2 000－1600)÷2 000×100％＝20％

皮带产品边际贡献率＝(500－300)÷500×100％＝40％

西裤产品边际贡献率＝(1 000－700)÷1 000×100％＝30％

综合边际贡献率＝20％×60％＋40％×7.5％＋30％×32.5％＝24.75％

(4) 计算综合保本销售额。

综合保本销售额＝198 000÷24.75％＝800 000(元)

(5) 计算某种产品保本销售额和销售量。

西服产品的保本销售额＝800 000×60％＝480 000(元)

西服产品的保本销售量＝480 000÷2 000＝240(件)

皮带产品的保本销售额＝800 000×7.5％＝60 000(元)

皮带产品的保本销售量＝60 000÷500＝120(件)

西裤产品的保本销售额＝800 000×32.5％＝260 000(元)

西裤产品的保本销售量＝260 000÷1 000＝260(件)

二、保利分析

当企业产销多种产品时,根据保利点的含义及本量利分析公式,运用综合边际贡献率即可确定保利点。其计算公式为:

综合保利销售额＝(固定成本总额＋目标)÷综合边际贡献率

某种产品的保利销售额＝综合保利销售额×该种产品销售额占全部产品销售额的百分比

某种产品的保利销售量＝该种产品的保利销售额÷该种产品销售单价

【例 5-8】 沿用[例 5-7]资料,预计计划年度目标利润为 297 000 元,请计算宏远服装公司的综合保利销售额以及各种服装产品的保利销售量。

综合保本销售额＝(198 000＋297 000)÷24.75%＝2 000 000(元)

西服产品的保利销售额＝2 000 000×60%＝1 200 000(元)

西服产品的保利销售量＝1 200 000÷2 000＝600(件)

皮带产品的保利销售额＝2 000 000×7.5%＝1 150 000(元)

皮带产品的保利销售量＝150 000÷500＝300(件)

西裤产品的保利销售额＝2 000 000×32.5%＝650 000(元)

西裤产品的保利销售量＝650 000÷1 000＝650(件)

第四节　利润敏感性分析

敏感性分析(sensitivity analysis)主要研究与分析有关因素发生多大变化会使盈利转为亏损,各因素变化对利润变化的影响程度等问题。

一、各因素对保本点的影响

单价、单位变动成本、产销量和固定成本的变化,会影响利润的高低。这种变化达到一定程度,会使企业利润消失,进入盈亏临界状态,使企业的经营状况发生质变。因此,进行敏感分析目的是提供目标发生质变的各参数变化的界限,确定临界值。

(一)单价最小值

产品的销售价格是影响企业保本点的最敏感因素。利润随单价的下降而减少,单价下降到一定程度,利润将变为零,这是企业能忍受的单价最小值。反之,在其他要素不变的前提下,价格变化对保本点的影响有两种情况:一是价格提高,使保本点降低、盈利增加;二是价格降低,使保本点上升、盈利减少。

【例 5-9】 润盛企业生产一种产品,单价 10 元,单位变动成本为 6 元,预计全年固定成本 200 000 元,预计明年销售 500 000 件。

(1)预计明年利润:

$$利润＝(10-6)\times500\,000-200\,000=1\,800\,000(元)$$

(2) 找出保本点时单价最小值：

$$0＝(单价-6)\times500\,000-200\,000$$

$$单价＝6.4(元)$$

单价由 10 元降至 6.4 元时,该企业由盈利转为保本。

(二) 单位变动成本最大值

单位变动成本的变化对保本点的影响仅次于产品销售价格。单位变动成本上升会使利润下降,并逐渐趋于零,此时的单位变动成本是企业能忍受的最大值。反过来说,在其他条件保持不变的情况下,单位变动成本降低,单位边际贡献或产品的边际贡献率就会提高,保本点就会下降;反之,单位产品变动成本增加,单位边际贡献或产品的边际贡献率就会降低,保本点就会上升。

【例 5-10】　沿用[例 5-9]资料,找出保本点时单位变动成本最大值。

$$0＝(10-单位变动成本)\times500\,000-200\,000$$

$$单位变动成本＝9.6(元)$$

单位变动成本由 6 元升至 9.6 元时,该企业由盈利转为保本。

(三) 固定成本最大值

固定成本总额的上升或下降,对企业盈亏的影响同样也很重要。固定成本上升,也会使利润下降且逐渐趋近于零。也就是说,在确定有关产品的保本销售量时,如果其他因素保持不变,那么,固定成本总额上升,会使保本点上升;反之,保本点就会相应降低。

【例 5-11】　沿用[例 5-9]资料,找出保本点时固定成本最大值。

$$0＝(10-6)\times500\,000-固定成本$$

$$固定成本＝2\,000\,000(元)$$

单位变动成本由 200 000 元升至 2 000 000 元时,该企业由盈利转为保本。

(四) 销售量最小值

销售量最小值指的是当利润为零时的销售量,也就是保本点销售量。其他因素不变的情况下,销售量的变动不会使保本点上升或降低。

【例 5-12】　沿用[例 5-9]资料,找出保本点时销售量最小值。

$$0＝(10-6)\times销售量-200\,000$$

$$销售量＝50\,000(件)$$

销售量由 500 000 元下降至 50 000 元时,该企业由盈利转为保本。

(五) 产品品种结构变动的影响

值得一提的是,在多品种条件下,品种结构的改变将改变企业的综合边际贡献率,保本点会发生相应变动。

【例 5-13】 沿用[例 5-7]资料,有关宏远服装公司生产资料,西服、皮带、西裤三款服装产品原先的销售比重分别为 60%、7.5%、32.5%。若将三款服装产品的销售比重进行调整为 40%、40%、20%,则保本点应重新计算。

根据已知信息,西服产品的边际贡献率为 20%,皮带产品的边际贡献率为 40%,西裤产品的边际贡献率为 30%。

$$综合边际贡献率 = 20\% \times 40\% + 40\% \times 40\% + 30\% \times 20\% = 30\%$$
$$综合保本销售额 = 198\ 000 \div 30\% = 660\ 000(元)$$

综合保本销售额由原先 800 000 元降至 660 000 元,从上述计算可以看出,尽管固定成本总额和各种产品的边际贡献率保持不变,但只要改变产品的销售比重,企业保本点销售额也会发生变化。因为当改变销售比重后,边际贡献率低的西服产品销售比重下降至 40%,而边际贡献率高的皮带产品销售比重上升到 40%,使得企业的总体盈利水平上升,综合边际贡献率由原来的 24.75% 上升到现在的 30%,所以保本销售额下降 140 000 元(800 000 - 660 000)。由此可以看出品种结构对综合保本点的影响。

在其他条件不变的前提下,企业应积极采取措施,努力提高贡献边际率水平较高的产品的销售比重,降低贡献边际率水平较低的产品的销售比重,从而提高企业的综合贡献边际率水平,达到降低全厂保本额和保利额的目的。

二、 敏感系数及敏感程度分析

销售量、单价、变动成本和固定成本等因素的变动,都会引起利润的变动,但它们的敏感程度是不同的。有些因素只要有较小的变动就会引起利润的较大变化,这些因素称为强敏感性因素;有些因素虽然有较大变化,但对利润的影响却不大,这些因素称为弱敏感性因素。

衡量敏感程度的指标称为敏感系数,其计算公式如下:

$$敏感系数 = \frac{目标利润变动率}{各因素变动率}$$

(一) 单价的敏感程度

【例 5-14】 京和公司生产一种产品,单价 20 元,单位变动成本为 12 元,预计全年固定成本 40 000 元,预计明年产销量达 10 000 件。

预计明年利润:

$$利润 = (20 - 12) \times 10\ 000 - 40\ 000 = 40\ 000(元)$$

若单价提高 20%,则新的单价为 24 元(20 × 120%),预计新目标利润为:

$$利润＝(24－12)\times10\ 000－40\ 000＝80\ 000（元）$$

$$目标利润变动率＝\frac{80\ 000－40\ 000}{40\ 000}\times100\%＝100\%$$

$$敏感系数＝\frac{100\%}{20\%}＝5$$

通过计算发现，单价对利润的影响很大，从百分比来看，利润以5倍的速度随单价变化。涨价是提高盈利的最有效手段，但涨价也可能会导致销售量下降，应格外慎重。

（二）单位变动成本的敏感程度

【例5-15】 沿用［例5-14］资料，若其他条件不变，单位变动成本提高20%，则新的单位变动成本为14.4元（12×120%），预计新目标利润为：

$$利润＝(20－14.4)\times10\ 000－40\ 000＝16\ 000（元）$$

$$目标利润变动率＝\frac{16\ 000－40\ 000}{40\ 000}\times100\%＝-60\%$$

$$敏感系数＝\frac{-60\%}{20\%}＝-3$$

由计算可见，单位变动成本对利润的影响比单价要小，单位变动成本每上升1%，利润将减少3%。敏感系数绝对值大于1，说明单位变动成本的变化会造成利润更大的变化。

（三）固定成本的敏感程度

【例5-16】 沿用［例5-14］资料，若其他条件不变，固定成本提高20%，则新的固定成本为48 000元（40 000×120%），预计新目标利润为：

$$利润＝(20－12)\times10\ 000－48\ 000＝32\ 000（元）$$

$$目标利润变动率＝\frac{32\ 000－40\ 000}{40\ 000}\times100\%＝-20\%$$

$$敏感系数＝\frac{-20\%}{20\%}＝-1$$

固定成本增加时，利润将等量减少。

（四）销售量的敏感程度

【例5-17】 沿用［例5-14］资料，若其他条件不变，销售量提高20%，则新的销售量为12 000元（10 000×120%），预计新目标利润为：

$$利润＝(20－12)\times12\ 000－40\ 000＝56\ 000（元）$$

$$目标利润变动率＝\frac{56\ 000－40\ 000}{40\ 000}\times100\%＝40\%$$

$$敏感系数＝\frac{40\%}{20\%}＝2$$

综上所述,影响该企业利润的诸因素中,最敏感的首先是单价(敏感系数为5),其次是单位变动成本(敏感系数为-3),再次是销售量(敏感系数为2),最后是固定成本(敏感系数为-1)。其中,敏感系数为正值的,表明它与利润为同向增减;敏感系数为负值的,表明它与利润为反向增减。

思考题

1. 本量利分析的基本假设有哪些? 说明它们的具体含义。

2. 盈亏临界点分析在企业经营决策中有什么作用? 试结合具体实例进行。

3. 固定成本、变动成本、销售单价、销售量的变化分别对利润的变化有什么影响? 比较利润对这些因素的敏感程度。

4. 通过本章的学习,请说明本量利分析的优点和缺点。

5. 经营杠杆在企业经营策略中如何发挥作用? 请具体分析。

案例分析

度假村旺季的本量利分析

Gram 公司拥有和经营一个度假村。该度假村包括客房部、商务中心、餐厅和健身房。该度假村编制了一份详细的全年营业旺季的预算。全年营业旺季历时 20 周,其中高峰期为 8 周。客房部拥有 80 间单人房和 40 间双人房,双人房的收费为单人房收费的 1.5 倍。

有关预测资料如下:

客房部:单人房每日变动成本为 26 元,双人房每日变动成本为 35 元。客房部固定成本为 713 000 元。

健身房:住客每人每天收费 4 元,散客每人每天收费 10 元。健身设施的固定成本为54 000 元。

餐厅:平均每个客人给餐厅每天带来 3 元的贡献边际。固定成本为 25 000 元。

商务中心:出租商务中心可增加贡献边际总额 40 000 元。商务客人的估计数已包括在其他方面的预计中。

预订情况:营业高峰期客房部所有房间都已被预订。在其余 12 周,双人房客满率为60%,单人房客满率为 70%。散客每天为 50 人。

假定所有的住客和散客都使用健身设施和在餐厅用餐。假定双人房每次均同时住两个人。

——本案例参考中国工商管理案例库,由作者整理而成

思考:

1. 如果客房部确定的目标利润为 300 000 元,那么每间单人房和双人房的收费各应为多少?

2. 客房部达到保本点时,单人房和双人房的最低收费各应为多少?

3. 如果客房部利润为 300 000 元,那么度假村全年总利润可达到多少?

第六章

预 测 分 析

●**教学目标**

　　本章各节共同构成预测分析的理论框架。学生通过学习，了解预测分析的概念、特点与程序，理解预测分析的意义与交流，熟悉销售预测、成本预测、利润预测和资金需要量预测的基本原理，掌握销售、成本、利润和资金需要量进行预测的主要方法并且根据销售预测、成本预测和利润预测的结果进行企业资金需要量预测分析，能够解释销售预测对企业经营的重要性。

第一节　预测分析概述

一、 预测分析的概念

　　预测是指用科学的方法预计、推断事物发展的必然性或可能性的行为，即从过去和现在预计未来，从已知现象中推断未知的行为。

　　在人类社会的发展过程中，预测技术已经经历了一个由简单到复杂、由低级向高级的进化阶段。

　　预测分析旨在要为规划服务，它提供的许多数据最终会被纳入预算，并作为预算编制的基础。但是，预测分析可以反复、循环进行，并且可以根据需求选择不同的方法，其信息只有指导意义，可作为参考；而计划或预算的程序则相对稳定，其信息具有严肃性和强制性。预测既可在计划之前进行，也可在计划或预算的执行期间进行，以指导计划或预算的修订。

　　管理会计中的预测分析是指企业运用专门的方法进行经营预测的过程。企业根据现有的经济条件、拥有的历史数据和客观事物的内在联系，对生产经营活动的未来发展趋势和状况进行预计和测算。

　　科学的预测分析可以有效地提高企业的核心竞争力。一方面，无论经营活动有多么的复杂或简单，都具有一定规律可循；另一方面，现代经济已经为在经营预测中所用到的应用现代数学方法和电子计算机技术创造了可能条件，提供了必要的物质基础。因此，在现代经济条件下科学地开展预测分析是很有必要的。

　　经营成败的关键是决策，而决策的基础是科学预测。预测分析直接有助于决策，是决策的先导与前提。没有准确的预测，要做出符合客观发展规律的科学决策是难以想象的。

但是,预测不能代替决策,因为预测分析要解决的是如何进行科学、准确地预见或描述未来的问题,而决策所给出的结论则直接支配未来的行动方案。

由此可知,预测分析是企业管理的一个必要职能,没有运用科学预测的管理是盲目的、不完整的。在现代市场经济条件下,预测分析比以往任何时候都更为重要。现代生产力的迅速发展引起了社会经济环境的巨大变化。若没有科学的预测分析,就很难预先估计未来的发展趋势,进而无法积极采取措施,最终难以适应不断变化的形势。由于预测分析失误而导致决策失败,或因心中无数而错失良机的事例,在经济生活中屡见不鲜。这从反面证明,现代企业管理实践不仅迫切需要开展预测分析,而且还必须讲究预测方法的科学性和预测结论的准确性,尽可能克服经济工作中的盲目性与被动性,避免瞎指挥。

企业经营的目标是盈利,本章我们主要从销售预测、成本预测、利润预测和资金需要量预测等方面来学习预测分析。

二、 预测分析的特点

(一)预见性

预测分析具有前瞻性,注重预见未来经济的发展趋势和水平。预测分析以大量历史资料为前提,但若仅仅把范围局限于对历史资料的整理,停留在对过去情况的总结与说明上,而不理会现实情况的变化,那这绝不是预测,更谈不上科学预测。

(二)明确性

预测分析结果的表述必须清晰,不能有歧义。无论预测结果正确与否,最终都应得到证明。根本无法验证其结果的预测,不能被看作是一个科学的预测。

(三)相对性

预测分析,需要事先明确界定某项预测对象的时间期限范围。预测按照不同的特点,可分为长期预测和短期预测、时点预测和时期预测。长期预测和时点预测的精确度比短期预测和时期预测的精确度要差些,而无限远期的预测,并没有太大的实际意义。

(四)客观性

预测分析应以客观准确的历史资料和实践经验为依据,全面考虑实际情况,不能主观判断,凭空捏造;否则会使预测混同于臆测。

(五)可检验性

事物未来的发展存在不可避免的不确定性,因此预测中出现误差也在所难免。正确的预测不在于它能够避免误差出现,而在于能够通过误差来检验错误,从而进行反馈,并积极地调整预测程序和方法,以尽量减少误差。

(六)灵活性

预测分析可灵活采用多种方法,不能指望有一个能适应任何情况并且绝对成功的预测方法。选择预测方法,必须具体问题具体分析,可以事先选择一个试点加以验证。只有选择简单方便、成本低、效率高的方法配套使用,才能起到事半功倍的作用。

三、 预测分析的程序

为保证预测分析工作顺利进行,必须有组织、有计划地安排其进程。预测分析的程序一般包括以下几个步骤。

(一) 确定预测目标

在进行预测分析时,第一要明确预测什么,是预测销售量,还是预测利润,抑或预测其他的什么指标;第二再根据预测的具体对象,确定预测的范围和其他相关内容和要求。

(二) 收集和整理与预测目标有关的资料、数据

预测结果质量的好与坏,很大程度上取决于预测所依据的数据资料的质量高低。因此,确定预测目标后,在搜集相关的信息及数据资料时,要尽可能做到准确、及时、系统、全面。另外需要注意的是,由于搜集上来的资料大多是比较零散的,需要对其进行科学的加工和处理,为预测分析做好准备。

(三) 选择预测方法并建立预测模型

预测方法会直接影响预测结果的准确性与实用性,因此,在对不同的研究对象进行预测时,我们应当采取不同的预测方法。预测方法的选择与我们掌握的资料有直接关系。对适合采用定性预测方法的,可以根据以往的经验建立一定的逻辑思维模式进行预测;对适合采用定量预测方法的,应该根据不同的分析对象选定最佳的方法,即建立不同的数学模型进行预测。

(四) 进行预测分析

根据掌握的资料信息及选定的方法,进行定性或定量分析,得出预测结果。

(五) 对预测结果进行验证

有时,预测结果并不一定与事物发展的实际情况相吻合,有的模型模拟效果较好,有的模型模拟效果差一些,由于计算和预测过程均建立在模型之上,可能会出现误差,从而会导致预测结果与实际情况发生较大的偏差。因此,在获得各次预测结果之后,还需要将其加以比较、分析和评价,以检查、判断预测结果是否合理、可信。

(六) 修正补充预测结果

检查验证如果发现偏差比较大,则需要查找原因并认真考虑是否需要对原来选定的预测方法加以修正。对由于某些因素无法进行定量分析而影响了预测结果精确度的情况,需要同时采用定性分析方法加以补充,以使预测结果更接近于实际。这样就可以做到将定量分析与定性分析相结合。

(七) 出具预测报告

将预测的结果和分析的情况写成书面报告提交给有关部门。这是预测分析工作的最后

一个环节。

四、 预测分析的意义

预测分析在企业的实践运行中起到至关重要的意义与作用。总的来看,有以下几个方面。

(一)预测分析是企业进行经营决策的基础和依据

在市场经济条件下,一个企业的生存与发展和市场是息息相关的,企业的决策与科学的预测是分不开的。企业的预测分析要在销售预测的基础上,结合成本预测、利润预测和资金需要量预测等,为企业的经营决策提供基础和依据。

(二)预测分析有利于提高企业的竞争能力

企业依靠科学的预测分析,可以充分了解竞争的形式和竞争对手的情况,通过采取合理的策略,在竞争中争取主动,从而提高企业核心竞争能力。

(三)预测分析是企业进行科学管理的基础

现代企业管理大量采用了全面预算、目标成本管理、绩效评估等科学管理手段,而这些手段都必须建立在科学的预测分析基础上,科学的预测分析为企业的科学管理提供了依据。

五、 预测分析的方法

预测分析方法是否科学合理,直接关系到预测结果的准确性,进而影响到决策的正确性。预测分析的具体方法有很多,但在一般情况下,按其性质,可以分为定量分析法和定性分析法两大类。

(一)定量分析法

定量分析法,也称数量分析法,是指在加工和整理资料的基础上,利用数学方法和各种现代化的计算工具对有关数据资料进行科学的加工处理,建立预测数学模型,利用各有关变量间的逻辑关系及相关联系进行预测的分析方法。根据对数据资料的处理方式,定量分析法可分为趋势预测分析法和因果预测分析法。

1. 趋势预测分析法

趋势预测分析法,也称时间序列分析法,是指将预测对象所收集到的历史数据,按时间顺序进行排列,应用数学方法加以处理、计算,并借以来预测其未来发展趋势的分析方法。其实质是根据事物发展的连续性,采用数学统计的方法来预测事物发展的趋势。如算术平均法、移动平均法、趋势平均法、加权平均法、指数平均法、时间序列分析法等。

2. 因果预测分析法

因果预测分析法是根据预测对象与其他相关指标之间所存在的相互依存和相互制约的规律性,建立相应的因果数学模型,进而进行预测分析的方法。其实质是根据事物发展的相关性推测事物发展的趋势。因果预测分析法包括本量利分析法、投入产出分析法、回归分析法以及经济计量法等。

(二) 定性分析法

定性分析法,也称非数量分析法,是指依靠预测人员丰富的实践经验和知识,并考虑到政治形势、经济形势、经济政策、市场变化、消费者消费倾向等因素对经验影响的前提下,对事物的性质和发展趋势进行预测的分析方法。定性分析性法主要包括市场调查法和判断分析法。

(三) 两类方法的关系

在预测分析的实践过程中,定性分析法与定量分析法并非相互排斥,反而相互补充、相辅相成。定量分析法虽然较精确,但许多非计量因素无法考虑。例如,国家出台的相关政策方针、国际政治经济形势的变动、消费者消费心理以及习惯的改变、投资者的意向以及组织中职工情绪的变动等,这些因素都是无法进行细致量化的;而定性分析法虽然可以将这些非计量因素考虑进去,但估计的准确性在很大程度上受预测人员的相关经验影响,而使得预测结论因人而异,带有一定的主观随意性。定量预测需要结合定性预测的方法加以补充,定性预测的结果也需要一定的定量预测中的量化指标来进行验证。因此,在企业经营预测时,常常是将两者结合应用,实现优势互补,通过它们的有效结合,可以提高预测分析的准确性与可信性,这样才能更好地为企业决策提供基础服务。

六、 预测分析的基本内容

(一) 销售预测

广义的销售预测包括两个方面:一是市场调研;二是销售量预测。狭义的销售预测专指销售量预测。在通常情况下,我们采用广义的销售预测加以分析。

市场调研是指通过了解与特定产品有关的供销环境和各类市场的情况,做出与该产品有关的调研报告,如有无现实市场、潜在市场有多大以及目标消费者的消费需求等。市场调研在某种程度上是一项寻求市场与企业之间"共谐"的过程。当然,市场调研是销售量预测的基础。销售量预测又称产品需求量预测,是指依据市场调研所得到的相关资料,通过对相关因素的分析研究,预测该特定产品在未来一定时期内在市场上的销售量水平以及销售量的变化趋势,进而预测本企业产品在未来销售的全过程。

(二) 利润预测

利润预测是指在销售预测的基础上,根据企业未来发展目标及与企业相关联的其他资料,通过预计、推断或估算未来应当达到或可望实现的利润水平,以及该利润水平的变动趋势。

(三) 成本预测

成本预测是指根据企业未来发展目标,通过相关资料的收集,采用专门的方法进行推测,从而估算未来成本的水平及发展趋势。

（四）资金需要量预测

资金需要量预测是指在销售预测、利润预测和成本预测的基础上，以企业未来经营发展目标为基础，综合考虑影响企业资金需求的各项因素的总和，运用一定的方法，通过建立经济模型，进行预计、推测企业未来一定时期内或特定项目所需要的资金数额，并借以筹资方式的选取为企业计划资金来源渠道的过程。

第二节　销售预测分析

一、销售预测的意义

销售预测，也称销量预测，是指企业在一定的市场环境和特定的营销规划下，根据产品的历史销售数据，对其在未来某一时期的销售量或销售额进行科学的预计和测算。市场环境是指政治、法律、经济、人口、文化和科技等的发展情况；营销规划是指企业对销售价格、产品定位、细分市场、推销活动和分销途径等方面的计划安排。不同的市场环境下，不同的营销规划，会产生完全不同的预测结果，或偏差很大的预测结果。开展销售预测的目的在于了解产品的社会需求量以及该产品的市场销售前景，以此掌握产品的销售状态和市场占有份额。在市场经济条件下，科学的销售预测对企业的整个生产经营活动都具有非常重要的作用。具体地讲，主要有以下三个方面。

（一）销售预测是企业各项经营预测的前提

经营预测包括利润预测、销售预测、成本预测、资金需要量预测等内容。虽然利润、成本、资金需要量等预测各有各的特点及使用范围，但都必须以销售预测为前提条件。在市场经济条件下，企业能否在竞争激烈、复杂多变的环境下得以生存和发展，已不再取决于上级管理层的指向，而是更多地取决于企业对整个经济市场的适应程度，取决于企业能否生产出满足市场需求的、适销对路的品质产品。因此，对企业产品的销售预测对其他相关预测起到了决定性的作用，也就是说，销售预测是其他预测工作能够顺利进行的前提条件。

（二）销售预测是进行经营决策的基础

企业在生产经营活动的过程中，常常需要面临各种决策问题。比如，产品品种决策、生产规模决策、产品定价决策、成本决策以及利润决策等。在这些决策的问题中，有很多都需要以销售预测的结果为前提。为了保证经营过程中各项决策的正确性，企业必须先对销售预测进行科学的预测，这样才能为其余各项决策提供可靠的依据。销售预测的作用是可以帮助企业以销定产，以避免企业在生产产品时的盲目性。销售预测使企业产品在供、产、销等环节密切衔接。

（三）销售预测是企业编制各项计划的前提

企业要满足整个市场需求。为了达到这一目标，企业需要借助销售计划，通过销售计划才能对企业整个生产经营活动进行有效的组织与协调。销售计划的营销目标是根据市场需求来确定的,因此,编制销售计划能使企业所生产的产品与市场的需求有效结合起来。另外,销售计划规划了企业在计划期内所要生产的产品的销售数量以及生产过程中所需的财力、人力和物力等条件,这样为编制其他计划(如生产计划、成本计划、物资供应计划等)提供了可靠的依据。由此看来,企业计划的编制需要从销售计划开始,而销售计划编制的质量又决定于销售预测的准确性。

二、 影响销售的主要因素

在我国市场经济高速发展的过程中,不同的经济体与经济关系都对销售产生影响。综合来看,从以下五点进行分析。

(一) 国民经济的发展速度

国民经济的发展速度,制约着社会整体的需求和消费水平,影响着每个企业的产、供、销环节。因此,在进行销售预测时,必须先研究国民经济,具体包括:国民经济建设的方针、政策;国民经济发展计划;国民收入的增长情况;国家的资源政策和自然资源的开发、利用以及在农业、轻工业与重工业之间的投资比例等。

(二) 社会购买力水平

社会购买力是指社会各个方面在一定时期内,用于购买商品和劳务的货币支付能力。在我国,社会购买力大致包括居民购买力、社会集团购买力和农村生产资料购买力三大类。

社会购买力是衡量一定时期内社会上支付商品或者接受劳务能力的需求。为正确分析出产品销售的变化趋势,企业需要尽可能地对销售做出符合实际的预测,即应对城乡居民的收入情况、存储情况、就业程度等与社会购买力相关的因素进行全面分析。

(三) 消费结构和消费倾向

消费结构和消费倾向是影响市场需求的重要因素,它们的变动主要取决于社会生产发展水平、科学文化水平以及居民收入水平。同时它们主观上也受到消费者心理、喜好偏向,以及国际交往和政治因素的影响。要进行科学的预测就应综合考虑生产和科学文化的发展,以及人民群众生活水平、消费水平和消费心理的变化对商品的品种、质量、性能、款式等提出的各种新要求和新观念,才能更好地迎合市场需求,进而全面地进行分析。

(四) 市场价格

市场价格的变动可直接影响市场需求的变动。根据需求关系,可知产品本身的价值和市场供求关系变化的影响,常常使市场价格处在不断的变化之中;相应地,市场价格的变动也一定会引起市场需求发生相应变动。因此,在进行销售预测时,企业应深入了解市场价格的变动及其变动趋势、产品的供求关系以及消费者对市场价格的信赖程度和承受能力。

(五) 竞争态势

在市场经济条件下,开展守法、公平的市场竞争,有利于降低企业产品成本、提高产品质量。因此,企业在进行销售预测时,应做到知己知彼,注意调查和研究同行业的竞争对手、同类产品的竞争态势以及可替代品的发展趋势,从而正确判断本企业产品与同类产品相比,所拥有的绝对与相对竞争优势;同时,还应分析现在的和潜在的竞争对手的优劣势,做到扬长避短,放大优势,弥补劣势,制定强有力的应对策略和措施,以保证本企业产品在激烈的市场竞争中保持第一,为进一步开拓市场创造良好的条件。

三、 销售预测分析的常用方法

销售预测的分析方法主要有定量分析法与定性分析法。

(一) 定量分析法

定量分析法在销售量预测中的应用最为普遍,是以数值或比例为基本表现形式,对产品在未来一定时期内的销售趋势进行预测的方法。定量销售预测包括算术平均法、移动加权平均法和指数平滑法。

1. 算术平均法

算术平均法也称为简单平均法,它是在一定范围内,直接将若干期的实际销售业务量的算术平均值作为销售量预测值的一种预测方法。这种方法的原理是:视同一律地看待 n 期内的各期销售量对未来预测销售量的影响。其计算公式为:

$$销售预测值 = \frac{各期销售量(额)之和}{期数}$$

即:

$$S = \frac{\sum\limits_{i=1}^{n} S_i}{n}$$

式中,S 为销售预测值;

S_i 为第 i 期销售量(额);

n 为销售资料期数。

【例 6-1】 天颖集团 2021 年 1~6 月销售甲产品的销量额资料如表 6-1 所示。

表 6-1　　　　　　　　　天颖集团 2021 年上半年甲产品销售额资料

单位:万元

月份	1	2	3	4	5	6
销售额	55	53	54	56	58	57

根据上述资料,利用算术平均法预测 2021 年 7 月甲产品的销售额为:

$$S = \sum S_i/n = (55 + 53 + 54 + 56 + 58 + 57)/6 = 55.5(万元)$$

通过算术平均法来进行销售预测,其优点是计算过程简单,缺点是没有考虑远、近期销售业务量的变动对预测期销售状况所产生的不同程度的影响。算术平均法仅是将不同时期资料进行汇总,通过计算平均数的方式来进行销售预测,差异简单平均化。因此,该法只适于各期销售业务量比较稳定、没有季节性变动的日常用品的预测。

2. 移动加权平均法

移动加权平均法是指对过去若干期的销售量或销售额,先按其距离预测期的远近分别进行加权(近期所加权的权数相应大一些,远期所加权的权数相应小一些),然后再计算其加权平均数,并以此为计划期的销售预测值的方法。

移动加权平均法是指在掌握 n 期销售量的基础上,按照事先确定的期数,记作 m,($m <n/2$)逐期分段计算 m 期的算术平均数,并以最后一个 m 期的平均数为未来 $n+1$ 期预测销售量的一种方法。

特别需要注意的是,"移动"是指所取观测值(历史数据)随时间的推移而顺延,计算的平均值也在不断向后顺延。另外,由于越接近预测期的实际销售情况对预测值的影响越大,故相对应的所加权数也应当更大一些;相反,则应更小一些。比如,若取三个观测值,其权数可分别取 0.2,0.3,0.5;若取五个观测值,其权数可分别取 0.03,0.07,0.15,0.25,0.5。此法假定预测值主要受最近 m 期销售业务量的影响。因此,移动加权平均法的计算公式为:

$$S = \frac{\sum\limits_{i=1}^{n} S_i W_i}{\sum\limits_{i=1}^{n} W_i}$$

式中,S 为销售预测值;

S_i 为第 i 期销售量(额);

n 为销售资料期数;

W_i 为第 i 期权数。

【例 6-2】 根据[例 6-1],4 月、5 月、6 月这三个月的权数分别为 0.2,0.3,0.5,按移动加权平均法预测 2021 年 7 月甲产品的销售额。

$$2021 \text{ 年 } 7 \text{ 月 A 类产品的销售额} = \sum \text{各期销售量(额)} \times \text{权数}$$

$$= 56 \times 0.2 + 58 \times 0.3 + 57 \times 0.5 = 57.1(\text{万元})$$

综合来看,移动加权平均法既考虑了近期发展趋势,又根据时期的远近分别进行加权,从而消除了各个月份销售差异的平均化,其预测结果较算术平均法更接近实际情况,因此,它在实际中使用较多。但移动加权法仍存在一些问题,比如它只考虑了 n 期数据中的最后 m 期资料,因此,缺乏代表性,通常适用于销售业务稍有波动的产品销售预测。

3. 指数平滑法

指数平滑法是利用平滑系数(加权因子),对过去不同期间的实际销售量或销售额进行加权计算,作为计划期的销售预测的方法。这种方法实质上也是一种加权平均法。区别于

移动加权平均法,该方法是以平滑系数 a 和 $(1-a)$ 为权数进行加权。其计算公式为

$$Ft = aA_{t-1} + (1-a)F_{t-1}$$

式中,F_t 为第 t 期的销售预测值;

F_{t-1} 为 t 期上一期的销售预测值;

A_{t-1} 为 t 期上一期的销售实际值;

a 为平滑系数 $(0 \leqslant a \leqslant 1)$。

【例 6-3】 根据[例 6-2],假设天颖集团 2021 年 6 月甲产品的销售预测额为 55 万元,平滑指数为 0.3。请按指数平滑法预测 2021 年 7 月该类商品的销售额。

2021 年 7 月的预测值=57×0.3+(1-0.3)×55=55.6(万元)

在用指数平滑法进行预测时,平滑系数值的选取通常是由预测者根据过去销售实际数与预测值之间差异的大小来决定的,因此,在确定系数时,具有一定的主观因素。平滑系数越大,近期实际数对预测结果的影响越大;反之,平滑系数越小,近期实际数对预测结果的影响越小。平滑系数 a 取值范围一般是在 0.3~0.7。因此,若企业想使预测值反映观测值的长期变动趋势,可选用较小的平滑系数;若想使预测值能反映观测值的近期变动趋势,则应选用较大的平滑系数。

指数平滑法的优点在于,采用一个平滑系数,在确定其数值时,综合考虑了一些可能出现的偶然因素对销售的影响,这样可以使其预测值更加符合实际。因此,指数平滑法多适用于预测对象有长期趋势变动和季节变动的产品销量预测上。

(二) 定性分析法

定性分析法,是依靠预测人员常年丰富的实践经验和专业知识以及主观的分析判断能力,在综合考虑相关国际政治形势、市场变化、经济政策、消费倾向等各项因素对经营影响的前提下,对当前产品的销量及发展趋势进行预测的分析方法。

当预测者对预测对象的数据资料(包括历史的和现实的数据资料)掌握不充分时,或影响因素相对较为复杂,难以用定量方法加以预测时,可以采用定性分析法。

定性分析法主要分为调查分析法和判断分析法两大类。

1. 调查分析法

调查分析法是先根据商品在市场上的供求情况进行资料调查,再对企业生产的产品本身所占的市场占有率进行结合考虑,来预测某一时期内,企业该商品销售量的一种定性预测方法。

1) 市场调查的方法

(1) 全面调查。全面调查是指对涉及同一商品的全部销售对象进行逐个了解,通过综合整理后,探究出该商品在未来一定时期内销售量的增减变动趋势的方法。该方法虽然内容详尽可靠,但成本很高,所以在实践中很少使用。

(2) 重点调查。重点调查是指通过对有关联的商品在某些重点销售单位所发生的历史

销售情况的调查,通过综合分析后,可得到该商品在未来一定时期内的销售变动情况的方法。

（3）典型调查。典型调查是指有意识、有针对地的选择具有代表性的销售单位,进行系统、周密的调查,通过综合分析后,总结出有关商品供求变化的一般规律,借此全面了解其销售情况的方法。

（4）抽样调查。抽样调查是指按照随机抽样的原则,从相关商品的总体销售对象中,抽出某个部分进行样本调查,通过综合分析及探究,测算出有关商品的需求总量的方法。

2）市场调查的内容

（1）调查产品所处的生命周期。产品从进入市场到退出市场所经历的市场生命循环过程称为产品生命周期。产品生命周期在市场决策中起到至关重要的作用,一般可分为投入期、成长期、成熟期、衰退期四个阶段。当同一产品处在不同的阶段下,其销售量和销售价格都有较大的差异,如图 6-1 所示。

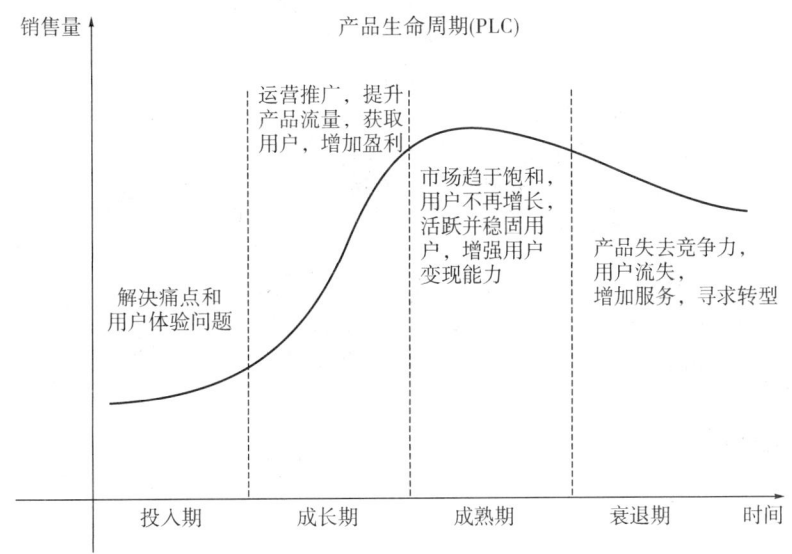

图 6-1　产品生命周期

a. 投入期:新产品在刚刚投放到市场时,大部分消费者对产品的性能还不太熟悉,销售量很低,但此时的生产成本高,销售额增长缓慢。

b. 成长期:历经投入期的铺垫过后,产品被大部分消费者认识并接受,此时,企业也试图从小批量生产转为大规模的规模经济生产,进而产品成本逐渐降低,销售量迅速增长。

c. 成熟期:市场需求逐步趋向饱和,竞争对手增多,竞争加剧,各企业销售费用增加,销售额增长缓慢直至下降。

d. 衰退期:产品老化,并逐渐被市场上的新产品所代替,销售量急剧下降,甚至被淘汰出市场。

随着市场经济的迅猛发展,科学技术的逾越突进,产品更新换代的步伐越来越快,因此,市场生命周期也随之变得越来越短。显而易见,对产品生命周期及其所处的阶段进行调查的意义极其重大。这是企业在制订经营计划以及确定经营战略的基础。

（2）调查消费者的情况。对消费者进行调查，需要根据产品的用途和性能，有选择性地调查不同的消费群体。对不同消费群体的调查可以帮助企业改进产品的品种、性能以及提高产品的质量，以满足消费者及市场的需求。

产品的最终去向是消费者，因此，消费者市场是最终的产品市场，消费者的购买行为直接影响到产品的销量。而消费者的购买行为又受到多种因素的影响，如文化因素、社会因素、个人因素和心理因素等。所以需要对消费者的个人情况、消费心理、消费习惯、消费偏好以及对产品的需求等进行综合调查，掌握消费者的爱好和对产品的购买意图，这对销售预测至关重要（图 6-2）。

时 期	投入期	成长期	成熟期	衰退期
营销目标	创造产品知名度采取试用形式	最大限度地占有市场份额	保护市场份额，获取最大的利润	对该品牌削减支出并挤取收益

战略

产品	提供一个基本产品	提供产品的扩展品、服务、担保	品牌和样式的多样性	逐步淘汰
价格	采用成本加成	市场渗透价格	能击败竞争对手的价格	减价
分销	建立分销网基础	建立密集、广泛的分销网	建立更为密集、更为广泛的分销网	逐步淘汰，从无盈利的分销网点开始
广告	建立产品知名度	大量在市场上进行宣传，扩大知名度	强调品牌的区别	减少到能保持忠实消费者的需求水平
促销	大力加强销售以试用入手	充分利用大量消费者所带来的有利条件，适当减少促销	增加对品牌的忠诚度	逐步减少到最低水平

图 6-2　产品生命周期概念的评论

（3）调查市场竞争情况。市场经济中从不缺少竞争，企业要想在激烈的竞争中求得生存和发展，占有一席之地，既要掌握企业本身的情况，又要充分了解竞争对手的市场占有率以及对手会采取的促销措施，从而分析本企业在经营中的优势，正确估计本企业在市场竞争中的地位。

（4）调查国内外和本地区的经济发展趋势。了解国民收入情况、消费动向、购买力情况等经济发展趋势对商品销售量的影响，将上述四个方面的调查资料进行综合、整理、加工、计算，就可对某种商品在未来一定时期内的销售情况进行预测。

2. 判断分析法

判断分析法是指一些对市场情况非常熟悉、经验丰富的专业人员或专家，通过对计划期商品的销售情况进行总体综合分析与研究,根据经验及职业直觉的判断进行预估,从而对企业一定期间内,特定产品的销售量情况做出判断和预计的一种定性预测方法。判断分析法具体包括专业人员意见法、主管人员判断法和专家意见法三种方法。

1)专业人员意见法

专业人员意见法是指由专门从事营销业务的人员,依据自己常年积累的工作经验与职业直觉,对特定产品在未来一定时期的销售变动趋势做出分析判断,并据此做出销售预测的方法。一方面,专业人员熟悉业务和市场,因此,这种方法做出的预测结果代表性最强,并且所用时间短、费用低,比较实用;另一方面,专业人员的职业素质相差各异,因此,他们也常常会受到主观因素的影响,往往只考虑与本专业领域相关的因素,很难达到统筹全局的意识,所做的预测又与本部门未来的销售任务相关,以至于在运用这种方法时,人为有意识地为自己留有余地,从而会干扰预测结果。

2)主管人员判断法

主管人员判断法是指由企业组织销售预测的主管人员召集各销售管理人员、生产管理人员、财务管理人员等方面的负责人参加专门会议,进行集中讨论,然后由主管人员在汇集多方意见的基础上做出销售预测的方法。这种方法的优点是能从不同角度,集思广益,全面考虑,简便易行;但无形中,受主观随意性的影响较大,预测结果不太精确。

3)专家意见法

在实际应用中,专家意见法常常包括专家调查法和专家小组法两种形式。

(1)专家调查法。专家调查法也叫德尔菲法,是由美国兰德公司在 20 世纪 40 年代创立的一种定性预测方法。它是预测机构或人员通过向见多识广、学有专长的专业领域的专家发出调查表,由专家根据自己的业务专长和对预测对象的深入了解,发表个人意见。预测机构经过多次收集专家给予的反馈、综合、归纳意见后,对相关产品在未来一定期间内的销售趋势做出预测判断。

采用专家调查法进行销售预测时,可尽量保证各位专家之间提前互不通气,避免彼此地位、观点的不同等对他们的主观思考产生干扰和影响,以最大程度上确保每位专家都能够根据自己的观点、方法和经验进行预测,同时应反复征询不同的专家意见,为使各位专家在重复预测时能做出比较全面的判断,每次都应将上一次所有意见征询的结果进行整理归纳后,再反馈给专家。

明确预测目标——挑选专家(权威性高,代表性广,10~20 人为宜)——设计咨询表格——逐轮咨询(一般 2~4 轮)及信息反馈——采用统计分析方法,对预测结果进行定量评价和表述。

【例 6-4】 佳怡公司准备在 2021 年下半年生产一款新型产品,公司希望通过预测计划期销售量来制定生产计划。由于该款新产品从未有销售记录,公司现决定聘请 10 位技术、销售、市场和经济等方面的专家,通过德尔菲法进行预测。最后根据经过 10 位专家 3 次反馈的最高、最可能、最低销售量的估计值计算出预测销售量，如表6-2所示。

表6-2 专家意见汇总表

单位：件

专家编号	第一次征询			第二次征询			第三次征询		
	最高	最可能	最低	最高	最可能	最低	最高	最可能	最低
1	2 500	2 300	2 000	3 000	2 500	2 000	2 900	2 500	2 100
2	2 100	1 900	1 700	2 500	2 200	2 000	2 700	2 300	2 000
3	2 600	2 200	1 800	2 800	2 600	2 300	2 800	2 500	2 200
4	3 100	2 800	2 500	3 200	2 500	1 900	3 000	2 700	2 300
5	2 800	2 500	2 100	2 700	2 500	2 200	2 800	2 600	2 300
6	3 500	3 100	2 900	3 200	2 900	2 500	3 000	2 700	2 400
7	2 600	2 000	1 500	3 100	2 900	2 300	3 100	2 800	2 300
8	2 600	2 000	1 700	2 000	1 800	1 600	2 600	2 300	2 000
9	3 800	3 500	3 000	3 500	3 200	2 700	3 200	3 000	2 600
10	2 400	1 900	1 600	2 700	2 400	1 800	2 800	2 500	2 000
平均值	2 800	2 420	2 080	2 870	2 550	2 130	2 890	2 590	2 220

公司根据第三次征询结果的最高、最可能和最低三个平均数值，再计算其算术平均数作为预测销售量：

$$预测销售量＝(2\,890＋2\,590＋2\,220)÷3＝2\,567(件)$$

专家调查法具有匿名性、费用不高的特点，其预测结果的可靠性也较高。但这种方法比较费时，有时信函的回收率不高，影响预测的顺利完成。

（2）专家小组法。专家小组法也称为专家会议法，是指由企业将各有关专家集中起来，以召开不同形式的座谈会的方式，让专家针对预测对象交换意见，通过交换的意见，进一步思考并进行头脑风暴与专业讨论，最后由企业综合各种意见做出预测的一种方法。

与德尔菲法各专家"背对背"的形式相反，这一方法是由专家小组"面对面"集体讨论和研究，在讨论的过程中相互启发和补充，因此，它对预测的分析研究更有深入性，对预测结果也较有准确性；但在专家会议中，有时有些专家容易受到心理因素及同伴压力的影响，特别是权威人士发表意见后，对其他专家的影响较大。

第三节 成本预测分析

一、成本预测的意义

成本预测是指企业依据当前的经营状况和发展目标，采用定量分析法和定性分析法，对企业未来成本水平和变动趋势进行预测。

成本预测是成本管理的重要环节,企业通过成本预测,可以在未来的生产经营过程中,对成本进行有效的控制,降低成本水平,从而使企业的产品在市场上更具有竞争力,提高企业的经济效益。高效的成本预测有利于全面目标管理的实施,有利于加强成本控制,同时也可以为编制成本计划、提高成本控制、进行成本分析和成本考核提供依据,为提高企业生产经营的经济效益提供有力的保证。

二、 成本预测的步骤

成本预测是对未来的成本水平进行预测,因此,企业在进行成本预测时,需要收集大量的相关信息,运用专门的方法,按照特定的程序进行。总的来说,成本预测的步骤如下。

(一) 根据企业的经营目标,提出初选的目标成本方案

目标成本是指企业为实现经营目标所应达到的成本,也是企业在未来期间内,成本管理所应当达到的目标。在实务中,企业比较常用的目标成本如下。

(1) 以某一先进的成本水平为初选的目标成本。

该成本可以是本企业以往经营过程中,某一期最好的成本水平,也可以是国内外同类产品的先进成本水平,也可以是标准成本。

(2) 根据企业预期的目标利润计算出来的目标成本。其计算公式如下:

$$目标成本 = 预计单价 \times 预计销售量 - 目标利润$$

(二) 预测当前生产经营水平下可能达到的成本水平,并找出与目标成本水平的差距

采用各种方法,建立与之相对应的数学模型,并初步预测在当前生产经营条件下成本可能达到的水平,然后找出与初选目标成本之间的差距。

(三) 提出降低成本的方案

(1) 改进产品设计方案,节约原材料、燃料和人力等消耗。

(2) 改善经营管理方式,合理组织进行相应生产。

(3) 建立费用控制制度,严格控制各项费用开支,如尽量减少管理费用。

(四) 制定正式的目标成本

对降低成本的各种可行性方案进行经济分析,从中选出最佳的成本方案,该方案既能满足社会效益又能使得企业经济效益降低,据以修正初选目标成本,正确制定企业正式的目标成本。

三、 成本预测的方法

(一) 可比产品成本的预测

可比产品是指企业之前年度曾经正常生产过的产品。因此,其过去的成本资料比较齐全。对可比产品进行成本预测,一般情况下,是根据本企业已经掌握的产品成本的有关历史

资料,按照成本习性的原理,建立相关成本数学模型,用以预测未来成本水平。常用的方法有高低点法、加权平均法、直线回归分析法和因素分析法等。

1. 高低点法

在成本预测中,运用高低点法,关键在于要有一定的历史成本数据、相关的业务量(通常是产量)数据,然后根据最高点和最低点的数据联立方程,运用总成本模型 $y=a+bx$,模型中 y 表示总成本,a 表示固定成本,b 表示单位变动成本,x 表示销售量的预测值,建立方程,预测出未来总成本和单位成本水平,进而可以求出预测期内产品的总成本。其计算公式为:

$$b=\frac{y_{高}-y_{低}}{x_{高}-x_{低}}$$

$$a=y_{高}-bx_{高} \quad 或 \quad a=y_{低}-bx_{低}$$

将求得的 a,b 代入直线方程 $y=a+bx$ 即可。

【例 6-5】 湘华公司 2020 年下半年的历史成本资料如表 6-3 所示,预计 2021 年 1 月的产量 140 万件,试用高低点法预测 2021 年 1 月的成本总额。

表 6-3　　　　　　　　　　湘华公司 2020 年下半年历史成本资料

单位:万元

月份(月)	生产量(万件)	总成本(万元)
7	20	240
8	60	340
9	40	280
10	80	360
11	110	430
12	120	460

根据生产量的高低确定高点和低点资料:高点生产量 120 万件,对应的总成本 460 万元;低点的生产量 20 万件,对应的总成本为 240 万元。则:

$$b=(460-240)\div(120-20)=2.2(元/件)$$
$$a=460-2.2\times120=196(万元)$$

或者

$$a=240-2.2\times20=196(万元)$$

则总成本预测模型为:

$$y=a+bx=196+2.2x$$

将 2021 年 1 月的产量 140 万件代入上式,得到 2021 年 1 月的成本总额的预测值为:

$$y=196+2.2\times140=504(万元)$$

高低点法的优点在于其是一种计算非常简便的预测方法,但该方法仅适用个别成本资料,因此,它难以精确反映出成本变动的趋势。当企业的历史成本资料中的单位产品成本忽高忽低时,不应采用高低点法。

2. 加权平均法

加权平均法是根据过去若干期的单位变动成本和固定成本总额的历史资料,按其时间远近(近大远小)的原则,给予不同时期的资料配以不同的权数,用加权平均数的方法建立成本预测模型,进而进行计划期产品成本预测的一种方法。其计算公式如下:

$$y = \frac{\sum wa}{\sum w} + \frac{\sum wb}{\sum w} x$$

式中,y 为计划期预测总成本;

x 为计划期预测产量;

a 为过去若干期实际固定成本;

b 为过去若干期实际单位变动成本;

w 为不同时期的权数。

【例 6-6】　圣龙公司只生产甲产品,最近三年的成本资料如表 6-4 所示,第四年预计产量为 1 000 件。试用加权平均法预测第四年的总成本和单位产品成本。

表 6-4　　　　　　　　　　　　圣龙公司近 3 年成本资料

单位:元

年份	固定成本总额 a	单位变动成 b
2018	20 000	50
2019	24 000	45
2020	30 000	30

根据上述资料,按距离计划期远近分别加权,假定第一年的权数为 1,第二年的权数为 2,第三年的权数为 3。则:

$$总成本 \ y = \frac{(20\,000 \times 1 + 24\,000 \times 2 + 30\,000 \times 3)}{(1+2+3)} + \frac{(50 \times 1 + 45 \times 2 + 30 \times 3)}{(1+2+3)} \times 1\,000$$

$$= 64\,666.67(元)$$

单位成本 $= 64\,666.67 \div 1\,000 = 64.67(元)$

当企业的历史成本资料具有详细的固定成本总额与单位变动成本的数据时,适用加权平均法。

3. 直线回归分析法

直线回归分析法是指利用成本与产品产量之间的相关关系,根据历史资料并依据最小平方法的原理,拟定一个相关的数学表达式,当给定自变量数值时,估计和推测因变量的可能值的一种方法。

4. 因素分析法

因素分析法是指通过对影响产品成本的各项因素进行具体分析,然后再预测计划期成本水平的一种方法。

从产品自身的角度出发,产品的生产成本包括料、工、费三个部分。影响产品成本的因素有很多,在预测各项因素对成本产生的影响时,应当抓住影响成本的重点因素进行测算。一般来说,可以从节约原材料的消耗、提高产品的生产率、合理地利用设备、减少废品损失等方面进行测算。

1)测算材料费对产品成本的影响

原材料费用是构成产品成本的主要项目之一,在产品成本中占比较重。企业在保证产品生产质量的前提下,应合理使用原材料,降低原材料费用。影响材料费用变动的因素有材料消耗定额和材料价格。当材料消耗定额减少时,会导致产品单位成本中的材料费用相应降低,两者降低幅度一致。比如,材料消耗定额降低 0.5%,那么材料费用也会相应降低 0.5%。但是,材料只是构成产品的一个重要组成部分而不是全部,因此,材料费用的降低率并不等于产品成本的降低率。材料消耗定额降低所形成的节约,可按下列公式计算:

材料消耗定额降低影响的成本降低率＝材料费用占成本的百分比×材料消耗定额降低的百分比

如果在材料消耗定额发生变动的同时,价格也发生变动,则材料价格变动对成本的影响。其计算公式如下:

$$\begin{matrix}\text{材料价格变动影}\\\text{响成本降低率}\end{matrix}=\begin{matrix}\text{材料费用占}\\\text{成本的百分比}\end{matrix}\times\left[1-\left(\begin{matrix}\text{材料消耗定额}\\\text{降低的百分比}\end{matrix}\times\begin{matrix}\text{材料价格降}\\\text{低的百分比}\end{matrix}\right)\right]$$

在某些工业企业中,提高原材料利用率是节约材料费用的重要途径。在产品重量不变的情况下,原材料利用率的提高就会相应节约原材料的消耗。因此,也可以单独测算提高原材料利用率对产品成本的影响程度。其计算公式如下:

$$\begin{matrix}\text{原材料利用率提高}\\\text{影响的成本降低率}\end{matrix}=\left[1-\left(\begin{matrix}\text{上年的原}\\\text{材料利用率}\end{matrix}\div\begin{matrix}\text{计划年度的}\\\text{原材料利用率}\end{matrix}\right)\right]\times\begin{matrix}\text{材料费用占}\\\text{成本的百分比}\end{matrix}$$

2)测算工资费用对产品成本的影响

产品单位成本中的工资费用取决于生产工人的平均工资和生产工人劳动生产率的高低。劳动生产率增高,说明单位时间内可生产的产品增加,在其他因素不变的情况下,单位产品所承担的工资费用就减少,因此,劳动生产率的变动,同单位产品中工资费用的变动成反比例关系;而平均工资的增长,同单位产品中工资费用的增长成正比例关系。所以,当工资增长幅度大于劳动生产率增长幅度时,产品成本就会上升;相反,当工资增长幅度小于劳动生产率增长幅度时,产品成本就会下降。因此,可以通过上述的关系来测算劳动生产率与平均工资的变动对产品成本的影响。其计算公式如下:

劳动生产率和平均工资变动对成本的降低率＝

工资费用占成本的百分比×[1－(1＋平均工资增长率)÷(1＋劳动生产率的增长率)]

3）测算产量和制造费用变动对产品成本的影响

在企业的制造费用中,大部分属于相对固定的费用,如折旧费。但也有一部分属于变动费用。相对固定的费用一般不随产量的增长而发生变动。当产品生产量增加时,单位产品所分的固定费用就会减少;变动费用虽然随产品生产量的增加而有所增长,但只要采用适当的节约措施,其增长速度一般应小于生产的增长速度。所以,当生产量增加时,也会减少单位产品所分摊的变动费用,从而使产品单位成本降低。其计算公式如下:

$$\text{固定性制造费用影响的成本降低率}=[1-1\div(1+\text{产量增长率})]\times\text{固定费用占成本的百分比}$$

$$\text{变动性制造费用影响的成本降低率}=[1-(1+\text{变动费用增长率})\div(1+\text{产量增长率})]\times\text{变动费用占成本的百分比}$$

4）测算产品废品损失对产品成本的影响

在企业生产过程中,发生废品损失,意味着人力、物力和财力的浪费。生产成本总额不变,发生废品,必然会导致合格产品成本的增加。因此,降低废品率,则可减少废品损失,从而降低产品成本。其计算公式如下:

$$\text{废品损失变动对成本的降低率}=\text{废品损失减少率}\times\text{废品损失占产品成本的百分比}$$

将上述各项因素对企业产品成本的影响数加以综合,即可得到计划期可比产品成本总的降低率。将总的降低率乘以按上年度平均单位成本计算的计划年度的可比产品总成本,即可求得计划期可比产品成本总降低额。

【例6-7】 康乐有限责任公司预测期的目标成本初步测算是可比产品成本降低率为7％,集团下达降低任务为6％。经过充分论证,确定预测期影响成本的主要因素如表6-5所示。

表 6-5 影响产品成本的主要因素

因素	百分比
可比产品生产增长	25％
原材料消耗定额降低	10％
原材料价格平均上涨	8％
劳动生产率提高	20％
生产工人工资增加	4％
管理费用增加	4％
废品损失减少	10％

该企业按上年预计平均单位成本计算的预测期可比产品总成本为772 800元,可比产品各成本项目的比重如表6-6所示。

表 6-6   可比产品成本项目比重

比重	项目
原材料	70%
生产工人工资	15%
管理费用	10%
废品损失	5%
合计	100%

根据上述资料可以分项计算可比产品成本降低率和降低额。

(1) 由于原材料消耗定额下降及平均价格上升而形成的节约。

成本降低率＝70%×[1－(1－10%)(1＋8%)]＝1.96%

成本降低额＝772 800×1.96%＝15 147(元)

(2) 由于劳动生产率提高超过平均工资增长而形成的节约。

成本降低率＝15%×[1－(1＋4%)÷(1＋20%)]＝2%

成本降低额＝772 800×2%＝15 456(元)

(3) 由于生产增长超过管理费用增加而形成的节约。

成本降低率＝10%×[1－(1＋4%)÷(1＋25%)]＝1.68%

成本降低额＝772 800×1.68%＝12 983(元)

(4) 由于废品损失减少而形成的节约。

成本降低率＝5%×10%＝0.5%

成本降低额＝772 800×0.5%＝3 864(元)

综合以上计算结果,预测期可比产品成本总降低率＝1.96%＋2%＋1.68%＋0.5%＝6.14%

总降低额＝15 147＋15 456＋12 983＋3 864＝47 450(元)

预测期可比产品成本总降低率为 6.14%,接近初步预测的目标成本降低率(7%),并可以实现集团下达的成本降低任务(6%)。因此,可以把 6.14% 的成本降低率作为正式的目标成本,并据以编制成本计划。

(二) 不可比产品成本的预测

不可比产品是指企业曾经没有正式生产过的产品,其成本无法进行比较的产品。因此,不能采用像可比产品一样的方法来控制其成本支出。随着科学技术的发展,产品的更新换代频率越来越快,不可比产品在企业中所占的比重也就越来越大。因而加强对不可比产品成本的预测,对于企业全面控制成本支出、加强成本管理的重要性也就越来越大。不可比产品成本预测主要采用以下三种方法。

1. 技术测定法

技术测定法是指企业在充分挖掘其生产潜力的基础上,根据产品的设计结构、生产技术及工艺方法,对影响人力、物力消耗的各项因素逐一进行技术测试和分析计算,从而确定产品成本的一种方法。技术测定法较为科学,预测也较为准确,但由于需要逐一测试,故工作量较大。该方法一般适用于品种少、技术资料比较齐全的产品。

2. 类比分析法

类比分析法是指以国内外同类产品为基础,结合企业自身条件,进行对比分析,从而测定产品成本的一种方法。采用该方法预测时,需要特别注意,在条件不可比或情况有变化时,必须对国内外同类产品成本做出调整或修正。类比分析法简单易行,工作量小,但预测结果不太准确。该方法一般适用于有可参考的、相同的或相似的产品使用。

3. 目标成本法

目标成本法是指依据收入、成本和利润三者之间的内在关系,先确定出目标成本,进而测定产品成本的一种方法。在企业实行目标管理过程中,可以先确定产品单位售价和单位利润,进而算出单位产品的目标成本,即:

$$单位产品目标成本=预测单位售价-单位产品销售税金-单位产品目标利润$$
$$=预测单位售价\times(1-税率)-目标利润总额\div预测产量$$

采用该方法,关键在于要在市场上做出充分的调研,确定一个合适的销售价格和目标利润。该方法比较简单易行,但当市场调研存在偏差时,预测值就将受到很大影响。该方法一般适用于在市场信息较为对称的有效市场中生产及销售的产品。

第四节　利润预测分析

一、 利润预测的意义

利润是一项综合性较强的指标,它反映了企业在一定会计期间内进行生产经营活动的成果,是衡量企业经济效益和工作成绩的重要依据。利润预测就是按照企业经营目标的要求,通过对影响利润变化的各项因素进行综合分析,并对未来一定时间内可达到的利润水平和变化趋势所进行的预计和推测。

利润预测是企业进行科学管理的重要环节。科学的利润预测,可使企业根据国内外市场的变化和本企业的生产经营情况及其他有关信息,帮助企业明确最优目标利润,调节经营行为,促使企业采取切实有效的经营策略,不断寻求提高利润的途径,从而实现企业最大的经济效益。同时,利润预测也是编制全面预算的基础,为企业的资金需要量预测提供相关信息。

二、 利润预测的方法

对企业未来时期利润水平的预测,一般可以根据销售预测中预计的销售量和有关销售价格、成本等相关资料,运用本量利之间的相互关系,通过边际贡献、相关比率等概念来建立相应的数学模型。具体来说,可采用本量利预测法、因素分析法及相关比率法。

(一) 本量利预测法

本量利预测法是根据本期的有关数据,直接推算预测期利润数额的方法。通过分析本量利之间的关系,以成本性态分析和变动成本法为基础,根据有关产品的价格、成本、业务量与利润间的关系来确定计划期目标利润。其计算公式如下:

$$目标利润=销售收入-总成本$$
$$=销售单价\times销售量-(变动成本+固定成本)$$
$$=销售单价\times销售量-单位变动成本\times销售量-固定成本$$
$$=销售量\times(销售单价-单位变动成本)-固定成本$$
$$=边际贡献-固定成本$$

【例 6-8】 嘉都公司生产 A、B、C 三种产品,本期有关销售单价、单位变动成本固定成本及下期预计销售量的资料如表 6-7 所示。

表 6-7　　　　　　　　　　　　嘉都公司产品资料

产品	单价(元)	单位变动成本(元)	固定成本(元)	预计产销量(件)
A	100	80		5 000
B	150	120	200 000	1 000
C	90	75		8 000

根据以上资料,可预测下期的利润。

A 产品的边际贡献=100-80=20(元)

B 产品的边际贡献=150-120=30(元)

C 产品的边际贡献=90-75=15(元)

预计下期的边际贡献总额=20×5 000+30×1 000+15×8 000=250 000(元)

预计下期的利润=250 000-200 000=50 000(元)

(二) 因素分析法

因素分析法是指在本期已经实现的利润水平基础上,通过充分估计预测期影响产品销售利润的各因素的增减变动情况,来预测企业下期利润数额的一种方法。在前文中已提到,利润是一个综合性的指标,它不仅受销售量的影响,同时还会受到销售单价、产品成本等因素的影响。因此,在运用因素分析法的时候,应当重点观察产品的销售数量、产品的销售成本、产品的销售价格、产品的品种结构以及产品的销售税金等因素对利润的影响。

1. 预测产品销售量变动对利润的影响

在其他因素不变的情况下,预测期产品的销售数量增加,利润也会随之增加;反之,预测期产品的销售数量减少,利润也随之减少。

因为在对下期产品销售成本进行测算时,已经将由于销售量变动而使生产量变动的因素考虑在内了,所以由产品销售数量变动而使利润增加或减少的数额,可用本期的销售成本与下期预测销售成本相比较,再根据本期的成本利润率求得。其计算公式如下:

销售变动对利润的影响＝(预测期产品的销售成本－本期产品的销售成本)×本期的成本利润率

其中:　　　　本期成本利润率＝本期产品销售利润额÷本期产品销售成本×100％

2. 预测产品成本降低对利润的影响

在其他因素不变的情况下,产品成本降低,利润则会增加;反之,产品成本增加,利润则会减少。因此,可根据经预测确定的产品成本降低率求得。其计算公式如下:

成本变动对利润的影响＝按本期成本计算的预测期成本额×产品成本变动率

3. 预测产品价格变动对利润的影响

在其他因素不变的情况下,如果预测期产品销售价格比上期上升,则销售收入会增加,从而利润随之增加;反之,如果产品销售价格降低,则会导致利润减少。其计算公式如下:

销售价格对利润的影响＝预测期产品销售数量×变动前销售价格×价格变动率×(1－税率)

4. 预测产品的品种结构对利润的影响

在其他因素不变的情况下,产品品种结构的变化对利润的影响来源于各个不同品种的产品利润率,当企业在预测下期利润的时候,是以本期各种产品的平均利润率为依据的。如果利润率较高的产品销售量下降,则其在产品组合中的比重下降,其结果会导致利润下降;如果利润率较低的产品销售量下降,则意味着利润率较高的产品销售比重增加,其结果会导致利润上升。其计算公式如下:

产品品种结构对利润的影响＝按本期成本计算的下期成本总额×(预测期平均利润－本期平均利润)

其中:　　　预测期平均利润 ＝ $\sum$(各产品本期利润率×该产品下期的销售比重)

5. 预测产品销售税率变动对利润的影响

在其他因素不变的情况下,如果销售税率提高,则可以使利润额下降;如果销售税率下降,则利润额增加。其计算公式如下:

产品销售税率对利润的变动率＝预测期产品销售收入×(1＋价格变动率)×(原税率－新税率)

(三) 相关比率法

企业在一定时期内所实现的利润,通常是与销售收入、资金占用总额等指标密切相关的。相关比率预测法就是指根据产品销售利润指标与这些相关指标之间的内在关系,然后据以计算计划期目标利润的一种方法。

1. 销售额增长比率法

销售额增长比率法是以基期实际销售利润与销售额预计增长比率为依据,按照利润和销售同步增长的关系,计算目标利润的一种方法。其计算公式如下:

目标利润＝基期销售利润×(1＋销售额预计增长比率)

【例 6-9】 天宇公司 2021 年实际销售利润为 70 万元,实际销售收入为 800 万元。若 2022 年计划销售额为 1 000 万元,预测 2022 年公司的目标利润。

$$销售额预计增长率＝(1\ 000－800)÷800＝25\%$$
$$目标利润＝70×(1＋25\%)＝87.5(万元)$$

2. 资金利润率法

资金利润率法是指企业依据预计的资金利润水平,结合基期实际资金占用情况与计划期的投资额的方式来确定目标利润的一种方法。其计算公式如下:

$$目标利润＝(基期占用金额＋计划投资额)×预计资金利润率$$

【例 6-10】 天宇公司 2021 年实际固定资产平均占用额为 200 万元,全部流动资金平均占用额为 120 万元。2022 年计划扩大生产规模,拟在年初购进一套新型加工设备 50 万元。年初追加流动资金 10 万元,预计 2022 年资金利润率为 16%。预测该公司的目标利润。

$$目标利润＝[(200＋120)＋(50＋10)]×16\%＝60.8(万元)$$

3. 利润增长比率法

利润增长比率法是指根据企业基期已达到的利润水平,结合过去连续若干年(期),通常为三年,利润增长率的变动趋势,以及影响利润的有关因素在未来可发生的变动情况,相应地预计利润增长率,然后确定未来目标利润的一种方法。其计算公式为:

$$目标利润＝基期利润×(1＋预计利润增长率)$$

【例 6-11】 天宇公司 2021 年的利润总额为 100 万元,根据过去 3 年盈利情况确定 2022 年的预计利润增长率为 12%。预测该公司 2022 年的目标利润。

$$目标利润＝100×(1＋12\%)＝112(万元)$$

第五节　资金需要量预测分析

一、 资金需要量预测的意义

企业在创建初期,在扩张期,或者在持续进行生产经营活动的过程中,都需要不断地投入资金。此外,当企业进行对外投资和调整资本结构时,也需要筹措资金。企业需要的这部分资金,一部分来自企业内部,另一部分来自外部融资。在外部进行融资时,企业需要寻找资金的提供者,而且不但需要对资金的提供者做出按时还本付息的承诺,还需要向提供者表明企业的盈利空间与盈利前景,从而使资金提供者确信其投入的资金是安全的并且是可获利的,这个过程往往需要花费较长的时间。因此,资金需要量的确定是至关重要的,这样才能保证资金的正常运作,提高资金利用效果,这不仅仅是企业正常运营的前提,也是企业奋斗的目标之一。

　　资金需要量预测是企业生产经营过程中必不可少的组成部分。企业通过资金需要量的预测可以使企业保证资金供应,恰当的资金量应当既能满足企业日常生产经营需要,又不会导致资本闲置。资金需要量预测是以预测期企业生产经营规模的变化以及资金利用效果的提高为依据,在分析相关历史资料、技术水平、经济条件和发展规划的基础上,运用科学的数学模型,对预测期资金需要量进行科学的预计和测算。

二、　资金需要量预测的方法

　　资金需要量预测的方法有很多种,如销售百分比法、线性回归分析法和资金增长趋势分析法等。为了预测资金需要量,首先应弄清楚影响资金需要量的主要因素是什么。在一般情况下,影响资金需要量程度最大的就是计划期的预计销售量和销售额。最常用的资金需要量预测方法就是销售百分比法,下面将对销售百分比法做出具体介绍。

(一) 销售百分比法的概念

　　销售百分比法是指根据销售收入总额与资产、负债各个项目之间的依存关系(假定这些关系在未来时期保持不变),按照计划期销售额的增长情况来预测需要相应追加多少资金的一种预测方法。

(二) 销售百分比法的基本原理

　　企业在销售规模扩大时,要相应增加流动资产;若销售规模增加很多,还需要增加长期资产。通常,当企业的销售增长率较高时,仅仅依靠企业内部的留存收益并不能满足所有资金量的需要,即使一些获利良好的企业也往往需要进行外部融资。因此,企业需要预先知道自己的融资需求,提前安排融资计划,否则就有可能发生资金短缺问题,导致资金链断裂。

　　销售百分比法将各项反映生产经营规模的销售因素与反映资金占用的资产因素相连接,根据销售与资产之间的数量比例关系,预计企业的外部融资的需要量。销售百分比法先假设某些资产与销售额存在稳定的百分比关系,再根据销售与资产的比例关系预计资产额,根据资产额预计相应的负债和所有者权益,进而确定资金需求量。

(三) 销售百分比法的基本步骤

　　销售百分比法一般可按以下几个步骤来进行预测。

1. 分析基期资产负债表各个项目与销售收入总额之间的依存关系

1) 资产类项目

　　在资产类项目中,货币资金、应收账款和存货等项目,一般都会因销售额的增长而相应增加,我们称之为敏感项目。

　　要将资产负债表上的各个项目按其与销售收入之间的相关性分为敏感项目与非敏感项目。其中,敏感项目是指其数额会随销售收入的变化而变化的项目。通常,敏感项目包括现金、应收账款、存货等。而固定资产是否需要增加,则要看企业基期的固定资产是否已经被充分利用,若当企业的生产能力没有剩余,那么继续增加销售收入就要增加新的固定资产投资,在这种情况下,固定资产也会成为敏感项目。比如,企业的存货数量往往与销售量成一定的比例,假定某公司销售 10 000 元的货物就会增加 4 000 元的存货储备,即存货与销售收入之间的百分比是 40%,预计出未来的销售收入就可以确定存货的资金需要量。

2) 负债及权益类项目

在负债类项目中,敏感项目一般有应付账款、应交税费、短期借款等项目,这些项目通常会因销售增长而相应增加,这些短期负债通常是敏感负债。非敏感项目是指数额不随销售收入的变化而变化的项目,一般包括长期借款项目、权益资本项目等。

2. 计算基期的销售百分比

根据基期资产负债表的相关资料,将与销售收入有依存关系的项目,按基期销售收入计算其金额占销售收入的百分比。

3. 计算计划期因销售额增长而追加的资金量

因销售额增长而追加的资金量的计算公式为:

$$因销售额增长追加的资金量=(资产销售百分比-负债销售百分比)×新增销售额$$

将敏感的资产、负债以销售百分比表示(有关资产和负债项目与销售额之比)、用资产的销售百分比的合计数减去负债的销售百分比合计数,就可以求出计划期年度每增加 1 元的销售额需要追加资金的百分比。

4. 计算计划期提取的折旧未使用的余额

企业在生产经营过程中,往往需要对固定资产提取折旧,这部分折旧是属于企业回收投资的资金,扣除用于固定资产更新改造后的余额可以用以弥补生产经营中资金的不足,从而加快资金的周转。其计算公式如下:

$$折旧未使用的余额=提取的折旧额-计划期更新改造的资金数额$$

5. 计算计划期的留存收益

企业除了利用折旧,还可以利用企业内部的留存收益,在筹措资金时将内部留存收益考虑进去,可以优化资金的使用率。根据计划期的销售收入和销售净利率,结合计划期支付股利的比率,确定计划期内部留存收益的增加额。其计算公式如下:

$$计划期留存收益=预计销售额×基期销售利润率×(1-股利发放率)$$

6. 确定计划期的日常资金需要量

考虑企业在日常经营活动中的零星支出。这个因素若不能准确预测,很可能造成企业资金供应不足,从而影响企业的正常生产经营活动。

根据以上各项因素,确定企业计划期需要从外部筹集的资金需要量。其计算公式如下:

$$\begin{matrix} 因销售增长需 \\ 要追加的资金 \end{matrix} = \begin{matrix} 因销售额增长而 \\ 需追加的资金 \end{matrix} - \begin{matrix} 折旧未使 \\ 用的金额 \end{matrix} - \begin{matrix} 计划期 \\ 留存收益 \end{matrix} + \begin{matrix} 零星资金 \\ 需要量 \end{matrix}$$

$$\Delta F = \left(\frac{A_0}{S_0} - \frac{L_0}{S_0} \right)(S_1 - S_0) - D - S_1 R_0 (1 - f) + M_1$$

式中,ΔF 为预测期预计需要追加资金的数量;

A_0 为基期与销售收入相关的资产项目金额;

L_0 为基期与销售收入相关的负债项目金额;

S_0 为基期销售收入总额;

S_1 为预测期销售收入总额;

D 为折旧未使用余额;

R_0 为基期销售利润率;

f 为股利发放率;

M_1 为计划期的新增零星资金需要量。

【例 6-12】 欧科公司 2020 年实现销售额为 600 万元,获得税后净利润 24 万元,发放普通股股利 12 万元,假定该公司固定资产利用率已经饱和。该公司 2020 年年底的资产负债表如表 6-8 所示。

表 6-8　　　　　　　　　　欧科公司 2020 年资产负债表

2020 年 12 月 31 日　　　　　　　　　　　　　　单位:万元

资产	期末余额	负债及所有者权益	期末余额
货币资金	30	应付账款	72
应收账款	96	应交税费	48
存货	120	长期借款	132
固定资产(净值)	192	实收资本	180
无形资产	30	未分配利润	36
资产总计	468	负债与所有者权益合计	468

若公司在计划期间(2021 年)销售额增至 900 万元,并仍按 2020 年股利发放率支付股利;按计划计提折旧 30 万元,其中 60% 用于设备更新改造。计划期间需要零星资金 12 万元。请预测欧科公司 2021 年的资金需要量。

先计算出敏感性项目,如表 6-9 所示。

表 6-9　　　　　　　　　　2020 年度资产、负债与销售收入的关系比例

单位:万元

资产	期末余额		百分比	负债及所有者权益	期末余额		百分比
货币资金	30	敏感性项目	5%	应付账款	72	敏感性项目	12%
应收账款	96	敏感性项目	16%	应交税费	48	敏感性项目	8%
存货	120	敏感性项目	20%	长期借款	132		
固定资产(净值)	192	敏感性项目	32%	实收资本	180		

(续表)

资产	期末余额	百分比	负债及所有者权益	期末余额		百分比
无形资产	30		未分配利润	36		
资产总计	468		负债与所有者权益合计	468		
合　计		73%	合　计			20%

因销售额增长而需追加的资金量＝(资产销售百分比－负债销售百分比)×新增销售额＝(73%－20%)×(900－600)＝159(万元)

折旧未使用的余额＝提取的折旧额－计划期更新改造后的余额＝30×(1－60%)＝12(万元)

计划期留存收益＝预计销售额×计划期销售净利率×(1－股利发放率)＝900×(24÷600)×(1－12÷24)＝36×0.5＝18(万元)

计划期的零星资金需要量＝12(万元)

因销售增长需要追加的资金＝增长的销售额需追加的资金－折旧未使用的金额－计划期留存收益＋零星资金需要量＝159－12－18＋12＝141(万元)

思考题

1. 什么是预测分析? 预测分析有哪些程序?

2. 预测分析的方法有哪些? 不同方法间有什么区别与联系?

3. 销售预测的意义是什么? 常用的方法有哪几种?

4. 不可比产品的成本预测主要运用什么方法?

5. 如何运用本量利法进行利润预测?

6. 利用销售百分比法进行资金需要量预测,其基本原理是什么?

案例分析

明卫汽车配件制造公司资金需要量预测

明卫汽车配件制造公司的主打产品为火花塞,其销售的主要地区为东北三省。公司准备做2021年的预算计划,财务总监要求财务经理预计2021年的资金需要量。财务经理首先对各个部门提供的相关资料进行分析,资料显示明卫汽车配件制造公司火花塞销售量的主要决定因素是东北三省汽车需求量。于是他进一步找到最近五年相关的东北三省汽车需求量(明卫汽车配件制造公司所占部分)以及明卫汽车配件制造公司火花塞销售量的有关资料。其次,财务经理根据资料以相关汽车需求量与火花塞之间的关系建立了数学模型,得出了回归的预测模型。最后,财务经理根据公司调研的2020年的汽车需求量,最终确定了2021年的火花塞的销售量。

财务总监看了财务经理的预测分析,觉得财务经理的分析有理有据,感到很满意,进而要求财务经理预测明卫公司 2021 年的资金需要量。另外,2020 年 12 月 31 日资产负债表资料如表 6-10 所示。

表 6-10

明卫公司资产负债表

2020 年 12 月 31 日   单位:万元

资产		负债及所有者权益	
现金	5 000	应付费用	10 000
应收账款	15 000	应付账款	5 000
存货	30 000	长期借款	25 000
固定资产净值	50 000	应付债券	10 000
		实收资本	40 000
		留存收益	10 000
资产合计	100 000	负债及所有者权益合计	100 000

若明卫公司 2020 年销售收入为 120 000 万元,销售净利率为 8%,股利支付率为 60%,公司现有生产能力尚未饱和,若增加销售不需要追加固定资产投资。经预测,明卫公司 2021 年的销售收入将达到 150 000 万元,其他条件不变。

问:预测明卫公司 2021 年的资金需要量为多少?

——本案例参考 MBA 智库百科全书,由作者整理而成

第七章

短期经营决策

 教学目标

本章各节阐述了短期经营决策的理论框架。学生通过学习,理解决策分析的概念、特点、原则、程序及分类,通过学习短期经营决策的定义及目标,相关假设及相关成本的识别,运用差量分析法、边际贡献分析法、成本平衡点分析法等基本方法进行短期经营决策相应的生产决策分析,能够理解企业如何进行产品定价决策的相关因素,并选用适当的方法帮助企业进行产品定价决策。

第一节 决策分析概述

一、 决策分析的概念

企业在经营过程中往往要对某一经营活动的实施做出一系列的判断与选择,这就涉及了决策问题。

决策是指在充分考虑到各种可能的前提下,为实现某种特定的目标,基于对客观规律的认知并借助科学的理论和方法,对未来一定时期内所实践的方向、目标、原则和方法做出选择和调整的过程。

管理工作的核心就是决策,管理会计中决策分析是指对企业未来的经营活动所面临的种种问题,由各级管理人员做出有关未来经营战略、目标、措施与方法的决策过程。如汽车厂的经理人会面临是生产高档汽车还是低档汽车的决策?生产的汽车应该如何进行合理的定价?该保持什么样的存货水平?亏损的汽车产品是否应该停产?经理人在这些决策中不能凭空想象,他们需要借助更多的信息来进行专业的判断和抉择,而会计人员正是提供这些相关决策信息的人,他们可以帮助管理者做出正确的选择。

企业决策分析贯穿生产经营活动的始终,决策的正确与否关系到企业未来发展的成败。对企业的管理层来说,科学合理的决策是企业能够在激烈的竞争环境中生存、发展的必要条件。从管理会计的角度来看,决策分析就是要求管理会计人员能够提供决策过程中有用的会计信息。

二、 决策分析的特点

决策分析是人(个人或集体)的主观能力的体现,并非简单的空想,而是要以对客观必然性的认知为根据的。在进行正式的决策分析之前,应当有两种或两种以上的方案可供选择,决策是在有选择的对象中做出的。

决策分析是面向未来的,是对未来的实践产生决策意义的,而对过去的实践没有什么决策意义,但决策分析会受到过去实践经验的影响。同时,决策分析本身正确与否,可通过比较决策的主观愿望与实践的客观结果的相符程度来进行评价。决策分析不是瞬间行为,而是一个提出问题、分析问题、解决问题的科学分析过程。

三、 决策分析的原则

(一) 合法性、政策性原则

在我国,企业在经营决策的过程中不能仅仅考虑微观效益,还应自觉地遵守国家的相关法律法规和制度,绝不能做损人利己、坑害国家的事情。当企业微观利益暂时与社会宏观利益发生冲突时,在相关法律又暂时不够健全的情况下,企业必须无条件地按照国家政策规定办事,服从于国家的整体经济利益。

(二) 责任性原则

是否能做出正确的决策分析,这直接关系到企业未来的生存与发展。决策者应按其所处的地位及决策内容的性质对所要做出的决策承担相应的责任,包括经济责任、法律责任和行政责任等。不愿或不敢承担责任的人不应当作为决策者。在多数情况下,由于决策失误而导致经营损失,决策者一般要引咎辞职或被企业解雇。这说明决策与决策者本身会发生必然的责任性联系。在我国现行的现代企业制度中,有一项十分重要的内容就是企业家制度。企业家制度既要赋予企业家必要的经营权、决策权,同时又要求企业家对企业负责、对决策结果负责。当然,人无完人,出现错误的决策也在所难免,因此,在判断决策失误与否的过程中,应该全面考虑,区别对待不负责任的瞎指挥与偶然失误。

(三) 民主性原则

有人把决策分析看成是领导个人拍板,这等于把一切希望寄托于一个人的主观能力之上,这显然是错误的。正是由于现代社会生产及商品经济所具备的精微性、高速性与瞬变性等特点,任何一个决策者都不能独立完成各项收集分析、整理、归纳等烦琐的动态工作,进而也难以据此进行判断并做出最科学的决策。这就要求在决策的过程中,要由个人决策向集体决策过渡,集思广益,依靠智囊团的头脑风暴和专家决策群体,调动各方面的力量与资源,积极进行民主决策,适当下放集中决策,提高决策分析的效率。强调民主决策不能将其与"大家说了算,想怎么干就怎么干"的无组织状态混为一谈,而是以既有分工协作又有集中领导的混合式来进行。

（四）合理性原则

按传统观念，决策分析就是要选出未来活动的最优方案，但事实上绝对最优的方案不是100％存在的，因为必须同时具备下列条件才有可能确定为最优方案。

（1）决策者对决策对象的所有可能性及其执行过程与执行结果无所不知、无一遗漏。

（2）决策者须具有无限的预测能力。

（3）决策目标单一化或完全有序、有规律。

（4）约束条件不变或有规律地同步变动。

上述所有条件同时具备的可能性很小，几乎很难达到，因此，决策分析只能找到基本令人满意的，即既有助于改善企业经营状况，又能比较合乎主客观条件且具有相应保障措施的相对优化、相对合理的决策方案。

（五）科学性原则

科学的决策分析是经得起客观实践检验的、正确的、合理的决策。它必须满足以下要求：

（1）决策者必须具备广博的基础知识及深厚的专业知识；具备全面型能力，如调查研究、预知未来的能力，接受及判断信息的能力，选择目标的能力，创新能力，洞察能力，社交能力以及自我成长的能力。

（2）决策分析对象必须有明确的内涵，个人行为能对其产生影响的系统不能构成决策分析的对象。

（3）决策分析必须掌握必要的内部和外部的真实信息，具有对信息进行收集、传输和加工处理的能力。

（4）决策分析应以客观规律为依据，以科学的决策方法为保障，按步骤逐步进行。

（5）决策分析的结果必须能够转化为易于理解的、明确的指令，规定相应单位或部门能够准确理解且便于执行，不能是含糊不清、模棱两可的。

（六）效益性原则

决策分析面向经营，因此，就需要讲效益。不仅要以提高经营效益为根本目的，而且要注意提高决策分析的效率，降低开支，以较小的成本代价实现科学的决策。

四、决策分析的程序

为了达到决策的目的，必须尽力实现决策过程的科学化，在任何企业中，为了科学地进行决策分析，一般应按以下几个步骤进行。

（一）确定决策分析目标

决策的目的是实现某项预期目标，首先要弄清楚该项决策究竟要解决什么问题，达到什么目的。因此，确定决策分析的目标就是明确决策要解决的问题。决策分析目标一般应具备以下几个特点：

（1）目标要具体、明确，不能太过于笼统、抽象，以免产生歧义。

（2）目标要可量化，尽可能地用定量指标来进行表达。

（3）目标的约束条件要明确，并且要充分揭示其约束条件。

（4）在主、客观条件上具有实现目标的可能性。

（二）收集相关资料，设计备选方案

针对决策分析的目标，广泛收集相关的资料，进行分析整理加工，充分考虑现实和可能，设计出各种可能实现决策目标的备选方案。可行性备选方案的提出是做出科学决策的基础和保证。

（三）评价方案的可行性

评价方案的可行性应当以决策目标为出发点，运用科学的决策分析方法，对形成的各种备选方案进行评价。在评价过程中，既要采用定量的分析方法，也要采用定性的分析方法；既要考虑可计量的因素，也要考虑不可计量的因素。从不同面分析评价方案在技术、经济等方面的先进性及合理性。

（四）选择未来行动的方案

选择未来行动的方案是整个决策过程中最关键的环节。在对各个备选方案的优缺点进行综合评价的基础上，全面权衡利害得失，不断比较，并筛选出最终可确定出的最优行动方案。

（五）组织和监督决策方案的实施，进行反馈控制

确定了最优方案后，就要全力以赴地加以实施。在实施过程中，要对方案的执行情况进行跟踪、检查和监督。同时，将实施结果与决策目标的要求不断地进行比较，找出偏离目标的程度以及产生的原因，做好信息反馈，及时采取有效措施，以保证方案的实施，使决策过程中形成决策—实施—反馈—再决策—再实施的动态良性循环。

五、 决策分析的分类

决策分析贯穿于企业整个生产经营活动的始终，按照不同的标准可将其分为不同的种类。具体如下。

（一）按决策的重要程度分类

按决策的重要程度，决策可分为战略决策与战术决策。

1. 战略决策

战略决策是指关系到企业未来发展方向、政策方针的全局性重大决策，如经营目标的制定、新产品的开发、产能的扩大等问题。这类决策取决于企业的长远规划和外部因素对企业的影响，战略决策的正确与否，对企业的成败具有决定性的意义。

2. 战术决策

战术决策是指为达到预期的战略决策目标，对日常经营活动所采用的方法与手段的决策，相对于战略决策的全局性，战术决策是局部性决策，如零部件的自制与外购、生产结构的

安排等问题。这类决策主要考虑怎样使企业现有的人力、物力、财力资源得到最为合理的、最为充分的利用。这类决策的正确与否,不会对企业的整体大局产生决定性影响。

(二) 按决策条件的肯定程度分类

按决策条件的肯定程度,决策可分为确定型决策、风险型决策和不确定型决策。

1. 确定型决策

确定型决策所涉及的各种备选方案的条件都是已知的,并且一个方案只有一个确定的结果。这类决策比较容易,只要进行比较分析即可。

2. 风险型决策

风险型决策所涉及的各种备选方案的条件虽然也是已知的,但却能表现出若干种不同的变动趋势,每一方案的执行都会出现两种或两种以上的结果,可以依据有关历史数据通过预测来确定概率。这类决策由于结果的不唯一性,存在一定的风险。

3. 不确定型决策

与风险型决策不同,不确定型决策所涉及的各种备选方案的条件只能以决策者的经验判断以及主观概率为决策依据。做出这类决策难度较大,需要决策人具有较高的理论知识水平和丰富的实践经验。

(三) 按决策规划时期的长短分类

按决策规划时期的长短,决策可分为短期决策与长期决策。

1. 短期决策

短期决策一般是指在一个运营年度或运营周期内能够实现目标的决策,主要包括生产决策和定价决策等内容。短期决策的特点是充分利用现有资源进行决策,一般不会涉及大量资金的投入,见效快,所以短期决策又称短期经营决策。

2. 长期决策

长期决策是指在较长时期内(超过一个运营年度或者一个运营周期)才能实现的决策。长期决策的特点是对未来若干期的收支产生影响,一般需投入大量资金,见效慢,所以长期决策又称长期投资决策或资本性支出决策。

(四) 按决策解决的问题内容分类

按决策解决的问题内容,决策可分为定价决策、生产决策、建设项目决策、新增固定资产决策和更新改造决策等。

(五) 决策的其他分类

决策除了按上述标准进行分类,还可按其他标准进行分类,比如,按决策者所处的管理层次不同,可分为高层决策、中层决策和基层决策;按决策的内容不同,可分为生产决策、定价决策、存货决策、设备更新改造决策;按决策的侧重点不同,可分为计划决策与控制决策;按决策任务出现的频率不同,可分为程序性决策和非程序性决策等。

由此可见,按照不同的角度、不同的出发点,决策会有不同的分类。研究决策的分类是为了能从不同的侧面认识决策。不同类别的决策常常相互联系,并非彼此独立无关,如短期决策通常属于战术决策,它往往是由中层管理者做出的决策,但有时这类决策也涉及战略决策问题,并且由高级管理者亲自主持。

第二节　短期经营决策的相关概念

一、短期经营决策的定义及目标

(一)短期经营决策的定义

短期经营决策是指其结果只会影响或决定企业近期(一年或一个运营周期)运营的方向、方法和策略的决策,侧重于从资金、成本、利润等方面对如何充分利用企业现有资源和经营环境来尽可能最大地取得经济效益而进行的决策,简称短期决策。

(二)短期经营决策的目标

从短期经营决策的定义中可以看出,其是以尽可能取得最大的经济效益为直接目标。因此,在其他条件不变的情况下,判定决策方案优劣的主要标志就是看该方案能否使企业在一年内获得最多的利润。

二、短期经营决策的特点及内容

(一)短期经营决策的特点

短期经营决策的主要特点是:其决策目标可以在较短的时间内得以实现,一般不超过一年。

(二)短期经营决策的内容

短期经营决策的具体内容较多,主要包括生产决策和定价决策两大类,我们将在本章中对这两大类进行具体分析。

三、短期经营决策方案的设计及相关假设

(一)决策方案的概念

如前所述,决策的过程,实质上就是通过对具体决策对象进行分析并做出选择的过程。没有选择就没有决策;没有决策方案也就没有选择的对象。因此,决策方案是指在具体的经营问题已经明确、决策目标已经确定的前提下,根据具体的决策条件而提出的各种可供选择的未来行动方案的统称。按照不同的经营决策内容,设计不同的决策方案,任何决策分析至少应当具备某一个具体的备选方案。

(二) 决策方案的种类

按照决策涉及的备选方案的数量特征,可将决策方案进一步地划分为单一方案和多方案两种类型。

1. 单一方案

在决策过程中,根据具体的决策任务只设计了一个决策方案,决策者必须对该方案做出要么接受要么拒绝的选择,这个决策方案就是单一方案,对该方案所做的决策称为单一方案决策。比如,简单条件下亏损产品是否继续生产的决策、简单条件下特殊价格订单是否追加订货的决策、简单条件下企业是否进行深加工的决策等,都属于单一方案决策。

2. 多方案

在决策过程中,决策者可以在两个或两个以上的备选方案中做出选择,那么这些相关方案则称为多方案,对这些方案所做的决策称为多方案决策。按照不同备选方案相互之间的不同关系,又可将多方案决策分为互斥方案决策、排队方案决策和组合方案决策。

(1) 互斥方案决策是指决策过程中同一项决策任务所涉及的所有备选方案之间存在着相互排斥的关系。在进行互斥方案的决策时,决策者则必须从所有的备选方案中选出唯一的一个最优方案。复杂条件下的亏损产品决策、复杂条件下的追加订货决策、复杂条件下的深加工决策、零部件取得方式的决策、开发新产品的品种决策以及转产某种产品的决策等都属于互斥方案决策。

(2) 排队方案决策是指决策过程中同一项决策任务所涉及的所有备选方案之间存在先后的逻辑次序关系。进行排队方案决策之前,决策者应当将所有的备选方案按照优劣进行排序。

(3) 组合方案决策是指决策过程中同一项决策任务所涉及的所有备选方案之间存在着不同的搭配组合情况。进行组合方案的决策,要求决策者从所有的备选方案之间的各种组合中选出最优的方案组合;或根据决策任务的不同约束条件,分别选择不同的最优组合。

单一方案和互斥方案在短期经营决策中出现的概率最高。

(三) 设计短期经营决策的假设

为了简化短期经营决策的分析过程,在设计相关的决策方案时,假定以下条件已经存在:

(1) 决策方案不涉及追加长期项目的投资。

(2) 经营问题已经明确,决策目标基本形成。

(3) 所需预测资料齐备。

(4) 各种备选方案均具有技术可行性。

(5) 凡涉及市场购销的决策,均以市场已具备提供材料或吸收有关产品的能力为前提。

(6) 销量、价格、成本等变量均在相关范围内波动且各期产销平衡。

四、 短期经营决策必须要考虑的重要影响因素

短期经营决策必须全盘考虑生产经营能力、相关业务量、相关收入和相关成本四大因素。

（一）生产经营能力

生产经营能力，以下简称产能，是指在一定时期（通常为一年）内，一定生产技术条件下，企业内部各个环节直接参与生产过程的相关生产设备、劳动手段、人力资源和其他条件，使企业能够生产各类产品或加工处理一定原材料的能力。它是企业生产经营活动的基础，也是企业技术能力和管理能力的综合体现。企业产能的利用程度，由企业管理部门根据当前经营计划，结合经济环境要求等因素来进行确定，产能具体包括以下几种表现形式。

1. 最大产能

最大产能又称理论产能，是指企业在不追加资金投入的前提下，100％有效利用远程技术、人力及物力资源而实现的产能，它是产能的最高上限。

2. 正常产能

正常产能又称计划产能，即已经纳入企业年度计划，充分考虑到现有市场容量、生产技术条件、人力资源状况、管理水平，以及可能实现的各种措施情况下的企业应该达到的产能。

3. 剩余产能

剩余产能又分为绝对剩余产能和相对剩余产能两种形式。

（1）绝对剩余产能，也称暂时未被利用的产能，它是企业最大产能与正常产能之差，属于生产经营的潜力。

（2）相对剩余产能是指由于受市场容量或经济效益原因的影响，决策规划的未来生产经营规模小于正常产能而形成的差量，也可理解成因临时转变经营方向而闲置的那部分产能。

4. 追加产能

追加产能是指根据需要，企业通过追加资金投入而增加的、超过最大产能的那部分产能，具体又包括临时性追加的产能和永久性追加的产能两种类型。

（1）临时性追加的产能是指企业通过临时租赁而形成的产能，不是企业一直拥有的。

（2）永久性追加的产能是指通过追加固定资产的投入而形成的产能。永久性追加的产能会改变企业未来期间的最大产能。

在短期经营决策中，产能是决定相关业务量和确认机会成本的重要参数，在后续生产决策中需要注意。

（二）相关业务量

相关业务量是指在企业短期经营决策的过程中，必须认真考虑的、与特定决策方案相联系的产量或销量。

相关业务量对决策方案的影响往往是通过对相关收入和相关成本的影响而实现的。在后面将要介绍的半成品是否深加工的决策和是否接受特殊价格追加订货的决策中，都需要认真考虑相关业务量问题。

实践表明，在短期经营决策过程中，许多在具体决策方案中相关收入和相关成本的确认和计量发生的失误，往往是对相关业务量的判断错误导致的。因此，相关业务量是短期经营决策中一个不容忽视的重要因素。

(三) 相关收入

相关收入是指与特定决策方案相联系的、能对决策产生重大影响的、在短期经营决策中必须予以充分考虑的收入，又称有关收入。如果某项收入只属于某个经营决策方案，即若有这个方案存在就会发生这项收入，若该方案不存在就不会发生这项收入，那么，这项收入就是相关收入。

与相关收入相对立的概念便是无关收入。如果无论是否存在某项决策方案，均会发生某项收入，那么就可以断定该项收入是上述方案的无关收入。显然，在短期经营决策中，不能考虑无关收入；否则，就有可能导致决策失误。

(四) 相关成本

在决策分析中，成本是最需要考虑的重要因素，除了以往经常接触到的固定成本和变动成本的概念，还需要用到成本分析中的一些特殊成本概念，我们将其分为相关成本和无关成本一一进行讨论。

相关成本，也称有关成本，是指与特定决策方案相联系的、能对决策产生重大影响的、在短期经营中必须予以充分考虑的成本。相关成本主要包括增量成本、机会成本、专属成本、边际成本、重置成本、付现成本、可延缓成本、可避免成本、加工成本和可分成本等。

1. 增量成本

增量成本是指由于生产能力被利用的程度不同而形成的成本差额。在相关范围内，某一决策方案的增量成本就是由于业务量增加而使相关变动成本增加的那部分成本。在短期经营决策的生产决策中，增量成本是非常常见的相关成本。

【例 7-1】 华西工厂利用现有的剩余生产能力，既可以生产 A 产品也可以生产 B 产品，预计两产品的生产成本分别为 10 000 元和 8 000 元，那么，生产 A 产品与生产 B 产品的增量成本就是 2 000 元，显然，在其他生产经营条件相同的情况下，该企业投产 B 产品比投产 A 产品更为有利。

2. 机会成本

机会成本是指在经营决策时，由于选取某个方案而放弃了其他方案，而其他方案所带来的收益即是选取了本方案所丧失的潜在收益。在一定条件下，企业的经济资源是有限的，如果选择了某一个方案，就不能选择另一个方案，这就意味着选择了某一方案就可能放弃或丧失选择另一方案的获利机会。因此，只有把失去的次优方案所能取得的收入作为选定的最优方案的损失，这部分损失即是机会成本。

【例 7-2】 利安企业现有一个空闲的车间，该车间既可用于生产甲产品也可用于出租。一方面，如果用来生产甲产品，其售价为每件 120 元，可以销售 500 件，成本为每件 60 元，固定成本为 15 000 元，可获净利润 15 000 元；另一方面，其剩余生产能力可以进行对外出租，租金为 8 000 元。此时，企业管理者就要面临两种选择：如果选择生产甲产品，则必然需要放弃出租方案,那么由于出租本来能获得的租金收入 8 000 元应作为生产甲产品的机会成本,由生产甲产品负担。所以,企业生产甲产品的机会成本是 8 000 元。

需要特别注意的是,机会成本是常见的相关成本,但它并没有构成企业的实际成本支出,所以,在财务会计实务中,对机会成本并不在任何会计账户中予以登记。但是,在做决策时,应将机会成本作为一个现实的因素加以考虑。

3. 专属成本

专属成本是指那些能够明确归属于某个特定决策方案的成本。专属成本的存在,往往是为了弥补企业生产能力不足的缺陷而增加的相关装置、设备等而发生的成本,其确认与取得上述装置、设备的方式有关。比如:若采用租入的方式,则专属成本就是有关的租金成本;若采用购买方式,且取得的设备是专用的,则专属成本就是取得这些设备的全部成本;若采用通用的方式,则专属成本就是与使用这些设备有关的主要成本,如折旧费、保险费等。在实际决策分析中,凡属于某一方案新增加的固定成本都可确认为专属成本。

4. 边际成本

边际成本是指当业务量发生微小变动时所引起的成本变动额。在实际经济生活中,业务量的微小变动只能小到一个经济单位,如一件或一台产品等。因此,管理会计中,边际成本就是指业务量增加或减少一个单位所引起的成本变动额。在相关范围内,增加或减少一个单位所引起的成本变动,就是产品的单位变动成本。所以,在相关范围内,边际成本实质上就是单位变动成本。边际成本是增量成本的特殊形式。

【例 7-3】 优鲜企业甲产品每增加 1 个单位产量的生产引起总成本的变化及追加成本的变化,如表 7-1 所示。

表 7-1 优鲜企业甲产品成本表

产量(件)	总成本(元)	边际成本(元)
100	900	
101	902	2
102	904	2
103	906	2
104	908	2
105	1 008	100
106	1 010	2
107	1 012	2

从表 7-1 的资料中可以看出,产量每增加 1 个单位,边际成本并不总是一个固定的数值。当产量从 100 件到 104 件递增时,每增加 1 个单位产量的边际成本为 2 元;但从 104 件到 105 件时,增加 1 个单位产量的边际成本就上升为 100 元。接着,总成本又以每增加 1 个单位产量边际成本为 2 元的趋势变化。这是因为,当产量从 100 件增加到 104 件时,是在相关

范围内,固定成本不随产量变化,而只是变动成本随产量发生变化;而当产量从 104 件增加到 105 件时,边际成本上升为 100 元,这表明第 105 件产品已超出了原来的相关范围。要到这个产量需增加固定成本。在这之后,边际成本又以一个固定的数值(2 元),在新的相关范围内,随着单位产量的增加而增加。

由此看来,边际成本和变动成本是有区别的,变动成本反映的是增加单位产量所追加成本的平均变动,而边际成本是反映每增加 1 个单位产量所追加的成本的实际数额。所以,只有在相关范围内,增加 1 个单位产量的单位变动成本才能和边际成本相一致。

5. 重置成本

重置成本是指一项资产目前从市场上重新取得时所需支付的成本。在短期经营决策的定价决策及长期投资决策的以新设备替换旧设备的决策中,都需要考虑将重置成本作为相关成本。比如,怡乐商场库存商品购进时单价 500 元,数量 200 件,如果今年以 520 元价格全部销售,以历史成本计算可获毛利 4 000 元,因此,这是一项正确的决策。但假如此时商场重新购进相同的库存商品,每件需要花费 530 元,则按重置成本计算,商场会亏损 2 000 元。因此,在产品定价决策中,应将重置成本作为重要因素来进行考虑。

6. 付现成本

付现成本,也称现金支出成本,是指由当前所做出的某项决策而引起的、在未来一段时期需要以现金支付的成本。付现成本是指在实施某项决策时,该决策将会引起企业在未来一定时期内的现金流出。因此,在决策中必须综合考虑企业的付现能力以及货币时间价值等因素,以便做出正确抉择。比如,在企业现金短缺、融资又非常困难的情况下,则通常要把现金支付成本作为重点考虑,而不是以总成本最低为方案的取舍标准。

与付现成本对应的是非付现成本,是指企业在经营期不以现金支付的成本费用,一般包括固定资产的折旧、无形资产的推销额、开办费的摊销额以及全投资假设下经营期间发生的借款的利息支出。

7. 可延缓成本

可延缓成本,也称可递延成本,是指在短期经营决策中若对其暂缓开支,不会对企业未来生产产生重大不利影响的成本。这类成本有一定的弹性,当企业人力、物力、财力负担有限时,即使推迟其发生,也不至于影响企业的大局。比如,芳欣企业已决定购买电脑以便在财务部能更顺利地推广电算化,但企业目前资金紧张,便决定推迟其购买时间。因此,这一方案即使不被立即实施,也不会对企业目前的生产经营活动产生重大影响。所以,与电算化相关的购买电脑等活动产生的成本称为可延缓成本。

8. 可避免成本

可避免成本是指其发生与否及发生金额的多少都会受到管理当局决策影响的成本,如广告费、职工培训费等,受到决策的直接制约,属于比较典型的相关成本。

可避免成本与特定方案相联系,管理当局通过某项决策行动可以改变其数额或决定其是否发生。也就是说,某方案被采纳,某项支出就会发生;如果某方案没有被采纳,该支出就不会发生。比如,新星企业想拓宽产品的销售渠道,因此,想派市场部的员工去外省进行职工培训,增加专业技能。经过公司财务部的计算,若派 6 名员工去外省培训,其培训费、交通费、差旅费等一共需要支付 44 000 元,公司高层管理者经过对比,将外省学习改为在公司内部,以领导层对市场部员工进行内部在线培训的方式进行,不再派去外省学习。那么,此时的外省职工培训费的 44 000 元即为可避免成本。

9. 加工成本

加工成本是指在半成品深加工决策中必须考虑的、由于对半成品进行深加工而发生的变动成本,也可以将其认为是半成品深加工的增量成本。它的计算通常要考虑单位加工成本与相关成本的深加工业务量两大因素。至于深加工所需的固定成本,在经营决策中应当列为专属成本。

10. 可分成本

可分成本是指在联产品生产决策中必须考虑的、由于对已分类的联产品进行深加工而追加发生的变动成本。它的计算通常需要考虑单位可分成本与相关的联产品深加工业务量两大因素。

(五) 无关成本

与相关成本相对应的是无关成本,即与特定决策无关的、在分析决策时不必加以考虑的成本。在决策方案的评价分析中,需要正确地区分出相关成本和无关成本。无关成本主包括沉没成本、共同成本、联合成本、不可延缓成本和不可避免成本等。

1. 沉没成本

沉没成本又称历史成本,是指由于过去决策所引起并已经实际支付过的款项成本。一般情况下,企业大多数固定成本,如固定资产折旧、无形资产的摊销等都属于沉没成本;但不是所有的固定成本或折旧费都属于沉没成本,如与决策有关的新增固定资产的折旧费就属于相关成本。另外,某些变动成本也属于沉没成本,如在半成品是否深加工的决策中,半成品本身加工过程中的固定成本和变动成本均为沉没成本。因此,沉没成本可理解为,现在和将来的任何决策都已经无法改变这项历史事实。在进行决策分析时,企业不需要将已购资产的历史成本或账面价值列入决策考虑的因素。

2. 共同成本

共同成本是与专属成本相对立的成本,是指应当由多个方案共同负担的、注定要发生的固定成本或混合成本。它的发生与特定方案的选择无关,因此,在决策中可以不考虑。比如,企业管理人员的工资、车间的照明费和共同使用的机器设备的折旧费都是共同负担的,而不是该项特定方案所独自负担的。

3. 联合成本

联合成本是与可分成本相对立的成本,是指在未分离的联产品生产过程中发生的、应由所有联产品共同负担的成本。

4. 不可延缓成本

不可延缓成本是与可延缓成本相对立的成本,是指在短期经营决策中,若对其暂缓开支对企业未来生产产生重大不利影响的成本。由于不可延缓成本在发生时间上具有强制性,即使在企业财力非常有限的情况下,也必须及时保证对不可延缓成本的支付,所以该成本不受企业决策与否所控制。

5. 不可避免成本

不可避免成本是与可避免成本相对立的成本,是指在企业经营过程中必然发生的,企业决策行为不能改变其发生金额的成本。不可避免成本的发生具有必然性,注定要发生,只能保证对其顺利支付,因此在短期经营决策中可以不予考虑。比如,风华企业在正常生产能力范围内接受了某项特定订货,假定厂房、设备等固定资产的折旧费为 20 000 元,这部分折旧费与特定订货的接受与否没有关系,不论接受还是不接受这项订货,它都会发生,所以属于不可避免成本。常见的不可避免成本包括企业现有固定资产的折旧费、管理人员工资等约束性固定成本。

第三节　短期经营决策的基本方法

短期经营决策分析所涉及的方法,往往由于所收集到的资料不同或决策的内容不同而各有所异。根据分析时所选指标的不同,短期经营决策分析主要方法一般可分为差量分析法、边际贡献法、成本平衡点分析法等。下面将逐一进行介绍。

一、差量分析法

企业进行决策分析时,要在几个备选方案中选择对企业总体更为有利的最优方案。当两个备选方案具有不同的预期收入和预期成本时,根据不同方案之间差量收入与差量成本的比较,求得差量损益来分析选择最优方案的方法就叫作差量分析法。差量分析法是短期决策中应用最为广泛的一种决策方法,又叫作差额分析法。管理会计中,不同备选方案有关指标间的差异叫作差量。预期收入的差异数,叫作差量收入;预期成本的差异数,叫作差量成本;差量收入与差量成本之差,叫作差量损益。其计算公式如下:

$$差量损益＝差量收入－差量成本$$

当差量收入大于差量成本时,其差异数是差量收益;而差量收入小于差量成本时,其差异数是差量损失。差量分析法的主要步骤如下:

(1) 根据各备选方案的基本情况,分别计算出差量收入和差量成本。

(2) 将计算出的差量收入和差量成本进行比较并选择最优方案。

若差量收入大于差量成本,即差量损益为正数;若差量收入小于差量成本,即差量损益为负数。差量分析法的决策过程如表 7-2 所示。

表 7-2 差量分析法的决策过程

甲方案	乙方案	差量
预期收入	预期收入	差量收入
预期成本	预期成本	差量成本
预期损益	预期损益	差量损益

当差量损益>0 时,即为差量收益,甲方案可取;

当差量损益<0 时,即为差量损失,乙方案可取。

要注意,计算差量收入和差量成本时,方案的前后次序必须保持一致。若差量收入等于差量成本,则两方案具有相同的经济效益。有些特殊情况下,作为差量分析法的特例,只需比较其相关成本,并尽量省去发生额相同而不影响差额的部分,以便简化计算。差量分析法的关键就在于找出不同方案之间的差异,正确区分相关成本和非相关成本,正确计算差量成本和差量收入。

差量分析法主要运用于产品品种选择决策、自制或外购决策、半成品或联产品是否进一步加工后出售决策、亏损产品是否停产决策等。

差量分析法在分析过程中,只考虑相关收入和相关成本,对不相关因素不予考虑,计算较为简单明了,但对于两个以上的备选方案,只能每两个分别进行比较,逐个筛选,故较麻烦。

【例 7-4】 艺博公司现有剩余生产能力既可以生产 A 产品,也可以生产 B 产品,若将剩余生产能力都用来生产 A 产品,最大生产数量为 1 000 件;若将剩余生产能力都用来生产 B 产品,则最大生产数量为 800 件。根据市场预测,A、B 两种产品能够全部售出,预计相关数据如表 7-3 所示,请做出生产哪种产品较为有利的决策。

表 7-3 艺博公司预计的相关资料

项目	A 产品	B 产品
预计产销数量(件)	1 000	800
预计销售单价(元)	160	280
单位变动成本(元)	130	240
固定制造费用(元)	4 000	

(1) 计算 A、B 产品的差量收入:

差量收入$=1\,000\times160-800\times280=-64\,000$(元)

(2) 计算 A、B 产品的差量成本:

差量成本$=(1\,000\times130+4\,000)-(800\times240+4\,000)=-62\,000$(元)

(3) 计算差量损益:

差量损益＝差量收入－差量成本＝－64 000－（－62 000）＝－2 000（元）

根据计算结果可知，A 产品和 B 产品的差量损益为－2 000 元，为负值，因此，艺博公司应选择生产 B 产品。

二、 边际贡献法

边际贡献法也称贡献毛益分析法，是通过对比不同的备选方案所提供的边际贡献总额来确定最优方案的方法。其理论依据是：当在现有生产能力的基础上提出若干可行性方案时，固定成本一般保持稳定，不会因方案的取舍而改变，所以固定成本通常为无关成本，因此，可根据边际贡献最大的方案来进行优劣的评价。其计算公式如下：

$$利润＝销售收入－变动成本－固定成本$$
$$＝边际贡献－固定成本$$
$$＝边际贡献－（共同固定成本＋专属固定成本）$$

边际贡献分析法的主要步骤如下：

（1）判断各方案的共同固定成本是否相同。

（2）分别计算各方案的剩余边际贡献。其计算公式如下：

$$剩余边际贡献＝边际贡献－专属固定成本$$

当专属固定成本不发生或相等时，剩余边际贡献就是边际贡献。

（3）选择边际贡献或剩余边际贡献最大值为优。

边际贡献分析法主要运用于新产品开发决策分析以及接受特殊订货决策分析等，此外，还可以进行亏损产品是否停产或转产的决策分析。

【例 7-5】 捷诚公司使用同一台机器可生产甲产品，也可生产乙产品，假如机器最大生产能力为 20 000 个定额工时，生产甲产品每件需 160 定额工时，生产乙产品每件需 40 定额工时，这两种产品的预计销售单价、相关成本数据如表 7-4 所示，请做出生产哪种产品较为有利的决策。

表 7-4　　　　　　　　　　　　　捷诚公司预计的相关资料

项目	甲产品	乙产品
预计销售单价（元）	300	200
单位变动成本（元）	200	160
固定制造费用（元）	6 000	

用同一台设备生产产品，无论选择哪种方案，固定成本都是一样的，因此，可以采用边际贡献法进行决策分析。

首先，来确定产品的产销量。由题可知，甲产品产销量为 125 件（20 000÷160），乙产品产销量为 500 件（20 000÷40）。

$$甲产品边际贡献＝（300－200）×125＝12 500（元）$$
$$乙产品边际贡献＝（200－160）×500＝20 000（元）$$

根据计算结果可知，乙产品的边际贡献 20 000 元大于甲产品的边际贡献 12 500 元，因此，捷诚公司应选择生产乙产品。

特别注意的是，若存在专属成本，则应该用剩余边际贡献指标来分析，剩余边际贡献是指边际贡献总额减去专属成本之后的余额，通过比较不同备选方案的剩余边际贡献，就能够正确地进行择优决策。

【例 7-6】　欣兴公司现有生产设备及剩余生产能力，可用于甲、乙、丙三种产品的生产。预计销售量、销售单价、单位变动成本和需要追加的专属成本资料如表 7-5 所示，请做出生产哪种产品较为有利的决策。

表 7-5　　　　　　　　　　　　欣兴公司预计的相关资料

项目	甲产品	乙产品	丙产品
销售量（件）	8 000	10 000	12 000
单价（元）	12	10	9
单位变动成本（元）	6	5	4
固定制造（元）		11 000	
追加专属成本（元）	8 000	7 500	7 000

$$甲产品剩余边际贡献＝（12－6）×8 000－8 000＝40 000（元）$$
$$乙产品剩余边际贡献＝（10－5）×10 000－7 500＝42 500（元）$$
$$丙产品剩余边际贡献＝（9－4）×12 000－7 000＝53 000（元）$$

根据计算结果可知，丙产品的剩余边际贡献 53 000 元既大于甲产品的剩余边际贡献 40 000 元也大于乙产品的剩余边际贡献 42 500 元，因此，欣兴公司应选择生产丙产品。

三、成本平衡点分析法

成本平衡点分析法是指在各备选方案的经济数量关系为函数关系前提下，将确定各备选方案函数关系的图像之交点作为决策依据的方法。平衡点分析法适用于备选方案的业务量是变量，且由此可构建出完整的函数关系式的情况。

如果备选方案的经济数量关系是完整内容的损益关系，那么具体的平衡点分析称为利润平衡点分析；如果备选方案的经济数量关系内容仅仅只包含相关成本，则称此种分析为成本平衡点分析。

成本平衡点是两个备选方案的预期成本在相等情况下的业务量。在企业的生产经营中，企业经常面临各个备选方案的收入相等而成本却不同的情况，这时就可采用成本平衡点分析法进行方案的择优选择。成本平衡点业务量的计算公式为：

$$成本平衡点业务量＝\frac{两个方案固定成本差额}{两个方案单位变动成本差额}$$

由图7-1可知，当产量低于平衡点业务量时，选择固定成本较低的方案；当产量高于平衡点业务量时，选择固定成本较高的方案；当产量等于平衡点业务量时，两个方案均可。

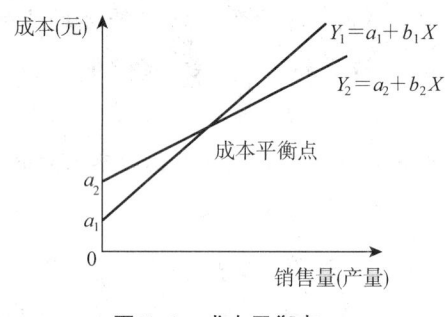

图7-1　成本平衡点

【例7-7】　东泰公司决定生产A零件，现有甲、乙两种不同的工艺方案可供选择。甲方案采用自动化方式生产，单位变动成本为3元/件，年专属固定成本为15 000元；乙方案采用机械化方式生产，单位变动成本为5元，年专属固定成本为10 000元。请对A零件是采用自动化还是机械化生产进行决策分析。

方法一：成本平衡点业务量＝（15 000－10 000）÷（5－3）＝2 500（件）

方法二：借助总成本方程式。另外两种方案的总成本相同，产量为x，总成本为y；利用方程式进行计算：

甲方案：$y＝15\,000＋3x$　　乙方案：$y＝10\,000＋5x$

根据成本平衡点，两方案总成本相同，可得

$$15\,000＋3x＝10\,000＋5x$$
$$x＝2\,500（件）$$

由此可知，当产量低于2 500件时，采用传统的机械化设备；当产量高于2 500件时，采用先进的自动化设备；当产量等于2 500件时，采用两种方案均可。

第四节　产品生产决策分析（1）——是否生产的决策

生产决策是指短期（通常是一年或者一期）内，在生产领域中，围绕是否生产、生产什么、怎样生产以及生产多少等问题而进行的决策。是否生产的决策是指在进行生产决策时，针对组织有关产品生产的方案和拒绝该产品生产的方案时所做出的决策，包括亏损产品停产或转产的决策以及特殊价格追加订货的决策。

一、亏损产品停产或转产的决策分析

在企业生产经营的过程中，经常会遇见一些产品由于款式陈旧、不能适销路等出现滞销。对已经发生亏损的产品，是继续生产，还是停止生产或转产生产其他产品，企业管理者不能简单地予以答复,而是需要综合考虑企业的各种生产产品的经营状况、企业生产能力的利用及剩余以及其他市场因素等的影响,采用适宜的办法进行分析并及时做出正确的决策。

亏损产品是指销售利润为负数的产品,在做出亏损产品是否继续生产决策前,首先要对亏损产品进行分析。按照本量利分析的观点,亏损产品可分为"实亏损"产品和"虚亏损"产品两种。"实亏损"产品是销售收入低于变动成本、边际贡献为负数的产品;"虚亏损"产品是销售收入高于变动成本、边际贡献为正数但小于固定成本的产品。

对于"实亏损"产品,由于其边际贡献为负数,生产愈多,亏损愈多,除非有特殊情况,一般不应继续生产。而对于"虚亏损"产品,由于其边际贡献是正数,所以它对企业还是有贡献的。它之所以亏损,是因为其边际贡献不足以弥补全部的固定成本,如果此时停止生产,固定成本依然存在,亏损不仅不能减少,反而会增加,所以应具体进行分析与决策。

具体可分为以下两种情况来考虑。

(一) 相关生产能力无法转移时,亏损产品是否停产的决策

相关生产能力无法转移是指当亏损产品停产以后,由此闲置下来的生产能力既不能转产,也不能将有关设备对外进行出租。在这种情况下,剩余生产能力不能转移,相应的固定成本属于无关成本,即无论继不继续生产,固定成本均在,在决策中不必加以考虑,因此,只要亏损产品的边际贡献大于零就不应该停产。这时可以采用边际贡献法进行决策分析,其分析的基本公式为:

$$利润=边际贡献-固定成本$$

【例 7-8】 辉华集团产销三种夹克衫,其中夹克 2 与夹克 3 为盈利产品,夹克 1 为亏损产品,有关资料如表 7-6 所示。假设夹克 1 停产后生产能力无法转移,请判断夹克 1 是否需要停产?

表 7-6　　　　　　　　　　　辉华集团边际贡献与净利润表

单位:万元

产品名称	夹克 1	夹克 2	夹克 3	合计
销售收入总额	2 500	2 000	3 000	7 500
变动成本总额	2 100	1 000	2 100	5 200
边际贡献总额	400	1 000	900	2 300
固定成本总额	500	400	600	1 500
净利润	-100	600	300	800

根据上述资料可知,夹克 1 亏损 100 万元。但是,夹克 1 的边际贡献为 400 万元,大于 0,所以夹克 1 不应该停产。如果停产,在生产能力无法转移的情况下,夹克 1 所担负的 500 万元固定成本就需要转嫁给夹克 2 和夹克 3 两种产品,才能使整个公司的固定成本总额不会改

变,而全公司的边际贡献会减少400万元,结果会使整个公司的利润减少400万元。

(二) 相关剩余生产能力可以转移时,亏损产品是否停产的决策分析

如果亏损产品停产后,闲置下来的生产能力可以转移。例如,可用于承揽零星加工业务,或者可将设备对外出租,或者转为生产其他产品。那么,这时就必须考虑有关机会成本因素,对备选方案进行对比分析后再做出决策。

【例7-9】 根据[例7-8],假设生产夹克1的设备可以转产生产夹克4,也可以将该设备出租。如果出租,每年可获得租金200万元;如果转产夹克4,预计夹克4销售单价150元,单位变动成本80元,每年销售量20万件。请对方案进行决策分析。

$$夹克4的边际贡献=(150-80)×20=1\,400(万元)$$

继续生产夹克1的边际贡献是400万元,转产夹克4的边际贡献是1400万元,设备出租的租金是200万元。因此,该企业应转产生产夹克4。

由此,我们可得出结论:当剩余生产能力无法进行转移时,若亏损产品能够提供边际贡献,弥补一部分固定成本,则不应该停产;当剩余生产能力能转移时,若存在更有利可图的机会,使得企业获得更多的边际贡献,亏损产品应该停产或转产。

二、 特殊价格追加订货的决策分析

特殊价格是指低于正常销售价格甚至低于单位产品成本的价格。在短期经营过程中,企业经常会遇见在完成现有生产任务后,有时候尚且有一定剩余生产能力可以利用,如果此时客户要求以较低价格追加订货,企业需要综合考虑是否接受这批订货,这种决策应视不同情况而区别对待:

第一种情况:如果追加订货不影响正常销售的完成,即利用剩余生产能力就可以完成追加订货,又不需要追加专属成本,而且剩余生产能力无法转移,这时只要特殊订单的单价大于该产品的单位变动成本就可以接受该追加订货。

第二种情况:如果该订货要求追加专属成本,其他条件同第一种情况,则接受该追加订货的前提条件则是该方案的边际贡献大于追加的专属成本。

第三种情况:如果相关的剩余生产能力可以转移,其余的条件同第一种情况,则应该将转移剩余生产能力的可能收益作为追加订货方案的机会成本进行考虑,当追加订货创造的边际贡献大于机会成本时,则可以接受该订货。

第四种情况:如果追加订货影响正常销售,即剩余生产能力不够生产全部的追加订货,从而减少正常销售,其余的条件同第一种情况,则应将由此而减少的正常边际贡献作为追加订货方案的机会成本。当追加订货的边际贡献足以补偿这部分机会成本时,就可以接受订货。

由此,我们从是否超过剩余生产能力的角度进行思考,进行以下分析。

(一) 追加订货量小于或等于剩余生产能力

在追加订货量小于或等于剩余生产能力的情况下,企业利用剩余生产能力完成追加订货的生产,不妨碍正常订货的完成而且在接受追加订货时无需追加专属成本,且剩余生产能力又无法转移时,只要特殊订货的单价大于该产品的单位变动成本,就可以接受该追加订货。

(二) 追加订货量大于剩余生产能力

在追加订货量大于剩余生产能力的情况下,接受订货必然会妨碍正常订货的完成,在决策分析时,应考虑机会成本和专属成本。原因如下:

(1) 因追加订货而减少的正常收入。

(2) 企业剩余生产能力能够转移时,转产后所能产生的收益。

(3) 追加订货需要增加的专属的固定成本。

在实际分析中,这种情况一般采用差量分析法进行分析。

【例 7-10】 安美公司专门生产甲产品,年预计生产能力为 1 200 件。年初已按 100 元/件的价格接受正常订单 1 000 件。该产品的单位完全生产成本为 80 元(其中,单位固定生产成本为 25 元)。现有一客户要求以 70 元/件的价格追加订货,相关成本资料如表 7-7 所示。

表 7-7　　　　　　　　　　　　　　　　甲产品相关成本资料

单位:元

项目	金额
直接材料	21
直接人工	12
制造费用	47
其中:变动制造费用	22
固定制造费用	25
单位产品成本	80

对以下各不相关的情况做出应否接受特殊价格追加订货的决策分析。

(1) 现有一客户提出订货 200 件,剩余生产能力无法转移,追加订货不需要追加专属成本。

分析:此时,安美公司的剩余生产能力为 200 件(1 200-1 000),追加订货不会冲击正常任务,剩余生产能力无法转移,追加订货不需要追加专属成本。追加订货的单价 70 元大于该产品的单位变动成本 55 元(21+12+22),所以可以接受追加订货。也可以通过计算差量损益来进行判断,如表 7-8 所示。

表 7-8 差量损益分析表

单位：元

	接受追加订货	拒绝追加订货	差异额
相关收入	14 000(200×70)	0	14 000
相关成本合计	11 000	0	11 000
其中：增量成本	11 000(200×55)	0	
差量损益			3 000

差量损益指标为＋3 000 元，差量损益为正，因此应当接受此项追加订货，这样可使安美公司多获得 3 000 元利润。

（2）现有一客户要求订货 200 件，但该订货还有些特殊要求，需购置一台专用设备，企业需要追加 1 000 元的专属成本。

分析：对接受订货和拒绝追加订货两个方案应采用差量分析法，具体计算分析如表 7-9 所示。

表 7-9 差量损益分析表

单位：元

	接受追加订货	拒绝追加订货	差异额
相关收入	14 000(200×70)	0	14 000
相关成本合计	12 000	0	12 000
其中：增量成本	11 000(200×55)	0	
专属成本	1 000	0	
差量损益			2 000

从差量损益分析表中可以看出，差量损益为＋2 000 元，所以接收追加订货比拒绝订货可多获利润 2 000 元，安美公司应接受订货。

（3）现有一客户提出追加订货 200 件，但安美公司的剩余生产能力可以对外出租，若出租可获得租金收入 5 000 元。

分析：追加订货量小于剩余生产能力，但因追加订货而减少的租金收入作为追加订货的机会成本。采用差量分析法进行决策，如表 7-10 所示。

表 7-10 差量损益分析表

单位：元

项目	接受追加订货	拒绝追加订货	差异额
相关收入	14 000(200×70)	0	140 000
相关成本合计	16 000	0	160 000
其中：增量成本	11 000(200×55)	0	
机会成本	5 000	0	
差量损益			－2 000

从差量损益分析表中可以看出,差量损益为−2 000元,接受追加订货将使安美公司的利润减少2 000元,所以应拒绝追加订货。

(4) 剩余生产能力无法转移,追加订货300件,因有特殊要求,企业需要追加900元的专属成本。

分析:追加订货量大于剩余生产能力,如果接受订货,将减少正常销售量100件的正常销售收入,该收入应作为接受订货方案的机会成本。采用差量分析法进行决策,如表7-11所示。

表7-11　　　　　　　　　　　　　　　差量损益分析表

单位:元

项目	接受追加订货	拒绝追加订货	差异额
相关收入	21 000(300×70)	0	21 000
相关成本合计	21 900	0	21 900
其中:增量成本	11 000(200×55)	0	
专属成本	900		
机会成本	10 000(100×100)		
差量损益			−900

从差量损益分析表中可以看出,差量损益为−900元,即若接受追加订货则少获利润900元,所以安美公司应拒绝追加订货。

第五节　产品生产决策分析（2）——生产什么的决策

生产什么的决策是指在生产决策中,企业会针对生产哪种产品而在各项备选方案中做出抉择,包括新产品开发的品种决策、半成品是否深加工的决策以及联产品是否深加工的生产决策分析。

一、新产品开发的决策分析

在市场经济条件下,企业通过不断地研发(R&D)、开发新产品,促进产品的更新换代,才能不断满足社会大众的需要,维持和扩大市场占有率,取得经营主动权,获得良好的经济和社会效益。新产品开发的品种决策是指企业利用现有剩余生产能力来开发某种新产品的过程,在两个或两个以上可供选择的多个新产品(品种)中选择一个最优的产品进行生产。新产品开发的品种决策可以按是否追加专属成本分两种情况讨论。

(一)不追加专属成本的决策分析

在新产品开发的品种决策中,当各备选方案只是利用现有剩余生产能力,而不追加专属成本时,各备选方案的固定成本是相同的,属于无关成本。在进行决策分析时,可采用边际贡献总额指标进行决策分析。

【例7-11】 润耀公司现有剩余生产能力30 000工时,可以用于开发新产品。现有夹克、西服两种产品可供选择,夹克的预计单价为100元,单位变动成本为80元,单位产品工时定额为5工时;西服的预计单价为50元,单位变动成本为35元,单位产品工时定额为3工时。其预测资料如表7-12所示,开发新产品不需要追加专属成本。请对公司开发何种新产品进行决策分析。

表7-12 预测资料

项目	夹克	西服
单价(元)	100	50
单位变动成本(元)	80	35
单位产品定额台时(工时)	5	3

这类决策可采用边际贡献分析法。根据相关资料,编制边际贡献分析表如表7-13所示。

表7-13 边际贡献分析表

项目	生产夹克	生产西服
可利用剩余生产能力(工时)	30 000	30 000
单位产品定额(工时)	5	3
可生产量(件)	6 000	10 000
销售单价(元)	100	50
单位变动成本(元)	80	35
单位边际贡献(元)	20	15
边际贡献总额(元)	120 000	150 000

从计算分析可以看出,生产西服比生产夹克可多获边际贡献30 000元,所以润耀公司应选择生产西服。

(二) 追加专属成本的决策分析

当产品开发的品种决策方案中涉及追加专属成本时,无法直接利用边际贡献指标评价各方案的优势,可以用剩余边际贡献指标或差量分析法进行择优选择。

【例7-12】 沿用[例7-11]的资料,假设润耀公司开发的新产品夹克和新产品西服的相关产销量、单价与单位变动成本等资料同前任务,但假定开发过程中需要装备不同的专用设备,分别需要追加专属成本10 000元和50 000元。请分析企业应开发何种新产品对企业更为有利的决策分析,具体如表7-14所示。

表 7-14　　　　　　　　　　　　　　　剩余边际贡献分析表

项目	生产夹克	生产西服
最大生产量(件)	6 000	10 000
相关收入(元)	6 000×100＝600 000	10 000×50＝500 000
相关变动成本(元)	6 000×80＝480 000	10 000×35＝350 000
边际贡献(元)	120 000	150 000
追加专属成本(元)	10 000	50 000
剩余边际贡献(元)	110 000	100 000

从计算分析中可以看出,追加专属成本后,生产夹克的剩余边际贡献 110 000 元大于生产西服的剩余边际贡献 100 000 元,所以润耀公司此时应选择生产夹克。

二、 半成品是否深加工的决策分析

半成品是与产成品相对立的一个概念,它是指那些经过初步加工而形成的、已具备独立使用价值的、但尚未最终完成整个加工过程的产品。半成品通过进一步的深加工,即可成为产成品。

企业生产的半成品,有时可以直接出售,有时也可以经过深加工变成产成品之后再出售,比如,在棉纺织企业中,棉花经过初步加工,可以生产出棉纱,棉纱经过深加工可以进一步加工成布匹。那么,棉花是原材料,棉纱即是半成品,布匹则是产成品。又如,钢铁工业中的生铁既可以直接向外出售,也可以进一步加工成钢或钢材再出售。半成品直接出售,价格一般偏低,进一步深加工后再出售,需支付一定的深加工成本,但是价格一般较高。因此,究竟如何决策对企业更有利,这就要看对半成品深加工能否为企业带来一定的追加利润而定。

深加工总是在已经完成的半成品的基础上进行的,因此,半成品阶段的加工成本和是否继续进行深加工的决策无关,属于决策的无关成本,应不予考虑。在决策分析时只要直接比较加工完成后所能增加的收入和深加工阶段所需追加的成本,即可判断出对半成品进行深加工是否对企业更为有利。对这类决策问题,可以采用差量分析法。

当深加工后增加的收入大于深加工要追加的成本时,则应选择深加工方案;当深加工后增加的收入小于深加工需要追加的成本时,则应选择直接出售半成品的方案;当深加工后增加的收入等于深加工需要追加的成本时,两方案均可。

产品是否进一步加工,可按下列公式计算、确定。

(1) 应进一步加工的条件:

(进一步深加工后的销售收入－半成品的销售收入)＞(进一步加工后的成本－半成品的成本)

(2) 应出售半成品的条件:

(进一步深加工后的销售收入－半成品的销售收入)＜(进一步加工后的成本－半成品的成本)

【例 7-13】　利昂机械有限责任公司每年生产及销售甲产品 4 000 件,每件变动成本为

16 元,每件固定成本为 1 元,售价为 24 元。如果把甲产品进一步加工成乙产品,售价可提高到 30 元,但单位变动成本需增至 20 元,另外尚需发生专属固定成本 1 000 元。

$$差量收入 = (30 - 24) \times 4\,000 = 24\,000(元)$$
$$差量成本 = (20 - 16) \times 4\,000 + 1\,000 = 17\,000(元)$$

由于差量收入大于差量成本 7 000 元(24 000 - 17 000),因而进一步加工是有利的。应注意的是,本题中单位固定成本 1 元未予以考虑,原因是这一部分固定成本加工前就存在,因此,无论加工与否,对决策均无影响,属于无关成本,在决策时不应考虑在内。

【例 7-14】 晶优机械有限责任公司每年可生产甲半成品 5 000 件,如果直接出售,单价为 20 元,其单位成本为:单位直接材料成本为 8 元;单位直接人工成本为 4 元;单位变动制造费用为 3 元;单位固定制造费用为 2 元;合计为 17 元。现在该工厂的生产能力还有一定剩余,可以将甲半成品继续加工成甲产成品再出售,这样单价可提高到 25 元,但每件需要追加人工成本 3 元、变动制造费用 1 元,追加专属固定成本 10 000 元。每件甲半成品可加工出一件甲产成品;若不进一步深加工,可将其投资专属固定成本的资金用来购买债券,每年可获债券利息 2 000 元。请分析晶优公司是直接出售甲半成品还是深加工成甲产成品的决策分析。

可以采用差量分析法进行决策分析,如表 7-15 所示。

表 7-15   差量分析表

单位:元

项目	深加工为甲产成品	直接出售甲半成品	差异额
相关收入	5 000×25=125 000	5 000×20=100 000	25 000
相关成本	32 000	0	32 000
其中:增量成本	5 000×(3+1)=20 000	0	—
专属成本	10 000	0	—
机会成本	2 000	0	—
差量损益			-7 000

从计算分析中可以看出,差量损益为负数,即深加工为甲产成品比直接出售甲半成品少获利润 7 000 元,所以晶优公司应该直接出售甲半成品。

三、 联产品是否深加工的决策分析

联产品是指通过同一种原材料按照同一工艺过程加工,所产出的性质相近、价位相差不大的多种产品的统称。有些联产品经过深加工可以加工为其他产品,比如,石油化工企业通过对原油进行催化、裂化处理,生产出的汽油、柴油、重油等油品,这就属于联产品。其中,还有一些联产品,比如,汽油经过进一步的深加工,可以生产出不同规格的油品。

因此,在同一生产过程中往往会同时生产出若干种经济价值都较大的联产品。这些联产品分离后,有的可以直接出售,有的可以在分离后进行深加工后再出售,这也是生产联产品的企业经常遇到的决策问题。这一问题的决策分析可以采用差量分析法进行,需要特别注意的是,联产品分离前的联合成本是无关成本,而进一步加工所发生的可分离成本属于相关成本。

联产品是否进一步加工,可按下列公司计算、确定:

(1) 应进一步加工:

$$（进一步加工后的销售收入－分离后的销售收入）＞可分成本$$

(2) 分离后即出售:

$$（进一步加工后的销售收入－分离后的销售收入）＜可分成本$$

【例 7-15】 大沥机械有限责任公司生产的甲产品在继续加工过程中,可分离出 A、B 两种联产品。甲产品售价 200 元,单位变动成本 140 元。A 产品分离后即予销售,单位售价 160 元;B 产品单位售价 240 元,可进一步加工成子产品销售,子产品售价 360 元,需追加单位变动成本 62 元。

(1) 分离前的联合成本按 A、B 两种产品的售价分配。

$$A 产品分离后的单位变动成本＝140÷（160＋240）×160＝56（元）$$
$$B 产品分离后的单位变动成本＝140÷（160＋240）×240＝84（元）$$

(2) 由于 A 产品分离后的售价大于分离后的单位变动成本 104 元(160－56),故分离后销售是有利的。

(3) B 产品进一步加工成子产品的可分成本为 62 元,进一步加工后的销售收入为 360 元,而分离后 B 产品的销售收入为 240 元,则:

$$差量收入＝360－240＝120（元）$$

差量收入大于可分成本 58 元(120－62),因此,B 产品进一步加工成子产品再出售是有利的。

【例 7-16】 百民服装有限责任公司对同一种布料进行加工,可生产出西服 1、西服 2、西服 3 三种联产品,年产量分别为 7 500 件、4 500 件、3 000 件。全年共发生 1 350 000 元联合成本,每种联产品承担的联合成本分别是 675 000 元、405 000 元、270 000 元。其中西服 3 联产品可直接出售。企业已经具备将 80% 的西服 3 深加工为商务西服的能力,且无法转移。每深加工 1 件西服 3 需额外追加可分成本 60 元。西服 3 与商务西服的投入产出比任务为 1:0.7。如果企业每年额外支付 60 000 元租金租入一台设备,可以使深加工能力达到 100%。西服 1、西服 2、西服 3 三种联产品单价分别为 600 元、620 元、405 元,商务西服的单价为 720 元。计划年度企业可以在以下三个方案中做出选择,即将全部西服 3 深加工为商务西服、将 80% 的西服 3 深加工为商务西服和直接出售西服 3 联产品。

(1) "将全部西服 3 深加工为商务西服"方案。

商务西服的产销量＝3 000×0.7＝2 100（件）

相关收入＝720×2 100＝1 512 000(元)

该方案确认可分成本相关业务量是西服 3 的产量为 3 000 件。

可分成本＝60×3 000＝180 000(元)

专属成本为 60 000 元。

(2)"将 80％的西服 3 深加工为商务西服"方案。

商务西服的产销量＝3 000×0.7×80％＝1 680(件)

直接出售的西服 3 销量＝3 000×(1−80％)＝600(件)

相关收入＝720×1 680＋405×600＝1 452 600(元)

该方案确认可分成本的相关业务量是西服 3 的产量为 3 000 件。

可分成本＝60×3 000×80％＝144 000(元)

(3)"直接出售全部西服 3"方案。

相关业务量为 3 000 件。

相关收入＝405×3 000＝1 215 000(元)

相关成本＝0

具体如表 7-16 所示。

表 7-16　　　　　　　　　　　　差量分析表

单位：元

方案 项目	西服 3 深加工为商务西服		直接出售全部西服 3
	西服 3 深加工为商务西服	将 80％的西服 3 深加工为商务西服	
相关收入	1 512 000	1 452 600	1 215 000
相关成本	240 000	144 000	0
其中：加工成本	180 000	144 000	0
专属固定成本	60 000	0	0
差量损益	1 272 000	1 308 600	1 215 000

第六节　产品生产决策分析（3）——怎样生产的决策

怎样生产的决策是指企业在日常经营的过程中,会面临如何完成生产任务的决策,即在不同的备选方案中进行选择,包括零部件自制还是外购的决策以及不同生产工艺技术方案的决策。

一、零部件自制或外购的决策分析

对于企业在日常经营过程中,尤其是具有机械加工能力的企业而言,其常常需要面临所需零部件是自制还是外购的决策问题。企业生产经营中所需要的零部件,在具有加工能力的条件下,可以自制,同时也可以对外采购,对于零部件的取得方式,也是企业管理者常常面临的一个问题,并且由于零部件在生产环节的重要性与紧迫性,管理者还需要及时做出决策。在零部件取得方式决策中,由于情况不同,因而所采用的决策分析方法也不同。主要由以下两种情形来进行考虑。

(1)当企业对于零部件的全年需求量确定时,采用差量分析法。由于自制和外购的预期收入是相同的,所以此时只需计算差量成本,并从中选择成本较低的方案即可。

(2)当企业对于零部件的全年需求量不确定时,采用成本平衡点法。

【例7-17】　邦远服装有限责任公司每年需用纽扣100 000件,该零件既可以自制,又可以外购。若外购每件单价为40元,外购的每年固定采购费用为20 000元。若自制,企业拥有多余的生产能力且无法转移,需要追加专属固定成本40 000元。其单位成本为:

直接材料	30元
直接人工	6元
变动制造费用	3元
固定制造费用	5元
单位成本合计	44元

请分析邦远公司的纽扣零件是该自制还是外购的决策分析。

当纽扣的需要量是确定的时,自制和外购方案的预期收入是相同的,因此,只需要比较两种方案的成本即可。其相关成本分析表如表7-17所示。

表7-17　　　　　　　　　　　　　相关成本分析表

单位:元

项目	自制纽扣	外购纽扣
变动成本	3 900 000(100 000×39)	4 000 000(100 000×40)
专属成本	40 000	20 000
相关成本合计	3 940 000	4 020 000

根据计算分析,自制方案的成本比较低,所以应该选择自制方案。

【例7-18】　力帆公司现需要A零件,该零件既可以自制,也可以外购。外购单价为70元,外购的每年固定采购费用为30 000元;自制该零件的单位变动成本58元,自制每年需要追加专属固定成本42 000元。请分析A零件在什么条件下应该自制,什么条件下应该外购。

A零件的需要量是不确定的,因此,采用成本平衡点分析法进行分析。

$$A零件成本平衡点业务量＝(42\,000－30\,000)÷(70－58)＝1\,000(件)$$

由此计算结果可知,当A零件的需要量在1 000件时,自制方案和外购方案的总成本是相等的;当A零件的需要量在1 000件以下时,应选择外购方案;当A零件的需要量在1 000

件以上时,应选用自制方案。

二、 不同生产工艺技术方案的决策分析

不同生产工艺是指加工制造产品或零部件所使用的机器、设备及加工方法的不同。企业在生产过程中,对同一种产品,在保证满足有关技术、质量要求的前提下,往往可以采用不同的工艺技术进行加工。不同的工艺技术方案,其成本往往差别较大。一般而言,采用先进的工艺方案,由于劳动生产率高、劳动强度低、材料消耗少,其单位变动成本会较低,但往往较先进的设备装置,其固定成本较高;相应地,采用较为落后的传统的工艺方案时,因为设备比较简陋,故其固定成本通常较低,但其单位变动成本会较高。

鉴于此,企业管理者在进行此类决策分析时,应当充分考虑市场情况以及加工业务量的水平,要因地制宜地选择合适企业生产工艺技术方案,既不能不顾现实情况,单纯地追求过高的技术,也不能以节约投资为由而长期采用落后的生产工艺。应当要以生产产品的数量及其余因素综合考虑,进行实际决策。

可按照以下方式为依据进行决策:

(1)生产产品的数量确定,采用差量分析法。

(2)生产产品的数量不确定,采用成本平衡点法。

【例 7-19】 万和企业每年生产甲产品 500 件,有 A、B 两种设备可供选择使用,有关资料如表 7-18 所示。请做出选择何种设备生产甲产品的决策分析。

表 7-18　　　　　　　　　　　　A、B 设备成本资料

单位:元

项目	A 设备	B 设备
专属固定成本	30 000	21 000
单位变动成本	100	150

每年生产甲产品 500 件,生产产品的数量确定,所以采用差量分析法,计算结果如表 7-19 所示。

表 7-19　　　　　　　　　　　　差量分析表

单位:元

项目	A 设备	B 设备	差异额
相关收入			0
相关成本	80 000	96 000	−16 000
其中:增量成本	50 000(500×100)	75 000(500×150)	
专属成本	30 000	21 000	
差量损益			16 000

从计算分析可以看出,差量损益为 16 000 元,意味着用 A 设备生产比用 B 设备生产多获利润 16 000 元,所以万和企业应选择用 A 设备用以生产甲产品。

【例 7-20】 诺顿企业有两套闲置设备,甲设备每年折旧费 15 000 元,乙设备每年折旧费 12 000 元。现在准备生产 A 产品,用甲设备生产一次性改装费 45 000 元,用乙设备生产一次性改装费 20 000 元。用甲设备生产 A 产品的单位变动成本 40 元,用乙设备生产 A 产品的单位变动成本 60 元。请分析该企业应在什么情况下选择甲设备,在什么情况下选择乙设备。

由于 A 产品的年生产量没有确定,决策分析只能采用成本平衡点分析法。需要指出的是,甲、乙设备的折旧费均属于无关成本,在决策时不予考虑。

$$成本平衡点业务量＝(45\ 000－20\ 000)÷(60－40)＝1\ 250(件)$$

由计算结果可知,当 A 产品产量在 1 250 件时,甲、乙两种设备的使用成本是相等的,选择甲、乙设备均可;当 A 产品产量在 1 250 件以下时,应选择乙设备;当 A 产品产量在 1 250 件以上时,应选择甲设备。

第七节 产品生产决策分析（4）——生产多少的决策

在企业经营过程中,很多时候需要面临生产多少的决策,生产多少的决策包括两类:一类是是否生产决策和怎样生产决策相结合的一类决策,比如,增产多少亏损产品、接受多少追加订货、深加工多少半成品或者联产品等决策,这一类在之前的几节中已经分别进行分析与讨论;另一类则是最优生产批量决策。本节即要介绍后一类的原理及其应用。

一、最优生产批量决策的含义

就产品生产而言,并不是生产批量越大越好。在全年产量已定的情况下,生产批量与生产批次成反比,生产批量越大,则生产批次越少;生产批量越小,则生产批次越多。在最优生产批量的决策中,主要考虑相关的生产批量、生产批次与生产准备成本、储存成本相关成本因素,最优的生产批量应该是生产准备成本与储存成本总和最低时的生产批量。至于生产过程中发生的直接材料、直接人工等变动成本,都属于无关成本,在决策过程中不予考虑。

二、最优生产批量决策应考虑的相关成本

（一）生产准备成本

生产准备成本,也称准备成本,是指每批产品在投产前因进行准备工作（如调整机器、准备工卡模具、布置生产线、清理现场、领取原材料等）而发生的成本。在正常情况下,每次变更产品生产所发生的生产准备成本基本上是相等的。由此,年生产准备成本总额与生产批次成正比,与生产批量成反比。生产批次越多,年生产准备成本就越高;反之,就越低。

（二）储存成本

储存成本是指为储存零部件及产品而发生的仓库及其设备的折旧费、保险费、保管人员工资、维修费、利息支出、损坏、腐烂和盗窃损失等费用的总和。储存成本与生产批量成正比，而与生产批次成反比。其计算公式如下：

$$年储存成本＝单位储存成本×年平均储存量$$

（三）生产准备成本与储存成本之间的关系

从上述生产准备成本、储存成本的特点可以看出：若要降低年准备成本，就应减少生产批次，但减少批次必然要增加批量，从而提高与批量成正比的年储存成本；若要降低年储存成本，就应减少生产批量，但减少生产批量必然要增加批次，从而提高与批次成正比的年准备成本。因此，如何确定生产批量和生产批次，才能使年准备成本与年储存成本之和最低，就成为最优生产批量决策需要解决的问题。

三、 单一产品或零部件分批生产的经济批量决策

最优生产批量决策受到企业生产的品种多少的影响，如果企业组织单一产品或零部件分批生产，相应的最优生产批量决策相对比较简单；在组织多品种生产的企业中，相应的最优生产批量决策就比较复杂。

在管理会计中，通常采用边际分析法，使用按照数学微分极值的数学原理建立最优生产批量模型，并对单一品种生产批量进行决策分析。

在单一品种条件下，成批生产时全年产量一般是固定的（假设为 A），这就决定了生产批量 Q 与批次 n 成反比；批量越大，批次越少；反之，就越多。

由于生产准备成本与储存成本具有性质相反的特性，使全年总成本 T 存在极小值，运用边际分析法进行分析，通过推导可得出以下结论：当年储存成本与年生产准备成本相等时，全年相关总成本最低。

最优生产批量 Q、最低相关总成本 T 通常采用公式法计算确定。假设：

A 为全年产量；

Q 为生产批量；

A/Q 为生产批次；

S 为每批准备成本；

X 为每日产量；

Y 为每日耗用量（或销售量）；

C 为每单位零配件或产品的年储存成本；

T 为年储存成本和年准备成本之和（简称年成本合计）。

根据以上条件，年成本合计可计算如下：

$$最高储存量 = Q - \frac{Q}{X}Y = Q\left(1 - \frac{Y}{X}\right)$$

$$年平均储存量 = \frac{1}{2}Q\left(1 - \frac{Y}{X}\right)$$

$$年储存成本 = \frac{1}{2}Q\left(1 - \frac{Y}{X}\right)C$$

$$年准备成本 = \frac{A}{Q}S$$

$$年成本合计 = \frac{1}{2}Q\left(1 - \frac{Y}{X}\right)C + \frac{A}{Q}S$$

经济批量的确定,也可以利用数学模型直接计算求得,即利用年成本合计 T 与批量 Q 的函数关系,用微分法求 T 为极小值时的 Q 值,有:

$$T = \frac{1}{2}Q\left(1 - \frac{Y}{X}\right)C + \frac{A}{Q}S$$

对 T 求一阶导数,则

$$T' = \frac{1}{2}\left(1 - \frac{Y}{X}\right)C + \frac{AS}{Q^2}$$

另 $T' = 0$,则 $Q^* = \sqrt{\dfrac{2AS}{C\left(1 - \dfrac{Y}{X}\right)}}$

$$最优批次 = \frac{A}{Q^*} = \sqrt{\frac{AC\left(1 - \dfrac{Y}{X}\right)}{2S}}$$

最低年成本合计

$$T^* = \frac{1}{2}Q^*\left(1 - \frac{Y}{X}\right)C + \frac{A}{Q^*}S$$

$$T^* = \sqrt{2ASC\left(1 - \frac{Y}{X}\right)}$$

【例 7-21】 永利公司生产使用 A 零件,采用自制的方式取得。生产 A 零件时,单位成本 3 元,每次生产准备成本 600 元,每日产量 50 件。零件的全年需求量为 3 600 件,储存变动成本为零件价值的 20%,每日平均需求量为 10 件。请分别计算:

(1) 经济批量。

(2) 最优批次。

(3) 最低年成本(生产准备成本+储存成本)。

（4）年自制总成本。

根据上述公式，将相关因素带入计算：

（1）经济批量为：

$$Q^* = \sqrt{\frac{2AS}{C\left(1-\dfrac{Y}{X}\right)}} = \sqrt{\frac{2 \times 3\,600 \times 600}{3 \times 20\% \times \left(1-\dfrac{10}{50}\right)}} = 3\,000(\text{件})$$

（2）最优批次为：

$$\text{最优批次} = \frac{A}{Q^*} = \frac{3\,600}{3\,000} = 1.2(\text{批})$$

（3）最低年成本合计为：

$$T^* = \sqrt{2ASC\left(1-\frac{Y}{X}\right)}$$

$$= \sqrt{2 \times 3\,600 \times 600 \times 3 \times 20\% \times \left(1-\frac{10}{50}\right)}$$

$$= 1\,440(\text{元})$$

（4）年自制总成本为：

$$\text{年自制总成本} = 3\,600 \times 3 + 1\,440 = 12\,240(\text{元})$$

四、 几种产品或零配件轮换分批生产的最优生产批量分析

事实上，企业往往用同一种生产设备轮换分批生产几种产品或零部件。在这种情况下，就不能分别按每种产品或零部件套用边际分析法的公式直接进行计算，因为他们的最优批数各不相同。

应先根据各种零部件或产品的年准备成本之和与年储备成本之和相等时，年成本合计最低的原理，确定各种产品或零部件共同的最优生产批次，然后再据以分别计算各种零部件或产品各自的经济生产批量，计算共同最优生产批次。

五、 经济订货批量和订货点的确定

（一）经济订货批量的确定

当企业不进行自制产品或者零部件，而是进行外购时，我们需要通过制定合理的进货时间和进货批量，使存货的总成本最低。订货批量是指每次订购货物的数量。即在存货全年需求量已定的情况下，采购的批量越小，采购的次数就越多，使订货成本（变动订货成本）随订购次数的增加而增加，但存货的储存成本（变动储存成本）会随平均储存量的下降而下降；反之，采购的批量越大，采购的次数就越少，存货的储存成本（变动储存成本）会随平均储存

量的增大而增加,而使订货成本(变动订货成本)随订购次数的减少而减少。因此,经济订货批量的决策目的,就是确定使这两种成本合计数最低时的订购批量,即经济订货批量。

1. 经济订货批量的基本假设条件

(1) 存货全年需求量既定。

(2) 不考虑出现缺货的情形。

(3) 存货价格稳定,且不考虑数量折扣。

(4) 存货耗用或销售比较均衡。

(5) 仓储条件及所需资金不受限制。

(6) 当存货量降为 0 时,下批存货刚好到货,即存货最高库存量是每批进货数量,最低库存量为 0。

在以上假设条件下,采购成本、固定性订货成本和固定性储存成本在订货批量决策中属于无关成本,不予考虑。所以,决定存货经济订货批量的相关成本因素只有变动性订货成本和变动性储存成本。即:

存货相关总成本＝年订货成本＋年储存成本

＝年订货次数×每次订货成本＋年平均存货量×单位存货的年储存成本

其中,年平均存货量是一个企业存货量的平均数,它是订货批量的一半,用公式表示为:

年平均存货量＝订货批量÷2

2. 经济订货批量的基本模型

经济订货批量的基本模型是:

$$TC = \frac{D}{Q}K + K_c\frac{Q}{2}$$

其中,TC 为存货相关总成本;

D 为全年需要量;

Q 为订货批量;

K 为每次订货成本;

K_c 为单位存货年储存成本。

对上式进行求导,并令其导数等于 0,可得出:

$$经济订货批量\ Q^* = \sqrt{\frac{2DK}{K_c}}$$

$$最佳订货批次\ N^* = \frac{D}{Q^*} = \sqrt{\frac{DK_c}{2K}}$$

$$最优订货成本\ TC^* = \sqrt{2DKK_c}$$

(二) 确定再订货点

企业为保证生产经营连续不断地顺利进行,要不断地补充存货,当存货下降到某一水平时,就要发出订货通知,否则就要缺货,影响企业的正常经营,这个点就称为再订货点。再订货点的确定受正常消耗量、订货提前期、安全储备量等的影响。

(1) 正常消耗量是指产品在正常生产过程中预计的每天的正常消耗量。

(2) 订货提前期是指订货与到货的时间间隔。

(3) 安全储备量是指对预期需求的附加库存,为了防止缺货造成损失,就需要多储备一些存货以备应急之需。

其计算公式为:

$$安全储存量=(预计每天最大耗用量-平均每天正常耗用量)×订货提前天数$$

(4) 再订货点(R)是企业发出订货单时的现有库存量。其计算公式为:

$$R=每天平均耗用量×订货提前期+安全储备量$$

【例 7-22】 某企业订货提前期为 10 天,每日存货需要量为 10 千克,安全储备量为 20 千克,其订货点 R 为:

$$R=10×10+20=120(千克)$$

(三) 存货管理的方法

1. ABC 库存分类管理

企业存货品种繁多,尤其是大中型企业的存货,常常多达至上万种甚至数十万种,实际上,不同的存货对企业财务目标的实现具有不同的作用。有的存货尽管品种数量很少,但金额巨大,如果管理不善,将给企业造成巨大的损失。反之,有的存货虽然品种数量繁多,但金额微小,即使管理当中出现一些问题,也不至于对企业产生较大的影响。因此,无论是从能力还是经济角度,企业均不可能也没有必要对所有存货不分巨细地严加管理。ABC 分类管理正是基于这一考虑而提出的,其目的在于使企业分清主次,抓住重点,以提高存货管理的整体效果。ABC 分类管理是按照一定的标准,将企业的存货划分为 A、B、C 三类,分别实行按品种重点管理、按类别一般控制和按总额灵活掌握的存货管理方法。

1) ABC 分类法的分类标准

分类的标准主要有两个:一是金额标准;二是品种数量标准。通常情况下,金额标准是最基本的,品种数量标准仅作为参考。

A 类存货的特点是金额巨大,但品种数量较少;B 类存货的特点是金额一般,品种数量相对较多;C 类存货的特点是品种数量多,但价值金额却很小。例如,一个拥有上万种商品的百货公司,家用电器、高档皮货、家具、摩托车、大型健身器械等商品的品种数量并不很多,但价值额却相当大。大众化的服装、鞋帽、床上用品、布匹、文具用品等商品品种数量比较多,但价值额相对 A 类存货要小得多。至于各种小百货,如针线、纽扣、化妆品、日常卫生用品及其他日杂用品等品种数量非常多,但所占金额却很小。

一般而言,三类存货的金额比重大致为 A∶B∶C=0.7∶0.2∶0.1,而品种数量比重大致为 A∶B∶C=0.1∶0.2∶0.7。可见,由于 A 类存货占用企业绝大多数的资金,只要能够控制好 A 类存货,基本上也就不会出现较大的问题。同时,由于 A 类存货品种数量较少,企业完全有能力按照每一个品种进行管理。B 类存货金额相对较小,企业不必像对待 A 类存货那样花费太多的精力。同时,由于 B 类存货的品种数量远远多于 A 类存货,企业通常没有能力对每一个具体品种进行控制,可以通过划分类别的方式进行管理。C 类存货尽管品种数量繁多,但其所占金额却很小,对此,企业只要把控一个总金额就可以了。但是,值得注意的是,由于 C 类存货大多与消费者的日常生活息息相关,虽然这类存货的直接经济效益对企业并不重要,但如果企业能够在服务态度、花色品种、存货质量、价格方面加以重视,则其间接经济效益将是无法估量的。相反,企业一旦忽视了这些方面的问题,其间接的经济损失同样也是无法估量的。

2）A、B、C 三类存货的具体划分

A、B、C 三类存货的具体划分过程可以分为以下四个步骤:

第一步,列示企业全部存货明细表,计算每种存货的价值总额。

第二步,计算每种存货占全部存货金额的百分比,并按大小顺序排列,编成表格。

第三步,按照事先测定好的标准,划分 A 类存货、B 类存货和 C 类存货。

第四步,对 A 类存货进行重点管理,对 B 类存货进行次重点管理,对 C 类存货进行一般管理。

3）ABC 分类法在存货管理中的运用

通过对存货进行 ABC 分类,可以使企业分清主次,抓住重点,采取相应的对策进行有效的管理与控制。对 A、B 两类存货可以分别按品种、类别进行,对 C 类存货只需要加以灵活掌握即可。

2. JIT 控制系统

JIT(just in time)系统,又称为适时管理系统,是指在存货控制过程中,在最准确的地点,按照最标准的质量和最准确的数量,满足各个环节对存货的需求。JIT 生产方式的主要目的是使生产过程中的物品(零部件、半成品及制成品)有秩序地流动并且不产生物品库存积压、短缺和浪费,尤其是在生产的最终阶段即产成品阶段,直接按订单安排生产,因此最大限度地减少了产成品库存,实现了所谓的“无仓储管理”的最高境界。JIT 系统能有效降低存货资金的占用,从而提高流动资金的使用效率。

第八节　产品定价决策分析

产品定价决策是指企业为销售其产品而选择的最恰当的售价,以保证能够取得足够的销售收入来补偿生产成本,达到经济效益最佳的过程。因此,产品定价是否合理,将直接影响企业产品销售情况,进而影响企业经济效益的好坏。产品定价决策是企业一项重要的经营决策。

一、 影响产品定价决策的主要因素

定价决策是通过对影响产品价格的各项因素进行分析,并运用一定的方法制定出能够使企业获得最大经济效益的产品价格决策。产品价格直接关系到顾客接受程度及市场对产品的需求,进而影响企业的利润。若价格过高,销售量将会减少,降低市场占有率;反之,价格过低,销售量会增加,利润将会减少。因此,定价决策会影响企业生产经营的全局,企业管理者必须认真地进行分析与研究,做出正确的定价决策。

产品定价是一个极其复杂的问题,影响产品定价的因素很多,总的来看,包含以下几个方面。

(一) 产品成本因素

成本是价格构成中最基本、最重要的因素。产品价格只有高于成本,企业才能补偿生产上的耗费,从而获得一定盈利。虽然企业可能出于一定的目的,在某个阶段,把某个产品价格定在它的成本以下。但总体上,从短期来看,企业应根据成本结构确定产品价格,即产品价格高于平均变动成本,以减少企业经营风险;从长期来看,产品价格应等于总成本加上合理的利润,否则企业无利可图,就会停止生产。

(二) 市场需求竞争因素

市场需求与价格的关系可以利用市场需求价格弹性、需求交叉弹性以及产品生命周期来进行考虑。

1. 需求价格弹性

所谓需求价格弹性(以下简称需求弹性),是指由于价格上的相对变动,而引起的需求相对变动的程度。通常用需求弹性系数表示,其计算公式为:

$$需求弹性系数=需求量变动百分比÷价格变动百分比$$

需求弹性的变化一般有三种情况:

(1) 当需求弹性系数>1时,称为富有弹性。

(2) 当需求弹性系数<1时,称为缺乏弹性。

(3) 当需求弹性系数=1时,称为不变弹性。

一般情况下,当产品需求富有弹性时,企业在降低成本、保证质量的前提下,可采用低价策略扩大销售,争取较多的利润,如日常生活的必需消费品,包括粮食、食用油、纸巾等;当产品需求缺乏弹性时,企业如果采用降价策略,则效果不佳,这时可适当提高价格以增加利润,如一些奢侈品及耐用的消费品,包括高档化妆品、名贵首饰、高级电子产品等。

2. 需求交叉弹性

需求交叉弹性是表示一种商品的需求量变动对另一种商品价格变动的反应程度。若以 x、y 代表两种商品,E_{xy} 表示需求交叉弹性系数,P_y 表示 y 商品的价格,ΔP_y 表示 y 商品价格的变动量,Q_x 表示 x 商品原来的需求量,ΔQ_x 表示因 y 商品价格的变动所引起的 x 商品需求量的变动量。则需求交叉弹性系数的计算公式为:

$$E_{xy} = \frac{x \text{ 商品需求量变化的百分比}}{y \text{ 商品价格变化的百分比}} = \frac{(\Delta Q_x / Q_x)}{(\Delta P_y / P_y)}$$

(1) 当 $E_{xy}<0$ 时,表示一种商品需求量与另一种商品价格之间呈反方向变动。比如,照

相机和胶卷,眼镜框和眼镜片是功能性相连商品,它们之间的需求交叉弹性系数就是负数。

(2) 当 $E_{xy} > 0$ 时,表示一种商品需求量与另一种商品价格之间呈同方向变动。比如,茶叶和咖啡,橘子和苹果等,这些商品是功能性替代商品,它们之间的需求交叉弹性系数就是正数。

(3) 当 $E_{xy} = 0$ 时,表示两种商品的交叉弹性系数为 0,则说明 x 商品的需求量并不随 y 商品的价格变动而发生变动,两种商品既不是替代品,也不是互补品。

3. 产品生命周期

产品的生命周期包括四个阶段,即投入期、成长期、成熟期和衰退期。在产品生命周期的不同阶段,市场需求状况及竞争情况都不同,那么企业也需要相应地改变其营销策略,并在定价时作出相适应的决策。比如,投入期的价格,既要补偿高成本,又要能为市场所接受;成长期和成熟期是产品大量销售、扩大市场占有率的时机,要稳定价格以利于开拓市场;进入衰退期,一般采取降价措施,以便充分达到产品的经济效益。

(三) 竞争者的产品和价格因素

产品的竞争程度不同,对定价则产生不同程度的影响。竞争越激烈,对价格的影响也越大。竞争者的产品质量及产品价格是消费者购买决策时的重要参考对象,企业必须准确了解竞争对手的产品和价格策略。如果企业提供的产品与主要竞争者提供的相同,或者市场上有很多竞争者均提供相类似的产品,那么企业必须把价格定得接近于竞争者,否则就会失去销售额与市场份额。竞争者的价格可以帮助企业制定自己的价格。

(四) 法规因素

每个国家对市场上产品的物价高低和变动幅度等都有明确的限制和法律的规定。同时,国家还利用生产市场、货币金融、海关等宏观手段来进行价格调控。在进行国际贸易时,各国政府对制定价格的限制措施往往比较多、比较严格。因此,企业需要深入了解本国及产品对外销售所在国关于物价方面的政策和法规,并将其作为自己制定定价策略的依据。

(五) 科学技术因素

科学发展和技术进步在生产中的推广、应用,将能够诞生出新产品、新工艺、新材料,形成新的市场结构和竞争状态。比如,化纤工业的兴起和发展,形成对传统棉纺织工业和丝绸工业的巨大竞争压力。这种科学技术因素对销售价格的产生影响在产品定价中,应予以充分的考虑。

二、 产品的基本定价方法

从管理会计的角度,产品定价的基本准则是:从长期来看,销售收入必须足以补偿全部的生产、行政管理和营销成本,并为投资者提供合理的利润,以维持企业的生存和发展。因此,产品的价格应该是在成本的基础上进行一定的加工后得到的。

(一) 成本导向定价法

成本导向定价法是一种主要以成本为依据的定价方法,是最为基本的定价方法,主要包括成本加成定价法和保本、保利定价法。

1. 成本加成定价法

成本加成定价法是指在单位产品成本的基础上,加上按一定加成率计算的加成额作为产品销售价格的定价方法。基本思路是先计算成本基数,然后在此基础上加上一定的"加成额",通过"加成额"获得预期的利润,以此得到产品的目标价格。其计算公式如下:

$$产品价格＝单位产品成本＋加成额＝单位产品成本×(1＋成本加成率)$$

其中:

$$成本加成率＝加成额÷单位产品成本$$

按完全成本法和变动成本法计算的单位产品成本内容不同,因此,不同计算方法下的单位产品成本、加成率也各有差异。

1) 完全成本法下的成本加成定价法

在完全成本法下,单位产品成本就是单位生产成本、包括直接转料、直接人工、制造费用、变动制造费用。成本加成率为生产成本毛利率。其计算公式如下:

$$产品价格＝单位产品生产成本×(1＋成本毛利率)$$
$$成本毛利率＝毛利÷生产成本$$

其中,
$$毛利＝利润＋非生产成本$$

2) 变动成本法下的成本加成定价法

在变动成本法下,单位产品成本就是单位产品变动生产成本。为简化计算,一般采用单位变动成本代替单位产品变动生产成本,具体包括直接材料、直接人工、变动制造费用、变动销售及管理费用。成本加成率为变动成本贡献率。其计算公式如下:

$$产品价格＝单位产品生产成本×(1＋变动成本贡献率)$$
$$变动成本贡献率＝(利润＋变动性非生产成本＋固定成本)÷变动生产成本$$

2. 保本、保利定价法

保本、保利定价法是根据保本分析、保利分析原理建立的一种以保本、保利为目的的定价法。

1) 保本价格

保本价格是指在一定销量下恰好保本时的价格。其计算公式如下:

$$保本价格＝单位变动成本＋固定成本÷预计销售量$$

为了企业的市场占有率或扩大销售量,企业可能会采用保本价格。

2) 保利价格

保利价格是指在一定销量下恰好能够保证目标利润实现的价格。其计算公式如下:

$$保利价格＝单位变动成本＋(固定成本＋目标利润)÷预计销售量$$

(二) 需求导向定价法

需求导向定价法是以消费者对商品需求或商品价值的认识程度为基本依据的定价方

法,主要包括需求价值定价法和需求差异定价法。

1. 需求价值定价法

需求价值定价法是指按照消费者主观上对该产品所理解的价值,而不是生产产品的成本水平来定价,依据消费者能够接受的最终销售价格,逆向推算出一系列中间商的批发价和生产企业的出厂价格等。

2. 需求差异定价法

需求差异定价法是指产品价格的确定以最终的需求差异为依据,针对每种差异决定在基础价格上是加价或是减价,最后确定实际价格。根据需求特性的不同,需求差异定价法通常有以下几种形式。

1)以用户为基础的差别定价

以用户为基础的差别定价是根据不同消费者消费性质、消费偏好、消费水平及消费习惯等差异,制定不同的价格。比如,会员制下的会员与非会员的价格差别;旅游景区的门票,对学生、教师、军人与其他顾客的价格差别。

2)以地点为基础的差别定价

以地点为基础的差别定价是由于地区间的差异,同一产品在不同地区销售时,可以制定不同的价格。比如,班机与轮船上由于舱位不同对消费者的效用不同而价格不一样,商务舱与普通经济舱,高铁的一等座与二等座等;电影院、戏剧院或赛场由于观看的效果不同价格也不一样,VIP区与看台价格。

3)以时间为基础的差别定价

以时间为基础的差别定价是指企业对于不同季节、不同时期甚至不同时点的产品或服务分别制定不同的价格。比如,在需求旺季时,可以提高价格,需求淡季时,可以采取降低价格的方法吸引更多顾客,如大闸蟹的销售。

4)以产品为基础的差别定价

以产品为基础的差别定价是指质量和规格相同的同种产品,虽然成本不同,但企业在定价时,并不根据成本不同按比例定价,而是按外观和样式不同来制定定价。比如,营养保健品中的礼品装、普通装及特惠装三种不同的包装,价格就会相差很大;又如,书店的图书分为精装版和平装版,内容一样,价格却差异很大。

(三)竞争导向定价法

竞争导向定价法是指企业在定价时,以市场上同类产品的价格为出发点,并结合本企业的实际情况,根据市场多状况的变化程度来确定和调整价格水平的一种方法。采用该类方法的经营者并不认为自己所经营的商品价格与其成本及需求间可以建立起固定的联系,即使自己所经营商品的成本及其需求有所变化,只要竞争者坚持其价格,自身商品的价格也不变;相应地,当竞争者价格变化时,尽管自己所经营商品的成本及需求没有改变,也要适应竞争对手的调价来改变自身商品的价格。具体包括随行就市定价法、竞争价格定价法和密封投标定价法等。

1. 随行就市定价法

随行就市定价法,即将本企业某产品价格保持在市场平均价格水平上,利用这样的价格来获得平均报酬。其优点是:

(1) 平均价格通常在人们观念中被认为是一种合理价格,也是最为容易被消费者接受的价格。

(2) 可以避免和竞争对手之间的价格竞争所带来的损失。

(3) 不必去全面了解消费者对不同价差的反应,如在营销、定价上节约很多时间与财力。

2. 竞争价格定价法

竞争价格定价法是指企业通过不同的营销手段,使同种同质的产品在消费者心目中树立起不同的产品形象,进而根据自身特点及其对消费群体的影响程度,选取低于或高于竞争者的价格作为本企业的产品价格。与随行就市定价法相比,竞争价格定价法是一种具有进攻性的定价方法。

3. 密封投标定价法

在国内外,许多大宗商品、原材料、成套设备和建筑工程项目的买卖和承包,以及征召经营协作单位、出租出售小型企业等,往往采用发包人招标、承包人投标的方式来选择承包者,确定最终承包价格。通常情况下,若招标方只有一个,处于相对垄断地位,而投标方有多个,处于相互竞争地位。标的物的价格由参与投标的各企业在相互独立的条件下来确定。在买方招标的所有投标者中,报价最低的投标者通常中标,它的报价就是承包价格。这样一种竞争性的定价方法就称为密封投标定价法,尤其在企业大型设备采购的过程中被广泛应用。

思考题 ‖

1. 如何区分相关成本与无关成本? 与短期经营决策相关的成本有哪些?

2. 短期经营决策分析的概念与目标是什么?

3. 生产决策中,常用的方法有哪些? 各有哪些优缺点?

4. 决策分析的程序一般包括哪些步骤?

5. 如何进行产品定价决策?

6. 亏损产品是否应该直接停产? 包含哪几种情况?

7. 在半成品深加工的决策中,半成品本身的成本是相关成本还是无关成本?

8. 什么是最优生产批量决策?

案例分析 |

产品盈利能力分析——送福记公司产品结构调整

送福记糖果公司一共生产4种糖果:水果糖、奶糖、巧克力糖、夹心糖。公司的总经理需要知道每种糖果的成本和利润。

经过一个通宵的奋斗,财务部终于把成本计算出来了,如表7-20所示。(管理费用根据每个产品的生产量来分摊)

表7-20　　　　　　　　　　送福记糖果成本及利润信息

(千元)	水果糖	奶糖	巧克力糖	夹心糖	总计
生产量(千克)	1 000	200	600	200	2 000
零售价(元)	2	4	6	3	
销售额(千元)	2 000	800	3 600	600	7 000
总成本(千元) (其中包括管理费用)	2 250 (700)	965 (140)	2 590 (490)	780 (140)	6 585 (1 470)
利润(千元)	−250	−165	+1 010	−180	+415

根据以上的数据,如果你是送福记的总经理,你会做出什么决定?马上停止生产水果糖!亏得那么厉害还卖!

(1)送福记总经理决定停止生产亏损最大的水果糖。如果没有水果糖,其他3种产品的利润会是多少?

(2)总经理感觉到管理费用的分摊方法过于地加重水果糖的成本,所以他要求会计师换一个分摊方法,根据每个产品所占的销售额的比例来分摊,如表7-21所示。(管理费用根据每个产品的销售额来分摊)

表7-21　　　　　　　送福记糖果更换分摊方法后成本及利润信息

(千元)	水果糖	奶糖	巧克力糖	夹心糖	总计
生产量(千克)	1 000	200	600	200	2 000
零售价(元)	2	4	6	3	
销售额(千元)	2 000	800	3 600	600	7 000
总成本(千元) (其中包括管理费用)	1 950 ( )	985 ( )	2 890 ( )	760 ( )	6 585 (1 470)
利润(千元)					+415

最终总经理和会计师都感到,选择不同的管理费用分摊方法,使每种产品的利润差别很大,并且很难确定哪一种方法比较合理。

所以为了能够更合理地分析每种产品的利润,他决定计算出不带管理费用的成本。总经理和会计师发现,水果糖与巧克力糖的生产利润是正数,而奶糖和夹心糖的销售额还不够支付他们的生产成本。现在又该如何?

3)总经理和会计师需要知道的是哪种产品更赚钱,所以必须把产品成本中的直接费用和间接费用分开。直接费用是指可以毫无疑问地分配到某个产品上的费用。间接费用是指不能明确地分配到某个产品上,而是应该由几个产品来分摊的费用。

——本案例参考中欧案例库,由作者整理而成

第八章

长期投资决策

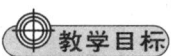 教学目标

　　本章重点阐述长期投资决策的相关理论,简要介绍长期投资的含义和分类,重点讨论长期投资决策的含义及其意义。学生通过学习,了解长期投资决策在企业中的作用,理解企业进行长期投资决策时需要考虑的相关因素,了解如何通过静态与动态的项目评价指标为企业进行长期投资决策,掌握企业在长期投资决策的实例中的各种评价方法与运用,了解长期投资决策对企业经营的重要性。

第一节　长期投资决策概述

一、 投资及长期投资的含义

(一) 投资

　　"投资"一词,广义是指企业投入财力,以期在未来一定期间内获得报酬或收益的活动;狭义的投资是指企业向那些并非直接为本单位使用的财产项目投入资金,并以利息、使用费、股利或租金收入等形式获取收益,使得资金增值的行为,如购买其他企业的股票与债券、购买用于对外租赁的设备等。

　　管理会计涉及的为广义的投资概念,其不仅包括狭义的投资内容,还包括企业购买固定资产、开发利用资源、研制新产品、更新改造厂房设备等内容。

(二) 长期投资

　　凡涉及投入大量资金,获取收益的持续期间超过一年,能在较长时间内影响企业经营获利能力的投资,统称为长期投资。与长期投资有关的资金支出在会计上又被称为资本性支出。在尚未完全收回投资之前,长期投资的合理存在形式必然是资产项目,与其相对立的概念是收益性支出。进行长期投资决策必须首先将收益性支出同资本性支出区别开来。

　　因此,长期投资是指企业为了特定的生产经营目的而进行的资金支出,涉及投入大量资金,获取收益的持续期间超过1年,能在较长时间内影响企业经营获利能力的投资行为,我们

将其统称为长期投资。

二、 长期投资的分类

长期投资可以按照不同的标准进行分类。

(一) 长期投资按其对象分类

长期投资按其投资对象的不同可分为项目投资、证券投资和其他投资三种类型。

项目投资是指一种以特定项目为对象,直接与固定资产的购建项目或更新改造项目有关的长期投资行为;也就是说,它是以形成或改善企业产能为最终目的,至少涉及一个固定资产项目的投资行为。

证券投资是指企业通过让渡资金的使用权而取得某种有价证券,以收取利息、使用费或股利等形式取得收益,使得资金增值或获得对特定资源、市场及其他企业控制权的一种投资行为,包括长期债券投资和长期股票投资。

其他投资则是指项目投资和证券投资以外的长期投资,如联营投资等。

这种分类是企业投资最基本的分类。

(二) 长期投资按其动机分类

长期投资按其动机可分为诱导式投资和主动式投资两种类型。

诱导式投资是指由于市场投资环境的改变,科技的进步,政治经济形势的变革,而由生产本身激发出来的投资。

主动式投资则是指完全由企业家本人主观决定的投资,其受到投资者个人的偏好、对风险的态度及投资者灵活性的影响。

(三) 长期投资按其影响的范围分类

长期投资按其影响的范围可分为战术型投资与战略型投资两种类型。

战术型投资是指一般不会改变企业经营方向,只针对局部条件而进行改善,影响范围较小的投资。

战略性投资是指通常能够改变企业经营方向,对企业全局产生重大影响的投资。

(四) 长期投资按其与再生产类型的分类

长期投资按其与再生产类型的联系可分为合理型投资和发展型投资两种类型。

合理型投资是指与简单再生产相联系,为维持原有产品的生产经营而必须进行的投资,如企业设备的日常维修和一般固定更新等。

发展型投资是指为扩大再生产进行的长期投资,如新增固定资产、扩建厂房,改造设备等。

(五) 长期投资按其直接目标的层次分类

长期投资按其直接目标的层次可分为单一目标投资和复合目标投资两种类型。

单一目标投资包括单纯以增加收入为目标的投资和以节约开支为目标的投资。

复合目标投资的目标不唯一,按照多个目标之间的关系不同、按照各目标的特点及所在位置,包括主次目标分明型的投资和多目标并列型的投资。

三、 长期投资决策的含义及特点

(一) 长期投资决策的含义

与长期投资项目有关的决策过程即为长期投资决策,简称长期决策。管理会计主要研究项目投资决策。这类决策通常会对企业未来的产能和创利能力产生直接的影响。本书中的长期投资决策若不加以特殊说明,专指项目投资决策。

当存在几个投资项目可供选择时,对不同项目进行比较,从中选出经济效益最佳的项目;对所选项目的各种实施方案进行比较,从中选出经济效益最佳的投资方案。

(二) 长期投资决策的特点

(1) 从内容上看,长期投资决策主要是对企业固定资产方面进行的投资决策。

(2) 长期投资决策的效用是长期的。一项成功的长期投资,会对企业若干年的生产经营的收支产生影响,可以使企业在未来若干年内获得效用。长期投资的投资期和发挥作用的时间都比较长,项目建成后对企业的经济效益会产生长久的效应,并有可能对企业的前途有决定性的影响。

(3) 长期投资决策的投入资金数额大,特别是战略性扩大生产能力的投资,往往需要企业多年的资金积累,在企业总资产中占到很大比重。这需要企业设立专门的部门进行筹资活动和投资活动。

(4) 长期投资决策具有不可逆转性。长期投资一般不能在短期内变现,即使企业在投资后,由于种种原因想在短期内变现,但由于其变现能力较差而无法变现。也就是说,长期投资项目一旦建成,想要改变是很困难的,不是无法实现,就是代价太大。

(5) 长期投资决策的投资风险较大。长期投资项目的使用期长,面临的不确定因素很多,如原材料供应情况、市场供求关系、科技进步速度、行业竞争程度、通货膨胀水平等都会影响投资的效果。

四、 长期投资决策的原则

(一) 相关性原则

进行长期投资决策,有助于企业实现其长远规划。从整体上要确定企业未来年份的经营方向、规模大小、人员配备、资本总量、资本支出以及企业要求的利润增长率等。这是企业进行投资决策的重要依据。

(二) 最优化原则

投资决策过程中有关投资的选择,除了应认真考虑技术上的先进性,更要着重比较方案的经济效果,通过比较分析,从中选取最优方案。

（三）可行性原则

投资决策属于战略性的决策，因此需要非常重视决策的可行性。如果决策上存在失误，那么以后在生产上，无论怎样努力，也是很难补救的。

五、 长期投资决策的意义

长期投资决策本身所具备的特点决定了长期投资决策直接影响着企业未来长期效益与发展。若决策做得好，企业未来一段期间内的经营状况就会好，经济效益就高；反之，决策失误，轻者会使企业长期蒙受巨大损失，重者将导致企业出现巨大亏损或难以弥补的功能缺陷，甚至将企业推上绝境。不仅如此，有些长期投资决策还会影响国民经济建设，甚至影响全社会的发展。中华人民共和国成立七十多年以来无数投资决策成败的经验教训已经反复证明了这一点。因此，对待长期投资决策绝不能掉以轻心，必须按科学办事，借鉴国内外先进的投资决策经验，学习掌握和运用分析评价投资效果的方法，结合我国国情，为企业做出正确的科学决策。

长期投资决策必须做好投资的可行性研究和项目评估，从企业、国民经济和社会的角度进行研究论证，分析经济、技术和财务的可行性。企业一般会将项目的可行性研究摆在第一位，然后再考虑国民经济和社会的项目研究评估。因此，企业的管理会计学主要针对介绍企业进行可行性研究以及与财务评价有关的理论和方法。我国是社会主义国家，进行投资决策、开展投资项目的可行性研究，首先应当进行宏观评估，考虑投资项目所满足的社会需要程度，分析国民经济范围内对该项目资源供应的保证程度和技术上的可靠程度，进而，再对经济技术上的可行性进行财务评价。这样可以正确平衡好宏观决策与微观决策之间的关系，帮助企业做出正确的长期投资决策。

第二节　长期投资决策需要考虑的重要因素

长期投资决策的成败对企业未来年度的财务状况和经济效益具有深远影响。为了能够正确分析评价各个备选方案，在进行长期投资决策时，先要树立两个观念，即资金时间价值和项目投资的现金流量。一方面，我们需要考虑资金的时间价值，要计算出为取得长期投资所需资金所付出的代价；另一方面，我们需要考虑项目或方案的现金流入量和现金流出量并对它们进行预测，正确估算出每年的现金净流量。因此，资金时间价值及现金流量都是影响长期投资决策的重要因素。

一、 资金时间价值

（一）资金时间价值的概念

资金时间价值是指作为资本运作的资金在被运用的过程中随时间推移而产生的价值增

值。从经济学角度看,即不考虑通货膨胀和风险的因素下,同一货币量在不同时点上的价值也是不等的。

资金在周转过程中会随着时间的推移而产生价值增值,使资金在投入及收回的不同时点上的价值不同,从而会形成价值差额。比如,小宸过年收到压岁钱 10 000 元,存入银行,银行的年利率为 5%,1 年后可得到 10 500 元,于是现在 10 000 元与 1 年后的 10 500 元相等。因为这 10 000 元经过 1 年的时间增值了 500 元,这增值的 500 元就是资金经过 1 年后的时间价值。同理,企业的资金投到生产经营中,经过生产过程的不断运行,资金的不断运动,随着时间的推移,会产生新的价值,使资金得以增值。因此,一定量的资金投入生产经营或存入银行,会取得一定利润和利息,从而产生资金的时间价值。正因为如此,不同时间的资金收支不合适直接进行比较,需要换算到同一时间上才能进行比较。因此,资金时间价值的计算是投资决策分析的重要基础。

(二)资金时间价值的产生条件

资金时间价值产生的前提条件是由于商品经济的高速发展,借贷关系普遍存在于市场运作中,这就会产生资金使用权与所有权分离的现象,即资金的所有者把资金使用权转让给使用者,使用者必须把资金增值的一部分支付给资金所有者作为报酬,资金占用的金额越大,使用的时间越长,所有者所要求的报酬就越高。而资金在周转过程中的价值增值是资金时间价值产生的根本源泉。因此,资金时间价值产生的条件有两点:一是因资金使用权的转让而发生的投资与再投资,二是发生时间上的推移。

(三)资金时间价值的作用

1. 资金时间价值是评价投资方案是否可行的基本依据

资金时间价值是扣除风险因素和通货膨胀因素后的社会平均资金利润率。投资方案至少应达到社会平均资金利润率水平,否则,该方案不可行。以时间价值为尺度对投资项目的资金利润率进行衡量,就成为评价投资方案的基本依据。如果投资方案的资金利润率低于时间价值,则该方案经济效益状况不佳,方案不可行;反之,如果投资方案的资金利润率高于时间价值,则该方案的经济效益良好,方案可行。

2. 资金时间价值是评价企业收益的尺度

企业作为营利性组织,其主要财务目标是实现企业价值最大化,不断增加股东财富。企业经营者必须充分调动和利用各种经济资源实现预期收益,而评判这些资源是否充分有效使用的一个重要标准就是是否实现预期的收益水平,这个预期的收益水平应以社会平均资金利润率为标准,因此,资金时间价值成为评价企业收益的基本尺度。

(四)资金时间价值的表现方法

资金时间价值可利用绝对数(利息)和相对数(利息率)两种形式表示。资金时间价值(通常用相对数表示)的计算方法与利息的计算方法相同,因而资金时间价值与利息率容易被混为一谈。实际上,企业财务活动总是或多或少地存在风险,而且通货膨胀也是市场经济中客观存在的经济现象。因此,理论上,不仅包括资金时间价值,而且也包括风险价值和通货膨胀的因素,只有在不考虑通货膨胀的情况下,政府债券利率才可视同资金时间价值。

(五) 资金时间价值的计算

由于不同时间单位上的资金价值是不相等的,所以不同时间上的资金收入不宜直接进行大小比较,需要先把它们换算到相同的时间上,然后才能进行大小比较。这涉及不同时点上资金之间的换算,即资金时间价值的计算。资金时间价值的计算包括一次性收付款项和非一次性收付款项(年金)的相关终值与现值的计算。

1. 终值与现值

终值(future value),又称将来值,是现在一定量的资金折算到未来某一时点所对应的金额,俗称"本利和"。

现值(present value),又称本金,是指未来某一时点上的一定量资金折算到现在所对应的金额。

现值和终值是一定量资金在前后两个不同时点上对应的价值,其差额即为资金时间价值;利率视为资金时间价值的一种具体表现;现值和终值对应的时点之间可以划分若干期,相当于计息期。

为计算方便,通常规定有关字母的含义如下:I 为利息;F 为终值;P 为现值;i 为利率折现率;n 为计算利息的期数。

2. 一次性收付款项终值与现值的计算

利息的计算有复利和单利两种,因此,终值与现值的计算也有复利和单利之分。一般按照复利来计算。

1) 单利的现值和终值

单利是指只对本金计算利息,利息部分不再计息,即"本生利"。单利的计算是一种最简单的计算收、付款利息的方法。

(1) 单利的利息 $I = P \times i \times n$。

(2) 单利的终值 $F = P \times (1 + i \times n)$。

(3) 单利的现值 $P = F / (1 + i \times n)$。

【例8-1】 白禄公司存入银行本金 100 000 元,银行一年期定期利率为 5%,期限为 3 年,请计算期满时白禄公司可获得多少单利?(本书无特殊说明情况下,给出的利率均为年利率)

$$I = P \times i \times n = 100\,000 \times 5\% \times 3 = 15\,000(元)$$

【例8-2】 利源公司将一笔 5 000 元的现金存入银行,银行一年期定期利率为 5%。请计算利源公司第一年和第二年分别可获得多少金额?

$$I_1 = P \times i \times n = 5\,000 \times 5\% \times 1 = 250(元)$$
$$I_2 = P \times i \times n = 5\,000 \times 5\% \times 2 = 500(元)$$
$$F_1 = P \times (1 + i \times n) = 5\,000 \times (1 + 5\% \times 1) = 5\,250(元)$$
$$F_2 = P \times (1 + i \times n) = 5\,000 \times (1 + 5\% \times 2) = 5\,500(元)$$

由上面的计算可见,第一年的利息在第二年不再计息,只有本金在第二年计息。

【例 8-3】 大旺公司希望 5 年后获得 10 000 元本利和,银行利率为 5%。请计算大旺公司现在须存入银行多少资金?

$$P = F/(1 + i \times n) = 10\,000/(1 + 5\% \times 5) = 8\,000(元)$$

上面求现值的计算,也可称为贴现值的计算,贴现使用的利率称为贴现率。

2) 复利的现值和终值

复利是指每经过一个计息期,不仅对本金要计息,而且对本金所生的利息,也要计息,即"利滚利"。一般情况下,计息期为 1 年。

(1) 复利的利息 $I = P \times [(1 + i)^n - 1]$。

(2) 复利的终值 $F = P \times (1 + i)^n$。

(3) 复利的现值 $P = F/(1 + i)^n$。

复利的终值是指一定量的本金按复利计算的若干年后的本利和。

式中,$(1 + i)^n$ 为复利终值系数,记作 $(F/P, i, n)$,其数值可查阅"复利终值系数表"(见附录 1)。

【例 8-4】 景悦公司现将 10 000 元存入银行,银行年利率为 10%,期限为 3 年,则期满后,景悦公司能获得多少复利?

$$I = P \times [(1 + i)^n - 1] = 10\,000 \times [(1 + 10\%)^3 - 1] = 3\,310(元)$$

【例 8-5】 盛玖公司现将 5 000 元存入银行,银行年利率为 5%。则经过第一年和第二年后,本利和分别为多少?

第一年:$F = P \times (1 + i)^1 = 5\,000 \times (F/P, 5\%, 1)$

$$= 5\,000 \times 1.05 = 5\,250(元)$$

第二年:$F = P \times (1 + i)^2 = 5\,000 \times (F/P, 5\%, 2)$

$$= 5\,000 \times 1.1025 = 5\,512.5(元)$$

$(F/P, 5\%, 2)$ 表示年利率为 5%,期限为 2 年的复利终值系数,在复利终值系数表上,我们可以从横行中找到利率 5%,纵列中找到期数 2 年,纵横相交处,可查到 $(F/P, 5\%, 2) = 1.1025$。该系数表明,在年利率为 5% 的条件下,现在的 1 元与 2 年后的 1.1025 元相等。

将单利终值与复利终值比较,发现在第一年,单利终值和复利终值是相等的,在第二年,单利终值和复利终值不相等,两者相差 $5\,512.5 - 5\,500 = 12.5(元)$,这是因为第一年本金所生的利息在第二年也要计算利息,即 $250 \times 5\% = 12.5(元)$。因此,从第二年开始,单利终值和复利终值不相等。

复利现值与复利终值是对称的概念,是指在将来某一特定时间获得或支出一定数额的资金,按复利折算到现在的价值;或者说是为将来取得一定本利和现在所需要的本金。复利现值是复利终值的逆运算。

复利现值的计算公式为：

$$P = F/(1+i)^n = F \times (1+i)^{-n}$$

上式中，$-n$ 为上标，记作 $(P/F, i, n)$，其数值可查阅"复利现值系数表"（见附录2）。

【例 8-6】 永利公司打算在 5 年后对公司进行一项投资改建，需要资金 10 000 元，按银行利率为 5% 的复利计算，永利公司现应存入银行多少资金？

$$P = F \times (1+i)^{-n} = F \times (P/F, 5\%, 5) = 10\ 000 \times 0.7835 = 7\ 835(元)$$

$(P/F, 5\%, 5)$ 表示利率为 5%，期限为 5 年的复利现值系数。同样，我们在复利现值系数表上，从横行中找到利率 5%，纵列中找到期限 5 年，两者相交处，可查到 $(P/F, 5\%, 5) = 0.7835$。该系数表明，在年利率为 5% 的条件下，5 年后的 1 元与现在的 0.7835 元相等。

3. 系列收付款项的资金时间价值

在实际的经济业务中，除了一次性收付款项，还存在一定时期内多次收付款项，即系列收付款项。

一定时期内，每次等额收付的系列款项即为年金。也就是说，年金是指一定时期内，每隔相同的时间，收入或支出相同金额的系列款项。比如，折旧、租金、等额分期付款、养老金、保险费、零存整取等，这些都属于年金。年金具有连续性和等额性两个特点。连续性要求在一定时间内，间隔相等时间就要发生一次收支业务，中间不得中断，必须形成系列；等额性要求每期收、付款项的金额必须相等。

年金根据每次收付发生时点不同，可分为普通年金、预付年金、递延年金和永续年金四种。

1）普通年金

普通年金是指在每期期末，间隔相等时间，收入或支出相等金额的系列款项。每一间隔期，有期初和期末两个时点，由于普通年金是在期末这个时点上发生收付，故又称后付年金。

A. 普通年金的终值

普通年金的终值是指每期期末收入或支出的相等款项，按复利计算，在最后一期所得的本利和。每期期末收入或支出的款项用 A 表示，利率用 i 表示，期数用 n 表示，那么每期期末收入或支出的款项，折算到第 n 年的终值如图 8-1 所示。

第 n 年支付或收入的款项 A 折算到最后一期（第 n 年），其终值为 $A \times (1+i)^0$；

第 $n-1$ 年支付或收入的款项 A 折算到最后一期（第 n 年），其终值 $A \times (1+i)^1$；

⋮

第 3 年支付或收入的款项 A 折算到最后一期（第 n 年），其终值为 $A \times (1+i)^{n-3}$；

第 2 年支付或收入的款项 A 折算到最后一期（第 n 年），其终值为 $A \times (1+i)^{n-2}$；

第 1 年支付或收入的款项 A 折算到最后一期（第 n 年），其终值为 $A \times (1+i)^{n-1}$；

那么，n 年的年金终值和 $F_A = A \times (1+i)^0 + A \times (1+i)^1 + \cdots + A \times (1+i)^{n-3} + A \times (1+i)^{n-2} + A \times (1+i)^{n-1}$。

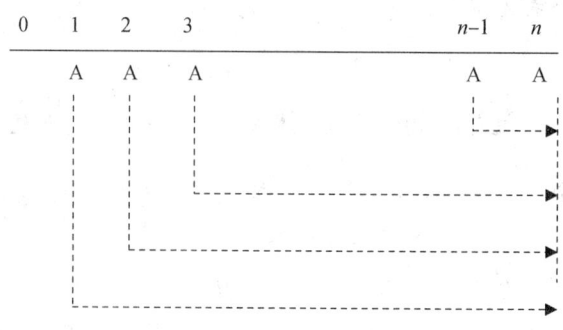

图 8-1　普通年金的终值

经整理，$F_A = A \times \dfrac{(1+i)^n - 1}{i}$。

式中，F_A 为终值；A 为年金；i 为年利率；n 为年金收付次数；$\dfrac{(1+i)^n - 1}{i}$ 为年金终值系数，记作 $(F/A, i, n)$，其数值可查阅"年金终值系数表"（见附录 3）。

$$F_A = A \times \dfrac{(1+i)^n - 1}{i} = A \times (F/A, i, n)$$

表示年金为 A 元、利率为 i、经过 n 期的年金终值是多少，可直接查阅 A 元年金终值系数表。

【例 8-7】 邦风公司为员工办理保险，每年年末需向保险公司支付 10 000 元，共支付 5 年，银行年利率为 5%，至第 5 年年末时，邦风公司一共支付了多少保险费？

$$F_A = A \times (F/A, 5\%, 5) = 10\,000 \times 5.5256 = 55\,256（元）$$

通过计算，邦风公司每年年末存 10 000 元，连续存 5 年，到第 5 年年末可得 55 256 元。

计算年金终值，一般是已知年金，然后求终值。有时我们会碰到已知年金终值，反过来求每年支付的年金数额，这是年金终值的逆运算，我们把它称作偿债基金的计算，也就是为了在约定的未来某一点清偿某笔债务或者积累一定数额的资金而必须分次等额形成的存款准备金，即偿债基金。计算公式如下：

$$A = F_A \times \dfrac{i}{(1+i)^n - 1}$$

式中，$\dfrac{i}{(1+i)^n - 1}$ 为偿债基金系数，记作 $(A/F, i, n)$，可查阅偿债基金系数表，也可根据年金终值系数的倒数来得到。即：$(A/F, i, n) = 1/(F/A, i, n)$。利用偿债基金系数可把年金终值折算为每年需要支付的年金数额。

【例 8-8】 元贝公司因公司发展需要，曾向银行借入一笔款项，并约定在 5 年后要偿还一笔 50 000 元的债务，银行年利率为 5%。元贝公司为归还这笔债务，每年年末应存入银行多少元？

$A = F_A \times (A/F, i, n) = 50\,000 \times (A/F, 5\%, 5) = 50\,000 \times [1/(F/A, 5\%, 5)]$
$= 50\,000 \times 1/5.5256 = 9\,048.79(元)$

在银行年利率为 5% 时，每年年末存入银行 9\,048.79 元，5 年后才能还清债务 50\,000 元。

B. 普通年金的现值

普通年金的现值是指一定时期内每期期末等额收支款项的复利现值之和。实际上就是指为了在每期期末取得或支出相等金额的款项，现在需要一次投入或借入多少金额，年金现值用 P_A 表示，其计算如图 8-2 所示：

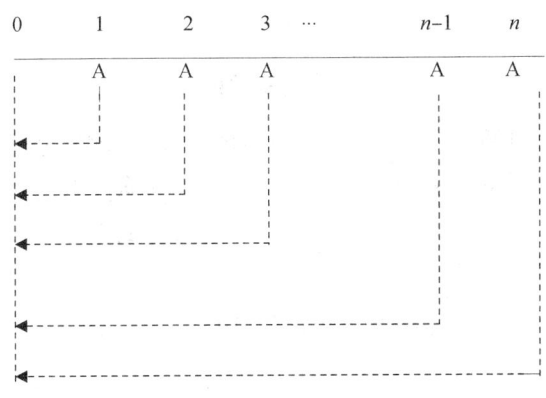

图 8-2　普通年金的现值

要将每期期末的收支款项全部折算到时点 0，则：

第 1 年年末的年金 A 折算到时点 0 的现值为 $A \times (1+i)^{-1}$；

第 2 年年末的年金 A 折算到时点 0 的现值为 $A \times (1+i)^{-2}$；

第 3 年年末的年金 A 折算到时点 0 的现值为 $A \times (1+i)^{-3}$；

$\vdots$

第 $(n-1)$ 年年末的年金 A 折算到时点 0 的现值为 $A \times (1+i)^{-(n-1)}$；

第 n 年年末的年金 A 折算到时点 0 的现值为 $A \times (1+i)^{-n}$；

那么，n 年的年金现值之和 $P_A = A \times (1+i)^{-1} + A \times (1+i)^{-2} + A \times (1+i)^{-3} + \cdots + A \times (1+i)^{-(n-1)} + A \times (1+i)^{-n}$。

经整理，$$P_A = A \times \left[\frac{1-(1+i)^{-n}}{i} \right]$$

式中，$\dfrac{1-(1+i)^{-n}}{i}$ 为年金现值系数，记作 $(P/A, i, n)$，表示年金 A 元，利率为 i，经过 n 期的年金现值是多少，其数值可查阅"年金现值系数表"（见附录4）。

【例 8-9】　荣福公司为了公司的日常营运需要，希望每年年末取得 10\,000 元，连续 5 年，银行年利率为 5%。那么，荣福公司第一年应一次性存入多少元才能满足需要？

$P_A = A \times (P/A, i, n) = 10\,000 \times (P/A, 5\%, 5) = 10\,000 \times 4.3295 = 43\,295(元)$

通过计算可知,荣福公司为了每年年末取得 10 000 元,第一年应一次性存入 43 295 元。

上题是在已知年金的条件下,计算年金现值,也可以反过来在已知年金现值的条件下,求年金,这是年金现值的逆运算,可称作年资本回收额的计算。因此,年资本回收额是为了在约定年限内等额回收初始投入资本或清偿所欠债务的金额,也是为使年金终值达到既定金额的年金数额。其计算公式如下:

$$A = P_A \times \frac{1}{1 - (1+i)^{-n}}$$

式中,$\dfrac{1}{1 - (1+i)^{-n}}$ 为资本回收系数,记作 $(A/P, i, n)$,是普通年金现值系数的倒数,可查阅资本回收系数表,也可根据年金现值系数的倒数来得到。

【例 8-10】 迪码公司预购入一个厂房,需向银行按揭贷款 100 万元,准备 20 年内于每年年末等额偿还,银行年贷款利率为 5%。那么,迪码公司每年应向银行归还多少元?

$A = P_A \times (A/P, i, n) = 100 \times (A/P, 5\%, 20) = 100 \times [1/(P/A, 5\%, 20)]$
$= 100 \times 1/12.4622 = 8.0243(万元)$

通过计算可知,迪码公司每年年末等额向银行存入 8.0243 万元。

2) 预付年金

预付年金也称即付年金,是指每期收入或支出相等金额的款项是发生在每期的期初,而不是期末。它与普通年金的区别在于支付期较普通年金提前了一期。

预付年金与普通年金的区别在于收付款的时点不同,普通年金在每期的期末收付款项,预付年金在每期的期初收付款项,收付时间如图 8-3 所示。

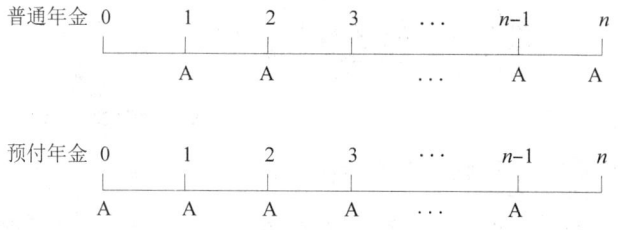

图 8-3 普通年金与预付年金的区别

从图 8-3 可见,n 期的预付年金与 n 期的普通年金,其收付款次数是一样的,只是收付款时点不一样。如果计算年金终值,预付年金要比普通年金多计一年的利息;如计算年金现值,则预付年金要比普通年金少折现一年。因此,在普通年金的现值、终值的基础上变形,便可计算出预付年金的现值与终值。

A. 预付年金的终值

预付年金的终值的计算公式如下:

$$F_A = A \times \frac{(1+i)^n - 1}{i} \times (1+i) = A \times \left[\frac{(1+i)^{n+1} - 1}{i} - 1 \right]$$

式中，$\dfrac{(1+i)^{n+1}-1}{i}-1$ 为预付年金终值系数，记作 $[(F/A,i,n+1)-1]$，这是在普通年金终值系数的基础上，期数加 1、系数减 1 所得的结果。该系数可查阅年金终值系数表（见附录 3）中 $n+1$ 期的值再减 1 得到。

【例 8-11】 将［例 8-7］中收付款的时间改为每年年初，其余条件不变。

要求：　第 5 年年末的本利和。

解：　　　$F_A = A \times [(F/A,i,n+1)-1] = 10\,000 \times [(F/A,5\%,5+1)-1]$

　　　　　　$= 10\,000 \times (6.8019 - 1) = 58\,019（元）$

与［例 8-5］的普通年金终值相比，相差 $(58\,019 - 55\,256) = 2\,763（元）$，该差额实际上就是预付年金比普通年金多计 1 年利息而造成，即 $55\,256 \times 5\% = 2\,762.80（元）$。

B. 预付年金的现值

预付年金现值是指每期期初等额款项的收付折算到第一期期初的价值。n 期预付年金现值与 n 期普通年金现值的期限相同，但由于付款时间不同，n 期预付年金现值比 n 期普通年金现值少折算 1 期。因此，在 n 期普通年金现值基础上乘以 $(1+i)$，便可以求出 n 期预付年金现值。其计算公式如下：

$$P_A = A \times \left[\frac{1-(1+i)^{-(n-1)}}{1} + 1 \right]$$

式中，$\left[\dfrac{1-(1+i)^{-(n-1)}}{1}+1\right]$ 为预付年金现值系数，它是在普通年金现值系数的基础上，期数减 1、系数加 1 所得的结果，记作 $[(P/A,i,n-1)+1]$，该系数可查阅年金现值系数表（见附录 4）中 $(n-1)$ 期的值，然后加上 1 得到。

【例 8-12】 将［例 8-10］中收付款的时间改在每年年初，其余条件不变。那么，此时第 1 年年初应一次性存入多少钱？

　　　　　　$P_A = A \times [(P/A,i,n-1)+1] = 10\,000 \times [(P/A,5\%,5-1)+1]$

　　　　　　$= 10\,000 \times (3.5460 + 1) = 45\,460（元）$

与［例 8-9］普通年金现值相比，相差 $45\,460 - 43\,295 = 2\,165（元）$，该差额实际上是由于预付年金现值比普通年金现值少折现 1 期造成的，即 $43\,295 \times 5\% = 2\,164.75（元）$。

3）递延年金

前两种年金的第一次收付时间都发生在整个收付期的第 1 期，要么在第 1 期期末，要么在第 1 期期初。但有时会遇到第一次收付不发生在第 1 期，而是隔了几期后才在以后的每期期末发生一系列的收支款项，这种年金形式就是递延年金，它是普通年金的特殊形式。因此，凡是不在第 1 期开始收付的年金，都称为递延年金。递延年金的支付特点如图 8-4 所示。

由图 8-4 可知，递延年金的第一次年金收付没有发生在第 1 期，而是隔了 m 期（这 m 期就是递延期），在第 $m+1$ 期的期末才发生第一次收付，并且在以后的 n 期内，每期期末均发生等额的现金收支。与普通年金相比，尽管期限一样，都是 $(m+n)$ 期，但普通年金在 $(m+n)$

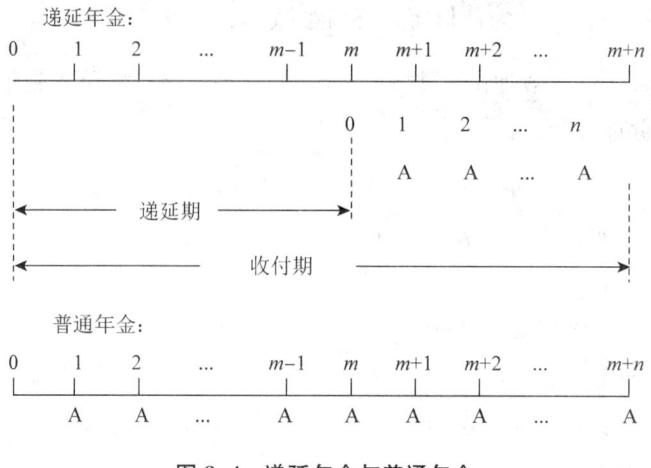

图 8-4　递延年金与普通年金

期内,每个期末都要发生收支,而递延年金在$(m+n)$期内,只在后 n 期发生收支,前 m 期无收支发生。

A. 递延年金的终值

在图 8-4 中,先不看递延期,年金一共支付了 n 期。只要将这 n 期年金折算到期末,即可得到递延年金终值。所以,递延年金终值的大小与递延期无关,只与年金共支付了多少期有关,它的计算方法与普通年金相同。其计算公式如下:

$$F_A = A \times (F/A, i, n)$$

【例 8-13】　百耀企业于年初投资一项目,1 年后可开始经营。根据市场预测,该项目估计从第 5 年开始至第 10 年,每年年末可得收益 10 万元,假定年利率为 5%。那么至经营期期末,该投资项目所得利润的本利和为多少?

$$F_A = A \times (F/A, i, n) = 10 \times (F/A, 5\%, 6) = 10 \times 6.8019 = 68.019(万元)$$

B. 递延年金的现值

递延年金的现值是将递延年金折算到第 1 期期初的价值。可用三种方法来计算。

方法一:把递延年金视为 n 期的普通年金,求出年金在递延期期末 m 点的现值,再将 m 点的现值调整到第 1 期期初。其计算公式如下:

$$P_A = A \times (P/A, i, n) \times (P/F, i, m)$$

方法二:先假设递延期也发生收支,则变成一个 $(m+n)$ 期的普通年金,算出 $(m+n)$ 期的年金现值,再扣除并未发生年金收支的 m 期递延期的年金现值,即可求得递延年金现值。其计算公式如下:

$$P_A = A \times [(P/A, i, m+n) - (P/A, i, m)]$$

方法三:先算出递延年金的终值,再将终值折算到第 1 期期初,即可求得递延年金的现值。其计算公式如下:

$$P_A = A \times (F/A, i, n) \times (P/F, i, m+n)$$

【例 8-14】 昌通集团向银行借入一笔款项,银行贷款年利率为 5%,每年复利一次。银行规定从第 5 年开始每年年末偿还本息 10 万元,年限为 10 年,那么这笔款项的现值为多少?

方法一: $P_A = A \times (P/A, i, n) \times (P/F, i, m)$

$\qquad\quad = 10 \times (P/A, 5\%, 6) \times (P/F, 5\%, 4)$

$\qquad\quad = 10 \times 5.0757 \times 0.8227$

$\qquad\quad = 41.76(万元)$

方法二: $P_A = A \times [(P/A, i, m+n) - (P/A, i, m)]$

$\qquad\quad = 10 \times [(P/A, 5\%, 10) - (P/A, 5\%, 4)]$

$\qquad\quad = 10 \times (7.7217 - 3.5460)$

$\qquad\quad = 41.76(万元)$

方法三: $P_A = A \times (F/A, i, n) \times (P/F, i, m+n)$

$\qquad\quad = 10 \times (F/A, 5\%, 6) \times (P/F, 5\%, 10)$

$\qquad\quad = 10 \times 6.8019 \times 0.6139$

$\qquad\quad = 41.76(万元)$

4)永续年金

永续年金是指从第 1 期开始,无限期地收入或支出相等金额的年金。它也是普通年金的一种特殊形式,由于永续年金的期限趋于无限,没有终止时间,因而它也没有终值,只有现值。永续年金的现值计算公式如下:

$$P_A = A \times \frac{1 - (1+i)^{-n}}{i}$$

当 $n \rightarrow +\infty$ 时,$(1+i)^{-n}$ 的极限为 0,因此,上式可以写为 $P_A = A/i$。

【例 8-15】 美华企业要建立一项永久性帮困基金,计划每年拿出 5 万元帮助失学儿童,年利率为 5%。那么,美华企业现应筹集多少资金?

$P_A = A/i = 5/5\% = 100(万元)$

通过计算,美华企业现应筹集 100 万元资金,就可每年拿出 5 万元帮助失学的儿童。

二、 项目投资概述

(一) 投资项目的含义

如前所述,管理会计长期投资决策的研究对象是项目投资决策,而这类投资的具体对象则称为投资项目,简称项目,项目是用于界定投资客体范围的概念。如果在投资时,不事先确定投资项目,投资者就不清楚究竟要向哪里投放资金,也无法弄清何时为投资的发生和何时为投资的回收。总之,没有投资项目,就无法确定投资的时空坐标。

（二）投资项目的主体

投资项目的主体是各种投资人的统称，是具体投资行为的发出者。从企业项目投资的角度看，其直接投资主体就是企业本身。从理论上讲，企业主体在进行项目投资决策时，首先关心的是全部投资资金的投放和回收的情况，而不是这些资金究竟来源于何处。但由于企业投资项目具体使用的资金分别来源于企业所有者和债权人，他们也必然会从不同角度关心企业具体投资项目的成败，因此，在进行项目投资决策时，还应当考虑他们的要求，分别从自有资金提供者和借入资金投资者的立场去分析问题，提供有关信息。

（三）项目计算期的构成

项目计算期是指项目从投资建设开始到最终清理结束整个过程的时间。如果是一个单项设备，则指最初投资购置到设备使用寿命终结。完整的项目计算期包括建设期和经营期。其中，建设期的第 1 年年初（记作第 0 年）称为建设起点，建设期的最后一年年末称为投产日（记作 s 年）；项目计算期的最后 1 年年末称为终结点；从投产日到终结点之间的时间间隔称为经营期（记作 p 年）。项目终结点一般为计算期最后 1 年年末（记作 n 年）。它们之间的数量关系如图 8-5 所示。

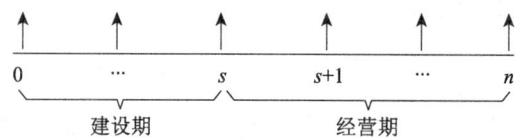

图 8-5　项目计算期的构成示意图

项目计算期的计算公式为：

$$项目计算期(n) = 建设期(s) + 经营期(p)$$

（四）初始投资总额的内容

1. 初始投资

初始投资又称原始投资，是指企业为使项目达到设计生产能力，投入的全部资金，包括建设投资和流动资金投资两项内容。

1）建设投资

建设投资是指在建设期内按一定生产经营规模和建设内容进行的投资，具体包括固定资产投资、无形资产投资和其他投资三项内容。

固定资产投资是指项目用于购置、安装固定资产发生的投资，是任何项目中必不可少的投资内容；固定资产原值还应包括固定资产建设期资本化了的借款利息。无形资产投资是指项目用于取得无形资产而发生的投资，开办费投资是指在筹建期发生的不能计入固定资产和无形资产部分的投资。

2）流动资金投资

流动资金投资又称垫支流动资金或营运资金。

　　垫支流动资金是指项目投产前后分次或一次投放于流动资产项目的投资增加额,一般情况下,投资项目在初始期,必须垫支一定的营运资金后才能投入运营。这部分垫支的营运资金一般在项目寿命终结时才能收回。

2. 项目总投资

　　项目总投资是反映项目投资总体规模的价值指标,它等于项目中初始投资与建设期资本化利息之和,其中,建设期资本化利息是指在项目建设期发生的构建项目所需的固定资产等长期资产的借款利息。

　　【例 8-16】　梦仕集团拟新建一条生产线,在建设起点用于购置、安装固定资产的投资为 500 万元,无形资产投资为 10 万元,流动资金为 1 万元,建设期为 1 年,建设期资本化利息为 50 万元,全部计入固定资产原值。投产第 1 年预计垫支流动资金 100 万元。

$$固定资产原值 = 500 + 50 = 550(万元)$$
$$建设期投资额 = 500 + 100 = 600(万元)$$
$$无形资产投资 = 10(万元)$$
$$流动资金投资 = 100(万元)$$
$$初始投资 = 600 + 10 + 50 = 660(万元)$$
$$投资总额 = 660 + 100 = 760(万元)$$

(五) 项目投资决策的程序

　　无论是固定资产更新项目还是扩大经营项目,在提出时都会有多个备选方案,这就存在需要对不同方案进行评估和取舍的问题。例如,大碗企业要更新一台设备,选择国外设备还是国内设备,对两个不同的方案要做出决策。又如,泽宸集团决定建一条新的生产线,这还必须对其配套的若干环保设施、变电设备等方案进行评估。影响企业项目投资未来收益的因素特别多,投资额大、变现差,因而投资风险大大高于其他投资,为确保长期投资决策的科学性与有效性,企业需要制定相关的投资决策制度。

　　项目投资决策一般可划分为事前、事中、事后三个阶段,即项目筛选与决策、项目实施与监控、项目事后审计与评价。

1. 项目筛选与决策

　　这是整个投资活动的起点,也是最为重要的阶段。这一阶段主要分析各个备选方案的先进性、营利性、项目投资的可行性、投资方式、项目寿命期、同类企业或行业内相同项目投入产出比较等。在筛选与决策过程中,对项目的现金流量及风险、贴现率、财务相关指标的计算较重要。项目决策做出后需要撰写可行性报告并且通过管理层或者董事会的批准。

2. 项目实施与监控

　　一旦管理层或董事会批准某个投资项目后,即进入实施和监控环节。具体需做好以下三项工作。

　　(1) 筹集项目建设资金,以保证项目实施。

　　(2) 全方位监控资金使用、施工质量、成本支出。

（3）研究资金的追加，力求节约资金，并确保项目的顺利完工。

3. 项目事后审计与评价

事后审计是对项目实施结果和投资效果进行审计，侧重于对资金使用、工程预算与支出的有效性做出评价，分析是否存在技术偏差、资金预算与执行的精确性，查找项目执行中的漏洞，找出影响投资的因素，为未来项目的实施提供借鉴。

三、 现金流量

（一）现金流量的概念

现金流量是指在长期投资决策中，从项目的筹建、设计、施工、正式投产使用直至报废为止的整个与决策有关的现金流出量与现金流入量的统称。这里所说的现金是指广义的现金，它不仅包括货币资金，而且还包含与项目相关的非货币资源的变现价值。现金流量的计算是资本预算中最关键的步骤，它的正确与否直接影响到企业的决策方向，也是正确评价投资方投资效益的必要条件之一。

（二）现金流量的作用

在管理会计的长期投资决策中，现金流量信息可以发挥以下作用。

（1）利润现金流量信息揭示未来期间现实货币资金收支运动。现金流量可以序时动态地反映项目投资的流向与回收之间的投入产出关系，使决策者处于投资主体的立场上，便于更完整、准确、全面地评价具体投资项目的经济效益。

（2）利用现金流量指标代替利润指标反映项目效益的信息。利用现金流指标可以摆脱在贯彻财务会计的权责发生制时必然面临的困境，即不同的投资项目可能采取不同的固定资产折旧方法、存货估价方法和费用摊配方法，从而会导致不同方案的利润信息相关性差、透明度不高和可比性差。

（3）利用现金流量信息，排除了非现金收付内部周转的资本运动形式，从而简化了有关投资决策评价指标的计算过程。

（4）现金流量信息与项目计算期的各个时点密切结合，有助于在计算投资决策评价指标时，应用资金时间价值的形式进行动态投资效果的综合评价。

（三）现金流量的构成

长期投资决策中的现金流量一般由初始现金流量、营业现金流量和终结现金流量三个部分组成。

1. 初始现金流量

初始现金流量即开始投资时发生的现金流量，主要包括。

（1）固定资产的买价和安装费用。

（2）无形资产投资。

（3）开办费投资，如工资以及培训费用等其他费用。

（4）流动资产投资，即由于固定资产投资而引起的原材料、半成品、产成品以及应收账款等流动资产项目上的投资。

（5）原有固定资产的变价收入。

2. 营业现金流量

营业现金流量即项目投入使用后，在其寿命期内由于生产经营而产生的现金流入量和流出量。

3. 终结现金流量

终结现金流量即项目终结时发生的现金流量，主要包括固定资产残值收入或变价收入，以及原垫支的流动资金的收回。

财务会计中的净利润与企业经营过程中产生的现金净流量并不完全相同。因为净利润是根据权责发生制计算的，而经营现金流量是根据收付实现制计算的。

（四）现金流量的内容

在现金流量中，有现金流入量、现金流出量和现金净流量三个具体概念。

1. 现金流入量

现金流入量是指投资项目实施后在项目计算期内所引起的企业现金收入的增加额，简称现金流入。包括以下几点内容。

1）项目投产后每年的营业收入

营业收入是指项目投产后每年实现的全部营业收入。为简化核算，假定正常经营年度内，每期发生的赊销额与回收的应收账款大致相等。营业收入是经营期主要的现金流入量项目。

2）固定资产的残值

固定资产的残值是指投资项目的固定资产在终结报废清理时的残值收入，或转让时的变价收入。

3）回收流动资金

回收流动资金是指投资项目在项目计算期结束时，收回原来投放在各种流动资产上的营运资金。固定资产的余值和回收流动资金统称为回收额。

4）其他现金流入量

其他现金流入量是指以上三项指标以外的现金流入量项目。

2. 现金流出量

现金流出量是指投资项目实施后在项目计算期内所引起的企业现金流出的增加额，简称现金流出。包括以下几点内容。

1）建设投资

建设投资是指在建设期内按一定生产经营规模和建设内容进行的固定资产、无形资产和开办费等投资的总和，包括基建投资和更改投资。

2）垫支的营运资金

垫支的营运资金是指投资项目建成投产后为开展正常经营活动而投放在流动资产（包括原材料、在产品、产成品、存货、应收账款等）上的营运资金的垫支。

建设投资与垫支的流动资金统称为项目的原始总投资。

3）经营成本

经营成本又称付现成本，是指在经营期内为满足正常生产经营而用货币资金支付的那部分成本费用。某年的经营付现成本等于当年的总成本，扣除年折旧额、无形资产摊销等项目后的差额。这是因为总成本费用中包含一部分非现金流出的内容，这些项目大多与固定资产、无形资产等长期资产的价值有关，不需要发生现金支出。

4）所得税

所得税是指投资项目建成投产后，因应纳税所得额增加而增加的所得税。从企业的角度出发，只有税后现金流量才真正属于自己，因此，它们将所得税支出看作是一种现金流出量。

5）其他现金流出量

其他现金流出量是指不包括在以上内容的现金流出量项目。

3. 现金净流量

现金净流量是指投资项目在项目计算期内现金流入量和现金流出量的净额，由于投资项目的计算期超过一年，且资金在不同的时间具有不同的价值，所以本章所述的现金净流量以年为单位，称为年现金净流量（net cash flow，NCF）。

现金净流量的计算公式为：

$$年现金净流量（NCF）＝年现金流入量－年现金流出量$$

当流入量大于流出量时，净流量为正值；反之，净流量为负值。

（五）现金流量的计算

1. 建设期现金净流量的计算

$$现金净流量＝－原始总投资$$

在建设期没有现金流入量，所以建设期的现金净流量总为负值。另外，建设期现金净流量还取决于投资额的投入方式是一次投入还是分次投入，若投资额在建设期一次全部投入，上述公式中的该年投资额即为原始总投资。

2. 经营期现金净流量的计算

经营期营业现金净流量是指投资项目投产后，在经营期内由于生产经营活动而产生的现金净流量。

$$现金净流量＝营业收入－付现成本－所得税$$

如有无形资产摊销额，则：

$$付现成本＝营业成本－折旧额及摊销额$$

3. 经营期终结现金净流量的计算

经营期终结现金净流量是指投资项目在项目计算期结束时所发生的现金净流量。

$$现金净流量＝营业现金净流量＋回收额$$

【例 8-17】 子宸公司有一个投资项目，项目投资总额为 150 万元，其中固定资产投资 110 万元，建设期为 2 年，于建设起点分 2 年平均投入。无形资产投资 20 万元于建设起点投入；流动资金投资 20 万元于投产开始垫付。该项目经营期为 10 年，固定资产按直线法计提折旧，期满有 10 万元净残值；无形资产于投产开始分 5 年平均摊销；流动资金在项目终结时可一次全部收回，另外，预计项目投产后，前 5 年每年可获得 40 万元的营业收入，并发生 38 万元的总成本；后 5 年每年可获得 60 万元的营业收入，发生 25 万元的变动成本和 15 万元的付现固定成本。

请计算该项目投资在项目计算期内各年的现金净流量（不考虑所得税）。

(1) 建设期现金净流量：

$NCF_0＝－550\,000－200\,000＝－750\,000(元)$

$NCF_1＝－550\,000(元)$

$NCF_2＝－200\,000(元)$

(2) 经营期现金净流量：

$$固定资产年折旧额＝\frac{1\,100\,000－100\,000}{10}＝100\,000(元)$$

$$无形资产年摊销额＝\frac{200\,000}{5}＝40\,000(元)$$

$NCF_{3-7}＝400\,000－380\,000＋100\,000＋40\,000＝160\,000(元)$

$NCF_{8-11}＝600\,000－250\,000－150\,000＝200\,000(元)$

(3) 经营期终结现金净流量：

$NCF_{12}＝200\,000＋100\,000＋200\,000＝500\,000(元)$

【例 8-18】 飞世集团拟更新一套尚可使用 5 年的旧设备。旧设备原价 170\,000 元，账面净值 110\,000 元，期满残值 10\,000 元，目前旧设备变价净收入 60\,000 元。旧设备每年营业收入 200\,000 元，付现成本 164\,000 元。新设备投资总额 300\,000 元，可用 5 年，使用新设备后每年可增加营业收入 60\,000 元，并降低付现成本 24\,000 元，期满残值 30\,000 元。请计算新旧方案的各年现金净流量（不考虑所得税）。

继续使用旧设备的各年现金净流量：

$NCF_0＝－60\,000(元)$

$NCF_{1-4}＝200\,000－164\,000＝36\,000(元)$

$NCF_5＝36\,000＋10\,000＝46\,000(元)$

采用新设备的各年现金净流量：

$NCF_0 = -300\,000(元)$

$NCF_{1-4} = (200\,000 + 60\,000) - (164\,000 - 24\,000) = 120\,000(元)$

$NCF_5 = 120\,000 + 30\,000 = 150\,000(元)$

【例8-19】 大华公司购入设备，有两种方案可供选择。甲设备投资 10 000 元，使用寿命 5 年，采用直线法计提折旧，5 年后无残值。5 年中每年销售收入 6 000 元，每年付现成本 2 000 元。乙设备投资 12 000 元，垫支营运资金 3 000 元，采用直线法计提折旧，使用寿命 5 年，5 年后残值收入 2 000 元。5 年中每年销售收入 8 000 元，付现成本第一年 3 000 元，往后逐年增加修理费 400 元。所得税税率 25%，请计算两种方案的现金流量。

对于两个设备的折旧：甲设备每年折旧额 $= 10\,000 \div 5 = 2\,000(元)$

乙设备每年折旧额 $= (12\,000 - 2\,000) \div 5 = 2\,000(元)$

甲设备各年现金净流量：

$NCF_0 = -10\,000(元)$

$NCF_{1-5} = 6\,000 - 2\,000 - [6\,000 - (2\,000 + 2\,000)] \times 25\% = 3\,500(元)$

乙设备各年现金净流量：

$NCF_0 = -12\,000 + (-3\,000) = -15\,000(元)$

$NCF_1 = 8\,000 - 3\,000 - [8\,000 - (3\,000 + 2\,000)] \times 25\% = 4\,250(元)$

$NCF_2 = 8\,000 - 3\,400 - [8\,000 - (3\,400 + 2\,000)] \times 25\% = 3\,950(元)$

$NCF_3 = 8\,000 - 3\,800 - [8\,000 - (3\,800 + 2\,000)] \times 25\% = 3\,650(元)$

$NCF_4 = 8\,000 - 4\,200 - [8\,000 - (4\,200 + 2\,000)] \times 25\% = 3\,350(元)$

$NCF_5 = 8\,000 - 4\,600 - [8\,000 - (4\,600 + 2\,000)] \times 25\% + 3\,000 + 2\,000 = 8\,050(元)$

第三节 长期投资决策评价指标概述

为了客观、科学地分析评价各种投资方案的可行性，一般应使用不同的指标，从不同的侧面或角度反映投资方案的可行性。项目投资决策评价指标是衡量和比较投资项目可行性并据以进行方案决策的定量化标准与尺度，它由一系列综合反映投资效益、投入产出关系的量化指标构成。

项目投资决策评价指标根据是否考虑资金的时间价值，可分为静态评价指标（也称非贴现指标）和动态评价指标（也称贴现指标）两大类。

一、静态评价指标

静态评价指标，即没有考虑资金时间价值因素的指标，主要包括投资利润率、静态投资回收期等指标。

(一) 投资利润率(ROI)

1. 投资利润率的含义

投资利润率(return on investment,ROI)又称投资报酬率,是指项目投资方案的年平均利润额占投资总额的百分比。

2. 投资利润率的计算公式

$$投资利润率(ROI) = \frac{年平均利润额}{平均投资总额} \times 100\%$$

上式中,分子是平均利润,不是现金净流量,不包括折旧等;分母可以用投资总额的50%来简单计算平均投资总额,一般不考虑固定资产的残值。

3. 投资利润率指标的决策标准

投资利润率是正指标,其数值越大越好。决策标准是:只有一个备选方案的投资中,如果计算的投资利润率高于基准投资收益率,则方案具有财务可行性,否则就不可行;如果有多个互斥方案,则投资项目的投资利润率越高越好,投资利润率最高的为最优方案。

【例 8-20】 网琳公司有甲、乙两个投资方案,投资总额均为 10 万元,全部用于购置新的设备,折旧采用直线法,使用期均为 5 年,无残值,其他有关资料如表 8-1 所示。

表 8-1 网琳公司现金流量表

单位:元

项目计算期	甲方案		乙方案	
	利润	现金净流量(NCF)	利润	现金净流量(NCF)
0		−100 000		−100 000
1	15 000	35 000	10 000	30 000
2	15 000	35 000	14 000	34 000
3	15 000	35 000	18 000	38 000
4	15 000	35 000	22 000	42 000
5	15 000	35 000	26 000	46 000
合计	75 000	75 000	90 000	90 000

要求:计算甲、乙两方案的投资利润率。

$$甲方案投资利润率 = \frac{15\,000}{100\,000 \div 2} \times 100\% = 30\%$$

$$乙方案投资利润率 = \frac{90\,000 \div 5}{100\,000 \div 2} \times 100\% = 36\%$$

从计算结果来看,乙方案的投资利润率比甲方案的投资利润率高 6%(36%−30%),因此,网琳公司应选择乙方案。

4. 投资利润率指标的优缺点

投资利润率指标的优点是计算简单,易于理解;其缺点在于:第一,没有考虑货币时间价值因素,把不同时期内的现金流量看成具有相等的价值,因此,它不能正确反映建设期长短、投资方式不同及回收额的有无对项目的影响;第二,只考虑固定资产投资,未考虑流动资产投资,因而容易导致决策失误。

(二) 静态投资回收期(PP)

1. 静态投资回收期的含义

静态投资回收期(payback period,PP)简称回期,是指以投资项目经营现金净流量抵偿原始总投资所需要的时间。

2. 静态投资回收期的计算

静态投资回收期的计算,因每年的营业现金净流量是否相等而有所不同。

(1) 经营期年现金净流量(NCF)相等。投产后一定时期内每年经营现金净流量相等,可按以下公式进行计算:

$$投资回收期 = \frac{投资总额}{年现金净流量}$$

如果投资项目投产后若干年(假设为 M 年)内,每年的经营现金净流量相等,且有以下关系成立:

$M \times$ 投产后 M 年内每年相等的现金净流量(NCF)≥投资总额。那么,则可用上述公式计算投资回收期。

【例 8-21】 大威矿山机械厂准备从甲、乙两种机床中选购一种机床。甲机床购价为 35 000 元,投入使用后,每年现金净流量为 7 000 元;乙机床购价为 36 000 元,投入使用后,每年现金净流量为 8 000 元。请用静态投资回收期指标决策该厂应选购哪种机床。

甲机床投资回收期=35 000÷7 000=5(年)

乙机床投资回收期=36 000÷8 000=4.5(年)

经计算可知,乙机床的回收期比甲机床短0.5年(5-4.5)。因此,大威矿山机械厂应选择购买乙机床。

【例 8-22】 紫星集团投资一个项目,其投资总额为 100 万元,建设期为 2 年,投产后第 1 年至第 8 年每年现金净流量为 25 万元,第 9 年、第 10 年每年现金净流量均为 20 万元。

要求:计算项目的投资回收期。

因为,8×25=200 万元≥投资额 100 万元

所以,投资回收期=$2+\dfrac{100}{25}$=6(年)

由此例可知,投资回收期还应包括建设期。

(2) 经营期年现金净流量不相等。此时,需先计算逐年累计的现金净流量,然后用插入

法计算出投资回收期。

【例8-23】　中集集团考虑对项目甲进行投资,投资额为1 000万元,每年现金净流量和累计现金净流量如表8-2所示,请计算该项目的静态投资回收期为多少年?

表8-2　　　　　　　　　　　　　　　　现金流量表

单位:万元

项目计算期	甲方案	
	现金净流量(NCF)	累计现金净流量
0	−1 000	−1 000
1	500	−500
2	400	−100
3	300	200
4	100	300
5	10	310
6	10	320

从表8-2可得出,甲方案的投资回收期在第2年与第3年之间,用插入法可计算出:

甲方案投资回收期$=2+|-100|\div300=2.33$(年)

3. 静态投资回收期指标的决策标准

静态投资回收期是反指标,其数值越小越好。其决策标准是:在只有一个备选方案的投资决策中,如果计算的投资回收期小于或等于基准投资回收期,则方案具有财务可行性,否则方案就不可行;如果有多个方案,则投资回收期最短的为最优方案。

4. 静态投资回收期指标的优缺点

静态投资回收期指标的优点是计算简便易懂,能够直观反映原始投资额的返本期限;其缺点是没有考虑资金的时间价值及投资回收期满后的现金流量状况,以及整个投资项目的盈利水平,故不能全面、正确地评价各投资方案的经济效益。

由此可见,静态评价指标的计算简单、明了、容易掌握。但是这类指标的计算均没有考虑资金时间价值。另外,投资利润率也没有考虑折旧的回收,即没有完整反映现金净流量,无法直接利用现金净流量的信息;而静态投资回收期也没有考虑回收期之后的现金净流量对投资收益的贡献,也就是说,没有考虑投资方案的全部现金净流量,所以存在较大局限性。因此,该类指标一般只适用于方案的初选,或者投资后各项目间经济效益的比较。

二、 动态评价指标

动态评价指标也称为贴现指标,即考虑资金时间价值因素的指标。动态评价法是对投资项目形成的现金流量,在资金的时间价值统一换算的基础上计算指标,进行投资决策的一种方法。它是一种既考虑了资金时间价值,又考虑了投资项目生命周期中全部现金流量的一种评价方法，主要包括净现值、净现值率、现值指数、内含报酬率等指标。

(一) 净现值(NPV)

1. 净现值的含义

净现值(net present value，NPV)，是指在项目计算期内，将投资项目所产生的所有现金流入和现金流出，按照一定贴现率进行折现而获得的现值，即各期现金流入量的现值与现金流出量现值之差。一般来说，回报率通常指股东或其他资本提供者所要求的报酬率，也可理解为资本成本。该评判标准是以净现值的大小来评价方案优劣的方法。

2. 净现值的计算公式

$$NPV = \sum_{t=0}^{n} NCFt \times (P/F, i, t)$$

式中：n 为项目计算期(包括建设期与经营期)；

$NCFt$ 为第 t 年的现金净流量；

$(P/F, i, t)$ 为第 t 年、贴现率为 i 的复利现值系数。

(1) 经营期内各年现金净流量相等，建设期为 0 时，净现值的计算公式为：

净现值＝经营期每年相等的现金净流量×年金现值系数－投资现值

【例 8-24】 汉金集团购入一台设备，价值为 30 000 元，按直线法计提折旧，使用寿命 6 年，期末无残值。预计投产后每年现金净流量为 4 000 元，假定贴现率为 12%。请计算该项目的净现值。

$NCF_0 = -30\,000(元)$

$NCF_{1-6} = 4\,000 + 30\,000 \div 6 = 9\,000(元)$

$NPV = 9\,000 \times (P/A, 12\%, 6) - 30\,000 = 9\,000 \times 4.1114 - 30\,000 = 7\,002.6(元)$

(2) 经营期内各年现金净流量不相等。净现值的计算公式为：

净现值 $= \sum$(经营期各年的现金净流量×各年的现值系数) － 投资现值

【例 8-25】 根据[例 8-24]资料，该设备投产后，每年现金净流量分别为 3 000 元、3 000 元、4 000 元、4 000 元、5 000 元、6 000 元，其他资料不变。请计算该项目的净现值。

解：$NCF_0 = -30\,000(元)$

年折旧额 $= 30\,000 \div 6 = 5\,000(元)$

$NCF_1 = 3\,000 + 5\,000 = 8\,000(元)$

$NCF_2 = 3\,000 + 5\,000 = 8\,000(元)$

$NCF_3 = 4\,000 + 5\,000 = 9\,000(元)$

$NCF_4 = 4\,000 + 5\,000 = 9\,000(元)$

$NCF_5 = 5\,000 + 5\,000 = 10\,000(元)$

$NCF_6 = 6\,000 + 5\,000 = 11\,000(元)$

$NPV = 8\,000 \times (P/F, 12\%, 1) + 8\,000 \times (P/F, 12\%, 2) + 9\,000 \times (P/F, 12\%,$

3）$+9\,000\times(P/F,12\%,4)+10\,000\times(P/F,12\%,5)+11\,000\times(P/F,12\%,6)-30\,000$

$=8\,000\times0.8929+8\,000\times0.7972+9\,000\times0.7118+9\,000\times0.6355+10\,000\times0.5674+11\,000\times0.5066-30\,000$

$=6\,893.1(元)$

【例8-26】　艺龙公司拟建一项固定资产,需投资55万元,按直线法计提折旧,使用寿命10年,期末有5万元净残值。该项工程建设期为1年,投资额分别于年初投入30万元,年末投入25万元。预计项目投产后每年可增加营业收入15万元,总成本10万元,假定贴现率为10%。请计算该投资项目的净现值(不考虑所得税)。

（1）建设期现金净流量：

$NCF_0=-30(万元)$

$NCF_1=-25(万元)$

（2）经营期营业现金净流量：

$NCF_{2-10}=(15-10)+(55-5)\div10=10(万元)$

（3）经营期终结现金净流量：

$NCF_{11}=10+5=15(万元)$

（4）$NPV=10\times[(P/A,10\%,10)-(P/A,10\%,1)]+15\times(P/F,10\%,11)-[30+25\times(P/F,10\%,1)]$

　　　$=10\times(6.1446-0.9091)+15\times0.3505-(30+25\times0.9091)$

　　　$=4.885(万元)$

3. 净现值指标的决策标准

净现值是正指标,其数值越大越好。如果净现值为正值,表明现金流入产生的回报大于资本成本,说明企业在支付给资本提供者回报外,仍有剩余资金可用于企业经营,因此,该方案可以被接受。如果企业有若干个净现值为正值的方案,并且这些方案之间并不相互排斥,那么企业就应当首先满足最大净现值方案的投资需要。

如果净现值为负值,表明企业从投资项目中所得到的现金流入产生的效益不能满足资本提供者的要求,因此,该方案应该被拒绝。如果净现值为0,表明投资项目产生的效益正好与资本提供者的要求相同,企业没有任何剩余留存。

当有两个或两个以上投资备选方案的净现值均大于0时,应选择净现值最大的方案。所以,净现值大于或等于0是项目可行的必要条件。

4. 净现值指标的优缺点

净现值是一个贴现的绝对值正指标,其优点在于：①综合考虑了资金时间价值,能较合理反映投资项目的净收益;②考虑了项目计算期的全部现金净流量,体现了流动性与收益性的统一;③考虑了投资风险性,因为贴现率的大小与风险大小有关,风险越大,贴现率就越高。但是该指标的缺点也是明显的,即无法直接反映投资项目的实际投资盈利水平。当各项目投资额不同时,难以确定最优的投资项目。

上述的净现值是一个绝对数指标,与其相对应的相对数指标是净现值率与现值指数。

(二) 净现值率(NPVR)

1. 净现值率的含义

净现值率(net present value ratio,NPVR),是指投资项目的净现值占原始投资现值总和的比率,也可将其理解为单位原始投资的现值所创造的净现值。

2. 净现值率的计算公式

$$净现值率 = \frac{净现值}{投资现值}$$

3. 净现值率指标的决策标准

净现值率是正指标,其数值越大越好。只有净现值率指标大于或等于零的投资项目才具有财务可行性。

4. 净现值率指标的优缺点

净现值率指标的优点是考虑了资金时间价值,每次从动态的角度反映项目投资的资金投入与净产出之间的关系。缺点是这一指标同样无法直接揭示各个投资方案本身可能达到的实际报酬率,且计算通常建立在净现值指标的计算基础上。

(三) 现值指数(PI)

1. 现值指数的含义

现值指数(present index,PI)也称获利指数,是指投产后按一定的贴现率或设定折现率折算的各年现金净流量的现值合计与原始投资的现值合计之比。

2. 现值指数的计算公式

$$现值指数 = \sum \frac{经营期各年现金净流量现值}{投资现值}$$

3. 现值指数指标的决策标准

$$现值指数 = 净现值率 + 1$$

净现值率大于0,现值指数大于1,表明项目的报酬率高于贴现率,存在额外收益;净现值率等于0,现值指数等于1,表明项目的报酬率等于贴现率,收益只能抵补资本成本;净现值率小于0,现值指数小于1,表明项目的报酬率小于贴现率,收益不能抵补资本成本。所以,对于单一方案的项目来说,净现值率大于或等于0,现值指数大于或等于1是项目可行的必要条件。当有多个投资项目可供选择时,净现值率或现值指数越大,企业的投资报酬水平就越高,因此,应采用净现值率大于0或现值指数大于1中的最大者为最优方案。

4. 现值指数指标的优缺点

现值指数法的优点是考虑了资金的时间价值,能够真实反映投资项目能够获得的未来报酬的现值,但是其只能判断出投资方案的报酬率是高于还是低于所用的资本成本,不能确定各方案本身能达到的实际收益率,因此,在进行长期投资方案经济效益的评价时,还需采用内含报酬率法。

【例 8-27】 根据[例 8-26]的资料。计算净现值率和现值指数。

$$净现值率 = \frac{4.885}{30 + 25 \times (P/F, 10\%, 1)} = 0.09265$$

$$现值指数 = \frac{10 \times [(P/A, 10\%, 10) - (P/A, 10\%, 1)] + 15 \times (P/F, 10\%, 11)}{30 + 25 \times (P/F, 10\%, 1)}$$

$$= 1.09265$$

现值指数 = 净现值率 + 1 = 0.09265 + 1 = 1.09265

(四) 内含报酬率(IRR)

1. 内含报酬率的含义

内含报酬率(internal rate of return,IRR)又称内部收益率,是指投资项目在项目计算期内各年现金净流量现值合计数等于 0 时的贴现率,亦可将其定义为能使投资项目的净现值等于 0 时的贴现率。

2. 内含报酬率的计算公式

内含报酬率 IRR 满足下列等式:

$$\sum_{t=0}^{n} NCFt \times (P/F, IRR, t) = 0$$

从上式中可知,净现值的计算是根据给定的贴现率求净现值。而内含报酬率的计算是先令净现值等于 0,然后求能使净现值等于 0 的贴现率。所以,净现值不能揭示各个方案本身可以达到的实际报酬率,而内含报酬率却在实际上反映了项目本身的真实报酬率。用内含报酬率评价项目可行的必要条件是内含报酬率大于或等于贴现率。

(1) 经营期内各年现金净流量相等,且全部投资均于建设起点一次投入,建设期为 0,即:

经营期每年相等的现金净流量(NCF) × 年金现值系数(P/A, IRR, t) − 投资总额 = 0

内含报酬率具体计算的程序如下:

第一步,计算年金现值系数(P/A, IRR, t)。

$$年金现值系数 = \frac{投资总额}{经营期每年相等的现金净流量}$$

第二步,根据计算出来的年金现值系数与已知的年限 n,查阅年金现值系数表,确定内含报酬率的范围。

第三步,用插入法求出内含报酬率。

【例 8-28】 佳伟公司拟投资一个项目,该项目的现金净流量为 $NCF_0 = -100$(万元), $NCF_{1-10} = 20$(万元),请计算该项目的内含报酬率。

$(P/A, IRR, 10) = 100/20 = 5$

通过查阅 10 年的年金现值系数表,可知:

$(P/A,14\%,10)=5.2161>5$; $(P/A,16\%,10)=4.8332<5$

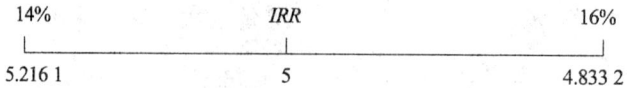

故知所求 IRR 在 $14\%\sim16\%$,应用插入法计算。

$IRR=14\%+(5.2161-5)\times(16\%-14\%)\div(5.2161-4.8332)=15.13\%$

(2) 经营期内各年现金净流量不相等。

若投资项目在经营期内各年现金净流量不相等;或建设期不为 0,投资额是在建设期内分次投入的情况下,无法应用上述的简便方法,必须按定义采用逐次测试的方法,计算能使净现值等于 0 的贴现率,即内含报酬率。计算步骤如下:

第一步,估计一个贴现率,用它来计算净现值。如果净现值为正数,说明方案的实际内含报酬率大于预计的贴现率,应提高贴现率再进一步测试;如果净现值为负数,说明方案本身的报酬率小于估计的贴现率,应降低贴现率再进行测算。如此反复测试,寻找出使净现值由正到负或由负到正且接近 0 的两个贴现率。

第二步,根据上述相邻的两个贴现率用插入法求出该方案的内含报酬率。逐步测试法是一种近似方法,因此,相邻的两个贴现率不能相差太大,否则误差会很大。

【例 8-29】 根据[例 8-25]资料,计算内含报酬率。

由[例 8-25]可知,不同的现金净流量,可先按 16% 估计的贴现率进行测试,其结果净现值 2 855.8 元,是正数;然后将贴现率提高到 18% 进行测试,净现值为 1 090.6 元,仍为正数;再把贴现率提高到 20% 重新测试,净现值为 -526.5 元,是负数,说明该项目的内含报酬率在 18%～20%。有关测试计算见表 8-3。

表 8-3　　　　　　　　　　　现金流量表

单位:元

年份	现金净流量(NCF)	贴现率=16%		贴现率=18%		贴现率=20%	
		现值系数	现值	现值系数	现值	现值系数	现值
0	(30 000)	1	(30 000)	1	(30 000)	1	(30 000)
1	8 000	0.8621	6 896.8	0.8475	6 780	0.8333	6 666.4
2	8 000	0.7432	5 945.6	0.7182	5 745.6	0.6944	5 555.2
3	9 000	0.6407	5 766.3	0.6086	5 477.4	0.5787	5 208.3
4	9 000	0.5523	4 970.7	0.5158	4 642.2	0.4823	4 340.7
5	10 000	0.4762	4 762	0.4371	4 371	0.4019	4 019
6	11 000	0.4104	4 514.4	0.3704	4 074.4	0.3349	3 683.9
净现值			2 855.8		1 090.6		(526.5)

用插入法近似计算内含报酬率：

18%		IRR		20%
$NPV = 1\,090.6$		$NPV = 0$		$NPV = -526.5$

$$IRR = 18\% + \frac{1\,090.6 - 0}{1\,090.6 - (-526.5)} \times (20\% - 18\%) = 19.35\%$$

3. 内含报酬率指标的决策标准

内含报酬率是正指标，其数值越大越好。其决策标准是：在只有一个备选方案的投资决策中，如果计算的内部收益率大于或等于基准折现率或资本成本，那么方案具有财务可行性，否则就不可行；在有多个备选方案的互斥投资决策中，内部收益率超过基准折现率或资本成本最多的方案为最优方案。

4. 内含报酬率指标的优缺点

内含报酬率指标的优点是考虑了资金的时间价值，反映了投资项目的真实报酬率，又不受基准折现率高低的影响，比较客观。其缺点是计算过程比较复杂，尤其当经营期大量追加投资时，又有可能导致多个内部报酬率出现，或偏高或偏低，缺乏实际意义。

（五）贴现评价指标之间的关系

净现值 NPV，净现值率 $NPVR$，现值指数 PI 和内含报酬率 IRR 指标之间存在以下数量关系，即：

当 $NPV > 0$ 时，$NPVR > 0$，$PI > 1$，$IRR > i$；

当 $NPV = 0$ 时，$NPVR = 0$，$PI = 1$，$IRR = i$；

当 $NPV < 0$ 时，$NPVR < 0$，$PI < 1$，$IRR < i$。

这些指标的计算结果都受到建设期和经营期的长短、投资金额及方式，以及各年现金净流量的影响。不同的是净现值（NPV）为绝对数指标，其余为相对数指标，计算净现值、净现值率和现值指数所依据的贴现率（i）都是事先已知的，而内含报酬率（IRR）的计算本身与贴现率（i）的高低无关，只是采用这一指标的决策标准是将所测算的内含报酬率与其贴现率进行对比，当 $IRR \geq i$ 时该方案是可行的。

第四节　长期投资决策评价指标的运用

计算评价指标的目的是进行项目投资方案的对比与选优，使它们在方案的对比与选优中正确地发挥作用，为项目投资方案提供决策的定量依据。但投资方案对比与选优的方法会因项目投资方案的不同而有区别。

一、独立方案的对比与选优

独立方案是指相互之间存在着相互依赖的关系，但又不能相互取代的方案。在只有一个投资项目可供选择的条件下,只需评价其在财务上是否可行。

常用的评价指标有净现值、净现值率、现值指数和内含报酬率,如果评价指标同时满足以下条件: $NPV \geqslant 0$, $NPVR \geqslant 0$, $PI \geqslant 1$, $IRR \geqslant i$,则项目具有财务可行性;反之,则不具备财务可行性。而静态的投资回收期与投资利润率可作为辅助指标评价投资项目,但需注意,当辅助指标与主要指标(净现值等)的评价结论发生矛盾时,应当以主要指标的结论为准。

【例 8-30】 通光企业拟引进一条流水线,投资额 110 万元,分两年投入。第 1 年投入 70 万元,第 2 年投入 40 万元,建设期为 2 年,净残值 10 万元,折旧采用直线法。在投产初期投入流动资金 20 万元,项目使用期满仍可全部回收。该项目可使用 10 年,每年销售收入为 60 万元,总成本 45 万元。假定企业期望的投资报酬率为 10%。请计算该项目的净现值、内含报酬率,并判断该项目是否可行(不考虑所得税)。

$$NCF_0 = -70(万元)$$

$$NCF_1 = -40(万元)$$

$$NCF_2 = -20(万元)$$

$$年折旧额 = \frac{110-10}{10} = 10(万元)$$

$$NCF_{3-11} = 60 - 45 + 10 = 25(万元)$$

$$NCF_{12} = 25 + (10 + 20) = 55(万元)$$

$$
\begin{aligned}
NPV &= 25 \times [(P/A, 10\%, 11) - (P/A, 10\%, 2)] + 55 \times (P/F, 10\%, 12) \\
&\quad - [70 + 40 \times (P/F, 10\%, 1) + 20 \times (P/F, 10\%, 2)] \\
&= 25 \times (6.4951 - 1.7355) + 55 \times 0.3186 - (70 + 40 \times 0.9091 + 20 \times 0.8264) \\
&= 13.621(万元)
\end{aligned}
$$

(1) $i = 12\%$ 时,测算 NPV。

$$
\begin{aligned}
NPV &= 25 \times (5.9377 - 1.6901) + 55 \times 0.2567 - (70 + 40 \times 0.8929 + 20 \times 0.7972) \\
&= -1.3515(万元)
\end{aligned}
$$

(2) 用插入法计算 IRR。

$$IRR = 10\% + \frac{13.621 - 0}{13.621 - (-1.3515)} \times (12\% - 10\%) = 11.82\% > 贴现率 10\%$$

$i=10\%$	IRR	$i=12\%$
$NPV = 13.621$	$NPV = 0$	$NPV = -1.351\,5$

计算表明,净现值为 13.621 万元,大于 0,内含报酬率为 11.82%,大于贴现率 10%,所以该项目在财务上是可行的。一般来说,用净现值和内含报酬率对独立方案进行评价,不会出现相互矛盾的结论。

二、互斥方案的对比与选优

项目投资决策中的互斥方案(相互排斥方案)是指在决策时涉及的多个相互排斥、不能同时实施的投资方案。互斥方案决策过程就是在每一个入选方案已具备项目可行性的前提下,利用具体决策方法比较各个方案的优劣,利用评价指标从各个备选方案中最终选出一个最优方案的过程。

各个备选方案的投资额、项目计算期不相一致,因此,要根据各个方案的使用期、投资额相等与否,采用不同的方法做出选择。

(一)互斥方案的投资额、项目计算期均相等,可采用净现值或内含报酬率

净现值是指通过比较互斥方案的净现值指标的大小来选择最优方案的方法。内含报酬率是指通过比较互斥方案的内含报酬率指标的大小来选择最优方案的方法。净现值或内含报酬率最大的方案为优。

【例8-31】 磊利企业现有资金100万元可用于固定资产项目投资,有A、B、C、D四个互相排斥的备选方案可供选择,这四个方案投资总额均为100万元,项目计算期都为6年,贴现率为10%,现经计算:

$$NPV_A = 8.1253(万元) \quad IRR_A = 13.3\%$$
$$NPV_B = 12.25(万元) \quad IRR_B = 16.87\%$$
$$NPV_C = -2.12(万元) \quad IRR_C = 8.96\%$$
$$NPV_D = 10.36(万元) \quad IRR_D = 15.02\%$$

请决策哪一个投资方案为最优。

因为C方案净现值为-2.12万元,小于0,内含报酬率为8.96%,小于贴现率,不符合财务可行的必要条件,应舍去。

又因为A、B、D三个备选方案的净现值均大于0,且内含报酬率均大于贴现率。

所以A、B、D三个方案均符合财务可行的必要条件

且 $NPV_B > NPV_D > NPV_A$;

12.25万元 > 10.36万元 > 8.1253万元;

$IRR_B > IRR_D > IRR_A$;

16.87% > 15.02% > 13.3%。

所以B方案最优,D方案为其次,最差为A方案,应采用B方案。

(二)互斥方案的投资额不相等,但项目计算期相等,可采用差额

差额是指在两个投资总额不同方案的差量现金净流量(记作 ΔNCF)的基础上,计算出差额净现值(记作 ΔNPV)或差额内含报酬率(记作 ΔIRR),并据以判断方案孰优孰劣的方法。

在此方法下,一般用投资额大的方案减投资额小的方案,当 $\Delta NPV \geqslant 0$ 或 $\Delta IRR \geqslant i$ 时,投资额大的方案较优;反之,则投资额小的方案为优。

差额净现值 ΔNPV 或差额内含报酬率 ΔIRR 的计算过程和计算技巧同净现值 NPV 或内含报酬率 IRR 完全一样,只是所依据的是 ΔNCF。

【例 8-32】 新华企业有甲、乙两个投资方案可供选择。甲方案的投资额为 100 000 元,每年现金净流量均为 30 000 元,可使用 5 年;乙方案的投资额为 70 000 元,每年现金净流量分别为 10 000 元、15 000 元、20 000 元、25 000 元、30 000 元,使用年限也为 5 年。甲、乙两方案建设期均为 0 年,如果贴现率为 10%。请分析新华企业应选择甲方案还是乙方案。

因为两方案的项目计算期相同,但投资额不相等,所以可采用差额法来评判。

$NCF_0 = -100\,000 - (-70\,000) = -30\,000(元)$

$NCF_1 = 30\,000 - 10\,000 = 20\,000(元)$

$NCF_2 = 30\,000 - 15\,000 = 15\,000(元)$

$NCF_3 = 30\,000 - 20\,000 = 10\,000(元)$

$NCF_4 = 30\,000 - 25\,000 = 5\,000(元)$

$NCF_5 = 30\,000 - 30\,000 = 0$

$$
\begin{aligned}
NPV_{甲-乙} &= 20\,000 \times (P/F, 10\%, 1) + 15\,000 \times (P/F, 10\%, 2) \\
&\quad + 10\,000 \times (P/F, 10\%, 3) + 5\,000 \times (P/F, 10\%, 4) - 30\,000 \\
&= 20\,000 \times 0.9091 + 15\,000 \times 0.8264 + 10\,000 \times 0.7513 \\
&\quad + 5\,000 \times 0.6830 - 30\,000 \\
&= 11\,506(元) > 0
\end{aligned}
$$

(1) 用 $i = 28\%$ 测算 ΔNPV。

$$
\begin{aligned}
NPV &= 20\,000 \times (P/F, 28\%, 1) + 15\,000 \times (P/F, 28\%, 2) \\
&\quad + 10\,000 \times (P/F, 28\%, 3) + 5\,000 \times (P/F, 28\%, 4) - 30\,000 \\
&= 20\,000 \times 0.7813 + 15\,000 \times 0.6104 + 10\,000 \times 0.4768 \\
&\quad + 5\,000 \times 0.3725 - 30\,000 \\
&= 1\,412.5(元) > 0
\end{aligned}
$$

(2) 再用 $i = 32\%$ 测算 ΔNPV。另外,已知 $(P/F, 32\%, 1 = 0.7576)$,$(P/F, 32\%, 2 = 0.5739)$,$(P/F, 32\%, 3 = 0.4348)$,$(P/F, 32\%, 4 = 0.3294)$。

$$
\begin{aligned}
NPV &= 20\,000 \times (P/F, 32\%, 1) + 15\,000 \times (P/F, 32\%, 2) \\
&\quad + 10\,000 \times (P/F, 32\%, 3) + 5\,000 \times (P/F, 32\%, 4) - 30\,000 \\
&= 20\,000 \times 0.7576 + 15\,000 \times 0.5739 + 10\,000 \times 0.4348 \\
&\quad + 5\,000 \times 0.3294 - 30\,000 \\
&= -244.5(元) < 0
\end{aligned}
$$

(3) 用插入法计算 ΔIRR。

$$
IRR = 28\% + \frac{1\,412.5 - 0}{1\,412.5 - (-244.5)} \times (32\% - 28\%)
$$

$=31.41\% >$ 贴现率 10%

计算表明,差额净现值为 11 506 元,大于 0,差额内含报酬率为 31.41%,大于贴现率 10%,因此,应选择甲方案。

(三) 互斥方案的投资额不相等,项目计算期也不相同,可采用年回收额

年回收额是指通过比较所有投资方案的年等额净现值指标的大小来选择最优方案的决策方法。在该标准下,年等额净现值最大的方案为优。

年回收额的计算步骤如下:

第一步,计算各方案的净现值 NPV;

第二步,计算各方案的年等额净现值,若贴现率为 i,项目计算期为 n,则:

$$年等额净现值 A = \frac{净现值}{年金现值系数} = \frac{NPV}{(P/A, i, n)}$$

【例 8-33】　宝迪企业有两项投资方案,其现金净流量如表 8-4 所示。

表 8-4　　　　　　　　　　　　　　现金流量表

单位:元

项目计算期	甲方案		乙方案	
	净收益	现金净流量	净收益	现金净流量
0		(200 000)		(120 000)
1	20 000	120 000	16 000	56 000
2	32 000	132 000	16 000	56 000
3			16 000	56 000

如果该企业期望达到最低报酬率为 12%,请帮宝迪企业做出决策,选择甲方案还是乙方案。

第一步,计算甲、乙方案的 NPV。

$NPV_{甲} = 120\,000 \times (P/F, 12\%, 1) + 132\,000 \times (P/F, 12\%, 2) - 200\,000$

　　　　$= 120\,000 \times 0.8929 + 132\,000 \times 0.7972 - 200\,000$

　　　　$= 12\,378.4(元)$

$NPV_{乙} = 56\,000 \times (P/A, 12\%, 3) - 120\,000$

　　　　$= 56\,000 \times 2.4018 - 120\,000$

　　　　$= 14\,500.8(元)$

第二步,计算甲、乙方案的年等额净现值。

$$甲方案年等额净现值 = \frac{12\,378.4}{(P/A, 12\%, 2)} = \frac{12\,378.4}{1.6901} = 7\,324.06(元)$$

乙方案年等额净现值 $= \dfrac{145\,000.8}{(P/A,\,12\%,\,3)} = \dfrac{14\,500.8}{2.4018} = 6\,037.47(元)$

第三步,做出决策。

因为甲方案年等额净现值>乙方案年等额净现值

7 324.06 元>6 037.47 元

所以,宝迪企业应选择甲方案。

根据上述计算结果可知,乙方案的净现值大于甲方案的净现值,但乙方案的项目计算期为 3 年,而甲方案仅为 2 年,乙方案的净现值高并不能说明该方案为优,因此,通过年回收额法计算年等额净现值得出此结论,甲方案的年等额净现值高于乙方案,即甲方案为最优方案。

三、 其他方案的对比与选优

在实际工作中,有些投资方案不能单独计算盈亏,或者投资方案的收入相同或收入基本相同且难以具体计量,一般可考虑采用成本现值比较或年成本比较来作出比较和评价。成本现值比较是指计算各个方案的成本现值之和并进行对比,成本现值之和最低的方案是最优的。成本现值比较一般适用于项目计算期相同的投资方案间的对比、选优。对于项目计算期不同的方案就不能用成本现值比较进行评价,而应采用年成本比较,即比较年平均成本现值对投资方案做出选择。

【例 8-34】 国晶企业有甲、乙两个投资方案可供选择,两个方案的设备生产能力相同,设备的寿命期均为 4 年,无建设期。甲方案的投资额为 64 000 元,每年的经营成本分别为 4 000 元、4 400 元,4 600 元,4 800 元,寿命终期有 6 400 元的净残值;乙方案投资额为 60 000 元,每年的经营成本均为 6 000 元,寿命终期有 6 000 元净残值。如果企业的贴现率为 8%,请比较两个方案的优劣。

因为甲、乙两个方案的收入不知道,无法计算 NPV,且项目计算期相同,均为 4 年,所以应采用成本现值比较。

甲方案的投资成本现值

$= 64\,000 + 4\,000 \times (P/F,\,8\%,\,1) + 4\,400 \times (P/F,\,8\%,\,2)$
    $+ 4\,600 \times (P/F,\,8\%,\,3) + 4\,800 \times (P/F,\,8\%,\,4) - 6\,400 \times (P/F,\,8\%,\,4)$

$= 64\,000 + 4\,000 \times 0.9259 + 4\,400 \times 0.8573 + 4\,600 \times 0.7938$
    $+ 4\,800 \times 0.7350 - 6\,400 \times 0.7350$

$= 73\,951.2(元)$

乙方案的投资成本现值

$= 60\,000 + 6\,000 \times (P/A,\,8\%,\,4) - 6\,000 \times (P/F,\,8\%,\,4)$

$= 60\,000 + 6\,000 \times 3.3121 - 6\,000 \times 0.7350$

$= 75\,462.6(元)$

根据以上计算结果表明,甲方案的投资成本现值较低(73 951.2 元<75 462.6 元),所以

甲方案优于乙方案。

【例 8-35】 根据[例 8-34]的资料,假设甲、乙投资方案寿命期分别为 4 年和 5 年,建设期仍为 0,其余资料不变。如果企业的贴现率仍为 8%,应选择哪个方案。

因为甲、乙两个方案的项目计算期不相同,所以不能采用成本现值比较,而应采用年成本比较。

甲方案项目计算期＝0＋4＝4(年)

乙方案项目计算期＝0＋5＝5(年)

计算步骤如下:

第一步,计算甲、乙方案的成本现值。

甲方案成本现值＝73 951.2(元)　(同[例 8-19]一致)

乙方案成本现值＝60 000＋6 000×$(P/A, 8\%, 5)$－6 000×$(P/F, 8\%, 5)$

$\quad\quad\quad\quad\quad\quad$＝60 000＋6 000×3.9927－6 000×0.6806

$\quad\quad\quad\quad\quad\quad$＝79 872.6(元)

第二步,计算甲、乙方案的年均成本。

$$甲方案的年均成本＝\frac{73\,951.2}{(P/A, 8\%, 4)}＝\frac{73\,951.20}{3.3121}＝22\,327.59(元)$$

$$乙方案的年均成本＝\frac{79\,872.6}{(P/A, 8\%, 5)}＝\frac{79\,872.60}{3.9927}＝20\,004.66(元)$$

以上计算结果表明,乙方案的年均成本低于甲方案的年均成本,因此,应采用乙方案。

思考题

1. 长期投资决策包括哪些类型?

2. 怎样理解资金时间价值? 是如何产生的?

3. 什么是现金流量? 投资项目的现金流量包括哪些内容?

4. 投资项目的现金流量包含哪几个阶段,各阶段如何计算?

5. 长期投资决策的主要评价指标包括哪些?

6. 净现值(NPV)与获利指数(PI)及内含报酬率(IRR)在评价投资决策时,三者之间有什么联系?

案例分析

俊玲食品厂是一家生产食品的中型企业,该厂生产的食品质量高、价格合理,长期以来供不应求。为了扩大生产能力,俊玲食品厂准备新建一条生产线。

该厂的财务经理,主要负责筹资和投资工作,财务总监要求财务经理搜集建设新生产线的有关资料,并对投资项目进行财务评价,以供厂领导决策考虑。财务经理经过十几天的调查研究,得到以下有关资料。

（1）投资新的生产线需一次性投入 2 000 万元，无建设期，预计可使用 10 年，报废时无残值收入；该生产线的折旧年限为 10 年，使用直线法折旧，残值率为 10%。

（2）购置设备所需的资金通过银行借款筹措，借款期限为 4 年，每年年末支付，付息 100 万元，第 4 年年末用税后利润偿付本金。

（3）该生产线投入使用后，预计可使工厂第 1 至第 5 年的销售收入每年增长 2 000 万元，第 6 至第 10 年的销售收入每年增长 1 000 万元，耗用的人工和原材料等成本为收入的 60%。

（4）生产线建设期满后，工厂还需垫支流动资金 200 万元。

（5）所得税税率为 25%。

（6）银行借款的资本成本为 10%。

俊玲食品厂针对上述条件，需要对是否可以建设该项新生产线来判断项目的财务可行性并做出投资决策。

——本案例参考百度百科，由作者整理而成

第九章

全面预算管理

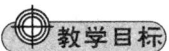 **教学目标**

　　本章各节共同构成全面预算管理体系。学生通过学习,了解全面预算的概念、内容与分类,理解全面预算管理的概念、原理和内容、特征与功能,掌握全面预算编制方法并能够编制全面预算,了解全面预算的运行环境及全面预算执行与控制的要点,能够科学评价公司的全面预算管理运行环境。

第一节　全面预算管理概述

一、全面预算的概念、内容与分类

(一) 全面预算的概念

　　全面预算是企业实现战略规划和经营目标,对预算期内经营活动、投资活动、财务活动进行管理控制的方法和工具。全面预算的概念需要从以下五个方面进行理解:

　　(1) 全面预算是企业为了实现战略规划和经营目标而编制的详细、具体的行动计划。全面预算属于计划的范畴,是指导企业预算期内所有经济活动的行动纲领。

　　(2) 全面预算是企业实现战略规划和经营目标,对预算期内经营活动、投资活动、财务活动进行管理控制的方法和工具。企业编制全面预算不是目的,通过编制、实施全面预算,强化企业各项经济活动的管理,有效控制企业风险,确保战略规划和经营目标的如期实现才是企业实施全面预算的目的。

　　(3) 全面预算是按照法定程序编制、审查、批准的,涵盖企业预算期内所有经济活动的综合计划。《中华人民共和国公司法》规定,董事会制订公司的年度财务预算方案,股东(大)会审议批准公司的年度财务预算方案。因为财务预算是全面预算的核心内容,是企业各项预算的总预算,所以全面预算必须经过法定的程序编制、审查和批准后才能付诸实施。

　　(4) 全面预算是由经营预算、投资预算、财务预算等一系列预算组成的相互衔接、相互关联的综合预算体系。全面预算以企业战略规划和市场为导向,将预算期内的经营目标具体化、细分化,它涵盖了企业的一切经济活动,包括经营、投资、财务等各项活动,以及企业的人、财、物各个方面,供、产、销各个环节,是企业预算期内所有经济活动的统筹安排和行动纲领。

（5）全面预算是对企业预算期内所有经济活动和运作过程的数量化、货币化表述。将企业的经营活动、投资活动、财务活动用货币化或数量化表述是预算区别于一般计划的重要标志。

（二）全面预算的内容

全面预算是由一系列预算按照其经济内容及相互关系有序排列组成的有机整体。从其内容上看，主要包括经营预算、投资预算、财务预算三大部分，如图 9-1 所示。

1. 经营预算

经营预算是指预算期内企业日常生产经营活动的预算，主要包括销售预算、生产预算、供应预算、期间费用预算和其他经营预算。

2. 投资预算

投资预算是指预算期内企业有关资本性投资活动的预算，主要包括固定资产投资预算、权益性资本投资预算、债券投资预算和项目筹资预算等。固定资产投资预算是预算期内企业为购建、改建、扩建、更新固定资产而进行资本投资的预算，主要包括基本建设投资预算、更新改造投资预算等。

3. 财务预算

财务预算是指预算期内企业财务活动、经营成果和财务状况方面的预算，主要包括利润预算、现金预算和财务状况预算。

（三）全面预算的分类

全面预算的种类很多，可以从不同角度、按照不同标准将其划分为若干类型。

1. 按预算的内容分类

按预算的内容可分为经营预算、投资预算和财务预算。这是最常用的一种预算分类方法。

2. 按预算的性质分类

按预算的性质可分为固定预算和弹性预算。固定预算，也称静态预算，是以预算期内的某一业务量水平为既定基础编制的预算；弹性预算也称为动态预算，是以预算期内一系列业务量水平为基础编制具有伸缩性的预算。由于这种预算是随业务量的变化作机动调整，本身具有弹性，故称为弹性预算。

3. 按预算的基础分类

按预算的基础可分为延续预算和零基预算。延续预算是在过去预算的基础上，根据预算期内经营目标的要求，结合目前实际，考虑未来变化，经过综合调整而形成的预算；零基预算是不考虑过去的预算项目和收支水平，以零为基础编制的预算。

4. 按预算的期间分类

按预算的期间可分为短期预算、长期预算和滚动预算。短期预算是预算期为一年或不到一年的预算；长期预算是预算期在一年以上的预算；滚动预算是预算期间始终保持为一个固定期间（如一年、一季等）的预算。

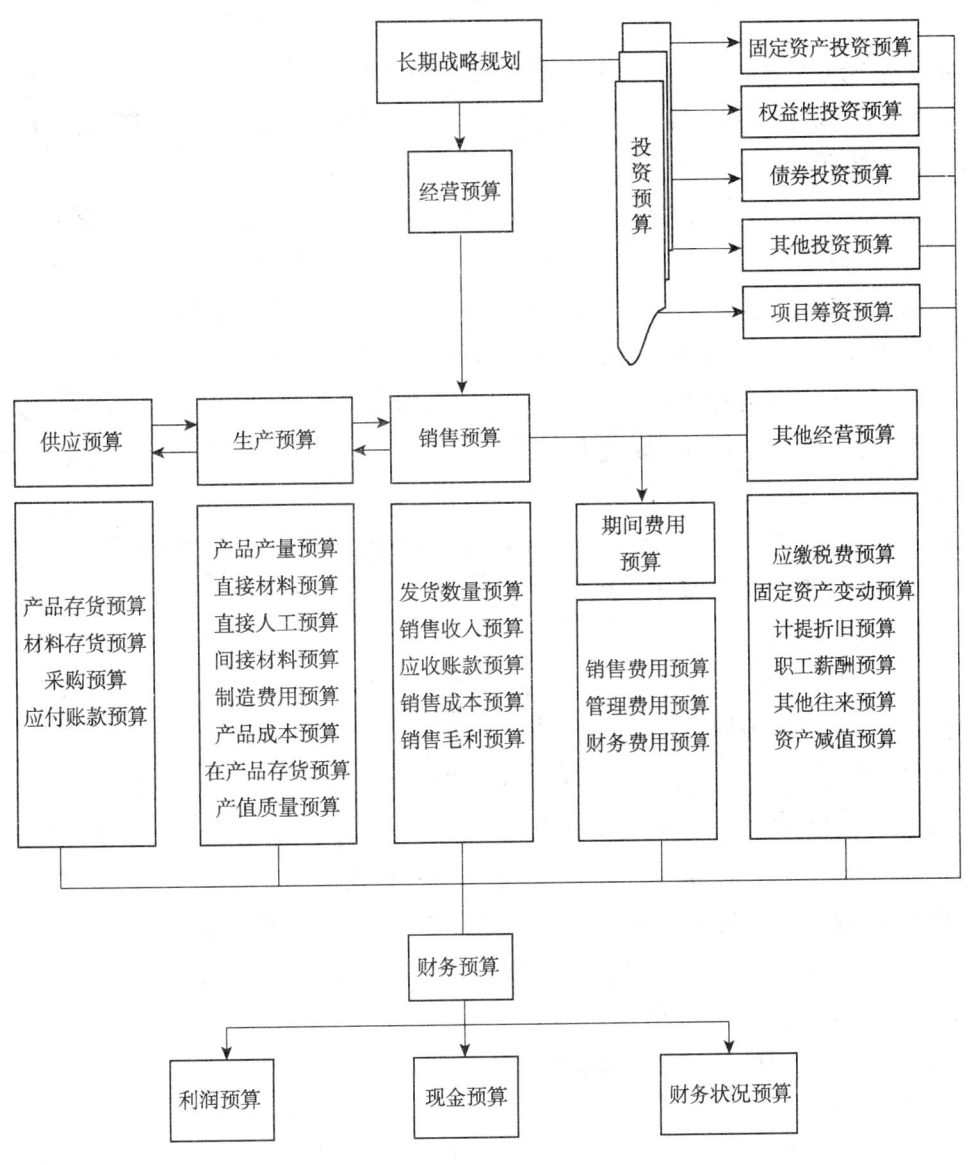

图 9-1　全面预算内容示意图

5. 按预算的主体分类

按预算的主体可分为部门预算和总预算。部门预算是以企业各职能部门为主体编制的预算;总预算是反映企业总体情况的预算。

6. 按预算的精细度分类

按预算的精细度可分为年度预算、季度预算、月度预算、旬预算和周预算。其中,旬预算和周预算是企业为适应市场经济的特点和精细化管理而编制的预算。在市场经济条件下,大部分企业都是以销定产安排生产经营活动的,只有拿到客户的产品订单后,才能组织产品生产。而很多企业拿到的产品订单往往只有 10 天或者一周的生产量,在这种情况下,企业就有必要将月度预算细化为旬预算或周预算。同时,企业为了管理的精细化,提高预算的执行力,也有必要将月度预算细化为旬预算或周预算。

(四)战略规划、经营目标、经营计划与全面预算的关系

战略规划、经营目标、经营计划与全面预算之间既有联系,又有区别。理清四者之间的逻辑关系,有助于理解全面预算的概念,提高全面预算管理的应用水平。

战略规划、经营目标、经营计划与全面预算都属于计划的范畴。计划是管理的首要职能,是对未来行动方案的一种规划和说明,起到设定目标、明确活动内容、规定任务期限、落实执行责任的作用。按照计划的时间跨度、内容和作用的不同,可以将计划分类为战略计划,策略计划和行动计划,其中,战略计划的时间跨度通常为五年以上,内容比较抽象概括是具有全局性的计划;策略计划也称战略规划,时间跨度一般在三年左右,内容比较具体,是将战略计划中具有广泛性的目标,转变为确定目标,并进一步规定达到各种目标的确切时间的计划;行动计划的时间跨度通常为一年及一年以下,内容详细、具体,是为了实现战略计划、策略计划而"化战略为行动"的短期计划。因此,企业的战略目标属于战略计划,战略规划和经营目标属于策略计划,经营计划和全面预算则属于行动计划。战略规划、经营目标、经营计划与全面预算之间的关系是。

(1)战略规划和经营目标是编制经营计划和全面预算的基本依据。经营计划和全面预算不能偏离战略规划和经营目标,经营计划和全面预算要相互对应和衔接。

(2)经营计划和全面预算是实现战略目标、实施战略规划、落实经营目标的具体行动方案。

(3)企业的经营计划是计划经济时期"生产技术财务计划"的自然延续,但编制依据有了根本性的区别。计划经济时期的生产技术财务计划是依据国家政府部门下达的指令性指导性计划编制的;市场经济时期的经营计划则是依据市场需求和企业自身条件编制的。

(4)经营计划是对企业一年或一个经营期间经营目标的一种描述,是粗线条的;全面预算是对经营计划的归类分解和细化,并用会计专业语言进行组合、阐述和解释。全面预算比经营计划更加具体、明确和严谨,具有信息量大、可操作性强、权威性高的特点(《中华人民共和国公司法》规定:企业经营计划由董事会决定,而财务预算则是由股东大会决定)。

(5)经营计划代替不了全面预算,但全面预算完全可以取代经营计划。全面预算涵盖了企业经营活动、投资活动、财务活动的各个方面,包括经营预算、投资预算和财务预算。因此,在成功实行全面预算管理的企业中,已经看不到经营计划的影子了,因为它已经全部囊括于全面预算之中。目前,由于全面预算管理在我国企业中还处于推广应用阶段,大部分企业采取了经营计划与全面预算并存的办法。随着大家对全面预算管理方法的全面认识和熟练掌握,全面预算必将完全取代经营计划。

(6)恰当的战略目标和战略规划、经营目标是企业成功的前提,但成功的关键还在于执行,在于落实。很多企业的战略最终失败,其原因之一就在于战略目标与结果之间的执行力往往是缺失的环节。只有把优秀的战略变成系统的、具体的、可行的行动计划,并能够随着企业环境的变化而不断调整自己的行动方案,才是成功企业的必备条件。而这个系统的具体的、可行的行动计划,就是全面预算。

总之,企业的战略目标需要战略规划、经营目标来规划、细分,而战略规划、经营目标又需要全面预算来具体落实。全面预算是企业实现战略目标和战略规划、经营目标的具体、可行的行动计划,是企业战略核心能力得以发挥的基础。

图 9-2 列示了企业从制定战略到编制全面预算的过程。

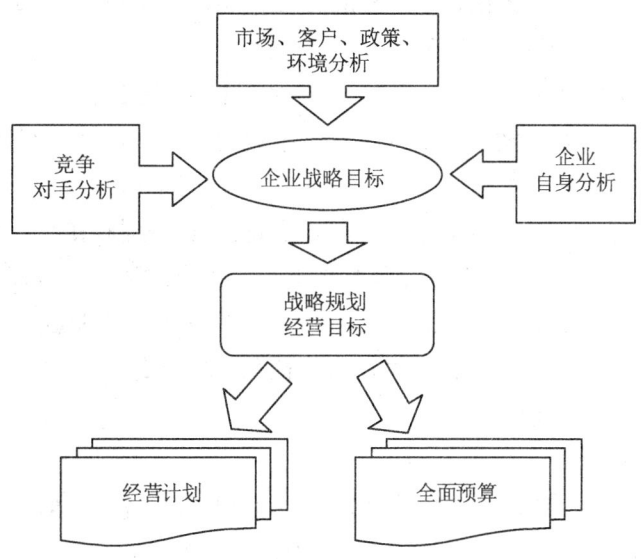

图 9-2　从制定战略到编制全面预算示意图

二、 全面预算管理的概念、原理和内容

(一) 全面预算管理的概念

全面预算管理是指企业为了实现战略规划和经营目标,采用预算方法对预算期内所有经营活动、投资活动和财务活动进行统筹安排,并以预算为标准,对预算执行过程和结果进行控制、核算、分析、考评、奖惩等一系列管理活动的过程。

正确把握全面预算管理的内涵,需要从以下四个方面进行理解。

1) 全面预算管理是一项管理活动

作为一项管理活动,全面预算管理具备了管理活动的五项基本要素:

(1) 预算管理的主体——企业管理层。企业管理层是指在企业具有决策、领导和管理职能的组织或个人。它既可以是企业的董事会,也可以是经理团队;既可以指企业的决策领导、管理机构,又可以指董事长、总经理等处于决策、领导和管理地位的个人。

(2) 预算管理的客体——企业预算期内所有经济活动。这是指企业预算期内经营活动、投资活动和财务活动的过程和结果。

(3) 预算管理的手段——全面预算方法。这就是将企业预算期内的所有经济活动全部编制为预算,并经过一定的程序审查、批准预算,使之成为企业预算期内法定的、规范的、具有高度权威性的行动计划。

（4）预算管理的职能——计划、执行、控制、分析、考核和奖惩等。这是指企业采用全面预算方法，对预算期内所有经济活动进行计划、执行、控制、分析、考核和奖惩。

（5）预算管理的目标——实现战略规划和经营目标。这是指企业实施全面预算管理的目的是确保预算期内战略规划和经营目标的实现。

2）全面预算管理的本质属性是以预算为标准的管理控制系统，是企业实施内部管理控制的方法和工具

企业内部管理控制的方法和工具有很多，包括授权批准控制、会计系统控制、财产保全控制、风险防范控制、合同管理控制、管理信息系统控制和内部审计控制等。其中，全面预算管理是企业内部管理控制的主要工具和方法，它通过编制预算，制定了执行、控制和评价标准，对企业所有经济活动实施了事前、事中和事后全过程的控制，在企业内部管理控制中发挥着核心作用。正如美国著名管理学家戴维·奥利所指出的那样：全面预算管理是为数不多的几个能把企业的所有关键问题融合于一个体系之中的管理控制方法之一。

3）全面预算管理涉及企业经济活动的方方面面，是一项全员参与、全方位管理、全过程控制的综合性、系统性管理活动

全员参与是指企业内部各部门、各单位、各岗位，上至董事长，下至各部门负责人、各岗位员工都必须参与预算管理。全方位管理是指企业的一切经济活动，包括人、财、物各个方面，供、产、销各个环节，都必须全部纳入预算管理。全过程控制是指企业各项经济活动的事前、事中和事后都必须纳入预算管理控制系统。

4）全面预算管理是企业实现战略规划和经营目标的有效方法和工具

战略规划和经营目标的制定是一个思维过程，而战略规划和经营目标的实施则是一个行动过程。规划和目标制定得再好，如果得不到有效实施，就不能将美好蓝图和愿景转变为现实。通过实施全面预算管理，企业不仅可以使用预算这个量化工具，使自身所处的经营环境、拥有的资源与企业的战略规划和经营目标保持动态平衡，而且通过预算编制可以将企业的战略规划和经营目标分解、细化为一个个具体的行动计划和作业计划，并通过预算执行控制、分析、考核、奖惩等一系列预算管理活动的实施，使企业的战略规划、经营目标与具体的行动方案紧密结合，从而化战略为行动，确保企业战略规划和经营目标的实现。

（二）全面预算管理的基本原理

全面预算管理本质上是一个以预算为标准的管理控制系统。上级经理通过预算的方式确定工作任务和业绩标准，由下级经理执行；为了保障下级经理的执行过程符合预算规定的目标和标准，上级经理必须安排专人对下级经理的预算执行过程和结果进行控制和计量；然后将实际执行情况与预算标准进行比较，并编制反馈报告送达上级经理；上级经理根据预算执行情况，决定是干预下级经理的预算执行过程，还是允许其继续运行下去；如此持续不断最终达到促使下级经理完成预算目标的目的。

全面预算管理的基本原理示意图如图9-3所示。

从动态上看，全面预算管理是一个伴随着企业经济活动进行而连续不断循环的过程。全面预算管理动态循环如图9-4所示。

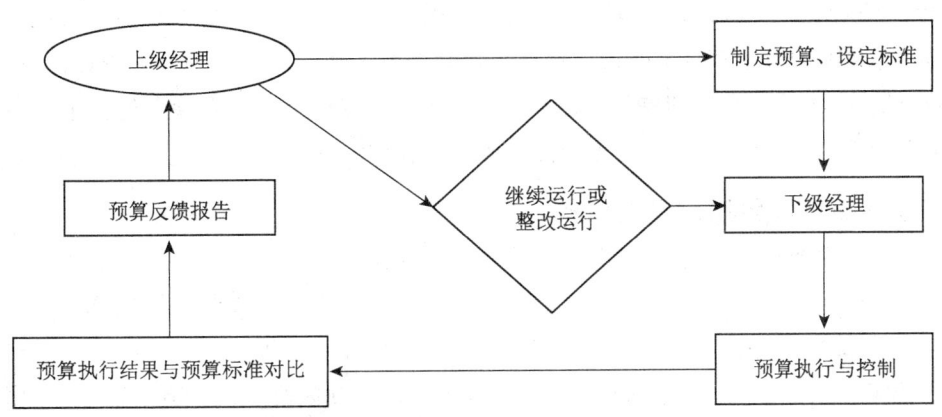

图 9-3　全面预算管理基本原理示意图

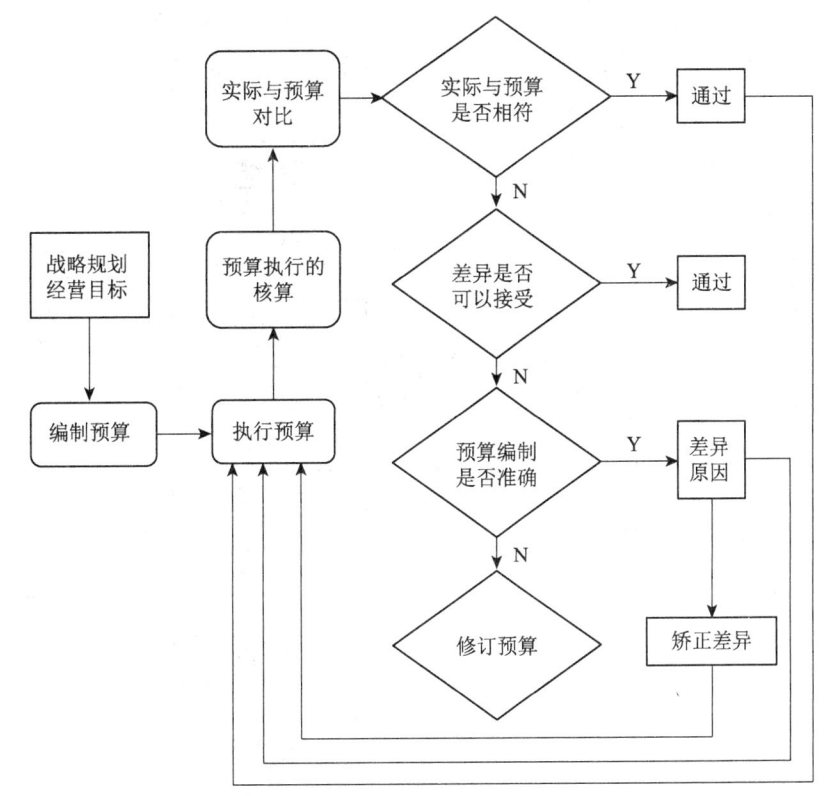

图 9-4　全面预算管理动态循环图

图 9-4 表明,全面预算管理的动态循环过程是:企业从战略规划和经营目标出发编制预算,到执行预算、预算执行的统计核算、实际运行结果与预算进行比较,看执行结果是不是与预算指标相符,如果相符,那就通过;如果不相符,就要看是什么性质的差异,差异额能否接受,如果可以接受就通过;如果差异不能接受,那可能有两种情况:一种是预算编制不准确,另一种是预算编制没有问题,但执行过程中出现了偏差。如果预算编制得不准确,那就需要修订预算;如果预算编制得准确无误,就要分析和确认造成差异的原因,并采取措施矫正差

异。如此不断循环下去,最终实现预算目标。值得注意的是:判断预算执行差异能否接受的标准是差异数额的大小和对全面预算管理的影响程度。全面预算管理要求预算执行的差异数额越小越好,而不论是有利差异,还是不利差异。在实施全面预算管理过程中,深刻理解全面预算管理的动态循环过程,对于保证全面预算管理的有效运行是至关重要的。

(三) 全面预算管理的流程与内容

全面预算管理的流程包括预算编制、预算执行和预算考评三大基本环节。其中,预算编制环节包括拟定预算目标、预算编制、预算审批等内容;预算执行环节包括预算分解与落实、预算执行、预算控制、预算核算、预算调整、预算报告、预算审计等内容;预算考评环节包括预算分析、预算考评、预算奖惩等内容。三大基本环节及各项内容之间相互关联、相互作用、相互衔接,并周而复始地循环,从而实现对企业所有经济活动的科学管理与有效控制。企业全面预算管理流程如图 9-5 所示。

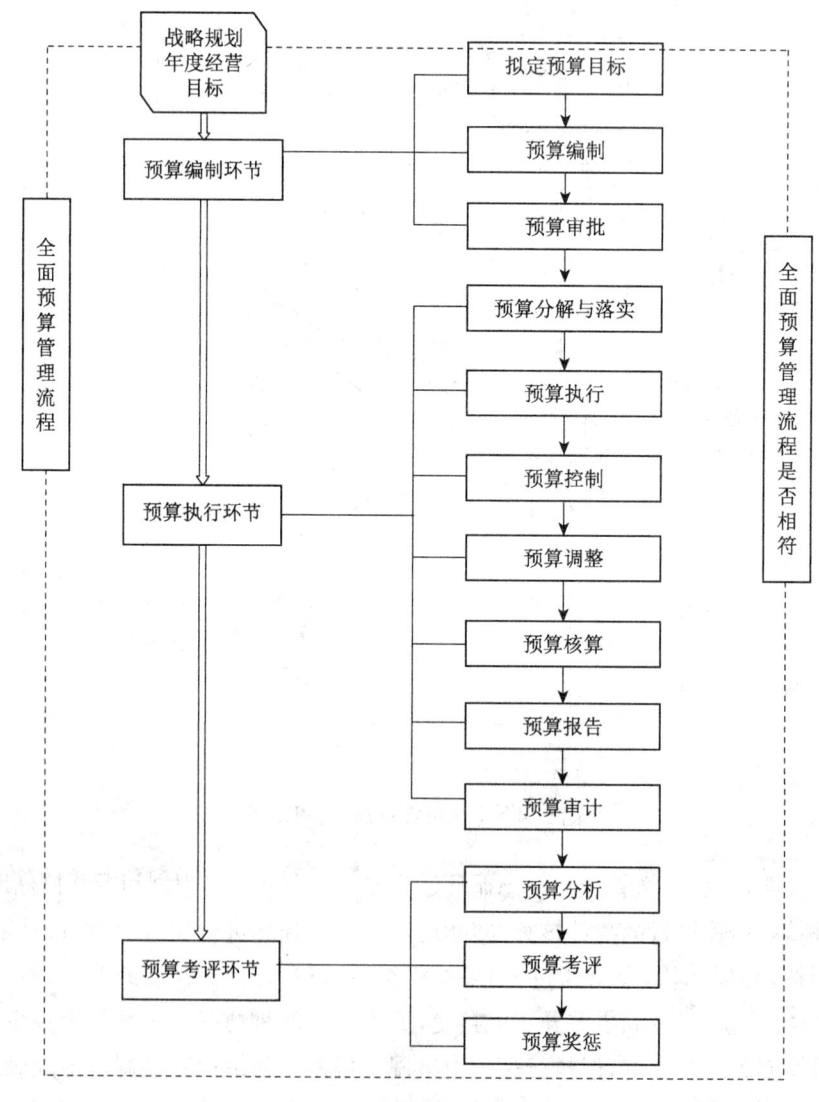

图 9-5 全面预算管理流程图

全面预算管理各个环节的主要内容如下。

1. 拟定预算目标

预算目标是预算期内企业各项经济活动所要达到的结果,是落实到各预算部门的、具体的责任目标值。在安排各预算部门编制预算草案之前,先需要企业管理当局根据战略规划和年度经营目标拟定企业及各预算部门的预算目标,作为编制全面预算的主线和方向。

2. 预算编制

企业各预算部门根据预算决策机构下达预算目标和预算编制大纲,综合考虑预算期内市场环境、资源状况、自身条件等因素,按照"自上而下、自下而上、上下结合"的程序编制预算草案。

3. 预算审批

企业预算管理部门对各预算部门上报的预算草案进行审查、汇总,提出合理的建议,对在审查、平衡过程中发现的问题要提出调整意见,并反馈给有关部门,予以在企业有关部门进一步修订、调整、平衡的基础上,汇总编制企业全面预算,经理签批后提交董事会或股东(大)会审议批准。

4. 预算分解与落实

全面预算审批下达后,企业管理当局要通过签订预算责任书的方式将预算指标从横向和纵向两个方面落实到企业内部各预算执行部门,形成执行责任体系。

5. 预算执行

在整个预算期内,企业的各项经济活动都要以全面预算为基本依据,确保全面预算的贯彻执行,形成以全面预算为轴心的企业经济活动运行机制。

6. 预算控制

预算控制是按照一定的程序和方法,确保企业及各预算部门落实全面预算、实现预算目标的过程,它是企业全面预算管理顺利实施的有力保证。企业通过预算编制为预算期的各项经济活动制定了目标和依据,通过预算执行将编制的预算付诸实施,通过预算控制确保预算执行不偏离预算的方向和目标。

7. 预算调整

预算调整是在预算执行过程中,对现行预算进行修改和完善的过程。因为预算是指导和规划未来的经济活动,编制预算的基础很多都是假设,如果在预算执行中预算指标或预算内容与实际情况大相径庭,就必须按照规定的程序对现行预算进行实事求是的调整。

8. 预算核算

为了对预算的执行情况和执行结果进行计量、考核和反映,企业必须完善预算核算体系,建立与各部门责任预算口径相一致的责任会计制度,包括原始凭证的填制,账簿的记录费用的归集和分配,内部产品及劳务的转移结算,收入的确认,以及最终经营业绩的确定和决算报表编制等核算内容。

9. 预算报告

预算报告是指采用报表、报告、通报等书面或电子文档形式对预算执行过程和结果等信息进行的统计、总结和反馈。它既包括日常预算执行情况的报告，也包括预算年度结束后对全年预算执行结果的决算报告。

10. 预算审计

预算审计是企业内部审计部门对全面预算管理活动的真实性、合法性和效益性进行的审计监督。通过审查评价预算管理体系的效率和效果，维护全面预算管理的严肃性、合法性和真实性，促进企业各预算执行部门改善预算管理、提高经济效益。

11. 预算分析

预算分析是指采用专门方法对全面预算管理活动全过程所进行的事前、事中和事后分析。其中，对预算执行结果的分析是重点，目的是确定预算执行结果与预算标准之间的差异，找出发生差异的原因，并确定其责任归属，为预算考评提供依据。

12. 预算考评

预算考评是对企业全面预算管理实施过程和实施效果进行的考核和评价，既包括对企业全面预算管理活动实施效果的全面考评，也包括对预算执行部门和预算责任人的考核与业绩评价。

13. 预算奖惩

预算奖惩是按照预算责任书中确定的奖惩方案，根据预算执行部门的预算执行结果对各预算部门进行奖惩兑现。预算奖惩是全面预算管理的生命线，是预算激励机制和约束机制的具体体现。建立科学的奖惩制度，一方面能使预算考评落到实处，真正体现责、权、利的结合；另一方面能有效引导人的行为，使预算目标和预算行为协调一致。

三、 全面预算管理的特征与功能

（一）全面预算管理的特征

全面预算管理作为一种现代企业管理方法，与其他管理方法相比具有以下鲜明特征。

1. 权威性

全面预算管理的权威性是由全面预算审批机构的权威性和全面预算管理的本质属性决定的。

第一，全面预算是按照法定程序编制、审查，并经过公司最高权力机构审议批准的。《中华人民共和国公司法》规定，有限责任公司股东会和股份有限公司股东大会行使审议批准公司年度财务预算方案和决算方案的权利。因为财务预算是以经营预算和投资预算为基础编制的，是企业的总预算，股东会审议批准公司的财务预算，也就相当于审议批准企业的全面预算。因此，全面预算的权威性是显而易见的。经过公司最高权力机构审议批准的全面预算是上至董事长、总经理，下至每一名员工都必须遵照执行的行动纲领。

第二，全面预算管理的本质属性是以预算为标准的管理控制系统，权威性是其发挥职能作用的必然要求。如果全面预算管理缺乏权威性，企业就不可能建立起有效的以预算为标准的管理控制系统，预算的编制、执行、控制、核算、报告、考评就会困难重重、寸步难行，所谓全面预算管理也只能是流于形式、半途而废。

2. 适应性

全面预算管理的适应性包括外部适应性和内部适应性两个方面，它是由企业外部环境的变动性和内部环境的特殊性决定的。

第一，全面预算管理是市场经济的产物，是企业适应外部市场需要而引入的管理、控制企业各项经济活动的管理制度。因此，全面预算管理的实施过程必须要适应外部市场的需要。例如，预算的编制必须以市场为导向，以销售为起点，如果外部市场发生重大变化，编制的预算就应做适应性调整；预算的执行与控制必须贴近市场，要根据外部市场的变化及时调整企业预算的执行策略；预算的考评与奖惩必须紧扣市场，充分考虑市场变化对预算执行结果的正面或负面影响，等等。

第二，全面预算管理是管理运营企业的手段、工具和方法，它的设置与运行必须符合企业管理的内在要求，必须体现本企业的个性特征，必须与本企业的性质、行业、规模、组织结构、人员素质、产品特点、企业文化等内部环境因素相互适应。

3. 全面性

全面预算管理的全面性是由全面预算管理的基本属性决定的。全面预算管理的基本属性就是全面性，如果不具备全面性，也就不能称其为全面预算管理。

首先，全面预算管理涵盖了企业所有经营活动、投资活动和财务活动，其预算编制范围不仅包括财务预算，还包括经营预算和投资预算，它对企业经济活动的事前、事中和事后均具有全面控制约束力。

其次，全面预算管理涉及企业人、财、物各个方面，供、产、销各个环节，具有"全员参与、全方位管理、全过程控制"的特征，是一项综合性的系统工程。

最后，全面预算管理由预算编制、执行、控制、调整、核算、分析、考评及奖惩等一系列环节组成，是一项综合性、全面性的内部管理活动。

4. 机制性

全面预算管理的机制性是由全面预算管理的运行机制决定的。全面预算管理的运行机制就是将企业生产经营活动的决策管理过程机制化、模式化、规范化。

通过实施全面预算管理，企业可以明确内部各层级、各部门的责、权、利区间。在此区间内，企业各层级、各预算部门既有权力又有责任为自己该为之事，且多为不行，少为不可。同时，全面预算管理也使企业各职能机构及责任部门的权力、责任得以具体化。例如，预算的编制权归公司董事会所有；预算的审批、决策权归公司股东会所有；预算的执行权归总经理及各责任部门所有；预算的考评权归审计考评部门所有，等等。当然，各权力机构和职能部门在获得权力的同时也承担了相应的责任和义务。全面预算管理正是通过这种近乎机械化的程序，使企业各组织间的责、权、利实现相互制约和平衡有序，在企业中建立起了适应市发展，自我约束、自我管理的内部经营管理机制。

（二）全面预算管理的功能

全面预算管理主要有以下六个方面的功能。

1. 规划与计划功能

全面预算管理作为一种管理方法和管理工具,是股东会对董事会、董事长对经理班子总经理对整个企业的经济活动及其结果进行规划和计划的基本手段。通过编制全面预算能够综合反映企业经济活动的全貌,将企业的战略规划和经营目标细化为企业各个层级、各个环节、各个部门的具体工作目标和行动计划。

预算以量化的方式规定了企业在预算期内的预算目标和工作方向,并将预算目标按照企业内部各职能部门的职责范围层层分解落实,使预算目标成为各职能部门的具体责任目标。这样就保证了企业预算目标与各部门分管的具体责任目标的一致性,使各部门了解和明确自己在完成企业预算总目标中的职责和努力方向,并驱动企业的各个部门甚至每名员工都要编制切实可行的、具体的工作计划,并积极地实施这些计划,从而使企业总体目标通过具体目标的实施得到最终实现。

2. 整合与凝聚功能

全面预算管理是实现企业整合的基本手段之一。现代企业有着强大的资金流、物资流、业务流、信息流、人力流和复杂的法人治理结构。全面预算管理作为一项系统工程,它以经营目标为起点,以提高投入产出比为目标,通过编制全面预算将企业有限的资源加以整合,协调分配到能够提高企业经营效率、经营效果的业务、活动和环节中去,从而实现企业资源的优化配置,增强资源的价值创造能力,促进企业经营管理从粗放型向集约型的转变。

一个企业完全可以通过预算管理这种方式,有效地将企业的各个层级、每个层级的各个单位、每个单位的各个成员与企业总体目标连接起来,并使这些层级、单位和成员围绕着企业的总体目标进行运作,提高企业的凝聚力和向心力。同时,通过预算编制,企业可以将有限的资源分配到效率最高的模块之中,从而全面整合企业的各项资源,有效提高企业的整体经济效益。

3. 激励与约束功能

重视对各部门及员工行为的激励与约束,充分调动各部门及员工的积极性、主动性和创造性,是企业持续发展的重要基础。通过全面预算管理这种方式,可以将企业各层级之间各部门之间、各责任单位之间的责、权、利关系予以规范化、明细化、具体化和度量化;可以明确每个部门、员工在实现企业总目标中的责、权、利。明确哪些是应该做的,哪些是不应该做的,做好了能得到什么奖励,做不好会受到什么惩罚,这样对每一个部门、每一个员工就具备了激励与约束作用。同时,通过编制全面预算,层层分解预算目标,使企业的每一个部门、每个员工都有了明确、具体的奋斗目标;通过全面预算的执行,可以实现企业生产经营活动的健康运行和对企业供、产、销各个环节,人、财、物各个方面的有效规范;通过对全面预算执行结果的考核与奖惩兑现,可以有效激发各部门及全体员工努力工作的主观能动性,为全面完成企业经营目标奠定坚实的基础。

4. 沟通与协调功能

全面预算管理是一个系统工程,任何一个因素、一个环节的变动都会引起整个系统的变动。例如,销售预算是根据市场和企业自身条件制定的,生产预算是根据销售预算制定的,材料采购预算是根据生产预算制定的,现金预算是根据采购、销售、费用等预算制定的,财务预算是根据经营预算、长期投资预算和筹资预算制定的。因此,采购影响着生产,生产影响着销售;反之亦然。也就是说,预算管理的每一因素,每一环节都是互相影响、互相制约的。这就要求企业各个部门、各个环节在预算目标的制定和实施过程中,必须做到相互沟通与协调。实施全面预算管理,不仅可以促使企业高层管理者从整体上考虑企业各个运行环节之间的相互关系,明确各部门的责任,便于各部门间的协调,避免由于责任不清造成相互推诿事件的发生,而且也可以使其很方便地将管理意图准确、快捷地传递到企业的各个层级、各个单位和各位成员。同时,全面预算管理将企业各方面和各部门的工作纳入一个统一、有序的预算体系中,促进了企业内部各部门间的合作与交流,减少了相互间的矛盾与冲突。各部门的预算指标是相互衔接、环环相扣的,这就促使企业各部门主管人员能够清楚地了解本部门在全局中所处的地位和作用,协调好自身发展和企业整体发展之间的有机关系,使企业内部目标一致、步调一致,促成企业整体长期目标的最终实现。

5. 控制与监督功能

全面预算管理是一个以预算为标准的管理控制系统。如果我们把企业的各个权力机构及经营活动比作一匹野马,那么全面预算管理就是一条绳。公司董事会可以通过这条绳控制总经理的行为;同样,总经理也可以利用这条绳去控制属下的各个部门,控制整个企业的经营活动。由于全面预算管理涵盖了经营、投资和财务等企业所涉及的各个方面,具有"全方位、全过程、全员"的特征,因此,全面预算管理的控制功能贯穿了企业经营活动、投资活动和财务活动的全过程。首先,预算编制是一种事前控制。通过制定全面预算,可以有效规划企业的经营活动明确预算期内的工作计划,避免企业因盲目发展而遭受不必要的经营风险和财务风险。其次,预算执行是一种事中控制。在预算执行过程中,通过计量和反馈,上级经理可以及时掌握下级经理预算执行的进度和结果,可以判断何时干预下级经理的经营过程,以保证企业经营目标的实现,从而使预算管理起到控制和管理日常生产经营活动的作用。最后,预算分析与考评是一种事后控制。通过对比分析和考评,预算管理可以揭示实际工作与预算标准之间的偏差,并通过分析造成差异的原因和落实责任,为此后的工作指明方向。

在全面预算管理控制功能发挥的同时,对企业经营活动、投资活动和财务活动的监督功能也得以同步发挥。

6. 考核与评价功能

预算指标是企业数量化、具体化的经营目标,是企业各个部门、每一名员工的工作目标。因此,预算指标不仅是控制企业经营活动的依据,还是考核、评价企业及其各职能部门每一名员工工作绩效的最佳标准。通过预算的编制和下达,企业的上级经理可以向下级经理指派责任、下达任务,因而预算指标也就顺理成章地成为上级经理评价下级经理工作绩效准,可以很方便地对各部门实施绩效考核和奖惩兑现。通过预算的考评奖惩制度,可以明确每个部门、每名员工完成了责任目标有什么奖励,完不成责任目标有什么惩罚。在考核、评价企业和各部门工作绩效时,以预算指标为标准,通过对比分析,划清和落实经济责任,评价各个部门的工作,并通过一定的奖惩措施激励员工的工作热情和工作素养,促使企业全体员工为完成公司总体经营目标而努力。而且用预算指标去评价部门及员工的绩效,可以有效避免各种关系及个人情感对企业的不良影响;可有效避免由于个人的主观意识对绩效考评的不利影响,有利于提高绩效考评的客观性和公正性。

第二节 预算编制方法

一、 预算编制方法概述

(一)预算编制方法的含义

预算编制方法是指用于预算编制的专门技术,是预算编制途径、规则、方式、程序、步骤、技巧和手段等的集合。

预算编制的方法有多种,常用的方法主要有固定预算法、弹性预算法、增量预算法、零基预算法、滚动预算法和概率预算法等。各种预算编制方法都是在企业预算管理推行过程中逐步形成并不断完善、发展的,每种编制方法都具有鲜明的特征,都有其不同的适用范围和优缺点。方法得当,事半功倍;方法不当,事倍功半。正确选择、灵活应用各种预算编制方法,不仅可以保证预算编制质量,提高预算指标的准确性和可行性,而且还能有效提高预算编制的效率,为全面预算管理活动的顺利进行奠定基础。

(二)预算编制方法的应用

全面预算所涉及的预算种类、预算项目很多,不同的预算项目又有不同的业务特点和内在规律,因此,在预算实务中人们不能孤立地采用一种预算编制方法来编制所有的预算项目,而是应根据企业预算的运行环境、市场环境、生产经营特点,以及不同预算项目的特点和要求等因素,因地制宜地选用恰当的预算编制方法,尤其应当注意各种预算编制方法的灵活应用和结合应用。

1. 运行环境因素

如果企业全面预算管理的运行环境良好,领导、员工对全面预算管理的认同度高,企业基础管理扎实,就应选择一些技术性强、准确度高的预算编制方法,如弹性预算法、零基预算法等;反之,就应选择一些比较简单的预算编制方法,如固定预算法、增量预算法等。

2. 市场环境因素

如果企业的市场环境相对稳定,产品销量或市场占有量变化不大,企业就可选择一些简便易操作的预算编制方法,如固定预算法、增量预算法等;反之,就应选择一些技术含量较高、适应性较强的预算编制方法,如弹性预算法、滚动预算法等。

3. 生产经营因素

如果企业的产品供不应求,以产定销,企业就可选择固定预算法编制预算;反之,产品供过于求,以销定产,企业就应选择弹性预算法;如果需要销售订单组织生产,且销售订单具有周期短、频率快的特点,则应选择滚动预算法。

4. 预算项目因素

销售费用、管理费用、财务费用等相对稳定的费用类预算项目,可以选择比较严谨的预算编制方法,如零基预算法、增量预算法等;销售收入、成本、利润等变动性较大的预算项目可选择适应性强的预算编制方法,如弹性预算法等。

5. 管理水平因素

如果企业管理水平高,就应选择技术性强、预算编制结果严谨的预算编制方法,如零基预算法、弹性预算法、概率预算法等;反之,则应选择一些相对简单的预算编制方法,如固定预算法、增量预算法等。

6. 编制人员因素

如果企业实施全面预算管理的时间长、预算编制人员业务熟练,就应选择技术含量高、适应性强的预算编制方法,如弹性预算法、零基预算法、滚动预算法等;反之,则应选择技术含量相对较低的预算编制方法,如固定预算法、增量预算法等。总之,企业要综合各种影响因素选择最为合适的预算编制方法。同一个预算项目可根据具体内容的不同,选取不同的编制方法;同样,同一种编制方法也可用于不同的预算项目从而保证预算方案的最优化。

(三) 预算编制方法的分类

预算编制方法可以按照不同特征和不同角度进行分类,其中:按照预算编制所依据的预算业务量是否固定,可分为固定预算法和弹性预算法;按照预算编制所依据的基础不同,可分为增量预算法和零基预算法;按照预算编制所依据的预算起讫期间是否固定,可分为定期预算法和滚动预算法。

二、 固定预算法与弹性预算法

(一) 固定预算法

固定预算法又称静态预算法,是以预算期内某一固定业务量(如产品产量、销售量)水平为基础,来确定相应预算指标的预算编制方法。

固定预算法是编制预算最基本的方法,按固定预算法编制的预算称作固定预算。

1. 固定预算法的优点

其优点是简便易行,直观明了。

2. 固定预算法的缺点

1) 适应性差

固定预算法仅适用于预算业务量与实际业务量变化不大的预算项目。

2) 可比性差

当实际业务量偏离预算编制所依据的业务量时,采用固定预算法编制的预算就失去了其编制的基础,有关预算指标的实际数与预算数也会因业务量基础不同而失去可比性。

3. 固定预算法的适用范围

固定预算法通常适用于下列情况：①经营业务和产品产销量比较稳定的企业；②能准确预测产品需求及产品成本的企业；③企业经营管理活动中的某些相对固定的成本费用支出；④社会非营利性组织。

4. 应用固定预算法编制预算举例

【例9-1】 凯特公司是产销A产品的专业公司，2020年公司计划销售A产品500吨，四个季度的销售量分别是100吨、120吨、150吨和130吨，销售单价（不考虑税金因素）为每吨产品1万元；现金回款政策规定：销售货款当季收回现金80％，其余20％下一季度收回，2019年年末应收账款余额15万元，于预算年度的第1季度收回。

根据上述资料，编制凯特公司2020年分季度的产品销售预算及现金回款预算如表9-1所示。

表9-1 凯特公司2020年产品销售及现金回款预算表

金额单位：万元

预算类别	项目	第一季度	第二季度	第三季度	第四季度	全年
产品销售预算	A产品销售量（吨）	100	120	150	130	500
	销售单价	1	1	1	1	1
	销售收入	100	120	150	130	500
现金回款预算	期初应收账款余额	15	20	24	30	15
	本期新增应收账款	100	120	150	130	500
	本期预算收回货款	95	116	144	134	489
	期末应收账款余额	20	24	30	26	26

（二）弹性预算法

弹性预算法又称为动态预算法、变动预算法，是以预算期内可能发生的多种业务量水平为基础，分别确定多种预算指标的预算编制方法。用弹性预算法编制的预算称为弹性预算。

弹性预算法是在固定预算方法的基础上发展起来的一种预算编制方法。因为固定预算法是企业根据某一固定业务量水平编制预算的方法，其编制的预算指标具有唯一性。这样一旦预算期内的实际业务量水平与原先预计的业务量水平不一致且相差比较大时，预算指标就不能成为规划、控制和客观评价企业及职能部门经济活动与工作业绩的依据。弹性预算法恰好弥补了固定预算法的这一缺陷，它是根据预算期内可预见的多种业务量水平，分别编制相应预算指标的方法，即弹性预算法不仅适用于一个业务量水平下的预算编制，也适用于多种业务量水平下的一组预算及随着业务量变化而变化的项目预算编制。

由于弹性预算可以随着业务量的变化而反映各该业务量水平下的支出控制数，具有一定的伸缩性，因而称为弹性预算；又由于弹性预算是随业务量的变动而做相应调整，考虑了预算期内业务量可能发生的多种变化,故又称为变动预算;还由于弹性预算的业务量和预算指标都是呈运动变化状态,所以又称动态预算。

1. 弹性预算法的优点

1)适应性强

弹性预算是按预算期内一系列业务量水平编制的,从而有效扩大了预算的适用范围,提高了预算的适应性。

2)可比性强

由于弹性预算是按多种业务量水平编制的,这就为实际结果与预算指标的对比提供了一个动态的、可比的基础,使任何实际业务量都可以找到相同或相近的预算标准,从而使预算能够更好地履行其在控制依据和评价标准两方面的职能。

2. 弹性预算法的缺点

其缺点为相对于固定预算方法而言,弹性预算法的预算编制工作量较大。

3. 弹性预算法的适用范围

弹性预算法通常适用于下列情况：①变动性成本费用预算编制;②变动性利润预算编制;③与业务量水平变动有关的预算编制。

4. 应用弹性预算法编制预算的基本步骤

第一步,选择恰当的业务量。例如,产销量、材料消耗量、直接人工小时、机器工时和价格等。

第二步,确定适用的业务量范围。弹性预算法所确定的业务量范围,必须具有相关性不能脱离实际。一般而言,可定在正常业务量水平的 $70\% \sim 100\%$,或者以历史上最高业务量和最低业务量为其范围的上下限。

第三步,分析各项成本费用项目的成本习性,将其划分为变动成本和固定成本。

第四步,研究、确定各经济变量之间的数量关系。

第五步,根据各经济变量之间的数量关系,计算、确定在不同业务量水平下的预算数额。例如,在编制成本预算时,固定成本按总额控制,变动成本按不同的业务量水平作相应的调整,其计算公式如下：

$$\text{弹性成本预算} = \text{固定成本} + \sum(\text{单位变动成本} \times \text{预计业务量})$$

5. 弹性预算法的应用方法

弹性预算法主要有列表法和公式法两种应用方法。

1)列表法

列表法也叫多水平法,它是在确定的业务量范围内,按照一定的业务量标准,划分若干个不同的水平,然后分别计算各项预算数额,汇总列入一个预算表格中的方法。

在应用列表法时,业务量之间的间隔应根据实际情况确定。间隔越大,水平级别就越少,可简化编制工作,但间隔太大了就会丧失弹性预算的优点;间隔较小,用以控制成本费用的标准就较为准确,但又会增加编制预算的工作量。一般情况下,业务量的间隔以 $5\% \sim$

10%为宜。

列表法的优点是：不管实际业务量是多少，不必经过计算即可找到与业务量相近的预算数额，用以控制成本较为方便、直观。但是，预算的实际执行结果不可能与预算标准完全一致，因此，运用列表法评价和考核实际业绩时，往往需要使用插补法来计算实际业务量的预算标准，计算过程比较麻烦。

2）公式法

公式法是按照成本费用的线性公式 $y=a+bx$ 来代表一定业务范围内的预算数额的方法。其中，y 代表总成本，a 代表固定成本，b 代表单位变动成本，x 代表业务量。在公式法下，如果事先确定了业务量 x 的变动范围，只要列示出参数 a 和 b，便可利用公式计算任意业务量水平的预算数值。

公式法的优点是可以计算出任何业务量的预算数值。但是，由于任何事物都会有一个量变到质变的过程，当业务量变化到一定限度时，代表固定成本的 a 和代表单位变动成本的 b 就会发生变化。因此，采用公式法编制预算时，需要在"备注"中说明：在不同的业务量范围内，应该采用不同的固定成本（a）数值和单位变动成本（b）数值。

利用公式法编制预算的关键是对各项成本、费用进行习性分析，找出各项成本费用的固定成本和单位变动成本，预算表格中需要注明线性公式和相应的 a、b 数值。

6. 应用弹性预算法编制预算举例

1）列表法举例

【例 9-2】 凯特公司 2021 年预计 A 产品的销售量在 500～600 吨，销售单价（不考虑税金因素）为每吨产品 1 万元，产品单位变动成本为 0.6 万元，固定成本总额为 100 万元。

根据上述资料，采用弹性预算法的列表法，按 5% 的间隔编制收入、成本和利润预算如表 9-2 所示。

表 9-2 收入、成本和利润弹性预算表（列表法）

金额单位：万元

项目	方案 1	方案 2	方案 3	方案 4	方案 5
销售量（吨）	500	525	550	575	600
销售收入	500	525	550	575	600
变动成本	300	315	330	345	360
贡献边际	200	210	220	230	240
固定成本	100	100	100	100	100
利润	100	110	120	130	140

如果预算期内凯特公司实际执行结果为销售量 550 吨，变动成本总额为 320 万元，固定成本总额为 102 万元，则固定预算、弹性预算与实际执行结果的差异分析如表 9-3 所示。

表 9-3　　　　　　　　固定预算、弹性预算与实际执行结果的差异分析表

金额单位：万元

项目	固定预算	弹性预算	实际结果	预算差异	成本差异	实际与固定预算差异
计算关系	①	②	③	④=②-①	⑤=③-②	⑥=③-①=④+⑤
销售量(吨)	500	550	550	50	0	50
销售收入	500	550	550	50	0	50
变动成本	300	330	320	30	-10	20
贡献边际	200	220	230	20	10	30
固定成本	100	100	102	0	2	2
利润	100	120	128	20	8	28

从表 9-3 可以看出：弹性预算与固定预算相比，销售量指标多出 50 吨，在成本费用开支维持正常水平的情况下，边际利润增加 20 万元，这 20 万元属于预算差异。但是，将实际完成结果与弹性预算相比较就会发现，由于变动成本和固定成本分别减支 10 万元和超支 2 万元，使实际利润比弹性预算的要求增加 8 万元，增加的这部分利润属于成本差异。这两种差异的相互补充，可以更好地说明实际利润比固定预算利润增加 28 万元的原因：一是由于销售量的增加使利润增加 20 万元；二是由于变动成本和固定成本的变动增加利润 8 万元，合计增加利润 28 万元。

2）公式法举例

沿用[例 9-2]的资料，采用公式法编辑总成本预算，如表 9-4 所示。

表 9-4　　　　　　　　收入、成本和利润弹性预算表(公式法)

序号	销售量 x(吨)	总成本 y(万元)	销售收入(万元)	利润(万元)	备注
计算关系	①	②=a+bx	③=①×单价	④=③-②	
1	500	400.0	500	100.0	
2	501	400.6	501	100.4	
3	502	401.2	502	100.8	
4	503	401.8	503	101.2	
5	504	402.4	504	101.6	已知：
6	505	403.0	505	102.0	a=100
7	506	403.6	506	102.4	b=0.6
8	507	404.2	507	102.8	y=a+bx
9	508	404.8	508	103.2	单价：1 万元
10	509	405.4	509	103.6	
……	……	……	……	……	
101	600	460.0	600	140.0	

三、 增量预算法与零基预算法

(一) 增量预算法

增量预算法,又称调整预算法,是在基期水平的基础上,分析预算期业务量水平及影响因素的变动情况,通过调整有关基期项目及数额编制预算的方法。用增量预算法编制的预算叫作增量预算。

增量预算法的显著特点是:从基期实际水平出发,对预算期的业务活动预测一个变量,然后按比例测算收入和支出指标。也就是说,根据业务活动的增减对基期预算的实际发生额进行增减调整,确定预算期的收支预算指标。

1. 增量预算法的假定前提

(1) 基期的各项经济活动是企业所必需的。

(2) 基期的各项业务收支都是合理的、必需的。

(3) 预算期内根据业务量变动增加或减少预算指标是合理的。

2. 增量预算法的优点

1) 简便易行

增量预算法的编制方法简便,容易操作。

2) 便于理解、易于认同

由于增量预算法考虑了基期预算的实际执行情况,所编制的预算易得到企业各层领导、员工的理解和认同。

3. 增量预算法的缺点

1) 预算理念保守

由于增量预算法假定上年度的经济业务活动在新的预算期内仍然发生,而且过去发生的数额都是合理的、必需的,如此不加分析地接受原有的成本项目和数额,可能会导致某些不合理的开支合理化。

2) 预算结果消极

增量预算法容易使预算部门养成"等、靠、要"的惰性思维,滋长预算分配中的平均主义和简单化,不利于调动各部门增收节支的积极性;当预算期的情况发生变化时,因为预算数额受到基期不合理因素的干扰,可能导致预算指标不准确,不利于调动各部门完成预算目标的积极性。

4. 增量预算法的适用范围

增量预算法通常适用于下列情况:①经营活动变动比较大的企业;②与收入成正比变动的成本费用支出。

5. 应用增量预算法编制预算举例

【例 9-3】 凯特公司 2021 年预计产品销售收入 550 万元,比 2020 年增长 10%,采用增量预算法编制 2021 年销售费用预算。

销售费用中的折旧费、销售管理人员工资等项目一般为固定费用,不会因产品销售收入的增减而增减,因此,只对变动费用项目按增量预算法相应地增加预算数额。

预算编制的基本程序和方法如下:

第一步,将销售费用的明细项目分解为固定费用和变动费用。

第二步,固定费用项目采用固定预算法确定预算指标(因为 2021 年固定费用项目及业务范围没有发生变化,所以其预算指标与 2020 年保持一致),变动费用项目采用增量预算法确定预算指标,公司决定与产品销售收入保持相同的增长比率,即按增长 10% 的比率调整预算指标(实务中,增减比率在预算编制大纲中有明确规定)。

第三步,汇总明细费用指标,确定销售费用预算总额。

采用增量预算法编制的销售费用预算如表 9-5 所示。

表 9-5　　　　　　　　　　　　　　销售费用增量预算表

序号	项目	2020 年实际发生额(万元)	增减比率	增减额(万元)	2021 年预算指标(万元)
一	固定费用小计	15	0	0	15
1	销售管理人员工资	3	0	0	3
2	租赁费	7	0	0	7
3	固定资产折旧费	3	0	0	3
4	其他固定费用	2	0	0	2
二	变动费用小计	50	10%	5	55
1	销售人员工资	10	10%	1	11
2	运输费	10	10%	1	11
3	差旅费、会务费	5	10%	0.5	6
4	广告宣传费	15	10%	1.5	17
5	业务招待费	5	10%	0.5	6
6	其他变动费用	5	10%	0.5	6
合计	合计	65	10%	5	70

(二) 零基预算法

零基预算法,又称零底预算法,其全称为以零为基础编制计划和预算的方法,是指在编制预算时,不受上期预算项目和收支情况的约束,以零为基点编制预算的方法。零基预算法的基本特征是不受上期预算安排和预算执行情况的影响,一切预算收支均以"零"为出发点,建立在成本效益分析的基础上,根据实际需要来编制预算。用零基预算法编制的预算称为零基预算。

采用零基预算法编制预算时,要按照预算期内应该达到的经营目标和工作内容,根据经济活动本身的重要性、合理性测算收入支出,对所有预算项目重新进行详尽的审查、分析和测算;要从实际需要与可能出发,逐项审议各项费用的内容及开支标准是否合理,并在成本效益分析的基础上,排出各项经济活动的先后次序,据此决定资金和其他资源的分配。零基预算法要求在编制预算之前先明确以下四个问题。

(1) 业务活动的目标是什么,要达到的目标又是什么?

(2) 能从此项业务活动中获得什么效益? 这项业务活动为什么是必要的,不开展这项业务活动行不行?

(3) 可选择的方案有哪些,目前的方案是不是最好的,有没有更好的方案?

(4) 各项业务活动的重要次序是怎样排列的,从实现目标的角度看到底需要多少资金?

1. 零基预算法的特点

与传统的增量预算法相比,零基预算法有以下三个特点。

1) 预算的编制基础不同

增量预算法的编制基础是上期预算的执行结果,本期预算是在上期预算执行结果的基础上通过调整确定的;零基预算法的编制基础是零,本期预算是根据本期经济活动的重要性和可供分配的资金量确定的。

2) 预算编制分析的对象不同

增量预算法重点是对新增加的经济业务活动进行成本效益分析,对上期延续下来的性质相同的经济业务活动则不做分析研究;零基预算法需要对预算期内所有的经济业务活动进行成本效益分析。

3) 预算的着眼点不同

增量预算法主要以预算金额的高低为重点,着重从货币角度控制预算金额的增减;零基预算法除重视预算金额的高低外,主要是从经济业务活动的必要性和重要程度上来决定资金的分配。

2. 零基预算法的应用步骤

1) 提出预算目标

在正式编制预算之前,企业预算管理部门要根据企业的战略规划和经营目标,综合考虑各种资源条件,提出预算构思和预算目标,规范各预算部门的预算行为。

2) 确定部门预算目标

企业各部门根据企业的总体目标和本部门的具体目标,以零为基础,提出本部门在预期内为完成预算目标需要发生哪些预算项目,并详细说明每个预算项目开支的性质、内容用途、金额以及开支的必要性。

3) 进行成本效益分析

企业预算管理部门对各部门提报的预算项目进行成本效益分析,将其投入与产出进行对比,说明每项费用开支后将会给企业带来的影响;然后,在权衡轻重缓急的基础上,将各个费用开支项目分成若干个层次,排出先后顺序和重要性程度,归纳为确保开支项目和可适当调减项目两大类。

4）分配资金,落实预算

根据预算项目的排序,按照预算期可动用的资金及其来源,依据项目的轻重缓急次序分配资金。

5）编制并执行预算

资金分配方案确定后,企业对各部门预算草案进行审核、汇总,编制正式预算,经批准后下达执行。

3. 零基预算法的优点

1）有利于合理配置企业资源,确保重点,兼顾一般

每项业务活动都通过成本效益,都进行分析计算,因此能够使企业有限的资源运用到最需要的地方,提高全部资源的使用效率。

2）有利于提高全员的"投入—产出"意识

零基预算法是以零为起点观察和分析企业所有的业务活动,并且不考虑过去的业务支出水平,需要动员企业的全体员工参与预算编制,使得各项业务活动从投入开始就杜绝或减少浪费,提高产出水平,有效提高全员的投入产出意识。

3）有利于发挥全员参与预算编制的积极性和创造性

零基预算法采用了典型的先"自下而上",后"自上而下",再"上下结合"式预算编制流程,充分体现了群策群力和从严从细的精神,有着坚实的员工基础,既有利于发挥全员参与预算编制的积极性和创造性,又有利于预算的贯彻执行。

4. 零基预算法的缺点

零基预算法在实际运用中存在如下不足。

1）工作量大、费用较高

零基预算法要求一切支出均以零为起点,需要进行历史资料、现有情况和投入产出分析,编制预算的工作相当繁重,需要花费大量的人力、物力和时间,预算成本较高,编制预算的时间也较长。

2）主观意识较强、短期行为较重

任何项目的轻重缓急都是相对的,零基预算法在对费用项目进行分层、排序和资金分配时,极易受到主观意识的影响,并易于强调短期项目和当前利益,忽视长期项目和长远利益。

5. 零基预算法的适用范围

零基预算法通常适用于下列情况:管理基础比较好的企业、行政事业单位、社会团体、军队,以及企业职能管理部门编制的费用预算。具有明显投入产出关系的产品制造活动则不适合用零基预算法。

6. 应用零基预算法编制预算举例

【例9-4】 凯特公司采用零基预算法编制2020年度的管理费用资金支出预算,根据公司经营目标和总体预算安排,2020年用于管理费用资金支出的总额度为180万元,管理费用资金支出预算编制的基本程序如下:

第一步,企业管理部门根据 2020 年度企业的总体经营目标及管理部门的具体任务,经过集思广益、认真分析和反复讨论、测算后,提出管理费用资金支出预算方案,确定了费用项目及其支出数额,如表 9-6 所示。

表 9-6 　　　　　　　　　　　　管理费用资金支出预算方案

单位:万元

序号	项目	支出金额	测算依据
1	工资	100	管理人员 20 名,年均工资每人 5 万元
2	办公费	2	管理人员 20 名,年办公费定额每人 1 000 元
3	差旅费	40	管理人员 20 名,年均差旅费每人 2 万元
4	保险费	10	管理用固定资产原值 1 000 万元,保险费率 1%
5	培训费	30	内部培训费 10 万元,外部培训费 20 万元
6	招待费	18	每月招待费 1.5 万元
7	税金	9	全年缴纳房产税、土地使用税、印花税 9 万元
8	合计	209	

第二步,企业预算管理部门经过分析研究认为,工资、办公费、保险费、税金四项费用开支均为预算期内管理部门的最低费用支出,属于约束性费用,必须全额保证其对资金的需求;而差旅费、培训费和招待费三项开支属于酌量性开支的费用项目,可在满足约束性费用资金需求的前提下,将剩余的资金按照其对企业收益的影响程度(即重要性程度)来择优分配。酌量性费用的重要性程度可通过成本效益分析来确定,如表 9-7 所示。

表 9-7 　　　　　　　　　　　　成本效益分析表

单位:万元

项目	前三年平均发生额	各期平均收益额	平均收益率	重要性程度
差旅费	50	150	3	0.3333
培训费	30	120	4	0.4445
招待费	20	40	2	0.2222
合计	100	310	9	1

第三步,将预算期内可运用的资金 180 万元在各费用项目之间进行分配,具体分析计算如下。

(1) 全额满足约束性费用的资金需求。约束性费用所需资金总额为:

工资 100 万元、办公费 2 万元、保险费 10 万元、税金 9 万元,共计 121 万元。

$100+2+10+9=121$(万元)

(2) 将剩余的资金 59 万元(180-121),以重要性程度为比例在差旅费、培训费和招待费三项酌量性费用项目之间进行分配:

差旅费分配资金数＝59×0.3333＝19.7(万元)

培训费分配资金数＝59×0.4445＝26.2(万元)

招待费分配资金数＝59×0.2222＝13.1(万元)

第四步,资金分配方案确定以后,编制管理费用资金支出预算,如表9-8所示。

表 9-8　　　　　　　　　　　　　2020 年管理费用资金支出预算

单位:万元

序号	项目	测算依据
一	约束性费用支出	121
1	工资	100
2	办公费	2
3	保险费	10
4	税金	9
二	酌量性费用支出	59
5	差旅费	19.7
6	培训费	26.2
7	招待费	13.1
8	合计	180

通过[例9-4]可见,按零基预算法编制各种费用预算,一方面可以杜绝不必要的费用开支,有利于企业降低成本费用;另一方面可以在保证企业各项经营业务资金刚性需要的前提下,合理分配和使用资金,有利于提高企业的资金使用效益。

零基预算法作为一种预算控制思想,它的核心是要求预算编制人员不要盲目接受过去的预算支出结构和规模,一切都应按照变化后的实际情况重新予以考虑。应该指出的是:在实务中,简单地将零基预算法理解为"一切从零开始"是不恰当的,因为大多数情况下,预算项目是在以往基础上的继续运行或持续发展,完全不考虑或抛开上期的实际发生额是不科学的,零基预算法强调的是以零为起点进行分析、测算。零基预算法的真正内涵是:在对预算期内所有预算项目都进行严格审核、分析、测算、比较、评估的基础上编制预算。

四、 定期预算法与滚动预算法

(一) 定期预算法

定期预算法是以固定不变的起止期间(如年度、季度、月份)为预算期间编制预算的方法。

需要说明的是:定期预算法并不是一种单纯的预算编制方法,而是以预算期间固定不变为特征的一类预算编制方法,即凡是预算期间固定不变的预算编制方法,都可以称为定期预算法。例如,本章所介绍的固定预算法、弹性预算法、增量预算法、零基预算法等预算编制方法通常都是以固定不变的起讫期间为预算期间编制预算,所以上述预算编制方法都可以称为定期预算法,用定期预算法编制的预算也称为定期预算。

1. 定期预算法的优点

1) 保持了预算期间与会计期间的一致性

定期预算法编制的预算,在预算期间与会计期间相互配比一致,便于预算资料的归集预算指标的执行和预算执行的考评。

2) 便于预算数据与会计数据的相互比较

预算期间与会计期间相互配比,因此,预算数据与会计数据可以相互比较,有利于对预算执行情况和执行结果进行分析和评价。

3) 预算编制过程比较简单因为预算期间固定不变,所以简化了预算编制过程。

2. 定期预算法的缺点

1) 预算执行难度大

企业预算一般在预算年度开始前1～3个月编制,大型企业则需要提前3～5个月。此时预算执行难,预算编制部门对预算期内的某些经营活动并不十分清楚或难以准确把握,尤其是编制后半期的预算容易带有盲目性,往往只能提出比较粗略的预算数据。当预算期内各项经营活动发生变化时,事先确定的预算项目和预算指标就失去了指导意义,从而会导致预算执行难度较大。

2) 预算衔接难度大

由于企业的各种经营活动是连续不断的,而采用定期预算法编制的预算将经营活动人为分割成了一段段固定不变的期间,间断了企业连续不断的经营活动过程,这样就必然会造成前后各个期间预算衔接的难度。

3) 缺乏远期指导性

采用定期预算法编制的预算,其预算期是固定的,随着预算的执行,预算期间会越来越短,这样就会导致各级管理人员只考虑剩余期间或部门的短期利益,采取短期的行为,从而忽视企业的长远利益和可持续发展。

4) 市场适应性差

在市场经济体制下,很多企业是依据客户的产品订单组织生产的。例如,纺织印染企业一般要根据客户提供的花色品种和其他具体要求组织生产,而企业销售部门拿到客户产品订单的周期一般为一周,即只能拿到满足一周的产品生产任务。在此种情况下,按年、按月编制预算不仅难度较大,而且编制的预算也很难执行下去。在管理实务中,为了解决定期预算所带来的预算方案与预算执行之间的相互脱节问题,企业往往被迫采取定期调整或更改预算项目和预算指标的办法,结果在一定程度上威胁到了预算的权威性。为弥补定期预算法的不足,企业可以采用滚动预算法来编制连续不断的滚动预算。

(二) 滚动预算法

滚动预算法,又称连续预算法或永续预算法,是指随着时间的推移和预算的执行,其预算时间不断延伸,预算内容不断补充,整个预算期间处于逐期向后、永续滚动状态的一种预算编制方法。用滚动预算法编制的预算称为滚动预算。

1. 滚动预算法的基本原理

滚动预算法的基本原理是使预算期始终保持一个固定期间(12 个月或一个季度、一个月),通常以 12 个月为预算的固定期间。当基期年度预算编制完成后,每过去一个月或季度,便补充下一个月或下一个季度的预算,逐期向后滚动,使整个预算处于一种永续滚动状态,从而在任何一个时期都能使预算保持着 12 个月的时间跨度,所以滚动预算法又称连续预算法或永续预算法。

滚动预算法按照"近细远粗"的原则,采用了长计划、短安排的方法,即在编制年度预算时,先将第一个季度按月划分,编制各月份的明细预算指标,以方便预算的执行与控制;其他三个季度的预算则可以粗一点,只列各季度的预算总数,等到临近第一季度结束前,再将第二季度的预算按月细分,第三、第四季度以及新增列的下一年度的第一季度预算,则只需列各季度的预算总数,以此类推,使预算不断地滚动下去。采用这种方式编制的预算有利于管理人员对预算资料作经常性的分析研究,并能根据当前预算的执行情况加以修改、完善下期预算,这些优点都是传统的定期预算编制方式所不具备的。

2. 滚动预算法的应用方式

按照滚动的时间单位不同,滚动预算法可分为逐月滚动、逐季滚动和混合滚动。

1)逐月滚动

逐月滚动方式是指在预算编制过程中,以月份为预算的编制和滚动单位,每个月调整。例如,在 2020 年 1 月至 12 月的预算执行过程中,需要在 1 月末根据 1 月份预算的执行的情况修订 2~12 月的预算,同时补充下一年即 2021 年 1 月份的预算;到 2 月末,要根据 2 月预算的执行情况,修订 3 月至 2021 年 1 月的预算,同时补充 2021 年 2 月的预算;以此类推。

采用逐月滚动方式编制的预算优点是比较精确,缺点是工作量较大。

2)逐季滚动

逐季滚动方式是指在预算编制过程中,以季度为预算的编制和滚动单位,每个季度调整预算的方法。

例如,在 2020 年 1 月至 12 月的预算执行过程中,需要在第一季度末根据第一季度预算执行情况修订第二季度至第四季度的预算,同时补充 2021 年第一季度的预算;到第二季度末,要根据第二季度预算执行情况,修订第三季度至 2021 年第一季度的预算,同时补充 2021 年第二季度的预算;以此类推。

采用逐季滚动方式编制的预算具有工作量较小的优点,但也存在精确度较差的缺点。

3)混合滚动

混合滚动方式是指在预算编制过程中,同时以月份和季度为预算的编制和滚动单位,按每个季度细化调整一次预算的方法。

例如,在 2020 年 1 月至 12 月的预算执行过程中,需要在第一季度末根据第一季度预算的执行情况,分月份细化修订第二季度的预算,修订第三季度至第四季度的预算,同时补充 2021 年第一季度的预算;到第二季度末,要根据第二季度预算的执行情况,分月份细化修订第三季度的预算,修订第四季度至 2021 年第一季度的预算,同时补充 2021 年第二季度的预算;以此类推。

采用混合滚动方式编制预算集中了逐月滚动和逐季滚动方式的优点,规避了其缺点。因此,它具有较强的实用性。

3. 滚动预算法的优点

与定期预算法相比,滚动预算法具有以下优点。

(1) 滚动预算能够从动态的角度、以发展的观点把握住企业近期经营目标和远期战略布局,使预算具有较高的透明度,有利于企业管理决策人员以长远的眼光去统筹企业的各项经营活动,将企业的长期预算与短期预算较好地联系和衔接起来。

(2) 滚动预算遵循了企业生产经营活动的变动规律,在时间上不受会计年度的限制,能够根据前期预算的执行情况及时调整和修订近期预算。在保证预算连续性和完整性的同时,有助于确保企业各项工作的连续性和完整性。

(3) 滚动预算能使企业各级管理人员对未来永远保持 12 个月的工作时间概念,有利于稳定而有序地开展经营活动。

(4) 滚动预算采取长计划、短安排的具体做法,可根据预算执行结果和企业经营环境的变化情况,对以后执行期的预算不断加以调整和修正,使预算更接近和适应变化了的实际情况,从而更有效地发挥预算的计划和控制作用,也有利于预算的顺利执行和实施。

4. 滚动预算法的缺点

(1) 工作量较大。采用滚动预算法编制预算,预算的自动延伸工作比较耗时,因此,会加大预算管理的工作量。

(2) 编制成本高。企业一般需要配备数量较多的专职预算人员负责预算的编制、调控与考核,这就会导致预算管理直接成本的增加。

5. 滚动预算法的适用范围

滚动预算法的适用范围是:①管理基础比较好的企业预算的编制;②生产经营活动与市场紧密接轨的企业预算的编制;③产品销售预算及生产预算的编制;④规模较大、时间较长的工程类项目预算的编制。

6. 应用滚动预算法编制预算举例

【例 9-5】 经预测,凯特公司 2020 年计划销售 A 产品 500 吨,四个季度的销售量分别是 100 吨、120 吨、150 吨和 130 吨。其中,第一季度各月份的销售数量分别是 30 吨、30 吨和 40 吨,销售单价(不考虑税金因素)为每吨产品 1 万元。

2020 年 3 月末,在编制 2020 年第二季度至 2021 年第一季度 A 产品销售滚动预算时,计划第二季度各月份 A 产品的销售量分别为 35 吨、45 吨、40 吨;同时,根据市场供求关系,计划自第三季度开始,A 产品的销售单价(不考虑税金因素)每吨提高 10%。

根据上述资料,采用混合滚动预算法编制第一期 A 产品销售预算如表 9-9 所示;第二期 A 产品销售预算如表 9-10 所示。

表 9-9　　　　　　　　　　　　A 产品销售滚动预算表(第一期)

项目	计量单位	2020 年						
		第一季度			第二季度	第三季度	第四季度	合计
		1 月	2 月	3 月				
销售数量	吨	30	30	40	120	150	130	500
销售单价	万元	1	1	1	1	1	1	1
销售收入	万元	30	30	40	120	150	130	500

表 9-10　　　　　　　　　　　　A 产品销售滚动预算表(第二期)

项目	计量单位	2020 年					2021 年
		第二季度			第三季度	第四季度	第一季度
		1 月	2 月	3 月			
销售数量	吨	35	30	40	120	150	130
销售单价	万元	1	1	1	1	1	1
销售收入	万元	35	30	40	120	150	130

五、　概率预算法

(一)　概率预算法的含义

概率预算法是对预算期内具有不确定性的各预算变量,根据客观情况进行分析、预测,估计其可能变动的范围以及出现在各个变动范围内的概率,再通过加权平均计算有关变量在预算期内的期望值的一种预算编制方法。用概率预算法编制的预算称为概率预算。

在预算编制过程中,往往会涉及很多变量,如产量、销量,消耗量、价格、成本等。在通常情况下,这些变量的预计可能是一个确定的值。但是在市场的供应、产销变动比较大的情况下,这些变量的数值就很难确定。这就要求根据有关因素和客观条件,对有关变量进行近似的估计,确定它们可能变动的范围,分析它们在该范围内出现的可能性(即概率),然后对各变量进行调整,计算出期望值,据以编制预算。

采用概率预算法编制出的概率预算实际上就是一种修正的弹性预算,即将每一事项可能发生的概率结合应用到弹性预算的变化之中。决定概率预算质量高低的关键因素是编制人员对各预算变量概率的估计是否准确。

（二）概率预算法的优缺点与适用范围

1. 概率预算法的优点

1）准确性高

概率预算法充分考虑了各项预算变量在预算期间可能发生的概率，使企业能够在预算构成变量复杂多变的情况下，确定出一个预算期内最有可能实现的数值，编制出的预算比较接近实际。

2）预见性强

概率预算法对影响预算变动的各个变量的所有可能都做了客观的估计、分析和测算，开阔了预算变量的范围，能有效提高企业对预算期内生产经营活动的预见性。

2. 概率预算法的缺点

概率预算法要求预算编制者具有较高的预测水平，预算构成变量的概率易受主观因素的影响。

3. 概率预算法的适用范围

概率预算法通常适用于下列情况：①经营活动波动比较大、不确定因素多的企业；②市场的供应、产销变动比较大的情况下，编制销售预算、成本预算和利润预算。

（三）概率预算法的编制程序

在编制概率预算时，若业务量与成本的变动并无直接关系，则只要用各自的概率分别计算销售收入、变动成本、固定成本等的期望值，最后就可以直接计算出利润的期望值；若业务量的变动与成本的变动有着密切的联系，就要用计算联合概率的方法来计算期望值。概率预算法的编制程序如下：

第一步，在预测分析的基础上，测算各相关变量在预算期内可能发生的数值，并为每变量的不同数值估计一个可能出现的概率（P），取值范围是 $0 \leqslant P \leqslant 1, \sum P = 1$。

第二步，根据预算指标各变量之间的逻辑关系，计算各相关变量在不同数值组合下对应的预算指标数值。

第三步，根据各个变量不同数值的估计概率，计算联合概率（不同变量之间各概率积），并编制预期价值分析表。

第四步，根据预期价值分析表的预算指标数值以及与之相对应的联合概率，计算出预算对象的期望值，并根据各变量期望值编制概率预算。

（四）应用概率预算法编制预算举例

【例9-6】 远方公司预测 2020 年 H 产品不含税销售单价 1 200 元。产品销售量有三种可能，分别是：700 件、750 件和 800 件，概率分别为 0.4、0.5 和 0.1；单位产品变动成本有三种可能，分别是：500 元、550 元和 600 元，概率分别为 0.1、0.6 和 0.3；约束性固定成本为 8 万元；当 H 产品销售量分别为 700 件、750 件和 800 件时，酌量性固定成本在不同销售量水平下分别为 1 万元、1.2 万元和 1.5 万元。有关的预算基础资料和概率值如表 9-11 所示。

表 9-11　　　　　　　　　　　　预算基础资料和概率值表

H产品销售量		销售单价（元）	单位产品变动成本（元）		固定成本（元）	
数量（件）	概率		金额（元）	概率	约束性	酌量性
700	0.4	1 200	500	0.1	80 000	10 000
			550	0.6	80 000	
			600	0.3	80 000	
750	0.5	1 200	500	0.1	80 000	12 000
			550	0.6	80 000	
			600	0.3	80 000	
800	0.1	1 200	500	0.1	80 000	15 000
			550	0.6	80 000	
			600	0.3	80 000	

根据表 9-11 的一致预算基础资料,采用概率预算法编制远方公司 2020 年 H 产品利润预期价值分析表。

表 9-12　　　　　　　　　　2020 年 H 产品利润预期价值分析表

单位：元

组合	销量		销售单价（元）	单位变动成本（元）		固定成本（元）		各组合对应的利润数值	联合概率	利润期望值
	数量（件）	概率		金额（元）	概率	约束性	酌量性			
计算关系	①	②	③	④	⑤	⑥	⑦	⑧=(③-④)×①-⑥-⑦	⑨=②×⑤	⑩=⑧×⑨
1	700	0.4	1 200	500	0.1	80 000	10 000	400 000	0.04	16 000
2	700	0.4	1 200	550	0.6	80 000	10 000	365 000	0.24	87 600
3	700	0.4	1 200	600	0.3	80 000	10 000	330 000	0.12	39 600
4	750	0.5	1 200	500	0.1	80 000	12 000	433 000	0.05	21 650
5	750	0.5	1 200	550	0.6	80 000	12 000	395 500	0.3	118 650
6	750	0.5	1 200	600	0.3	80 000	12 000	358 000	0.15	53 700
7	800	0.1	1 200	500	0.1	80 000	15 000	465 000	0.01	4 650
8	800	0.1	1 200	550	0.6	80 000	15 000	425 000	0.06	25 500
9	800	0.1	1 200	600	0.3	80 000	15 000	385 000	0.03	11 550
∑									1	378 900

表 9-12 的计算步骤如下：

（1）计算不同组合,即不同销售量、不同单位变动成本情况下,对应的实现利润数值。

例如,当 H 产品销量为 700 件,销售单价为 1 200 元,单位变动成本为 500 元,约束性固定成本为 8 万元,酌量性固定成本为 1 万元,可实现的利润数值为：

（1 200×700）－（500×700＋80 000＋10 000）＝400 000（元）

以此类推。

（2）计算联合概率，即计算不用销售量、不同单位变动成本同时出现的可能性。

例如，H 产品销量为 700 件，单位变动成本为 500 元的可能性为：

0.4×0.1＝0.04

以此类推。

（3）根据联合概率，计算不同销量、不同单位变动成本情况下对应实现利润所占利润期望值的数额。

例如，实现利润 400 000 元的可能性为 0.04，占利润期望值的数额为：

400 000×0.04＝16 000（元）

以此类推。

（4）汇总计算，得出预算期的利润期望值：

16 000＋87 600＋…＋25 500＋11 550＝378 900（元）

我们也可以采取先计算销售量、单位变动成本的期望值，然后再计算利润期望值的方法。具体方法如下：

（1）计算销售量的期望值：

700×0.4＋750×0.5＋800×0.1＝735（件）

（2）计算单位变动成本的期望值：

500×0.1＋550×0.6＋600×0.3＝560（元/件）

（3）计算酌量性固定成本期望值：

10 000×0.4＋12 000×0.5＋15 000×0.1＝11 500（元）

（4）计算利润期望值：

1 200×735－（560×735＋11 500＋80 000）＝378 900（元）

（5）根据有关资料，编制 2020 年 H 产品利润预算表，如表 9-13 所示。

表 9-13　　　　　　　　　　　2020 年 H 产品利润预算表

单位：元

序号	项目	金额	计算关系
1	销售收入	882 000	销售单价（1 200 元）× 销售量期望值（735 件）
2	变动成本	411 600	单位变动成本期望值（560 元）×销售量期望值（735 件）
3	边际贡献	470 400	销售收入（88 000 元）－变动成本（411 600 元）
4	酌量性固定成本	11 500	$\sum$ 不同酌量性固定成本×相应销售量概率10 000×0.4＋12 000×0.5＋15 000×0.1
5	约束性固定成本	80 000	已知数额
6	利润	378 900	边际贡献（470 400 元）－固定成本（11 500 元＋8 000 元）

第三节 预算编制准备

一、 全面预算管理组织体系

全面预算管理组织体系是企业负责预算编制、审批、执行、控制、调整、监督、核算、决算分析、考评、奖惩等一系列全面预算管理活动的组织架构。它由全面预算管理的决策机构、工作机构和执行机构共同组成,以预算为目标,运用系统方法,形成一个体制健全、职责分明、运行高效、管理科学以及相互协调、相互配合的全面预算管理有机整体。

全面预算管理是以预算为标准的管理控制系统,这个控制系统的特点是以预算为执行、控制、分析、考评企业所有经济活动及其结果的依据和标准。显然,预算是这个控制系统的核心,企业的方方面面都要围绕着预算运转。而预算不是天上掉下来的,也不是随随便便就可以完成的,它既需要专门的机构编制,也需要专门的机构审批,还需要专门的机构执行,预算控制、调整、核算、报告、分析、考评、奖惩等预算管理事项都需要专门的机构来负责。因此,全面预算管理组织体系就像一张疏而不漏的大网,将企业的产、供、销各个环节,人、财、物各个方面全部置于预算管理控制制系。

二、 全面预算编制准备的内容

预算编制是全面预算管理的起点,也是全面预算管理的关键环节之一。公司股东会、董事会确定的发展战略能否得到落实,年度经营目标能否得以实现,预算指标能否得以顺利执行,全面预算管理的激励与约束机制能否充分发挥作用,控制和考评功能能否有效实施,均取决于预算编制得是否恰当。"工欲善其事,必先利其器",全面预算编制作为一项复杂的系统工程,只有将准备工作做好了,预算的编制才能得心应手,事半功倍。因此,在全面预算编制之前必须做好充分的准备工作。一般情况下,全面预算编制的准备工作主要包括以下事项。

(一) 制定预算编制原则,明确预算编制准绳

预算编制事关重大,必须制定编制原则作为各个预算编制部门和编制人员共同遵守的准则,规范和约束各部门的预算编制行为。

(二) 夯实编制基础,健全定额体系

预算编制需要建立在资料齐全、依据充分、数据准确的基础之上。因此,初次编制的企业首先要建立健全科学、合理的预算定额体系;非初次编制预算的企业在编制下一年的全面预算之前,要对现行的所有预算定额进行全面修订,从而为全面预算的编制提供科学、合理的编制依据。

(三) 设计预算表格,明确勾稽关系

预算编制之前,必须根据预算编制的种类、内容和管理要求设计、建立科学、完整的全面

预算表格体系,注明表与表之间以及项目之间的内在逻辑关系,明确表格以及项目之间的平衡、对应、和差、积商、动静和补充等勾稽关系,以方便预算编制人员正确填制各种预算表。

(四)确定预算目标,搞好目标分解

预算目标是企业战略规划和经营目标在预算上的具体体现,是预算编制的基本依据。由于预算目标不仅关系到企业战略规划实施、经营目标的实现,而且其数值的宽松度与经营管理层以及全体员工的物质利益密切相关。因此,任何预算目标的确定,都是在市场预测平衡企业内部各项资源的基础上,经过公司投资者、决策者、经营者以及内部各个预算执行部门反复协调、测算确定的,是不同利益集团相互协调和相互博弈的结果。所以,确定预算目标,并将其细化分解到各个预算编制部门,是预算编制之前非常重要的准备工作,对于一名预算编制人员的思想认识、明确预算编制目标具有十分重要的导向作用。

(五)编写预算大纲,明确预算方法

编写预算编制大纲是预算编制之前至关重要的准备工作,它对于全面预算编制工作的顺利进行具有决定性的作用。预算编制大纲既要明确预算编制目标和预算编制责任,又要规定预算编制方针、政策和要求,还要制定一系列预算方法体系,包括预算编制方法、预算编制顺序等,用以规范和约束各预算编制部门的预算编制工作。

(六)召开预算会议,布置预算编制

企业进行年度预算编制之前,一般都要通过召开预算专题会议的方式,布置年度全面预算的编制工作,并通过对预算编制大纲的系统讲解,统一各级领导和预算编制人员的思想,使各预算编制部门和人员记牢原则、吃透政策、明确目标、掌握方法、保质保量、按时完成。

三、 全面预算编制的程序和起点

(一)全面预算编制的程序

全面预算编制的程序有"自上而下""自下而上"两种基本方式。

"自上而下"程序,是指在编制预算时,首先,由上级部门向下级部门下达预算期内的预算目标或预算草案;其次,由下级部门对上级部门下达的预算目标或预算草案进行分解、落实,并将预算草案完善、修改后反馈给上级部门;最后,上级部门根据下级部门的反馈意见,经过综合平衡后最终确定预算方案的编制程序。

"自下而上"程序,是指在编制预算时,首先由下级部门向上级部门提报预算期内的预算目标或预算草案;其次,由上级部门对下级部门提报的预算目标或预算草案进行综合平衡,最后确定预算方案的编制程序。

1. 下达预算目标

公司预算管理委员会根据公司董事会制定的公司发展战略和经营目标,经过对预算目标内市场情况、企业自身情况等因素的科学预测,一般于每年 9～10 月提出下一年度的全面预算目标,包括销售目标、成本费用目标、利润目标和长期投资方案等。然后,由公司预算管

理部门编写年度预算编制大纲、设计预算表格、分解各项预算指标,通过召开专门预算会议的形式,将预算指标下达给下属各预算编制部门。

2. 编制草案上报

各预算编制部门按照公司下达的预算目标和预算编制大纲,结合自身特点以及预编制草案上报执行条件,经过认真测算后提出本部门的预算草案,于当年11月中旬上报公司预算管理部门。

3. 审查平衡

公司预算管理部门会同有关职能部门对各预算编制部门上报的预算草案进行审查汇总,提出综合平衡的建议。在审查、平衡过程中,公司预算管理部门要进行充分协调,对发现的问题和偏差,提出初步调整意见,并反馈给有关预算编制部门予以修正。对经过多次协调仍达不成一致的,应在充分调研的基础上,向公司预算管理委员会汇报,以确定是否调整有关预算编制部门的预算目标,并最终达到综合平衡。

4. 审议批准

公司预算管理部门在有关预算编制部门修正、调整预算草案的基础上,汇总编制出整个公司的全面预算方案,报公司预算管理委员会审议;预算管理委员会召集专门会议审议公司全面预算方案,对于不符合企业发展战略或经营目标的事项,预算管理委员要责成公司预算管理部门进行修订和调整;在反复修订、调整的基础上,公司预算管理委员会编制正式的年度全面预算草案,提交公司最高决策机构——公司董事会或股东(大)会审议批准。

5. 下达执行

公司预算管理部门将已经审议批准的年度全面预算,在次年1月之前,逐级下达到各预算部门执行。

(二) 全面预算编制的起点

经营预算是由销售、采购、生产、费用等具体预算构成的。企业编制经营预算时,应首先编制哪一个具体预算呢? 在预算实务中,受企业产品在市场上的供求关系的影响,预算的编制起点主要有两种。

1. 以生产为起点编制全面预算

在产品处于卖方市场的情况下,产品供不应求,企业生产多少就能销售多少,生产决定销售。在这种情况下,预算编制的起点必然是生产,只要生产"搞定了",其他则全部"搞定",这种"皇帝的女儿不愁嫁"的情形,在计划经济时期比较普遍。在市场经济条件下,由于市场规律的影响,"皇帝的女儿不愁嫁"的情形只是出现在垄断行业或个别领域,以及个别产品的某个时期。例如,当电力供不应求时,各发电企业需要开足马力、满负荷生产,这时就会以发电量指标为预算编制的起点,确定发电的数量,然后,以产定销,确定销售预算、采购预算、人工预算、费用预算、成本预算、利润预算、财务状况预算等。

2. 以销售为起点编制全面预算

在产品处于买方市场的情况下,产品供过于求,销售决定生产。这时,企业的生产必须贴近市场、适应市场,就必然以销售预算为预算编制的起点,先确定产品的销售数量,然后,以销定产,确定企业的生产预算、采购预算、人工预算、费用预算、利润预算、财务状况预算等。

以生产为起点编制全面预算的流程与以销售为起点编制全面预算的流程,除了在销售预算和生产预算编制的先后顺序上有明显差别,还有一个容易被忽视的差别,那就是以生产为起点编制全面预算时,产品属于供不应求的状况,因此,编制产品产量预算时一般不需考虑产品的库存情况;而以销售为起点编制全面预算时,产品属于供大于求的状况,因此,编制产品产量预算时一般需要考虑产品的库存情况,即如果产品库存量充足,可以适当减少当期的产品产量。

四、 预算目标的确定与分解

(一) 预算目标与预算指标

预算目标有广义和狭义之分。广义的预算目标是指企业预算期内各项经济活动所要达到的量化指标。它既包括经过股东(大)会审议批准的年度预算方案中确定的预算目标,也包括企业按照时间细分到季度、月度、每周、每日的预算目标,还包括企业分解到内部各个层级、各个部门的预算目标。狭义的预算目标是指经过股东(大)会审议批准的年度预算方案中确定的预算目标。为了便于区分,狭义的预算目标也称预算总目标。

预算目标是以企业战略规划和经营目标为导向,在市场预测和平衡企业内部各项资源的基础上,经过公司投资者、决策者、经营者以及内部各个预算执行部门反复协调、测算确定的,是企业战略规划和经营目标在预算期内的具体化和明细化。

预算指标是说明预算对象数量特征的概念,一般由预算指标名称和指标数值两部分组成,体现了预算对象质的规定性和量的规定性。预算目标和预算指标既有联系又有区别。

两者的联系是:预算目标与预算指标都可以用于表达预算期内某个预算对象期望达到的数值,两者在很多场合所表达的意思是完全一致的。例如,利润预算目标 10 亿元与利润预算指标 10 亿元所表达的意思都是预算期内利润要达到的期望值是 10 亿元,同时,预算目标与预算指标都是说明预算对象数量特征的概念,都由预算对象的名称和数值两部分组成。例如,前面的例子所表述的预算对象的名称是"利润",数值是"10 亿元"。

两者的区别是:预算指标的应用范围大于预算目标。预算目标一般只用于表达预算对象的目标值;而预算指标既可以用于表达预算对象的目标值,又可以单纯用于表达预算对象的范围和性质。例如,我们可以说"财务部承担的预算指标有利润、财务费用、资产负债率等",但一般不会说"财务部承担的预算目标有利润,财务费用、资产负债率等"。

(二) 确定预算目标的方法

编制全面预算先要确定预算总目标,然后对预算总目标进行综合分析、层层分解,落实到各基层预算单位。

1. 预算目标的起点

确定预算目标要以企业战略规划和经营目标为导向,并通过测算、确定预算目标的过程反过来完善和修正企业经营目标。现代企业是以营利为目的的经济组织,投资者投资、创办企业的初衷和归宿都是为了获利。因此,利润目标必然是企业经营目标的主要内容。而其他目标,如销量目标、销售收入目标、产量目标、成本控制目标、费用控制目标、质量目标等都是为利润目标服务的。其中,与利润目标直接相关的是收入、成本(含费用)两项目标。收入目标、成本目标、利润目标三者之间是相互依存、互为条件的关系,其中任何一项目标都要受其他两项目标的制约。也就是说,尽管利润目标是企业确定预算目标的最终归宿,但必须以收入目标、成本目标、利润目标三者之间的相互衔接、相互平衡为前提。在实务操作中,企业首先要解决以哪项指标为预算目标的起点问题,也就是如何理解和使用下列公式的问题:

收入目标-成本目标=利润目标

1)以成本目标为起点

在计划经济条件下或市场经济条件下的某些垄断性行业,由于卖方市场的缘故,企业编制预算的起点是产品产量,成本目标也就自然而然地成为预算目标的起点指标,然后"以产定销"测算收入目标,最后收入减成本等于利润目标。当然,计划经济条件下的企业与市场经济条件下的企业在运营环境、经营方式、经营目的等方面是有着本质区别的。

2)以收入目标为起点

在市场经济条件下,企业承受着越来越大的市场竞争压力。改革开放以来,我国企业的生产能力迅速提高,而社会消费水平相对滞后,市场出现了供过于求的局面。因此,在买方市场的环境下,企业一般都会选择以销售数量为预算编制的起点,收入目标也就理所当然地成了预算目标的起点指标,然后"以销定产"测算出成本目标,最后收入减成本等于利润目标。

3)以利润目标为起点

随着我国现代企业制度的不断完善,特别是越来越多规范化上市公司的诞生,企业所有权与经营权的分离已成为公司制企业的主流。与此相适应,先确定利润目标,再测算收入目标,收入减利润倒推出成本目标的方法已经被越来越多的企业采用。此外,对于上市公司来说,所有者是通过证券市场连接起来的,如果证券市场是以投资者而不是以投机者占主导地位,投资报酬率及其引发的股价变化必定为所有者或投资者所关注。从而所有者必定对公司的投资报酬率产生预期要求;作为经营者,其经营目标和预算的编制必须反映所有者的这种预期或要求,并力求在实际经营过程中予以实现。目前,我国上市公司的实际运作尚不规范,如果公司董事会能够真正代表股东,而股东的投资又是为了赚取红利,那么,按照《中华人民共和国公司法》规范运作的上市公司,就不可能不以利润目标为确定预算的起点。总之,企业不管采用何种顺序确定预算目标,最终的归宿都是为了确定一个科学、合理的预算目标。

2. 利润目标的确定方法

利润是一个非常重要的综合性指标,企业生产经营活动的好坏、管理水平的高低,最终都会从利润指标上反映出来。因此,企业在确定利润目标时,必须全面考虑企业内外各种因素对利润指标的影响,以保证利润目标的恰当性。如果企业以利润目标为确定预算目标的起点,那么,确定利润目标的关键就在于如何确定一个所有者和经营者都能接受的投资报酬率。在实务操作上,可采取两种不同的确定顺序:一种是先参照国内外同行业的平均水平、依据公司近几年的投资报酬率情况,分析预算年度的内外环境变化因素,经董事会与经理层协商后决定一个合适的投资报酬率,然后用投资报酬率乘以企业的总资本求得利润目标;另一种是先预测利润目标,然后用利润目标除以企业的总资本求得投资报酬率。当然,不论采取何种顺序,投资报酬率和利润目标都要经过反复测算、平衡后才能最终确定。

下面是几种确定利润目标的具体方法。

1) 利润比率法

利润比率法是根据有关利润率指标来测算预算期利润目标的一种方法。采用利润比率法确定利润目标的步骤如下:

首先,确定利润比率标准要在调查研究的基础上,了解、掌握企业利润率的历史最高水平以及国内同行业平均利润率水平,从中选择某项科学、合理的利润率作为预测基础。

供选择的利润率主要有资本利润率、销售利润率、产值利润率、成本利润率、资金利润率等。

其次,计算利目标基数。用选定的利润率标准,乘以企业预期应达到的有关业务量及其他项目指标,便可测算出利润目标基数。

再次,确定利润目标修正值。利润目标修正值是对利润目标基数的调整额。一般可先将利润目标基数与按量本利关系测算的利润数额进行比较分析,并按量本利分析的原理分项测算为实现目标利润基数而应采取的各项措施,即分别计算各因素的期望值,分析其可能性。若期望值与可能性相差较大,则适当修改利润目标,并确定利润目标修正值。这个过程可反复测算多次,直至各项因素期望值均具有实现的可能性为止。

最后,确定利润目标。最终确定的利润目标应该为利润目标基数与修正值的代数和它应反映预算期企业能够达到的生产经营能力、技术质量保证、资金物资供应、人员配备以及市场环境约束等条件。

下面分别列举根据销售利润率、成本利润率和资本利润率测算利润目标的方法。

(1) 根据销售利润率测算利润目标。

该方法是根据企业预定的销售利润率水平,结合预算期销售额来测算利润目标的一种方法。公式如下:

$$产品销售利润=预计销售收入总额 \times 预定销售利润率$$

$$销售利润率=(产品销售利润 \div 产品销售收入) \times 100\%$$

【例 9-7】 云彩公司 2020 年产品销售额为 4 000 万元,产品销售利润为 400 万元。根据公司自身条件和市场预测,2021 年产品销售额预计比 2020 年增长 25%,产品销售利润率提高 2%。

依据上述资料,根据产品销售利润率对 2021 年产品销售利润测算如下:

预期产品销售收入=4 000×(1+25%)=5 000(万元)

预定销售利润率＝（400＋4 000）×100%＋2%＝12%

预期产品销售利润＝5 000×12%＝600（万元）

（2）根据成本利润率确定利润目标。

该方法是根据企业预定的成本利润率水平,结合预算期销售成本额来测算利润目标的一种方法。公式如下:

$$产品销售利润＝预计销售成本总额×预计成本利润率$$

其中:

$$成本利润率＝（产品销售利润＋产品销售成本）×100\%$$

【例9-8】 大山公司2020年产品销售成本为3 000元,实现产品销售利润为300万元,2021年预计产品销售成本3 500万元,销售成本利润率与2020年相同。

依据上述资料,根据销售成本利润率对2021年产品销售利润测算如下:

预计销售成本利润率＝300÷3 000×100%＝10%

预期产品销售利润＝3 500×10%＝350（万元）

（3）根据资本利润率确定利润目标。

该方法是根据企业预计的资本利润率水平,结合预算期资本金总额来测算利润目标的一种方法。它以同行业的平均资本利润率为基础,结合本企业的资金成本、资产质量、获利能力等具体情况,来确定企业预算期的预定资本利润率,然后乘以资本金总额得出利润目标总数,计算公式如下:

$$利润目标＝资本金总额×预计资本利润率$$

其中:

$$资本金总额＝（期初资本金余额＋期末资本金余额）÷2$$
$$资本利润率＝（利润总额÷资本金总额）×100\%$$

【例9-9】 绿洲公司2020年实现利润总额500万元,年末资本金总额5 000万元。董事会根据同行业资本利润率平均水平,结合公司本身的条件和市场预测,决定2021年按12%的资本利润率确定公司的利润目标,预计2021年年末资本金总额5 200万元。

依据上述资料,根据资本利润率对2021年利润总额测算如下:

预期平均资本金总额＝（5 000＋5 200）÷2＝5 100（万元）

预期利润总额＝5 100×12%＝612（万元）

2）本量利分析法

本量利分析法是在成本性态研究和盈亏平衡分析的基础上,利用销售量（额）、成本、利润三者之间的关系和相互影响确定预算期内利润目标的一种方法。运用本量利分析法应建立在对市场进行充分调查研究的基础上,首先对产品的销售量和销售额做出科学预测,其次分析企业的固定成本、变动成本等指标,最后确定利润目标。

需要指出的是,企业的利润总额是由营业利润、营业外收支等多项指标组成的。计算公式为:

$$利润总额 = 营业利润 + 营业外收入 - 营业外支出$$

其中:

$$\frac{营业}{利润} = \frac{产品销}{售利润} + \frac{其他业}{务利润} - \frac{期间}{费用} - \frac{资产减}{值损失} + \frac{公允价值}{变动收益} + \frac{投资}{收益}$$

$$产品销售利润 = 产品销售收入 - 产品销售成本$$

$$= 产品销售数量 \times (销售单价 - 单位产品销售成本)$$

$$= 产品销售数量 \times (销售单价 - 单位产品变动成本) - 固定成本总额$$

利润总额组成中的期间费用、投资收益、营业外收支、资产减值损失、公允价值变动收益与销售量、产品销售收入及产品销售成本没有必然的比例关系,需要根据企业的具体情况单独测算。因此,采用本量利分析法来确定的利润目标主要是产品销售利润。

据企业产品品种的多少,利润目标需要采用不同的公式进行测算。

(1) 单一品种的利润测算。

$$产品销售利润 = 产品销售数量 \times (销售单价 - 单位产品变动成本) - 固定成本总额$$

【例9-10】 白云公司预计2021年生产销售A产品5 000吨,销售单价1万元,单位产品变动成本8 000元,固定成本总额400万元,预算期的其他业务利润20万元,期间费用150万元,营业外净支出10万元。

依据上述资料,采用本量利分析法对2021年利润目标测算如下:

产品销售利润 = 5 000 × (1 - 0.8) - 400 = 600(万元)

利润目标 = 600 + 20 - 150 - 10 = 460(万元)

(2) 多品种的利润测算。

$$产品销售利润 = 产品销售收入 \times 综合边际贡献率 - 固定成本总额$$

其中:

$$综合边际贡献率 = \sum (某产品边际贡献率 \times 该产品在销售总额中的比重)$$

$$产品边际贡献率 = (产品销售单价 - 单位产品变动成本) / 产品销售单价$$

【例9-11】 碧海公司生产经营A、B、C三种产品,预计2021年三种产品的边际贡献率分别为30%、40%和20%,在产品销售总额中的比重分别为20%、30%和50%,公司产品销售收入总额2 000元,固定成本总额200万元。

依据上述资料,采用本量利分析法对2021年产品销售利润测算如下:

综合边际贡献率 = 30% × 20% + 40% × 30% + 20% × 50% = 0.06 + 0.12 + 0.1 = 0.28

产品销售利润 = 2 000 × 0.28 - 200 = 360(万元)

3）经营杠杆系数法

经营杠杆系数是利润变动率与销售量（额）变动率的比率，也是边际贡献额与利润额的比率。计算公式如下：

$$经营杠杆系数 = 利润变动率 \div 销售量变动率 = (\Delta P/P_0) + (\Delta S/S_0)$$

式中：P_0 表示基期利润，ΔP 表示预算期利润变动额，S_0 表示基期销售量（额），ΔS 表示预算期销售变动量（额）。

经营杠杆系数也可采用以下公式求得：

$$经营杠杆系数 = \frac{（销售单价－单位变动成本）\times 销售量}{（销售单价－单位变动成本）\times 销售量－固定成本}$$

$$= 边际贡献 \div 利润额$$

从公式中可以看出，由于固定成本的存在，经营杠杆系数总是大于 1。它表明，企业利润变动的幅度总是大于企业销售量（额）变动的幅度。当销售量（额）增长时，利润会以更大的幅度增长；当销售量（额）下降时，利润将会以更大的幅度下降。经营杠杆是指固定成本的存在，致使所产生的利润变动率大于销售量（额）变动率的现象。企业经营的这种现象即称为"经营杠杆"现象或"经营杠杆"效应。也就是说，如果固定成本为 0，利润变动率将等于销售量（额）变动率，此时不会产生经营杠杆现象。

利用经营杠杆系数进行利润目标测算的计算公式如下：

$$利润目标 = 基期利润 \times (1 + 利润变动率)$$

$$= 基期利润 \times (1 + 经营杠杆系数 \times 销售变动率)$$

【例 9-12】 清泉公司 2020 年实现销售收入 5 000 万元，变动成本总额 4 100 万元，利润总额 600 万元，预计 2021 年销售增长 20%。

采用经营杠杆系数法测算 2021 年利润目标如下：

边际贡献总额 = 5 000 － 4 100 = 900（万元）

经营杠杆系数 = 900 ÷ 600 = 1.5

利润目标 = 600 × (1 + 1.5 × 20%) = 780（万元）

目标利润增长率 = (780 － 600) ÷ 600 × 100% = 30%

4）增长比率法

所谓增长比率法，就是根据销售增长率、利润增长率、产值增长率等增长率指标来测算预算期利润目标的一种方法。这种方法主要适用于稳定发展的企业。

（1）根据销售增长率确定利润目标。

该方法是以企业基期销售利润和企业预计的销售增长率为依据测算利润目标的方法。该方法假定企业销售利润与销售额是同步增长的，因为企业生产经营上存在着固定成本，其经营杠杆系数大于 1，企业销售利润的增长幅度应该大于企业销售量（额）的增长幅度，所以，根据销售增长率确定利润目标是一种较为保守的方法。测算公式如下：

$$预期产品销售利润＝基期销售利润×(1＋预计销售增长率)$$

（2）根据利润增长率确定利润目标。

该方法是以企业基期利润和企业预定的利润增长率为依据测算利润目标的方法。用该方法确定利润目标,首先要根据企业历史最好利润水平、上年度达到的利润水平以及近几年利润增长率的变动趋势与幅度,结合预算期可能发生的变动情况,来确定预计利润增长率,然后测算出利润目标。这种方法具有简便易行、较为节省时间的特点,常用于比较粗略地预测利润目标。测算公式如下:

$$预期利润目标＝上年度实现利润额×(1＋预计利润增长率)$$

5）标杆法

标杆是确定预算目标值的参照物,如本企业历史最高水平、本行业同类企业最高水平、国外同类企业最高水平等。在实务操作中,通常存在企业内部基准和外部基准两类标杆。内部基准是以本企业历史上的最高水平为标准;外部基准是以本行业同类先进企业(如同行业排名前三位的企业)的实际水平为标准。

标杆法是以企业历史最高水平或同行业中领先的企业为基准,将本企业目前的产品、技术和管理等方面的实际情况,与企业历史最高水平或基准企业进行定量化评价和比较,分析企业历史最高水平或基准企业绩效达到领先水平的原因,然后制定最优的改进策略,在企业连续不断地反复实施,以改进和提高企业绩效的一种管理方法。标杆法有着十分广泛的应用范围,利用此法确定利润目标的步骤如下:

第一步:设定标杆目标。

用标杆法确定目标利润,首先要检查企业所有的作业流程,分析企业上期的预算执行结果,看其与企业的期望是否存在差距,从中选出最需要改善的项目,特别是对影响利润目的重要项目进行标杆管理。

第二步:选择标杆对象。

选择标杆对象确定标杆目标后,就要选择理想的标杆对象进行瞄准。选择的标准有四个:一是选择的标杆企业要具有卓越的经营业绩,在同行业中处于领先地位;二是标杆对象与本企业或本部门有相似的特点,具有可比性和兼容性;三是选择标杆指标要具有现实的可行性,避免因标杆太高而导致大家失去信心,可行的办法是随着企业的发展、变化而不断更新和提高标杆,标杆对象要真实、可靠,相应资料易于计量和获取。

第三步:收集资料、分析差距。

围绕确定的标杆目标进行资料和数据的收集。首先要收集能充分反映本企业标杆目标现状的数据资料;然后收集标杆对象的有关数据资料,包括标杆对象达到优良绩效的方法、措施和管理诀窍等。资料和数据的收集工作完成后,企业要对这些资料和数据进行比较分析,找出本企业存在的差异及产生差异的原因,寻求和制定消除差异的措施,并分析预测本企业能够在多大程度上消除这些差异,以缩小与标杆对象的差距,进而达到或超越标杆对象。

第四步：确定利润目标。

要根据比较、分析的结果和消除差异的措施进行预测，最终确定本企业应实现的利润目标及其相关指标，从而使企业达到或超过标杆对象的业绩水平。

利用标杆法很容易发现本企业的问题和不足，具有广泛的适用性。应用此法的关键是如何获得真实、可靠的标杆资料。在国外有专门从事归集各行各业标杆资料的组织，一些咨询公司也做类似的工作，但需要付费才能获得相应的标杆。在这方面，我国发展得还比较缓慢。

3. 其他预算目标的确定方法

一般来说，当利润目标确定后，其他相关的预算目标也就推算出来了。事实上，利润目标确定的过程，也就是其他相关预算目标确定的过程。因为企业的产能、销量与利润指标无论以哪个为起点，都不能摆脱另外两个指标的制约，都必须与另外两者在数量、金额上相互平衡、勾稽。

例如，白云公司以利润目标为起点确定各项预算目标。首先，企业要初步确定利润总额以及构成利润总额的各个项目指标，包括产品销售利润、其他业务利润、销售费用、管理费用、财务费用、投资收益、营业外收入、营业外支出等项目。其次，考虑需要销售多少产品、完成多大的销售额，才能实现确定的利润目标。最后，考虑企业目前的产能是否能够生产出足够的产品以满足销售的要求。如果产能不足，就必须考虑是否可以在短期内通过追加投资增加产能；如果增加产能，投资的筹措以及项目投产的时间是否有保障；诸如此类，不一而足。

这个过程要经过多次反复，甚至回到起点，从头再来。因此，利润目标制定的过程，也就是销售、价格、成本、费用、产量等相关预算目标确定的过程。

下面简要介绍销售预测及销售目标的确定方法。

1）销售预测考虑的主要因素

从涵盖的范围看，销售预测要比销售预算宽泛得多，需要同时考虑本企业和本企业所在行业的市场潜力，对企业所处的市场环境进行分析，明确企业在市场中的定位等。

市场潜力是指在特定的营销环境下，随着行业营销活动的强化及不懈努力，企业产品的市场需求所能达到的最大极限量（或称最高市场需求）。企业的市场环境分析主要包括竞争者分析、市场细分和市场能力分析。竞争者分析是对同行业具有较强优势的竞争对手，从具体目标、资源优势、经营业绩、当前战略等方面进行分析；市场细分是根据某个特定的标准，把市场划分成若干个更小的市场，企业选用何种划分标准要具体情况具体分析，根据产品和行业特点决定；市场能力是指企业驾驭市场、适应市场的能力及产品在细分市场中的吸引力。对市场细分和市场能力的分析，有助于企业发现自己的竞争优势，并着眼于发挥优势制定措施，抢先占领相应的细分市场份额，据此预测应有的销售额。

另外，销售预测考虑的主要因素还包括销量情况、预算期的价格政策及走向、预期销货订单、国民经济和行业经济的状况及总量、国民经济指标的变化、通货膨胀、利率、促销力度、分销渠道、新产品开发、产品特色、交易条件、行业竞争、市场份额等。由于市场多变和存在着不确定性，销售预测可以使用计算机模拟、回归分析、市场敏感性分析等科学方法，以保证销售预测的准确性。

2) 根据利润目标,确定销售量(额)目标的方法

利润总额组成中的其他业务利润、管理费用、财务费用、投资净收益、营业外收支净额与销售量(额)没有必然的比例关系,因此,根据利润目标确定销售量目标的"利润目标"主要是指销售利润目标,当利润目标为利润总额时,需要将其修正为销售利润目标,根据企业产品品种的多少,可分别采用单一品种和多品种两种公式进行测算。

(1) 单一品种的销量(额)测算。

$$销售量目标 = (固定成本总额 + 销售利润目标) \div 单位边际贡献$$

【例 9-13】 白云公司预计 2021 年 A 产品销售单价 1 万元,单位变动成本 8 000 元,固定成本总额 400 万元,预定利润目标 460 万元,其中,产品销售利润目标 600 万元。依据上述资料,对 2021 年销量目标测算如下:

销售量目标 $= (400 + 600) \div (1 - 0.8) = 5\,000$(吨)

销售额目标 $= 5\,000 \times 1 = 5\,000$(万元)

(2) 多品种的销量(额)测算。

$$销售额总目标 = (固定成本总额 + 销售利润目标) \div 综合边际贡献率$$

各产品销售量目标 = 销售额总目标 × 该产品在销售总额中的比重 ÷ 该产品销售单价

其中:

$$综合边际贡献率 = \sum(某产品边际贡献率 × 该产品在销售总额中的比重)$$

$$产品边际贡献率 = (产品销售单价 - 单位变动成本) \div 产品销售单价$$

【例 9-14】 碧海公司生产经营 A、B、C 三种产品,2020 年实现的产销量分别为 360 吨、270 吨、720 吨;三种产品的销售价格分别为每吨 1 万元、2 万元、1.25 万元;产品单位变动成本分别为 0.7 万元、12 万元、1 万元;固定成本总额 200 万元。

假设公司 2021 年的销售结构、销售价格、单位变动成本和固定成本总额均保持 2020 年的水平,预期 2021 年的产品销售利润目标为 360 万元。

依据上述资料,对 2021 年各产品的销量目标测算如下:

(1) 计算 A、B、C 三种产品在销售总额中的比重。

基期产品销售总额 $= 360 \times 1 + 270 \times 2 + 720 \times 1.25 = 360 + 540 + 900 = 1\,800$(万元)

A 产品销售比重 $= 360 \div 1\,800 = 20\%$

B 产品销售比重 $= 540 \div 1\,800 = 30\%$

C 产品销售比重 $= 900 \div 1\,800 = 50\%$

(2) 计算综合边际贡献率。

A 产品边际贡献率 $(10\,000 - 7\,000) \div 10\,000 = 30\%$

B 产品边际贡献率 $(20\,000 - 12\,000) \div 20\,000 = 40\%$

C 产品边际贡献率 $(12\,500 - 10\,000) \div 12\,500 = 20\%$

综合边际贡献率＝30％×20％＋40％×30％＋20％×50％＝28％

（3）计算销售额目标。

销售额总目标＝（200＋360）÷28％＝2 000（万元）

（4）计算各产品销售量目标。

A 产品销售量目标＝2 000×20％÷1＝400（吨）

B 产品销售量目标＝2 000×30％÷2＝300（吨）

C 产品销售量目标＝2 000×50％÷1.25＝800（吨）

经过计算表明，碧海公司要在 2021 年实现预定的产品销售利润目标 360 万元，在产品销售单价、销售结构、单位变动成本和固定成本既定的情况下，就必须使 A、B、C 三种产品的产销量目标分别达到 400 吨、300 吨和 800 吨。

（三）预算目标的分解

预算总目标确定后，需要层层分解、落实到企业的各级预算部门和岗位，分解后的各项具体预算目标总和应等于企业预算总目标。只要各级预算部门的具体预算目标完成了，企业的预算总目标也就实现了。根据企业的组织结构不同，可采取两种不同的方式分解预算总目标。本书主要以单一法人企业预算总目标的分解为例进行讲解。

单一法人企业只有总部一个投资中心，下设数个利润中心和成本中心。企业预算总目标在各责任中心的分解，实际上就是投资中心将有关收入、成本、费用、利润等指标分解落实到各利润中心和成本中心。在分解方法上可灵活使用倒推法、比例法、零基法、本量利分析法、因素分析法等定量及定性方法。

1. 倒推法

倒推法是指先确定两头指标，然后倒推中间指标的方法。例如，企业可以根据市场预测和战略规划，先确定销售收入和利润总额，然后倒推出成本、费用等指标。倒推法的原理可用公式表示如下：

$$市场价格－利润目标＝成本目标$$

2. 比例法

比例法是指先由公司决策者测算、预定一个某项预算指标比基期增减的比例，然后由各责任中心分解落实的方法。例如，某企业先预定预算期内管理费用指标的可控项目比基期降低 10％，然后将降低 10％ 的任务分解落实到各职能管理部门。

3. 零基预算法

零基预算法是指分解落实预算指标时，不考虑基期发生额，而以零为基础详尽分析、测算的方法。例如，业务招待费项目在各责任中心的分解，可以不考虑基期的发生额，各责任中心采取单笔算账的方法申报。

4. 本量利分析法

本量利分析法是指利用销售数量、产品成本和销售利润三者之间的变量关系，分解、落实预算指标的方法。因为在市场价格一定的情况下,销售数量、产品成本和销售利润任何一项指标发生变化,都会导致其他两项或一项指标的变化。本量利分析法的基本公式如下:

$$销售量×(市场价格-单位变动成本)-固定成本=销售利润$$

5. 因素分析法

因素分析法是指将影响各责任中心的有利因素和不利因素综合起来,用于调整预算指标的方法。例如,生产部门由于工人薪金提高导致的人工成本增加、由于采用新技术工艺导致的材料消耗降低都可以通过因素分析测算出来。

所有分解预算总目标的方法要因企业、事项、项目灵活应用,不可生搬硬套。下面通过一个案例阐述综合运用倒推法、比例法、因素分析法,分解、落实公司预算总目标的过程。

【例 9-15】 凯特公司是一个独立的法人企业,拥有三个产品制造分厂、一个销售分公司和若干个管理科室,三个产品制造分厂分别生产 A、B、C 三种产品。2021 年 10 月,公司预算管理委员会根据公司的战略规划和经营目标,经过科学预测,提出 2022 年实现销售收入 600万元、利润总额 150 万元的预算目标,2021 年和 2022 年企业三种产品的产销率均达到100%。要求预算管理办公室根据公司确定的预算总目标,向各责任中心分解、落实。

预算管理办公室的操作步骤及方法如下:

第一步,根据销售额目标,测算、分解销售量及销售额目标,并落实产品品种及产量目标。

在预测 2021 年经营状况的基础上,经过对企业外部市场份额、价格及内部产能等因素的分析,测定出了 2022 年销售目标。其中,销售价格、销量、产量均在销售部门、生产部门得到落实,如表 9-14 所示。

表 9-14 凯特公司预算目标测试表(1)

产品名称	2021 年销售预计			2022 年销售目标		
	数量(吨)	单价(元)	金额(万元)	数量(吨)	单价(元)	金额(万元)
A 产品	700	3 000	210	800	3 000	240
B 产品	500	4 000	200	550	4 000	220
C 产品	450	2 000	90	700	2 000	140
合计			500			600

第二步,测算销售成本及期间费用指标,拟定成本费用的挖潜目标。

首先,根据预定销售目标和利润目标,倒推出成本费用总额为 450 万元(600-150)。

其次,拟定 2022 年销售费用占销售额的比率由 2021 年的 8% 降为 7%;管理费用占销售额的比率由 2022 年的 6% 降为 5.5%;由于银行借款额增加和借款利率提高,财务费用指标测定为 15 万元。

最后,根据销售额、期间费用、利润等有关指标倒推出 2022 年销售成本为 360 万元(600-49-33-15-150),如表 9-15 所示。

表 9-15　　　　　　　　　　　凯特公司预算目标测算表(2)

项目	2021年预计		2022年匡算		与2021年比较	
	金额(万元)	销售比率(%)	金额(万元)	销售比率(%)	绝对额增减(万元)	比率增减(%)
销售收入	500	—	600	—	100	—
减：销售成本	320	64	360	60	40	−4
销售毛利	180	36	240	40	60	4
减：销售费用	40	8	42	7	2	−1
管理费用	30	6	33	5.5	3	−0.5
财务费用	10	2	15	2.5	5	0.5
利润	100	20	150	25	50	5

第三步,测算2022年采购成本和采购价格。

经过测算认为,2022年大部分材料价格没有变化,只是电力价格提高影响总成本15 900元。

第四步,对匡算的2022年期间费用进行逐项分析、测算、落实。

(1) 财务费用是根据借款额和利率计算出来的,无弹性。

(2) 销售费用经过与销售部门沟通已经被欣然接受。

(3) 管理费用经过逐个项目、逐个职能管理部门测算也全部落实。

至此,期间费用已全部分解、落实,此后的关键是将匡算的销售成本360万元分解、落实。

第五步,对匡算的2022年销售成本360万元进行分析、测算。

公司各种产品的产销率均为100%(为了简化起见,假设预算年度产销平衡、期初产品库存余额为0,企业实务中,产销率只能近似平衡),因此,销售成本就是产品制造成本;销售成本的降低率也就是产品制造成本的降低率。于是,预算管理办公室与各个分厂通过以下方法进行了测算、落实。

首先,用2021年的产品单位销售成本测算2022年销售成本。

经过计算销售成本总额为390.5万元,比匡算的2022年销售成本360万元多30.5万元,如表9-16所示。

表 9-16　　　　　　　　　　　凯特公司预算目标测算表(3)

产品名称	计量单位	2021年成本预计			2022年成本测算(万元)	
		数量	单位成本	总成本	数量	总成本
计算关系	×	①	②	③=①×②	④	⑤=②×④
A	吨	700	0.19	133	800	152
B	吨	500	0.23	115	550	126.5
C	吨	450	0.16	700	700	112
合计				320	—	390.5

其次,分析影响产品制造成本变动的主要因素。

如果测算出的产品制造成本降低因素达到 30.5 万元,整个预算目标就可以全部分解落实下去;如果达不到 30.5 万元,就需要进一步修订、测算、平衡其他指标,直至综合平衡为止。

经过对影响产品成本变动的主要因素进行分析得出:2022 年的产品成本降低因素 32.95 万元,提高因素 2.32 万元,相抵后净降低因素 30.63 万元,达到了产品制造成本降低 30.5 万元的要求。各种变动影响因素如表 9-17 所示。

表 9-17   凯特公司预算目标测算表(4)

金额单位:元

项目	总额	A 产品		B 产品		C 产品	
		每吨降低	总成本降低	每吨降低	总成本降低	每吨降低	总成本降低
一、成本降低因素	329 500	95	76 000	130	71 500	260	182 000
1. 物耗降低	67 500	20	16 000	30	16 500	50	35 000
2. 人工费用减少	7 000	0	0	0	0	10	7 000
3. 固定费用相对降低	255 000	75	60 000	100	55 000	200	140 000
二、成本提高因素	23 200	15	12 000	14	7 700	5	3 500
1. 人工费用增加	7 300	5	4 000	6	3 300	0	0
2. 电力提价	15 900	10	8 000	8	4 400	5	3 500
三、成本降低净额	306 300	80	64 000	116	63 800	255	178 500
2022 年产品产量(吨)			800		550		700

表 9-17 中的固定费用相对降低的计算方法如下。

① A 产品。

已知固定费用(A 分厂的折旧费、办公费等)总额 42 万元,计算得出:

2021 年单位产品固定费用＝420 000÷700＝600(元)

2022 年单位产品固定费用＝420 000÷800＝525(元)

2022 年单位产品固定费用降低＝600－525＝75(元)

2022 年固定费用相对降低＝800×75＝60 000(元)

② B 产品。

已知固定费用总额 55 万元,计算得出:

2021 年单位产品固定费用＝550 000÷500＝1 100(元)

2022 年单位产品固定费用＝550 000÷550＝1 000(元)

2022 年单位产品固定费用降低＝1 100－1 000＝100(元)

2022 年固定费用相对降低＝550×100＝55 000(元)

③ C 产品。

已知固定费用总额 25.2 万元,计算得出:

2021 年单位产品固定费用＝252 000÷450＝560(元)

2022年单位产品固定费用＝252 000÷700＝360(元)

2022年单位产品固定费用降低＝560－360＝200(元)

2022年固定费用相对降低＝700×200＝140 000(元)

最后,向各分厂落实产品制造成本。

以用2021年产品单位销售成本计算的2022年销售成本总额390.5万元为基数,加减影响成本升降的因素后得出2022年销售成本总额,并分解、落实到各分厂,如表9-18所示。

表 9-18 凯特公司预算目标测算表(5)

责任中心	产品名称	计量单位	2022年产品制造成本目标(万元)				
			数量	基数成本	成本降低	数量	总成本
计算关系	×	×	①	②	③	④＝②－③	⑤＝④÷①
A 分厂	A 产品	吨	800	152	6.4	146	1 820
B 分厂	B 产品	吨	550	127	6.38	120	2 184
C 分厂	C 产品	吨	700	112	17.9	94.2	1 345
合计				391	30.6	360	—

至此,凯特公司2022年的预算目标全部得到分解和落实,如表9-19所示。

表 9-19 凯特公司2022年预算目标分解落实表

责任中心	指标名称	单位	目标值	备注
销售公司	销售收入	万元	600	
	销售费用	万元	42	可控费用30万元,固定费用12万元
	现金收入	万元	580	其中,回收往年应收货款10万元
采购部	主要材料采购价格	元	……	
	现金支出	万元	300	
A 分厂	A 产品产量	吨	800	
	A 产品单位制造成本	元	1 820	
B 分厂	B 产品产量	吨	550	
	B 产品单位制造成本	元	2 184	
C 分厂	C 产品产量	吨	700	
	C 产品单位制造成本	元	1345	
人力资源部	工资总额	万元	100	
	劳动生产率	万元/人	1.5	产值600万元/员工,人数400人
财务部	财务费用	万元	15	
	新增借款	万元	50	
	资产负债率	%	65	
各部门	管理费用	万元	33	附:明细表,其中,可控费用20万元
全公司	利润总额	万元	150	

需要说明以下两点：

（1）企业预算目标的分解是一个非常复杂和烦琐的过程。案例中所讲的只是公司总部将预算总目标初步分解落实到各责任中心的方法。预算目标分解下去后，各预算单位还要按照总部发放的预算编制大纲和表格，编制详细的预算草案，将预算目标落到实处。

（2）为简化讲解，案例中的预算指标并不全面，如缺少质量、安全等指标。因为分解、落实预算总目标的关键是将利润目标以及保证利润实现的关键指标，如销售、产量、成本、费用等指标落实下去，所以，在初步分解预算总目标时，可以先分解与利润目标直接关联的项目，其他项目在编制详细预算草案时再具体落实。

第四节　全面预算编制

一、经营预算概述

（一）经营预算的概念

经营预算，也称业务预算、营业预算，是预算期内企业日常生产经营活动的预算。其主要包括销售预算、生产预算、供应预算、期间费用预算等生产经营活动预算。

从事生产经营活动是企业的基本特征和内容，因此，经营预算是企业全面预算的主体。就预算种类、数量和编制工作量而言，经营预算一般要占全部预算的80％左右。经营预算在全面预算中的重要性不言而喻。

（二）经营预算编制的基本任务

企业是以营利为目的独立从事生产经营活动的经济组织。工业企业的生产经营活动一般可分为供应、生产、销售三大环节：通过供应环节采购生产所需的材料物资；通过生产环节生产市场上需要的产品；通过销售环节将产品推向市场，在满足社会需要的同时以收抵支获得利润。因此，经营预算编制的基本任务是：

（1）贯彻落实企业年度经营目标。企业年度经营目标的主要内容是销售收入目标和利润总目标。要将经营目标由目标变为现实，一个很重要的环节就是通过编制经营预算将经营目标一一细化和落实。

（2）规划安排企业年度生产经营活动。通过编制经营预算将预算期内企业生产经管活动各个环节所需投入的人力、物力、财力，以及销售环节获得的营业收入，全部通过预算的方式进行统筹规划、全面安排。

（3）优化资源配置，提高经济效益。通过编制经营预算将企业的资金流、实物流、业务流、信息流、人力流等进行科学梳理、连接与整合，将企业有限的资源协调分配到能够提高经营效率、经营效果的业务活动中去，通过优化资源配置，提高经济效益，确保企业经营目标的实现。

（三）经营预算编制的基本方法

经营预算是全面预算编制的起点。在市场经济条件下，企业的生产经营活动一般都是"以销定产"。与此相适应，编制经营预算要根据公司董事会及预算管理委员会提出的预算编制方针、编制政策和预算目标，以基期生产经营的实际状况为基础，综合考虑经济政策变动、市场竞争状况、产品竞争能力等因素，遵循科学合理、切实可行的原则，按照一定的编制程序和方法进行。基本方法如下。

1）按照先销售预算、再生产预算、后供应预算的基本顺序编制经营预算

适应企业以销定产的需要，经营预算的编制一般以销售预算为起点，然后根据销售数量和库存产品的结存情况安排生产预算；最后编制保证生产活动顺利进行的各项资源供应和配置预算。但是，对于"以产定销"的企业来说，经营预算编制的起点一般是生产预算，然后以产定销安排供应预算和销售预算。

2）按照上下结合、分级编制、逐级汇总的基本程序编制经营预算

经营预算的内容涉及企业生产经营活动的方方面面，是企业预算期内从事销售活动、生产活动、采购活动、财务活动等生产经营活动的依据和指南。要提高经营预算的执行力，提高经营预算的可行性是关键。而要提高经营预算的可行性，就必须让经营预算具有广泛的群众基础。因此，编制经营预算必须遵循从基层来、到基层去的方针，严格履行自上而下、自下而上、上下结合、分级编制、逐级汇总的基本程序。

3）按照先归集、再计算、后编制的基本步骤编制经营预算

全面预算的种类有很多，但编制的基本步骤大体相同。可分为三大步：

第一步，收集基础资料。预算编制是否顺利，关键要看基础资料的准备是否充分和翔实，要针对预算项目的构成要素、影响因素、编制依据、编制要求等事项，有的放矢地归集、整理有关信息数据等基础资料。

第二步，计算预算指标。数字量化是预算的基本特征之一，通过计算确定预算指标是编制预算的基本环节。因此，要根据预算指标构成要素之间的逻辑关系，运用有关公式对收集到的基础资料进行加工、整理，反复测算、计算，核定出科学合理、切实可行的预算指标。

第三步，编制预算草案。在预算指标计算并确认结果无误的基础上，通过归纳、汇总，按照特定的格式要求编制各种预算草案。

4）采用恰当的技术方法编制经营预算

编制预算的技术方法有很多，每种技术方法都有其优缺点和适用范围。编制人员要遵循经济活动规律，充分考虑符合企业自身经济业务特点、基础数据管理水平、生产经营周期和管理需要等原则，针对不同的预算项目和预算内容，选择或综合运用固定预算、弹性预算、滚动预算、零基预算、概率预算等方法编制经营预算。

5）按照企业内部组织架构落实预算编制责任

编制经营预算，落实编制责任是关键。按照"谁执行预算，谁就编制预算"的基本原则，应采取与企业内部组织架构相一致的划分方法落实预算编制责任，各部门负责人是预算编

制的第一责任人。这种安排不仅有利于预算编制的顺利进行,也有利于预算的执行、控制、核算、考核和责任落实。

6) 将预算项目划分为付现项目与非付现项目

付现项目也称"现金支出项目",是指在预算期内需要支付现金的预算项目;非付现项目也称"非现金支出项目",是指在预算期内不需要支付现金的预算项目。全面预算涉及的预算项目包罗万象,以是否在预算期内支付现金为标准分类,可以将其划分为付现项目与非付现项目两大类。划分付现项目与非付现项目的目的是汇总编制预算期的现金收支预算。因此,在编制的各类预算中,凡是需要在预算期内支付现金的预算项目,都要将其汇总起来,单独设"付现项目"栏次予以列明;凡是没有设"付现项目"栏次的各类预算,一律视为在预算期内没有需要支付现金的预算项目。

二、 销售预算的编制

销售预算是预算期内企业销售产品或提供劳务等销售活动的预算。主要依据年度经营目标、预测的市场销量或劳务需求、企业自身的产品生产能力与结构、预计市场价格等因素编制。在市场经济条件下,绝大多数企业需要根据产品在市场上的销售量来决定产品的生产量,然后根据产品生产量确定材料、人工、资金的需用量和各种费用的支出额。也就是说,企业的生产预算、人力资源预算、供应预算等经营预算都要受销售预算的制约。因此,销售预算是大多数企业编制全面预算的起点,也是编制其他经营预算的基础。

销售预算的执行者是销售部门,按照让执行者参与预算编制的原则,销售部门理应是编制销售预算的主体。销售预算的编制直接关系到企业生产、采购、资金、费用的安排以及企业战略规划和经营目标的实现,因此,与企业销售活动相关的部门和人员都应参与销售预算的编制、审议与对接。其中,财务部门、生产部门、采购部门和储运部门是销售预算编制、审议、对接的主要力量,涉及成本方面的销售预算,还需要以财务部门为主进行编制。销售预算主要包括销售收入预算、应收账款预算。

企业生产经营全面预算的编制通常要以销售预算为出发点,而销售预算又必须以销售预测为基础。销售预测是指企业在进行大量市场调查的基础上,对企业一定时期产品的销售量或销售额的未来发展趋势所做出的科学预计和推测,它必须对本企业产品销售的历史资料和未来市场上的供需情况进行认真分析研究,特别要着重考虑与本企业有关的各种经济发展趋势和各种重要经济指标的变动情况,销售预测是否准确直接影响到全面预算的可靠性。

销售预测可能是预算编制中难度最大的,需要考虑许多因素,如企业的目标利润、过去的销售情况、定价政策、宏观经济形势及产业状况,广告和促销计划、产品销售的季节性变动、企业生产能力和产品的长期销售趋势等。销售预测一般是在分管销售的副总经理的指导下编制的,采用自下面上法,要求每位销售经理提交一份所管辖地区的销售预测报告,再合计这些销售预测,从而形成总销售预测。销售预测是编制销售预算的基础,但最终的销售预算必须以企业的长期战略目标、经营目标为依据。如果预算委员会认为销售预测的结果不符合企业发展目标,应考虑采取行动来提高预期的销售量,如加大广告投入、适当降价等。

销售预算确定了预计销售量和单位售价后,就可以计算预计销售额,即:

$$预计销售额＝预计销售量×单位售价$$

销售预算包括产品的名称、销售量、单价、销售额等项目。生产经营多种产品的企业,为避免销售预算过于繁杂,一般只列示全年及各季的销售总额,并对主要产品分别编制销售预算附表附在销售预算之后,对于数量较少、销售额较低的产品则予以省略,而不是把所有产品的有关数据全部在预算中详细反映。

为了便于现金预算的编制,在销售预算中一般还附有预计现金收入表。预计现金收入数中包括本期销售应在本期收到的款项和以前销售中应在本期收到的款项。

预算期预计销售收入的计算公式为:

$$预计销售收入＝预计销售量×预计销售单价$$

预算期收到现金的计算公式为:

$$某季收到现金＝该期销售收入×该期收现率＋期初应收账款×该期回收率$$

【例 9-16】 云翔公司 2021 年各季的销售收入中有 70% 在当季收到现金,其余的 30% 在下季收到现金。假定云翔公司只产销一种产品,则云翔公司 2021 年销售预算表和现金收入预算如表 9-20、表 9-21 所示。

表 9-20 **2021 年云翔公司销售预算**

单位:元

季度	第一季度	第二季度	第三季度	第四季度	全年
预计销售量(件)	1 000	1 500	1 800	2 000	6 300
预计销售单价(元/件)	100	100	100	100	100
预计销售额(元)	100 000	150 000	180 000	200 000	630 000

表 9-21 **2021 年云翔公司预计现金收入表**

单位:元

季度	第一季度	第二季度	第三季度	第四季度	全年
年初应收账款	36 000				36 000
第一季度销售额	70 000	30 000			100 000
第二季度销售额		105 000	45 000		150 000
第三季度的销售额			126 000	54 000	180 000
第四季度的销售额				140 000	140 000
现金收入合计	106 000	135 000	171 000	194 000	606 000

表中的销售量、销售单价来自 2021 年的销售预测,每期收到的现金数占销售收入的比率根据历史经验确定。

三、 生产预算的编制

生产预算是预算期内企业产品生产活动或劳务活动的预算。主要依据预算编制大纲拟定的生产目标和销售预算所确定的产品发货数量、产品库存、销售结构，以及企业的生产能力、材料及人工消耗定额、成本定额、费用定额、价格水平等资料编制。在产品供不应求的企业，生产预算编制的依据主要是预算编制大纲拟定的生产目标、企业的生产能力、各项成本费用定额等。生产预算涉及企业生产经营过程中的各个方面，是企业组织产品生产、控制产品成本和生产资金占用、考核生产部门工作业绩的主要依据。

生产预算的执行者是生产部门，因此，生产部门是编制生产预算的主体。企业的生产活动与销售、供应、人力资源等活动有着密不可分的关系，是企业生产经营活动的中心环节，因此，与生产活动相关的部门和人员都应参与到生产预算的编制之中。

生产预算可以为进一步编制成本和费用预算提供实物量数据。产成品的期初、期末存货要作为生产预算的必要组成部分，是由于企业的生产和销售不可能做到"同步同量"，是为了避免产生不必要的成本以保证生产均衡进行。因为如果存货过多，会形成资金积压；但如果存货过少，又会影响到下一季度销售活动的正常进行，这两种情况的出现，都会对企业的生产经营带来不利的影响。确定本期生产量的计算公式为：

产品的本期生产量＝预计销售量＋预计期末存货量－预计期初存货量

式中：预计销售量根据销售预算表；预计期初存货量就是上季期末存货量；预计期末存货量应该根据长期销售趋势来确定，在实务中，一般是按事先估计的期末存货量占下期销售量的比例进行估算。

【例 9-17】 以[例 9-16]内容为基础（下同）。假设期末存货量占下季度销售量的比例为 10%，则云翔公司 2021 年生产预算如表 9-22 所示。

表 9-22　　　　　　　　　　2021 年云翔公司生产预算表

单位：件

项目	第一季度	第二季度	第三季度	第四季度	全年
预计销售量	1 000	1 500	1 800	2 000	6 300
预计期末存货量	150	180	200	220	220
合计	1 150	1 680	2 000	2 220	6 520
预计期初存货量	100	150	180	200	100
预计生产量	1 050	1 530	1 820	2 020	6 420

说明：第四季度期末存货量 220 件系估计数。

四、 直接材料预算

直接材料的价值在企业产品生产过程中一次全部转移到产品制造成本中去，是企业产品制造成本的主要组成部分。做好直接材料预算的编制,不仅可以保障预算期内产品生产的材料需要,而且通过严格的材料消耗定额控制,还能有效降低产品制造成本。

直接材料预算是预算期内企业生产活动耗用材料种类数量和时间的总体安排,由生产部门负责编制,财务部门予以协助。

(一) 直接材料预算的编制方法

1. 收集预算基础资料

直接材料预算编制的主要依据是预算期的产品产量预算、材料消耗定额和材料价格。编制范围既包括构成产品实体的各种原料、主要材料和外购半成品,也包括用于产品生产的包装材料、燃料与动力,以及有助于产品形成的辅助材料。因此,基础资料的归集范围要与编制范围保持一致性。

2. 计算并编制直接材料预算

编制直接材料预算主要涉及产品产量、材料消耗定额、材料预算价格三类数据资料。基本计算公式如下:

$$产品生产对某材料的消耗总量 = \sum 产品产量 \times 材料消耗定额$$

$$产品生产对某材料的消耗总金额 = \sum 产品产量 \times 材料消耗定额 \times 材料预算价格$$

(1) 产品产量是指预算期内完成生产过程、验收入库的合格产品数量。编制直接材料预算所用的产品产量可以直接从产品产量预算中取得。

(2) 材料消耗定额是指在一定的生产技术组织条件下,制造单位产品或完成单位劳务所必须消耗材料的数量标准。它包括主要原材料、辅助材料、燃料与动力等材料消耗定额。制定先进合理的材料消耗定额,对于直接材料预算的编制有着决定性的作用。材料消耗定额的制定原则是:在保证产品质量的前提下,根据企业生产部门的具体条件,结合产品结构和工艺要求,以理论计算和技术测定为主,以经验估计和统计分析为辅来制定先进合理的材料消耗定额。

(3) 材料预算价格是指企业编制直接材料预算、核算产品生产的材料成本时所采用的价格,系不含税的材料单价。一般由买价加运输费、装卸费、保险费、包装费、仓储费、运输途中的合理损耗、入库前的挑选整理费用和按规定应计入成本的税金等组成。

编制直接材料预算所用的材料预算价格一般采用企业内部计划价格。其主要原因是编制直接材料预算时,预算期的材料实际价格一般不可能确定下来,只能采用内部计划价格。另外,生产部门在实际核算产品制造成本时,也应采用内部计划价格核算材料消耗成本,以保持材料成本计算与直接材料预算口径的可比性。

(二) 直接材料预算的编制

直接材料预算是指为规划预算期内因组织生产活动和材料采购活动预计发生的材料需要量、采购量和采购成本而编制的一种经营业务预算。直接材料预算是以生产预算、材料消耗定额和预计材料采购单价等信息为基础,并考虑期初、期末材料存货水平而编制的预算。确定直接材料采购量和采购成本的公式分别为:

本期材料采购量＝本期生产耗用材料量＋期末材料存货量－期初材料存货量

材料采购成本＝材料采购量×该种材料单价

期末材料存货量＝下季度材料耗用量×必要留用比例

直接材料预算与生产预算一样,也要根据生产需要量与预算采购量之间的关系进行编制。其目的在于,避免直接材料存货不足而影响生产或因存货过多而形成资金的积压和浪费。

为便于现金预算的编制,通常在编制直接材料预算的同时编制与材料采购有关的各季度材料采购现金支出预算。其计算公式如下:

材料采购现金支出额＝本期预计采购金额×该期付现率＋本期期初应付账款×该期付现率

【例 9-17】 假设云翔公司 2021 年各季度的材料采购成本的 60% 在当季支付,其余的 40% 于下季度支付。预计期末材料存货量占下季度材料总耗要量的 10%,则云翔公司 2021 年的直接材料预算和材料采购现金支出预算如表 9-23、表 9-24 所示。

表 9-23 2021 年云翔公司直接材料预算

项目	第一季度	第二季度	第三季度	第四季度	全年
生产量(表 9-22)	1 050	1 530	1 820	2 020	6 420
单位产品直接材料耗用量(千克)	2	2	2	2	2
总耗用量(千克)	2 100	3 060	3 640	4 040	12 840
加:期末直接材料存货数量(千克)	306	364	404	410	410
总需要量(千克)	2 406	3 424	4 044	4 450	13 250
减:期初直接材料存货数量(千克)	210	306	364	404	210
直接材料采购数量(千克)	2 196	3 118	3 680	4 046	13 040
直接材料单位价格(元/千克)	5	5	5	5	5
直接材料采购金额(元)	10 980	15 590	18 400	20 230	65 200

说明:第四季度材料存货数量 410 千克系估计数。

表 9-24 2021 年云翔公司材料采购现金支出预算表

单位:元

项目	第一季度	第二季度	第三季度	第四季度	全年
年初应付账款	4 000				4 000
第一季度采购现金支出	6 588	4 392			10 980
第二季度采购现金支出		9 354	6 236		15 590
第三季度采购现金支出			11 040	7 360	18 400
第四季度采购现金支出				12 138	12 138
现金支出合计	10 588	13 746	17 276	19 498	61 108

说明:年初的应付账款 4 000 元系估计数。

五、　直接人工预算

直接人工预算是指企业产品生产过程中直接耗用的人工成本,由直接人工工资和其他人工成本构成。也就是企业给予一线生产员工的工资、奖金、津贴、补贴、福利等形式的报酬以及其他相关支出。一线生产员工直接从事产品生产,人工成本发生后可以直接归集到各种产品成本中去,因此,编制直接人工预算不仅可以为产品成本预算提供人工成本资料,还可以反映企业一线生产员工的人工成本总额和工资构成。同时,直接人工预算不仅是产品制造成本的重要组成部分,还与员工的物质利益密切相关,而且还涉及很多政策性的事项例如,员工的工资标准要符合国家有关法规政策,企业各部门之间、员工之间的工资水平要相对合理,要体现各尽所能、按劳分配、不劳不得、同工同酬的分配原则等。因此,直接人工预算的编制不仅要考虑产品的生产特点和产品成本的承受能力,还要符合企业的工资制度和国家有关劳动工资及社会保障方面的法律法规。

直接人工预算是预算期内企业生产活动直接人工成本支出的总体安排,由生产部门负责编制,人力资源部及财务部负责协助。

(一)　直接人工预算的编制方法

直接人工预算编制的主要依据是预算期的产品产量、工资制度、劳动定额、人工成本成等资料,具体编制方法与工资制度密切相关。我国企业执行的工资制度主要有计时工资制和计件工资制两种基本形式,其直接人工预算的编制方法不尽相同。本书主要介绍计件工资制下的直接人工预算编制。

计件工资制是按照一线生产员工生产的合格产品的数量(或作业量)和预先规定的计件工资标准,来计算报酬的一种工资制度。计件工资不是直接用劳动时间来计量,而是用一定时间内的劳动成果——产品数量或作业量来计算的,因此,它是间接用劳动时间来计算的,是计时工资的转化形式。其关键点都在于企业应该根据标准工时制度合理确定劳动定额和计件工资标准。

劳动定额是指在一定的生产技术和组织条件下,为生产一定数量的合格产品或完成一定量的工作所规定的劳动消耗量的标准,或者规定在单位时间内每个岗位(或工序、流水线等)完成合格产品数量或工作量的标准。劳动定额基本表现形式有两种:一是生产单位生产时消耗的时间,即时间定额;二是单位时间内应当完成的合格产品的数量,即产量定额。计件工资标准,又称为计件单价,是指员工每完成一件合格产品或每一单位工作量时应得到的工资额。计件单价应按照员工现行工资标准和劳动定额确定,并充分考虑工作的技术复杂程度、劳动繁重程度、责任大小、生产设备状况等因素。在计件工资制下,直接人工预算的编制过程和编制方法如下:

(1) 确定各种产品的工时定额(或产量定额)、员工的日(小时)工资率,计算计件单价。

计算计件单价的基本方法有两个:一是员工的日(小时)工资率除以日(小时)产量,二是工的日(小时)工资率乘以单位产品的工时定额。其计算公式如下:

$$计件单价＝员工的日（小时）工资率÷日（小时）产量定额$$

$$计件单价＝员工的日（小时）工资率×单位产品的工时定额$$

工资率又称工资标准，是按单位时间规定的各等级员工的工资金额。根据单位时间不同，可以分为日工资率、小时工资率。计算公式如下：

$$日工资率＝月标准工资÷平均月计薪天数$$

$$小时工资率＝月标准工资÷（平均月计薪天数×8 小时）$$

$$＝日工资率÷8 小时$$

（2）计算各种产品负担的直接人工工资。其计算公式如下：

$$某产品预算直接人工工资＝某产品产量×计价单价$$

（3）计算各种产品在预算期内负担的除计件工资外的其他直接人工成本。

（4）计算各种产品负担的直接人工成本。

（5）计算预算期直接人工总成本。

（6）计算预算期直接人工成本的现金支出。

为简化计算，企业也可以将预算期内各种产品产量折合为定额工时，然后乘以小时工资率，计算出直接人工的计件工资。其计算公式如下：

$$某产品预算直接人工工资＝某产品预算产量的定额工时×小时工资率$$

各产品预算产量的定额工时采用下列公式计算：

$$某产品预算产量的定额工时＝某产品预算产量×某产品单位产品的工时定额$$

单位产品的定额工时可以在综合考察企业现有生产技术条件的基础上，根据直接生产人员生产单位产品所需要的合理时间来确定。该合理时间包括直接加工操作必不可少的时间以及必要的工间休息、设备调整工时。

（二）直接人工预算的编制

直接人工预算是指为规划一定预算期内直接人工工时的消耗水平和直接人工成本水平而编制的一种经营业务预算。直接人工成本包括直接工资和按直接工资一定比例计算的应付福利费等。

编制直接人工预算的主要依据是标准工资率、单位产品标准直接人工工时、其他直接人工费用计提标准和生产预算中的预计生产量等资料。直接人工工时数和直接人工成本的计算公式如下：

$$预计直接人工工时数＝预计生产量×单位产品标准工时$$

$$预计的直接人工＝预计直接人工工时×标准小时工资率$$

【例 9-18】 假设云翔公司生产单位产品所需的直接人工为 4 小时，每小时直接人工成本（标准小时工资率）为 5 元，则 2021 年云翔公司的直接人工预算如表 9-25 所示。

表 9-25　　　　　　　　　　2021 年云翔公司直接人工预算表

项目	第一季度	第二季度	第三季度	第四季度	全年
预计生产量(表 9-22)	1 050	1 530	1 820	2 020	6 420
单位产品直接人工工时	4	4	4	4	4
直接人工工时合计(小时)	4 200	6 120	7 280	8 080	25 680
标准小时工资率	5	5	5	5	5
直接人工成本总额(元)	21 000	30 600	36 400	40 400	128 400

六、 制造费用预算

制造费用是企业各生产单位(分厂、车间)为生产产品和提供劳务而发生的各项间接成本,包括企业各个生产单位为组织和管理生产活动所发生的各项费用,如各生产单位管理及技术人员工资、固定资产折旧费、维修费、机物料消耗、办公费、水电费、劳动保护数停工损失等。制造费用属于产品生产及劳务活动发生的间接成本,费用发生时一般无法直接判定它所归属的成本计算对象,需要先按生产单位对各项制造费用进行归集,月末再采用一定的方法分配计入各成本计算对象之中。在生产机械化、自动化程度越来越高的趋势下,企业生产设备的投资日趋增大,固定资产折旧费、保险费、维修费不断增加,制造费用在产品成本中所占的比重处于不断提高的状态,加强制造费用的控制和管理显得尤为重要。

制造费用预算是预算期内企业生产活动各项间接成本支出的总体安排,由生产部门负责编制,财务部门予以协助。

(一) 制造费用预算的编制方法

1. 归集预算基础资料

制造费用预算编制的主要依据是预算期的产品产量预算、制造费用定额、基期费用情况、预算编制要求等信息资料。要通过细致的工作将上述基础资料归集到位。

2. 计算制造费用数额

制造费用总额与产品产量之间缺乏直接的因果关系,在制造费用各项目中既有变动性费用,也有固定性费用,还有混合性费用。固定性制造费用是指费用总额在一定业务量范围内固定不变的费用;变动性制造费用是指费用总额随着业务量成正比例变动的费用;混合性制造费用是指费用总额随着业务量不成同比例变动的费用。不同习性的制造费用项目与产品产量及工作业务量之间有着不同的依存关系。因此,计算制造费用数额要先按成本习性将制造费用分为固定性制造费用、变动性制造费用和混合性制造费用三部分;然后针对不同习性的制造费用采用不同的方法分析、计算、确定预算期内的各项制造费用数额。

(1) 固定性制造费用总额与业务量无直接因果关系,既可以在基期费用项目及金额的基础上根据预算期的发展变化加以适当修正进行预计,也可以运用零基预算的方法逐项测算。

（2）变动性制造费用总额随着业务量的变动而成正比例变动，因此，需要先制定各种产品的变动性制造费用定额，即单位产品耗费的费用标准；然后将预算期的产品产量与费用定额逐一相乘，即可得到相应的变动性制造费用预算金额。其计算公式如下：

$$变动性制造费用 = \sum 单位业务量变动性制造费用定额 \times 预算期业务量$$

（3）混合性制造费用总额不随业务量的变动成比例变动。因此，可利用公式 $y = a + bx$ 进行测算，其中，y 指混合性制造费用总额，a 指混合性制造费用中的固定费用总额，b 指混合性制造费用中的单位变动费用，x 指预算期的业务量。

为了简化计算，也可以将混合性制造费用分解为变动性和固定性两部分，分别列入变动性制造费用和固定性制造费用。

（二）制造费用预算编制

制造费用预算项目及金额确认之后，需要将制造费用预算项目分解为付现项目和非付现项目。制造费用中的付现项目主要有工资、差旅费、维修费、水电费等，非付现项目主要有固定资产折旧费、从仓库中领用的机物料消耗费、由公司统一安排现金支出的生产部门管理人员薪酬等。

制造费用中的非付现项目要从狭义上理解，即不需要生产部门在预算期内支付现金的费用项目。固定资产折旧费属于沉没成本，属于前期已经支付现金（或由投资预算支付现金）的历史成本，显然不需要生产部门支付现金；从仓库中领用的材料、物资，其现金支付归口采购预算，有些材料、物资也已经在前期支付了现金，因此，也不需要生产部门支付现金。

制造费用预算是指为规划一定预算期内除直接人工和直接材料预算外的所有与产品成本有关的其他生产费用水平而编制的一种日常业务预算。为编制预算方便，制造费用常按其成本性态分为变动性制造费用和固定性制造费用两部分。固定性制造费用可在上期的基础上根据预期变动加以适当修正进行预计，并作为期间成本直接列入预计的利润表；变动性制造费用根据预计生产量乘以单位变动制造费用进行预计。

同样，为了编制现金预算，在制造费用预算中，通常包括费用方面预期的现金支出。固定资产折旧属于非付现成本，在编制制造费用现金支出预算时，应将这一项目从中予以扣除。计算公式分别为：

变动性制造费用预算＝预计直接人工工时×标准小时费用率
预计制造费用现金支出＝预计变动性制造费用现金支出＋预计固定性制造费用现金支出
固定性制造费用现金支出＝（预计年度固定性制造费用－预计年折旧费）÷4

编制制造费用预算的主要依据是预算期的生产量、制造费用标准耗用量和标准价格。

【例9-19】 假设云翔公司变动性制造费用按直接人工小时数进行规划，全年各项制造费用预算如表9-26所示，各季制造费用预算和制造费用现金支出预算如表9-27所示。

表 9-26　　　　　　　　　　　**2021 年云翔公司各项制造费用预算**

成本项目		金额（元）	费用分配率计算
变动性制造费用	间接人工费用	15 000	变动性制造费用分配率 ＝变动性制造费用预算合计÷直接人工总工时 ＝51 360÷25 680 ＝2
	间接材料费用	24 000	
	维护费	6 360	
	水电费	6 000	
	合计	51 360	
固定性制造费用	折旧费	36 000	固定性制造费用一般在各季度间平均分配
	维护费	20 000	
	管理费	14 040	
	保险费	7 000	
	合计	77 040	

表 9-27　　　　　**2021 云翔公司各季度制造费用预算及制造费用现金支出预算**

项目	第一季度	第二季度	第三季度	第四季度	全年
直接人工工时（表 9-25）	4 200	6 120	7 280	8 080	25 680
变动性制造费用分配率	2	2	2	2	2
预计变动性制造费用（元）	8 400	12 240	14 560	16 160	51 360
预计固定性制造费用（元）	19 260	19 260	19 260	19 260	77 040
预计制造费用（元）	27 660	31 500	33 820	35 420	128 400
减：折旧费用（元）	9 000	9 000	9 000	9 000	36 000
制造费用现金支出数（元）	18 660	22 500	24 820	26 420	92 400

七、 产品成本预算

在完全成本法下，产品生产耗用的直接材料、直接人工和制造费用计入产品成本费用、财务费用和销售费用则作为期间费用，直接计入当期损益。因此，采用完全成本法算出来的产品成本也称为产品制造成本。

产品成本预算是对预算期内企业各种产品制造成本项目、内容、构成及耗费的总数，是发生在各个生产部门范围内的人力物力、财力支出。所以，产品成本预算一般由生产部门负责编制，财务部门负责协助并汇总编制整个公司的产品成本预算。

（一）产品成本预算的编制方法
1. 收集预算基础资料

产品成本预算编制的主要依据是预算期的产品产量预算、直接材料预算、直接人工预算和制造费用预算。将上述预算归集、审核无误是编制产品成本预算的基础。

2. 计算并编制产品成本预算

按照"产品成本预算＝直接材料成本＋直接人工预算＋制造费用"的基本公式,通过汇总直接材料预算、直接人工预算和制造费用预算的有关数据、资料,产品成本预算就会编制出来。

(二)产品成本预算的编制

产品成本预算是指为规划预算期内和预算期末每种产品的单位成本、生产成本、销售成本及期末存货成本等项内容而编制的一种日常预算。编制产品成本预算的目的有两个:一是为编制预计利润表提供产品销售成本数据;二是为编制预计资产负债表提供期末产成品存货数据。该预算的编制依据是前述的生产预算、直接材料预算、直接人工预算和制造费用预算。

假设云翔公司采用变动成本法核算产品成本,有关的公式为:

销售成本＝期初产成品存货成本＋本期生产成本－期末产成品成本

【例 9-20】 云翔公司产成品成本预算的编制如表9-28 所示。

表 9-28　　　　　　　　　**2021 年云翔公司产成品成本预算**

项目	单位成本			生产成本 (元)	期末存货 成本(元)	销售成本 (元)
	单价(元)	单位耗用量	成本(元)			
直接材料(表9-23)	5	2	10	64 200	2 200	63 000
直接人工(表9-25)	5	4	20	128 400	4 400	126 000
变动制造费用(表9-26)	2	4	8	51 360	1 760	50 400
合计			38	243 960	8 360	239 400

说明:本年预计生产量6 420 件,本年预计销售量6 300 件,预计年末结存数量220 件,年初结存数量100 件。

八、销售与管理费用预算

销售费用也称营业费用,是指企业在销售产品或提供劳务过程中发生的各项费用以专设销售机构的各项经费。具体包括应由企业负担的运输费、装卸费、包装费、保险费、展费、销售佣金、委托代销手续费、广告费、租赁费和销售服务费用,专设销售机构人员薪酬旅费、办公费、折旧费、修理费、材料消耗、低值易耗品摊销及其他费用。

销售费用是为了实现销售收入而支付的费用。销售收入作为收益性指标,当然是越高越好;而销售费用作为成本性指标,则是越低越好。然而在一般的情况下,销售收入与销售费用是成正比的,企业要使销售收入有较大幅度的增长,就必须加大销售力度,增加销售用的投入,如果盲目压缩销售费用,就会影响销售业务的开展。因此,在编制销售费用预算时,必须与销售量及销售收入预算相互协调和配合。

销售费用预算是预算期内企业销售活动各项费用发生的总体安排,由销售部门负责编制,财务部门予以协助。

管理费用预算是预算期内企业组织和管理生产经营所发生的管理费用的总体安排,由职能部门负责编制,财务部门或综合管理部门负责汇总,并编制管理费用总预算。管理费用项目繁多、内容复杂、涉及面广,特别是自 2007 年 1 月 1 日新颁布的会计准则实施后管理费用的核算内容和处理方法均比过去的传统做法有了很大变化,需要企业根据管理费用的特点及核算要求,分析管理费用项目构成,有针对性地采取预算控制。管理费用是企业为组织和管理企业生产经营活动,维持基本组织机构和经营能力而发生的各项费用。具体包括管理人员报酬及相关支出的费用、企业日常行政管理方面的费用、用于企业间接管理的费用、提供生产技术条件的费用、固定资产运行维护的费用及其他费用等六个方面的费用。

如果各费用项目的数额比较大,则销售费用预算与管理费用预算可以分别编制。销售费用预算的编制以销售预算为基础,结合历史资料进行细致分析,运用本量利分析等方法,合理安排销售费用,使之发挥最大效用;管理费用预算在编制时应以过去发生的实际支出为参考,分析企业的具体业务情况,使管理费用的支出更合理、更有效。在编制销售与管理费用预算时应分别根据成本性态进行,对于变动费用可以根据销售量在各季度之间分配,固定费用则可以按季度平均分配。

【例 9-21】　假设云翔公司的销售与管理费用全部在发生的当期用现金支付,预计变动销售与管理费用为每件 3 元,则销售与管理费用预算如表 9-29 所示。

表 9-29　　　　　　　　　2021 年云翔公司销售与管理费用预算表

单位:元

项目	第一季度	第二季度	第三季度	第四季度	全年
预计销售量	1 000	1 500	1 800	2 000	6 300
单位产品变动销售与管理费用	3	3	3	3	3
预计变动销售与管理费用	3 000	4 500	5 400	6 000	18 900
预计固定销售与管理费用					
广告费	6 000	6 000	6 000	6 000	24 000
保险费	5 000	——	——	8 000	13 000
管理人员工资	7 000	7 000	7 000	7 000	28 000
财产税				1 500	1 500
租金	4 000				4 000
小计	22 000	13 000	13 000	22 500	70 500
预计销售与管理费用合计	25 000	17 500	18 400	28 500	89 400

九、　财务预算概述

(一) 财务预算的概念

财务预算是预算期内企业财务活动、经营成果和财务状况方面的预算,是预算期内企业资金取得与投放、各项收入与支出、经营成果与分配等财务活动及其结果的统筹安排。财务活动是指企业资金运动过程中的资金筹集、使用及利润分配等活动的总称,包括资金筹集、资金使用和利润分配三个基本环节;经营成果是企业在一定时期内从事生产经营活动取得的最终成果;财务状况是指企业一定时期的资产、负债及权益情况,是企业一定时期财务活动结果的综合反映。

财务预算从价值方面总括地反映了预算期内经营预算和投资预算的执行结果,不仅资料主要来自经营预算和投资预算,而且大部分财务预算指标也都是经营预算指标、投资预算指标汇总或加减计算的结果。所以,财务预算也被称作总预算(master budget)。

(二) 财务预算的内容

财务预算主要包括利润预算、现金预算和财务状况预算。

利润预算是预算期内企业经营成果及利润分配的预算,总括地反映了预算期内企业经营预算、投资预算及财务预算后的效益情况和利润分配情况,主要包括利润表预算、利润分配预算等。

现金预算是预算期内企业现金收支及筹措活动的预算,总括地反映了预算期内企业现金收支、筹措、流动情况及其结果,主要包括现金收支预算、现金流量表预算、融资预算等。

财务状况预算是预算期初、期末企业财务状况变动情况的预算,总括地反映了预算期企业执行经营预算、投资预算和财务预算前后的财务状况变化情况,主要包括所有者预算、资产负债表预算等。

(三) 财务预算与其他预算的关系

全面预算是预算期内企业经营活动、投资活动和财务活动的总体安排,包括经营预算、投资预算和财务预算三大类预算。财务预算作为全面预算编制体系中的最后环节,其编制顺序虽然在经营预算和投资预算的后面,但却起着统驭全面预算体系全局的作用,是全面预算体系的核心。因此,财务预算属于企业的总预算,其他预算则属于分预算或辅助预算。

财务预算与战略规划和经营目标相对接,它从财务活动、经营成果和财务状况三个方面总括地反映了企业在预算期的总体目标,在全面预算管理体系中具有十分重要的地位。其中,现金预算反映企业的财务活动,利润预算反映企业的经营成果,财务预算反映企业的财务状况。

经营预算的内容是利润预算的展开和细化,它的所有内容都为利润预算所涵盖,尽管从表面上看,利润预算主要是对经营预算的汇总,但这种汇总绝不是简单的数字累加,是按照企业经营目标对经营预算进行的审核、分析,修订和综合平衡,也就是说,将经营预算汇总为利润预算的过程也是对经营预算进行审核、修订和完善的过程,利润预算与经营预算是统驭与被统驭的关系。

利润预算的内容反映了企业预算期的财务目标,经营预算则是为了实现企业财务目标而开展的具体的生产经营活动,实现利润最大化是企业的财务目标。从本质上讲,企业实行全面预算管理的重要目的,就是实现企业利润最大化这一财务目标,利润预算中的"利润总额""净利"等项指标,是企业财务目标的数量反映,也是企业投资者、管理者、债权人、企业员工等利益相关者都十分关注的事项。也可以这么说,假设企业仅仅编制利润预算就能达到企业利润最大化的目标,那么,企业就完全没有必要再编制经营预算(当然这种假设是不存在的)。因此,在全面预算体系中,利润预算起着导向和目标作用,经营预算则是为了实现利润预算采取的具体方法、措施和途径。

投资预算从属于财务预算,并受财务预算的制约,投资预算是规划企业资本性投资活动的预算,而企业进行资本性投资活动的目的,也正是实现企业中长期的利润最大化。同时,投资预算还要受财务状况预算及现金预算的制约,如果财务状况预算和现金预算反映出企业财务状况不佳,如资产负债率过高、现金流量短缺,则企业是没有能力进行资本性投资活动的。因此,投资预算也是服从和从属于财务预算的。

总之,财务预算在全面预算体系中处于核心地位,对经营预算、投资预算起着统驭作用,经营预算、投资预算的编制及执行结果都应符合财务预算的指标要求。

(四) 财务预算在全面预算体系中的作用

财务预算作为全面预算体系的总预算,在全面预算体系中发挥着以下四个方面的重要作用。

1. 目标与导向作用

财务预算是全面预算体系的核心和灵魂,对全面预算的编制起着明确目标和指引方向的作用。在编制预算时,为了防止各个分项预算的编制偏离企业的战略规划和经营目标,企业一般需要采取"先入为主"的方法,通过制定预算编制大纲确立预算编制总目标,作为各个部门编制分项预算的指南。预算编制总目标的主要内容就是财务预算中的有关预算指标,如销售收入、销售成本、期间费用、利润总额、销售利润率、资产负债率等。确立预算编制总目标,不仅对全面预算的编制起到目标与导向作用,而且也是审核、分析、修订、平衡全面预算的依据。

2. 控制与约束作用

在全面预算体系中,财务预算占据着全局地位,其他预算则居于局部位置。在编制预算过程中,通过财务预算的系统规划、全面协调与综合平衡,将全面预算的各个部分串连到一起,使全面预算的各个组成部分都统一服从于企业预算期的经营总目标。当经营预算和投资预算与财务预算发生冲突时,毫无疑问,其他预算要服从于财务预算。因此,财务预算对其他预算具有很强的控制与约束作用。

3. 合理配置财务资源的作用

财务预算总揽企业全局,可以综合平衡企业财务收支和各项财务资源的合理配置。当财务资源出现供需矛盾时,人们可以通过编制财务预算,优化投资结构,控制低效率开支,将财务资源分配到企业效率最高的生产经营活动中,从而确保公司财务资源的合理配置和有效利用,提高财务资源的投入产出比率,保持企业资产结构与资本结构、资产营利性与流动性的有机协调。

4. 制定绩效评价标准的作用

财务预算中的预算指标综合了企业各个专业、各个部门的绩效评价指标,不仅使企业预算期内的经营活动、投资活动、财务活动实现了目标化、具体化和系统化,而且也为企业考核和评价各部门各层次的工作绩效提供了具体的标准和依据。

十、 现金预算的编制

(一)现金预算概述

现金预算是预算期内企业现金收支及筹措活动的预算,是对预算期内企业现金收入、现金支出及现金余缺筹措等现金收付活动的具体安排。这里的现金是指企业的库存现金和银行存款等货币资金。现金预算是企业按照收付实现制原则编制的,它综合反映了企业在预算期内的现金流转情况及其结果。现金预算的内容不仅决定着企业在预算期内的现金流入流出总量,也决定着企业预算期内所需现金的筹措总额和筹措时间。因此,现金预算是全面预算体系中的重要预算,是经营预算、投资预算以及利润预算顺利实施的保障。

(二)现金预算的内容

现金预算主要包括现金收支预算和融资预算。

1. 现金收支预算

现金收支预算是按照预算部门和业务内容编制的,反映预算期内企业各预算部门所发生的现金收入、现金支出情况及其现金余缺的预算。

2. 融资预算

融资预算是预算期内企业资金筹集、融通,以及原有借款、债券偿还的预算。它总括地反映了预算期内企业经营活动、投资活动、财务活动各项资金的借入、偿还及结存情况。

(三)现金预算的重要作用

1. 现金预算是现金流管理的重要工具

现金流是以收付实现制为基础反映一定期间内企业的现金流入量和流出量。如果把企业比喻为人的躯体,那么现金流就是企业的血液。人的生存离不开血液,企业的生存离不开现金流。企业的资产规模再大,账面利润再多,一旦现金流中断,就会引发财务危机,严重的还会导致企业破产。因此,现金流无论对于企业的经营者、投资者还是债权人都是十分重要的。企业管理以财务管理为中心,财务管理则应以现金流管理为重点,编制现金预算正是企业加强现金流管理的重要措施。

2. 编制现金预算有利于企业事先对现金收支活动进行计划安排

透过现金预算,人们可以清楚地看到企业的现金何时、从何而来,又何时用于何方,从而通过对现金收支及持有量的合理安排,确保企业各项生产经营活动的顺利进行。如果没有现金预算,企业将无法对现金收支活动进行合理的计划、平衡和调度,就有可能使企业陷入财务困境。

3. 通过编制现金预算,企业可以合理调剂现金余缺

现金预算的结构是按下列公式设计的:

$$期初现金余额＋预算期现金收入－预算期现金支出－期末现金余额＝±现金余缺$$

计算公式表明,期初现金余额加上预算期现金收入,再减去预算期现金支出和期末现金余额,就是预算期应该融资的数额。如果现金余缺为正数,可以安排投资;如果现金余缺为负数,则必须筹措资金。因此,现金预算可以清楚地表明企业预算期内的现金多余或不足,从而有利于企业制订预案,既可避免由于现金多余而造成资金浪费,又可避免由于现金不足而影响企业经营活动、投资活动和财务活动的顺利进行。

4. 编制现金预算,可以有效提高企业对到期债务的偿付能力

能否偿还到期债务是衡量企业偿债能力强弱的重要标志。一个企业一旦缺乏偿债能力,不仅无法获得后续债务资金,而且还会因无力支付到期债务而被迫出售资本性投资项目或拍卖固定资产,甚至会给企业带来破产的厄运。因此,企业通过编制现金预算,可以提高到期债务偿付能力的预见性,有利于提前采取措施,合理调配资金,确保到期债务的按时偿付。

5. 编制现金预算,可以合理配置财务资源,合理调控企业的经营活动和资本性投资活动

编制现金预算,不仅是对其他预算中的现金收支活动进行汇总,更重要的是通过合理调配各类预算中的现金收付时间和收付数额,促使企业各项业务活动的开源节流,实现财务资源的最佳配置,并通过对现金收付的调控,实现对企业各项业务活动的合理调控。

(四) 现金预算与其他预算的关系

现金预算是对其他预算中有关现金收支部分的汇总,以及对现金收支差额所采取的融资平衡措施。它的编制在很大程度上要取决于企业对经营预算、投资预算和利润预算中的现金收支安排。因此,企业在编制经营预算、投资预算和利润预算时,必须为编制现金预算做好数据准备。也就是说,编制各项预算时,凡是涉及现金收付的项目,必须单独列示出来。

显然,现金预算的编制要以其他各项预算为基础,以其他预算所提供的现金流量为数字依据。然而,现金预算绝不是对其他预算现金收支活动的简单汇总,其他预算也需要根据现金预算的总体安排和企业的融资能力合理调配各自的现金收支项目、时间和数额。

(五) 现金预算的编制依据

1. 经营预算、投资预算和利润预算是编制现金预算的基本依据

现金预算中的现金收入、现金支出和资金融通,都需要以经营预算、投资预算和利润预算中的现金收支安排为基础。或者说,现金预算中的现金收支和资金融通安排都必须满足和符合经营预算、投资预算和利润预算的现金收支需要。显然,如果没有经营预算、投资预算和利润预算中的现金收支项目及数据,编制现金预算就是一句空话。

2. 收付实现制是编制现金预算的法规依据

收付实现制是以款项的实际收付为标准来处理经济业务的原则。凡在本期实际收到的现金,不论收入是否属于本期均应作为本期现金收入;凡在本期实际付出的现金,不论费用是否属于本期均应作为本期现金支出。采用收付实现制编制现金预算可以真实地反映预算期内企业的现金收支和结存情况,便于合理地安排预算期内的企业经营活动、投资活动、财务活动的现金收支及资金融通。

(六) 现金预算的编制

现金预算表一般由现金收入、现金支出、现金结余或不足,以及资金的筹集与运用四个部分构成。

1. 现金收入

现金收入包括期初现金余额和预算期内可能的现金收入,如本期销售本期收到的现金以及收回以前的应收账款等。

2. 现金支出

现金支出包括预算期预计可能发生的各项支出,如采购材料支付的货款、支付的工资、制造费用及销售与管理费用中需要支付现金的部分、支付应付账款、交纳税金、购买设备和支付股息等。

3. 现金结余或不足

现金收支相抵后的差额,如为正数,说明收入大于支出,现金有结余,除了考虑偿还到期债务,还可以购买短期有价证券进行短期投资;如为负数,说明支出大于收入,现金不足,需要想办法筹资。

4. 资金的筹集和运用

如果出现现金不足,企业需要采取合法、合适的途径筹措资金,如向银行借款、利用商业信用、出售有价证券、发行股票、发行债券等,以避免影响正常的生产经营;如果出现现金余额过多,企业需要合理运用余额,如偿债、进行投资等,以避免造成资金的闲置浪费。期末现金余额的计算公式为:

$$期末现金余额＝期初现金余额＋现金收入－现金支出±资金筹集(或运用)$$

【例 9-22】 云翔公司 2021 年现金预算的编制除了需要前述各项预算资料,还需要以下各项资料:

(1) 年初的现金余额为 28 000 元,规定各季末最低现金余额 20 000 元,若资金不足,根据企业与银行的协议,企业每季初都可以按 6% 的利率向银行借款(假设借款应为 1 000 元的整数倍);若资金有多余,每季末偿还,借款利息于偿还本金时一起支付。

(2) 预计每年初发放股息 50 000 元。

(3) 预计全年的所得税为 40 000 元(该企业所得税有优惠政策),每季平均负担。

(4) 预计第一季度购买设备 60 000 元,第三季度购买设备 62 000 元,款项均于购买当季支付。

根据上述资料可以编制 2021 年云翔公司的现金预算表,如表 9-30 所示。

表 9-30 　　　　　　　　　　　**2021 年云翔公司现金预算表**

单位:元

项目	第一季度	第二季度	第三季度	第四季度	全年
期初现金余额	28 000	20 752	20 206	22 310	28 000
加:预计现金收入(表2)	106 000	135 000	171 000	194 000	606 000
现金收入合计	134 000	155 752	191 206	216 310	634 000
减:现金支出					
材料采购(表5)	10 8588	13 746	17 276	19 498	61 108
直接人工(表6)	21 000	30 600	36 400	40 400	128 400
制造费用(表8)	18 660	22 500	24 820	26 420	92 400
销售与管理费用(表10)	25 000	17 500	18 400	28 500	89 400
所得税	10 000	10 000	10 000	10 000	40 000
购置设备	60 000		62 000		122 000
发放股利	50 000				50 000
现金支出合计	195 248	94 346	168 896	124 818	583 308
资金融通与运用前现金余额	−61 248	61 406	22 310	91 492	50 692
资金融通与运用					
加:借款	82 000				82 000
减:还款		40 000		42 000	82 000
偿付利息		1 200		2 520	3 720
购买有价证券				25 000	25 000
资金融通与运用合计	82 000	−41 200		−69 520	−28 720
期末现金余额	20 752	20 206	22 310	21 972	21 972

说明:偿付利息,第一季度为 $40\,000 \times 6\% \times 6 \div 12 = 1\,200$(元);第四季度为 $42\,000 \times 6\% = 2\,520$(元)。

十一、预计利润表

利润预算是预算期内企业经营成果及利润分配的预算。主要依据年度经营目标、预算编制大纲、经营预算和投资预算编制。利润预算一方面要对经营预算中有关收入、成本、费用指标进行汇总,另一方面要审查、核实经营预算和投资预算中的有关预算指标是否符合年度经营目标和预算编制大纲的要求,以实现各项预算指标与企业战略规划、经营目标相互衔接。

（一）利润预算的内容

利润预算是预算期内企业经营活动成果的预算，它以动态指标形式总括地反映了预算期内企业执行经营预算及其他相关预算之后的效益情况。

（二）利润预算重要地位

利润预算不仅是财务预算的核心，也是整个全面预算体系的核心。它的重要性来自利润的重要性和利润预算本身的功能作用。

1. 追求利润是企业经营的基本动机

利润是个差额概念，是收入与成本费用相抵后的余额，反映了企业一定时期的经营成果。利润对于国家、投资者、企业、债权人、经营者以及企业员工的重要性是不言而喻的：利润是企业计算向国家缴纳所得税的基本依据，企业实现的利润越多，向国家缴纳的所得税越多；利润是企业发展的经济源泉，企业实现的利润越多，企业发展的自有资金就越充足；利润是进行股利分配的基本依据，企业税后利润越多，投资者从企业分到的股利就越多，利润反映了企业的获利能力，企业实现的利润越多，获利能力就越强，债权人对企业就越放心，经营者就会越开心，企业员工就会从企业的税后留利中得到越多的福利和好处。由此可见，追求利润是企业经营的基本动机。利润预算作为反映企业预算期内实现利润情况的预算的重要性可见一斑。

2. 编制利润预算有利于提高企业经济效益

编制利润预算的功能作用主要有三个：

一是通过编制利润预算，可以从总体上掌控企业在预算期内的收入、成本、费用和利润的实现及构成情况，可以据此分析影响利润形成和变动的重要因素，分析、评价企业的盈利状况和经营成果，促进企业不断改进经营管理，不断提高经济效益。

二是利润预算作为综合反映企业经营活动及其成果的预算，可以展示企业的获利能力和发展趋势，为投资者、债权人、经营者进行投资决策、经营决策提供资料依据。

三是通过编制利润预算，企业不仅可以实现预算期内经营活动、投资活动、财务活动与企业战略及经营目标的协调统一，而且可以通过编制分部门的利润预算，落实各部门的编制责任，实现以利润为目标的综合管理。

（三）利润预算的编制依据

1. 经营目标是利润预算编制的目标依据

经营目标是企业在一定时期内生产经营活动所要达到的经营成果，是以战略规划为导向在分析企业外部环境和内部条件的基础上确定的。企业在一定时期内的发展方向和奋斗目标，是企业制定主要预算指标的目标依据。利润预算中的"营业收入""利润总额""净利润"等指标都是企业经营目标的重要内容，因此，编制利润预算必须紧紧围绕"如何落实企业经营目标"这个主题，使预算期内的销售收入、利润总额等主要预算指标与企业确定的经营目标相吻合。

2. 经营预算是编制利润预算的基本依据

经营预算是编制利润预算的基础，利润预算中的收入、成本、费用等预算指标都可以直接取自各种经营预算。如果没有经营预算的基本数据,利润预算的编制就会成为无源之水,无本之木。

3. 投资预算是编制利润预算的重要依据

利润预算中的投资收益指标来自投资收益预算,因此,投资预算也是编制利润预算的重要依据。

4. 权责发生制是编制利润预算的法规依据

利润预算中的利润是指会计利润,也就是账面利润、在利润表中披露的利润。我国企业计算会计利润所依据的《企业财务通则》《企业会计准则》都是按照权责发生制原则确认企业当期的收入、成本和利润,即凡是预算当期已经实现的收入和已经发生或应当负担的费用,不论款项是否收付,都应当作为预算当期的收入和费用;凡是不属于预算当期的收入和费用,即使款项已在预算期内收付,也不应当作为预算当期的收入和费用。因此,编制利润预算必须遵循权责发生制原则。

(四) 利润预算表的编制

根据前述的各项经营预算,结合会计的权责发生制原则,即可编制预计利润表。预计利润表是整个预算过程中的一个重要环节,它可以揭示企业预期的盈利情况,从而有助于管理人员及时调整经营策略。

【例 9-23】　云翔公司 2021 年的预计利润表如表 9-31 所示。

表 9-31　　　　　　　　　**2021 年云翔公司预计利润表**

单位:元

项目	金额	资料来源
销售收入(6 300 件,单价 100 元)	630 000	表 9-20
减:变动成本		
变动销售成本(单位成本 38 元)	239 400	表 9-28
变动销售与管理费用	18 900	表 9-29
边际贡献	371 700	
减:固定成本		
固定制造费用	77 040	表 9-27
固定销售与管理费用	70 500	表 9-29
减:利息费用	3 720	表 9-30
税前利润	220 440	
减:所得税	40 000	表 9-30
税后净利润	180 440	

十二、 预计资产负债表

资产负债表预算是按照资产负债表的内容和格式编制的,它综合反映了企业预算期初期末各种资产、负债及所有者权益状况的变动情况。通过编制资产负债表预算,可以了解企业所拥有或控制的经济资源和承担的责任、义务,了解企业资产、负债、所有者权益各项目的构成比例是否合理,财务状况是否稳定,并以此分析企业的生产经营能力、营运能力和偿债能力。通过对财务状况预算的分析,如果发现资产负债率、流动比率、速动比率、股东权益比率等财务比率不佳,企业就可以采取修订完善有关预算的办法,改善企业预算期的财务状况。因此,编制资产负债表预算具有控制和驾驭企业各项预算的重要作用。

(一)资产负债表预算的编制方法

资产负债表预算是在预算期初资产负债表的基础上,根据"资产=负债+所有者权益"这一会计恒等式所反映的三个会计要素之间的相互关系,依据企业编制的经营预算、投资预算、利润预算、现金预算和所有者权益预算等资料测算分析编制的。编制年度预算时预算期初的资产负债状况还不可能知道,因此,编制资产负债表预算需要按下列步骤进行。

1. 预计预算期初数据

资产负债表预算中的期初数据是根据编制预算时企业资产负债表的实际期末数,加上到年末可能导致企业资产、负债及所有者权益增加的因素,减去到年末可能导致企业资产负债及所有者权益减少的因素,经过分析计算后得出的。如果企业编制的有关预算中已有期初预算数据,也可以直接从有关预算中提取,但计算原则必须一致。

2. 分析、计算预算期末数据

资产负债表预算中的期末数据是以预算期初数据为基础,加上经营预算、投资预算、利润预算、现金预算和所有者权益预算中导致企业资产、负债及所有者权益增加的因素,减去经营预算、投资预算、利润预算、现金预算和所有者权益预算中导致企业资产、负债及所有者利益减少的因素,经过分析和平衡计算后得出的。基本计算公式如下:

资产负债表预算的期末数=预算期初数+预算期增加数-预算期减少数

计算中要特别注意剔除在不同预算中的同一项目和数值,避免重复统计和计算。

3. 确定资产负债表预算草案

资产负债表预算的期末数据填列后,应通过计算分析资产负债表预算中的有关财务比率,观察、论证企业预算期的资产、负债、所有者权益各项目的构成比例是否合理;资产负债率流动比率、股东权益比率等财务比率是否处于正常状态。如果确认财务状况良好,则就此结束资产负债表预算的编制;如果认为财务状况不理想,则应通过修订经营预算及其他预算的办法,使企业的财务状况尽量达到理想状态。

(二)资产负债表预算的编制

【例9-24】 云翔公司2021年经营预算及其他预算已经全部编制完毕,财务部负责编制公司2021年资产负债表预算,如表9-32所示。

预算编制过程和编制方法如下:

第一步,财务部审核所有经营预算、投资预算、现金预算及利润预算,确认上述预算中均填有预算期初、期末数据,钩稽关系有无错误。

第二步,按照资产负债表预算中各项资产和负债的流动性大小顺序排列,根据经营预算及其他预算资料,逐个分析测算资产、负债、所有者权益项目的期初、期末数据。

表 9-32　　　　　　　　　　　**2021 年云翔公司预计资产负债表**

单位:元

项目	年初余额	年末余额	项目	年初余额	年末余额
流动资产			流动负债		
现金	28 000	21 972	短期借款	0	0
短期有价证券	0	25 000	未交税金	0	0
应收账款	36 000	60 000	应付账款	4 000	8 092
直接材料	1 050	2 050	应付股利	50 000	50 000
产成品	3 800	8 360	流动负债合计	54 000	58 092
流动资产总额	68 850	117 382	长期借款	50 000	50 000
固定资产			负债合计	104 000	108 092
固定资产原值	200 000	322 000	所有者权益		
减:累计折旧	30 000	66 000	实收资本	200 000	200 000
固定资产净值	170 000	256 000	资本公积	0	0
固定资产合计	170 000	256 000	留存收益	−65 150	65 290
无形资产合计	0	0	所有者权益合计	134 850	265 290
资产总计	238 850	373 382	负债及权益总计	238 850	373 382

说明:

(1) 预计资产负债表的年初数,取自云翔公司 2020 年实际资产负债表的年末数。

(2) 现金的年末余额 21 972 元,取自表 9-30。

(3) 短期有价证券期末余额 25 000 元,取自表 9-30。

(4) 应收账款的年末余额 60 000 元,取自表 9-21,用第四季度的销售收入 200 000 元减去第四季度的收款额 140 000 元得出结果。

(5) 直接材料的年末余额 2 050 元,是根据表 9-23 的期末结存量 410 件乘以单价 5 元计算得出。

(6) 产成品的年末余额 8 360 元,取自表 9-28。

(7) 固定资产原值年末数 322 000 元,根据资产负债表的年初数 200 000 元加上表 9-30 中本年购置的固定资产 122 000 元计算得出。

(8) 累计折旧的年末数 66 000 元,根据资产负债表的年初数 30 000 元加上表 9-26 本期提取数 36 000 元计算得出。

(9) 应付账款年末余额 8 092 元,取自表 9-24。

(10) 应付股利年末数 50 000 元,根据合同约定企业每年初需要发放股利 50 000 元。

(11) 长期借款年末数 50 000 元,根据年初结余 50 000 元,本期没有归还和借入得出。

(12) 留存收益年末数 65 290 元,根据年初留存收益—65 150 元(见表 9-32)加上本年实现的税后净利 180 440 元(见表 9-31)减去当年分配的股利 50 000 元(见表 9-30)计算得出。

第五节　预算执行与控制

一、 预算执行

(一) 预算执行的含义

预算执行是指企业在各项经济活动中具体实施各项预算的过程,包括从预算审批下达到预算期结束的全过程。

预算编制完成,只是全面预算管理的第一步。如果把编制好的预算束之高阁不去执行,那么再科学的预算也无异于纸上谈兵;如果在执行中对预算随意更改、任意变通,那么再精细的预算也只能是仅供参考,预算执行的结果也只能与预算目标大相径庭。因此,预算执行是将预算变为现实的关键环节,是全面预算管理的核心内容。预算执行的过程不仅是企业实现各项预算目标的过程,也是验证预算编制质量的过程;预算执行状况不仅直接反映着预算编制是否科学合理,而且直接决定着企业的各项经济活动结果能否达到预期目标。

(二) 如何提高预算执行力

预算执行力是据企业内部各层级、各部门执行预算,实现预算目标的能力,预算执行力是连接预算编制与预算目标实现之间的纽带和桥梁,提高预算执行力对于各项预算的贯彻落实与目标达成具有十分重要的作用,为此,企业应从以下三个方面着力提高预算执行力。

1. 提高预算编制质量是提高预算执行力的基础

预算编制与预算执行前后呼应,相辅相成。预算编制是预算执行的基础,预算执行必须以科学、合理、可行的预算为前提;预算执行是预算编制的归宿,预算编制必须以能够得到顺利执行为前提,编制的预算与实际情况相差甚远,这样的预算没法执行,也没有必要执行。因此,在编制预算时必须十分强调预算的可行性,要让预算编制者明白,编制预算是为了执行预算,无法执行的预算无异于一张废纸。提高预算质量主要包括两方面的要求:一是预算的内容要可行,不能办、没法办的事情不能成为预算的内容;二是预算的指标要合理,指标定得过高,主观上再努力也不可能完成,就会使预算执行者丧失完成预算的信心;指标定得太低,主观上不用努力就可以轻松实现,这样的预算起不到挖掘内部潜力、规范经济活动、提高经济效益的作用。因此,为了提高预算执行力,必须端正预算编制态度,规范预算编制规程,切实提高预算编制质量。

2. 树立预算权威性是提高预算执行力的保障

推行全面预算管理是企业管理的一次革命,实施全面预算管理之前,企业习惯了比较粗放的管理模式,特别是企业高层决策人员,比较喜欢那种"说了算,定了办"的感觉;一般员工也习惯了"只干不看"的工作模式。而推行全面预算管理实际上是在企业中构建了一种新型的运营模式,这种运营模式的本质是:以预算为标准,实施、控制企业的各项经济活动,其表现形式就是"一切看预算":领导审批各项经济活动要看是否有预算;员工从事经济活动要看是否符合预算;财务部门办理现金收付要看是否超出预算,也就是说,预算一旦审批下来,在企业内部就有了"法律效力",上至董事长,下到每一名员工都要严格执行,树立预算的权威性,领导仍然"说了算,定了办",但必须在预算的范围内;一般员工也仍然要努力但必须不能违背预算,只有这样,预算的执行力才能得到切实保障。

3. 健全预算执行机制是提高预算执行力的关键

建立健全预算执行机制,是提高预算执行力的必要条件,它包括预算执行的组织机制、核算机制、监控机制和考核奖惩机制四个方面。

1)预算执行的组织机制

预算执行需要相应的组织机构来承担,需要特定岗位的人员去完成。各项具体预算是按照企业内部各个部门不同的职责范围进行编制的,属于责任预算,因此,企业必须建立健全各种预算执行的责任中心,明确各个责任中心是预算执行的责任主体,各个责任中心的负责人是预算执行的第一责任人,从而将预算执行责任落到实处。

2)预算执行的核算机制

企业各责任中心的预算执行过程和结果,需要及时、准确地予以揭示和反映,而传统的财务会计是以资金运动作为核算对象,不能满足企业对预算责任进行核算的需要。责任会计通过对各个责任中心的责任核算,不仅可以准确掌握各个责任中心的预算执行情况和概要,而且有利于企业管理当局及时发现、分析和纠正预算执行中的偏差,确保预算目标的实现,因此,实施全面预算管理,必须建立责任会计核算机制,按预算责任部门开展会计核算工作,以满足正确核算各预算执行部门预算执行过程和结果的需要。

3)预算执行的监控机制

预算执行是一个动态过程,不确定的因素很多,为了确保预算的有效执行,就必须对各责任中心预算的执行情况进行有效监控,及时调整预算执行中的偏差,因此,企业只有建立全面预算执行的监控机制,才能确保预算的顺利执行,它包括预算信息监控,预算调整监控、预算审计监控等内容。

4)预算执行的考核奖惩机制

如果不对预算执行的过程和结果进行考核及奖惩兑现,预算执行就会流于形式。因此,建立健全严格的考核奖惩机制是预算执行的关键因素,预算的考核奖惩关系到每名员工的切身利益,在实施过程中必须以预算指标为标准,把握好考核评价的合理性,以及奖励惩罚的公正性。

(三)预算执行前的准备工作

为了确保预算得到有效执行,在预算正式执行前,企业需要将全面预算指标进行层层分解,从横向、纵向和时间三个方面落实各个部门、各个环节和各个岗位的预算责任,形成全方位、全过程、全员的预算执行责任体系。同时,通过签订《预算目标责任书》的方式,建立预算执行的激励与约束机制,确保全面预算的有效贯彻和执行。

1. 预算的分解

预算的分解是对预算指标进行细化和落实的过程,目的是保证全面预算目标的实现。企业要根据内部的组织构架、生产经营特点,管理基础和人员状况,从横向、纵向和时间三个方面尽可能地将各项预算指标细化。

横向细化是指将预算按部门分解,各部门的预算指标总和要等于公司的总预算指标;纵向细化是指各项预算指标要层层分解落实到每个车间、工序、班组和个人;时间细化是指预算的各项指标要分解落实到每个季度、月份,甚至旬、周、日。

1)预算分解的步骤

(1)预算获得董事会的批准后,预算管理部门要将全面预算切块分解为部门责任预算,明确各预算执行部门的预算责任目标,同时将年度预算细分为季度预算和月预算,以便预算分期执行和控制。

(2)预算分块落实后,各级预算执行部门要从横向、纵向和时间三个方面对本部门负责的预算指标进行层层分解,形成全方位的预算执行责任体系,保证全面预算目标的实现。

2)预算分解的原则

为保证预算分解的科学性,各项预算指标的分解应遵循以下四项原则:

一是定量化原则。预算指标的分解要明确、具体,便于执行和考核。

二是全局性原则,预算指标的分解要有利于公司经营总目标的实现。

三是可控性原则。赋予责任部门的预算指标应当是通过该责任部门的努力就可以达成的,责任部门以其责权范围为限,对预算指标负责。

四是公平责任原则。将预算指标分给某个责任部门,不仅是落实了预算责任,也在很大程度上决定了责任部门的奖惩水平。因此,必须做到公平合理,有理有据预算指标的分解要尽量详细、具体,使所有预算指标都落实到具备控制手段的责任人。

2. 签订预算目标责任书

签订预算目标责任书是规范预算执行行为的重要措施,也是建立全面预算管理激励与约束机制的重要内容。通过签订预算目标责任书,企业实现了以契约的形式将企业的整体预算目标具体落实为各级预算执行部门的预算责任目标,明确了企业决策管理层与预算执行层之间的相互关系及各自的责任、权利和义务。同时,通过签订预算目标责任书还可以使签订双方都清楚:完成预算责任目标,预算执行部门将得到哪些奖励和结果;完不成预算责任目标,将会受到什么样的惩罚和得到什么样的后果,从而调动各预算执行部门严格按预算标准实施生产经营活动的自觉性。另外,预算目标责任书还是考核、评价各预算执行部门经营业绩的重要依据。因此,签订预算目标责任书是实施全面预算管理必不可少的内容。

预算目标责任书的签订时间一般是在公司董事会批准预算草案以后、预算期到来之前。签订预算目标责任书的层次和方式需要根据企业的经营规模和组织结构等情况而定。集团化企业一般需要签订多个层次的预算目标责任书,包括董事会与总经理签订、集团公司与控股子公司签订、子公司与内部预算责任部门签订等。对于一般企业而言,至少需要签订以下两个层次的预算目标责任书:

一是董事会与公司总经理签订预算目标责任书。按照现代企业法人治理结构的内容和全面预算管理的内在要求,董事会是企业的决策机构,总经理是企业的经营管理者。董事会作出的决策需要通过总经理去贯彻、实施。因此,通过董事会与总经理签订预算目标责任书的形式,可以明确董事会与总经理在全面预算管理中的责任和权利,使总经理在规定的权利范围内,行使生产经营的指挥权,并承担相应的预算责任。

二是总经理与各预算执行部门负责人签订预算目标责任书。企业各个预算执行部门是预算的执行者,全面预算规划的各项预算目标只有通过预算执行部门的实施才能变为现实。因此,总经理与各预算执行部门签订预算目标责任书是落实预算责任的核心。

各预算执行部门负责人与总经理签订预算目标责任书以后,要通过指标分解的办法将预算责任落实到每个岗位和员工,构建"千斤重担众人挑,人人肩上有指标"的预算执行责任体系。

(四) 预算执行的方法

预算经过层层分解落实,成为各个部门各个岗位的责任目标,但这并不意味着企业的生产经营活动就可以高枕无忧了,因为预算规定的只是一个目标和标准,它不可能规定具体的业务活动事项和业务活动过程。而企业经营活动是一个连续不断的过程,因此,预算执行也是一个周而复始、连续不断的过程。在预算执行中,预算执行部门需要将经营活动细分为一件件具体的业务活动事项,例如,采购一批材料、生产某种产品、购买某种设备、支付一笔款项等。企业一件件具体的业务活动事项就是预算执行的对象。各预算执行部门要将预算变为现实,就需要针对各自负责的业务特点、业务内容和预算指标,设计制订具体的业务活动方案,把预算执行工作落到实处。

同时,为了确保预算在受控的范围内执行,各种预算的执行还必须履行申请、批准、执行、反馈、核算、考核等管理程序。而企业预算管理部门正是通过参与预算执行的各个环节,实现对预算执行的全过程管理。下面列举几种主要预算的执行方法。

1. 销售预算的执行

销售预算不仅是预算编制的起点,还是预算执行的重点。在产品供过于求的条件下,销售工作的重要性是不言而喻的,它是企业收入的来源、生产的依据。可以说,销售预算执行的结果,直接关系到整个全面预算管理运行的成败。如果销售预算落空,带来的直接后果就是其他预算无法执行。因此,从这个意义上讲,如何执行好销售预算是全面预算管理的第一要务。销售预算执行的关键是抓住销售活动的计划、控制、反馈、考核四个环节,确保销售活动的有序进行。

1) 计划

销售工作的基本法则是制订销售计划和按计划销售。企业推行全面预算管理,要求销售部门必须按照公司下达的销售预算指标,按月制订销售计划,这个月度销售计划就是销售预算执行的具体行动方案。它的具体内容是:在分析市场形势和企业现状的基础上,围绕如何完成销售预算制定明确的销售目标、回款目标和其他定性、定量目标,并落实具体的执行人员执行职责和执行时间。销售部门制订的销售计划必须报经公司分管领导的批准,并报送财务部门及预算管理办公室备案。

2)控制

企业高层领导必须有效控制企业产品的销售活动,销售部门的领导必须有效控制每名销售人员的业务活动。实现两个有效控制的核心是围绕销售预算的执行,落实每名销售人员的责任,要通过制订月度行动计划和周行动计划、每日销售报告和月度工作总结、考核等方式提高销售活动过程的透明度,提高销售工作效率,实现预算执行过程的有效控制。

3)反馈

信息是企业决策的生命,也是全面预算管理的重要内容。销售活动反馈的信息包括三个方面的内容:一是销售预算的执行情况;二是销售市场的动向、消费者的需求、竞争对手的变化、经销商的要求以及质量信息、价格信息、品种信息、市场趋势等市场信息;三是销售活动中存在的问题。这些信息的及时、准确反馈,有利于企业及时做出正确的经营决策,确保销售预算的圆满完成。

4)考核

企业要定期对销售部门完成销售预算的情况进行考核,销售部门也要对每一名销售人员的销售业绩进行定期考核。对销售人员的考核包括定量和定性两个方面:定量考核主要是销售预算的完成情况,如销售额、回款额、费用额等指标;定性考核主要包括销售人员的合作精神、工作热情、对企业的忠诚度、责任感等指标。考核结果是企业对销售部门、销售部门对每名销售人员进行奖惩的依据,只有将考核结果与奖惩挂起钩来,才能充分调动销售及销售人员的工作积极性,有利于销售预算的圆满完成。

2. 产品成本预算的执行

产品成本预算的执行情况对企业预算期的经济效益具有重大影响。日本企业界有句名言叫"利在于本",意思是说,企业要想获得利润,关键是要控制好成本,方能增效。在收入一定的情况下,成本是决定企业经济效益高低的关键因素。在产品质量相同或相近的条件下,产品价格的高低是决定企业市场竞争力的主要因素,而决定产品价格高低的主要因素是产品成本的高低,因此,从这个意义上讲,产品成本预算执行的好坏,又直接反作用于销售预算的执行。同时,降低产品成本不仅能够提高企业的市场竞争能力,提高企业的生存能力和获利能力,更重要的意义还在于能够节约社会资源,使有限的资源生产出更多的产品,从而提高社会效益。因此,加强成本管理是企业永恒的主题,也是企业预算管理的重点。产品成本预算执行的关键在于把握各项生产活动的指令、实施、控制、核算、考核五个环节,严格按预算支出标准实施各项产品生产活动。

1)指令

指令是指产品生产指令,生产部门必须按企业生产指挥中心下达的生产指令进行产品生产活动,产品生产指令是根据销售部门拿到的客户产品订单及产品成本预算编制的,其内容既包括产品生产的品种、规格、数量、质量、时间要求,也包括产品生产的材料定额、费用定额等成本控制指标。

2)实施

生产部门必须按照产品生产指令的要求,组织产品生产和控制产品制造成本,杜绝自行安排产品生产活动的行为发生。

3)控制

产品生产指令既是生产部门控制产品生产消耗的依据,也是物资管理部门控制生产部门领料的依据,还是财务部门控制成本费用支出的依据。

4)核算

财务部门要按照成本预算的口径对产品生产成本进行责任核算,反馈产品成本预算执行结果。

5)考核

预算管理部门要对产品成本预算的执行结果定期考核,并根据考核结果进行奖惩兑现。

3. 费用预算的执行

费用预算包括销售费用、制造费用、管理费用和财务费用预算,这四部分费用占企业全部经营成本的 30% 以上,而且随着科学技术的日益发展,各项费用在全部经营成本中所占的比重呈现出逐年提高的趋势,因此,根据预算标准,控制各项费用支出是费用预算执行的主要内容,费用预算执行的关键是各项费用支出必须按照审批、执行、核算、考核的程序进行。

1)审批

审批包括申请和批准两个环节。各预算执行部门在各项经济活动及费用发生之前,首先要填写经济活动及费用支出申请单,经过预算管理部门审核后,报有关领导审批。通过审批程序,可以将一切不正确、不合理、不合法、不符合预算的经济活动及费用支出制止在发生之前。

2)执行

各预算执行部门要按照授权从事经济活动,财务部门也要按授权报销各种费用。

3)核算

财务部门要按预算执行部门归集各项费用支出,正确核算各责任部门的费用预算完成情况。

4)考核

每月结束后,预算管理部门要根据费用预算执行情况进行考核,并根据考核结果奖惩兑现。

4. 采购预算的执行

产品成本中的材料成本是由材料消耗数量和材料价格决定的,其中,材料价格是一个弹性非常大的因素。而产品成本中材料价格是由材料采购价格决定的,因此,严格控制材料采购价格是材料采购预算执行的重要内容。采购预算的执行一般需要按照立项、实施、支付、核算、考核的程序进行。

1）立项

立项是指采购业务在具体实施之前需要办理业务申请和审查批准手续,包括材料采购计划和材料采购价格审批两项内容。具体执行程序如下:

（1）材料采购计划的立项程序:①生产部门根据产品生产指令中所下达的生产任务和材料消耗定额编制材料耗用计划;②物资管理部门根据材料耗用计划和材料库存情况编制材料补库计划;③采购部门根据材料补库计划编制材料采购计划;④预算管理部门审核、平衡上述各项计划,确保各项计划与公司各项预算相吻合;⑤公司总经理审查并批准材料采购计划。

（2）材料采购价格的立项程序:①询价。采购部门按照公司批准下达的材料采购计划,根据采购项目的时间要求,在了解市场行情、参考过去采购记录和预算价格的基础上,向有关供应商咨询价格。询价过程和供应商的报价要如实登记备案。②核价。价格管理部门根据采购部门的询价情况,通过电话、计算机网络等渠道查询、核实采购部门的询价结果,将核价的情况记录备案,并据以核定材料的最高采购限价。③审批。价格管理部门核定的最高限价,经预算管理部门填写审核意见后,按照审批权限报有关领导审批。④谈判。采购部门根据领导审批的最高限价,与供应商进行价格谈判,力争以较低的价格签订采购合同。材料采购业务,由公司总经理率领采购谈判小组与生产厂商直接谈判、签订采购合同。⑤备案。采购部门与供应商最终确定的采购价格要填写材料采购价格反馈表,报价格管理部门备案。如果某项材料采购业务已经立项,就说明它可以实施了。

2）实施

实施是指采购部门按照批准的材料采购计划和采购价格实施材料采购活动的过程。采购部门需要将采购业务落实到具体的采购人员,并严格按采购合同执行。

3）支付

材料采购的货款支付一般由财务部门负责,付款的依据要同时满足如下条件:

（1）符合采购合同规定的付款时间、方式和金额。

（2）在公司现金预算范围内。

（3）采购发票、验收证明、收货凭证等相关凭证真实、完整、合法、合规、无误。办理采购付款时,由采购部门填写材料采购付款单,财务负责人按预算审批付款;超出预算的付款,必须由采购部门中说明理由,经公司总经理批准后,从预算外资金列支或调整预算。

4）核算

材料采购的核算需要通过材料采购账户进行,通过核算可以准确反映采购预算的执行过程和结果。

5）考核

月末,预算管理部门对采购预算的执行结果进行考核,并奖惩兑现。

5. 现金预算的执行

资金是企业的血液,是企业赖以生存的源泉,资金枯竭的极端后果是整个预算成为"无米之炊",直至企业倒闭。因此,现金预算执行要认真贯彻"量入为出,量力而行"的原则,这里的"入",一方面,要从过去自有资金的狭义范围拓宽到举债经营范围,另一方面,又要考虑企业的偿债能力,杜绝没有资金来源或负债风险过大的长期投资项目预算。现金预算的执行包括现金收入预算执行和现金支出预算执行两部分。各部分的执行程序如下。

1) 现金收入预算执行

企业日常的现金收入来源主要是销售货款和银行借贷资金,其中,销售货款是现金收入的主要来源。现金收入预算一般按如下程序执行:

(1) 计划。销售部门要根据公司下达的销售预算和现金预算,编制具体的现金收款计划,报经预算管理部门和有关领导批准。

(2) 收款。销售部门要按照现金收款计划落实现金收款任务。现金收款的时间一般分为预收货款、收款发货和清收应收货款三种情况,这主要取决于产品的供求状况。收到的各类现金凭证要及时送交财务部门入账。

(3) 核算。财务部门要按照现金收入的来源进行明细核算,并按日编制现金收入日报表,以便公司领导和有关职能部门及时掌握现金收入预算的完成情况。

(4) 考核。预算管理部门每月对现金收入预算完成情况考核一次,并奖惩兑现。

2) 现金支出预算执行

(1) 审批。各个用款部门付款前必须填写现金付款申请单,预算管理部门按照现金预算签署审批意见,然后报经财务负责人审查批准。

(2) 付款。财务部门根据领导签批的现金付款申请单和现金结存情况具体安排付款时间和付款金额。

(3) 核算。财务部门要按部门核算现金支出预算的执行情况,并按日编制现金支出日报表,以便公司领导和有关职能部门及时掌握现金支出预算的完成情况。

(4) 考核。预算管理部门每月对现金支出预算完成情况考核一次。现金支出的批准权限不在各个预算执行部门,而且现金支出预算的完成情况在很大程度上取决于现金收入预算的完成情况,因此,现金支出预算的执行结果一般不作奖惩处理。

二、 预算控制

(一) 预算控制的含义

预算控制有广义与狭义之分。广义的预算控制即预算管理,是指企业为了实现战略规划和经营目标,通过预算编制、执行、考评等控制机制和控制方法,对预算期内的各项经济活动实施事前、事中和事后全过程的管理与控制。预算控制过程可分为拟定控制标准、控制预算差异、预算考评三大步。预算编制是预算控制的第一步,即拟定控制标准;预算的审批、调整、核算、报告和审计是预算控制的第二步,即控制预算差异;预算考评是预算控制的第三步,即对预算差异进行考核、评价和奖惩。

狭义的预算控制是指企业以预算为标准,通过审批,调整、核算、报告、审计等控制机制和控制方法,控制预算执行过程和结果,确保企业各预算责任部门执行预算、达成预算目标的过程。显然,狭义的预算控制只涵盖预算的执行阶段。因此,狭义的预算控制也称事中控制。收入预算控制的实施具有三个基本条件:一是要有明确的控制标准或控制目标,没有控制标准或控制目标就无所谓预算控制;二是预算控制客体必须具有多种发展可能性,如果被控制客体的发展方向和结果是唯一、确定的,就谈不上预算控制;三是预算控制主体可以在被制客体的多种发展可能性中通过一定的控制方法进行选择,如果这种选择不成立,预算控制的目标也就无法实现。在这里,预算控制客体是指各个预算执行部门和各项经济活动;预算控制主体是指公司股东(大)会、董事会和各级经营管理层;预算控制标准或控制目标是指经过公司决策机构批准实施的各项预算;控制方法是指为确保预算执行而使用的各项控制工具和手段。

(二)预算控制与预算执行的关系

预算控制与预算执行是相辅相成、密不可分的关系,预算执行必须以预算为标准进行严控制,预算控制必须以预算执行为载体进行规范实施。有执行,没控制,执行将处于不确定状态,预算执行的过程和结果就会偏离预算的方向和目标;有控制,没执行,控制将成为空中楼阁、无的放矢,预算执行的过程和结果就无从谈起。因此,预算执行的过程也就是企业以预算为标准控制各项经济活动的过程。企业通过预算编制为预算期的经济活动制定了目标和依据,通过预算执行将编制的预算付诸实施,通过预算控制确保预算执行不偏离预算的方向和目标。由此可见,预算控制与预算执行是全面预算管理体系的核心环节,是企业能否实现预算目标的关键。

(三)预算控制的原则

预算控制应遵循以下六项原则。

1. 全面性原则

预算控制是一项全方位、全过程的控制活动,作用于全面预算管理的全过程。

2. 及时性原则

预算控制通过对各项生产经营活动的实时监控,可以及时发现执行中的偏差,并及时采取措施加以纠正。

3. 经济性原则

预算控制所采取的一切程序和方法都必须是合理的、必要的,是能够通过控制活动实现投入产出比最大化的增值活动。

4. 客观性原则

预算控制以预算目标为依据,对各项经济活动进行实事求是的控制和管理。

5. 适应性原则

预算控制离不开企业外部市场环境和企业内部特定环境的影响,而这些环境因素往往是发展变化的,因此,预算控制必须适应内外环境的变化,适应于企业的具体情况。

6. 权威性原则

预算控制是一种约束行为,没有权威的约束行为是起不到任何作用的,因此,预算控制必须具备权威性。

(四)预算控制的方法

预算控制方法是指为执行预算、达成预算目标而使用的各项控制工具和手段。主要有审批控制、调整控制、核算控制、报告控制、审计控制、分析控制以及过程和考评控制等方法。

1. 审批控制

审批控制是指企业通过建立审查批准制度,确保一切经济活动都能按照预算的安排运行。

2. 调整控制

调整控制是指企业通过采用调整预算项目或预算指标的方法,提高预算的可执行性。

3. 核算控制

核算控制是指企业通过建立和实施责任会计核算,对预算执行过程和预算执行结果及时反映和有效控制。

4. 报告控制

报告控制也称反馈控制,是指企业通过预算执行的反馈和报告制度,确保预算执行信息的传输及时、准确、有效,以促进全面预算目标的实现。

5. 审计控制

审计控制是指企业通过对预算执行部门、预算执行过程和预算执行结果的审计监督,实施全面预算管理的有效控制。

6. 分析控制

分析控制是指企业通过建立预算分析制度,及时纠正预算差异,有效控制预算执行过程和预算执行结果。

7. 过程和考评控制

过程和考评控制是指企业通过建立预算考核、评价和奖惩制度,增强预算的权威性,有效促进全面预算管理活动的顺利进行。

(五)预算控制的程序和内容

为了保证预算执行部门在预算执行过程中不偏离预算目标,企业需要针对预算执行的阶段采取一系列控制方法。预算执行按进程可分为预算执行前、预算执行中和预算执行后三个基本阶段。因此,预算控制的程序和内容是以预算执行的三个基本阶段为主线展开的。

1. 预算执行前阶段的控制

预算执行前阶段是指企业各预算执行部门安排经济活动的过程。在这个阶段,预算执行部门需要安排一件件具体的经济活动,预算管理部门则需要对这些具体的经济活动实施事前控制,以确保各预算执行部门从事的各项经济活动都在预算范围之内。预算执行前控制的内容包括定性控制和定量控制两个方面:定性控制就是保证实施的经济活动在预算规定的项目之内;定量控制就是保证实施的经济活动不要超出预算规定的标准。如果准备实施的某项经济活动不在预算范围之内或超出了预算规定的标准,就需要针对不同情况进行不同处理;如果确实属于必须实施的经济活动事项,就需要追加预算项目或调整预算或动用预算外指标,同时还要对造成经济活动事项与预算项目及指标之间差异的原因进行分析,以便改进、完善今后的预算编制工作;如果此项经济活动可以不实施或可以拖后实施,就应毫无异议地中止此项经济活动的进行。

2. 预算执行中阶段的控制

预算执行中阶段是指企业各预算执行部门具体实施各项经济活动的过程。在预算执行过程中,企业管理当局需要对预算执行实施事中控制,以确保各预算执行的结果能够达到预算的目标;预算执行部门需要严格按照预算从事各项经济活动,并及时向预算管理部门反馈预算执行情况;预算管理部门则通过审批、调整、核算、反馈、审计、分析等方法实现对预算执行过程的有效控制。如果预算执行过程出现了偏离预算标准的情况,企业就要分析原因,采取措施纠正偏差,以保证预算目标的实现。

3. 预算执行后阶段的控制

预算执行后阶段是指企业各预算执行部门实施的经济活动已经结束,预算执行结果已成事实的过程。在这个阶段,预算执行部门需要对预算执行过程及结果进行总结报告;预算管理部门则需要对预算执行实施事后控制,包括对预算执行结果进行审计、分析、考评等活动,以确认预算执行结果是否达到了预算目标。同时,还要根据预算考评结果和预算责任书的规定对各个预算责任部门进行奖惩兑现,为下一周期的预算活动奠定基础。

思考题

1. 什么是经营预算? 经营预算编制的基本任务是什么?
2. 简述经营预算编制的基本方法。
3. 直接人工预算编制的主要依据是什么?
4. 编制产品成本预算的基本公式是什么?
5. 什么是财务预算? 财务预算包括哪些内容?
6. 简述财务预算在全面预算体系中的作用。
7. 什么是利润预算? 利润预算包括哪些内容?
8. 什么是现金预算? 现金预算包括哪些内容?

案例分析

福宇公司全面预算编制案例

假设福宇公司生产和销售一种产品,有关资料如下:

(1) 2021 年度第一至第四季度预计销售额分别为:1 000 件、1 500 件、2 000 件和 1 500 件,销售单价为 75 元。在各季度销售收入中,其中的 40% 可于当季收到现金,其 60% 将于下一季度收到现金。

（2）季末预计的产成品存货占次季度销售量的10%，年末预计产成品存货为10件。

（3）单位产品材料用量为2千克，每千克单价5元，季末预计材料存货占次用量的20%，年末预计材料存货为460千克；各季度采购的材料中，50%于当季支付现其余50%可于下季度支付现金。

（4）假定生产单位产品需要直接人工工时5小时，每小时的工资率为4元。

（5）在制造费用中，变动制造费用分别为：间接工资12 000元，间接材料18 000元，维修费8 000元，水电费15 000元，润滑材料7 100元；固定性制造费用分别为：维修费14 000元，折旧15 000元，管理人员工资25 000元，保险费4 000元，财产税2 000元。

（6）销售与管理费用分别为：

变动费用：销售人员工资22 000元，广告费5 500元，文具纸张费2 500元。

固定费用：行政人员工资30 000元，保险费8 000元，财产税4 000元。

（7）其他现金支出为：第二季度购买设备支出16 000元。

（8）公司最低现金余额为10 000元，企业向银行借款的数额必须为1 000的倍数，如需借入，于每季度初借入，如拟偿还，于每季度末还，借款年利率为10%，利息于归还时支付。

（9）该公司2020年年末的资产负债表如表9-33所示。

表9-33

资产负债表

2020年12月31日

单位：元

资产	金额	负债及所有者权益	金额
流动资产：		流动负债：	
现金	12 000		
应收账款	24 000		
材料（420千克）	2 100		
产成品（100件）	4 000	应付账款（材料）	6 000
流动资产合计	42 100		
固定资产：		股东权益：	
土地	40 000		
房屋及设备	60 000		
减：累计折旧	（40 000）	普通股股本	40 000
房屋及设备净值	20 000		
非流动资产合计	60 000	留存收益	56 100
资产总计	102 100	负债及所有者权益总计	102 100

要求：根据以上资料编制2021年的全年预算，包括：①销售预算；②生产预算；③直接材料预算；④直接人工预算；⑤制造费用预算；⑥销售及管理费用预算；⑦现金预算；⑧预计利润表（假定当年预计应交所得税16 000元，支付利润8 000元，分别分季付）；⑨预计资产负债表。

第十章

标准成本系统

教学目标

　　本章主要介绍标准成本系统、标准成本的制定和成本差异的揭示与分析。学生通过学习，了解标准成本的概念，掌握标准成本制定的思路和方法，理解成本差异的意义及掌握成本差异的计算方法，最终能够熟练运用标准成本法进行成本分析和成本控制。

第一节　标准成本系统概述

一、　标准成本

　　标准成本是在正常经营条件下应该实现的，可以作为控制成本开支、评价实际成本、衡量工作效率的依据和尺度的一种成本目标。

　　企业对标准成本的设定可以有不同的期望，而不同的期望水平会产生不同类型的标准：理想标准成本、正常标准成本和现实标准成本。

（一）理想标准成本

　　理想标准成本是指在理想的工作条件下，以生产技术和经营管理处在最佳状态为基础制定的标准成本。这种标准成本是建立在排除机器故障、工作停顿等一切失误、浪费和耽搁的基础上，只有技术最熟练、工作效率最高的工作人员在最佳状态下，尽最大努力方能实现。理想标准不容易达到，在现实经营活动中，往往会有一些难以预测的事件发生，会使理想标准的应用产生一定的副作用，这种标准要求企业内部所有员工在整个经营活动中发挥超常的努力，才可能达到，而长期的超常压力可能会导致员工对理想标准丧失信心，难以实现预期的效果。

（二）正常标准成本

　　正常标准成本也称平均标准成本，是根据过去一段时期内实际成本的平均值，剔除生产经营活动中的不正常因素，并考虑今后的变动趋势而制定的标准成本，正常标准成本是在正常经营条件下应该达到的成本水平，它是根据正常的耗用水平、正常的价格和正常的生产能力利用程度制定的标准成本。这种标准成本将未来视为历史的延伸，是一种经过努力可以达到的成本。企业可以将此作为现行标准成本。但正常标准成本也具有局限性，只有在生产技术和经营管理条件变化不大的情况下才能采用。同时，由于正常标准成本要在生产经营能力正常的条件下就能够实现,其水平偏低,也不宜作为企业未来成本控制的目标。

(三) 现实标准成本

现实标准成本也称期望可达到的标准成本,它是根据企业最有可能发生的生产要素用量、生产要素价格和生产经营能力利用程度而制定的标准成本。这种标准成本从实际出发,包含企业一时还不能避免的某些不应有的低效和失误,因此是一种经过努力可以达到的既先进又合理,最为切实可行且接近实际的成本,是经过努力可以实现的成本目标,在实际工作中被广泛采用。

二、 标准成本系统

标准成本系统是指通过事前制定标准成本,在实际执行过程中将实际成本与标准成本进行比较分析,找出差异产生的原因,并据以加强成本控制和业绩评价的成本控制系统。

标准成本系统(standard cost system)在很大程度上是一种成本控制制度。标准成本的概念起源于美国南北战争之后,基于泰勒的管理过程标准化的思想而建立。1919 年美国全国成本会计师协会成立,对推广标准成本起了很大的作用。1920—1930 年,美国会计学界经过长期争论,才把标准成本纳入了会计系统,从此出现了真正的标准成本会计制度,并逐步发展成为包括标准成本的制定、差异的分析、差异的处理等内容的完整的成本控制系统。

标准成本制度与一般的成本计算方法的不同在于:它将日常核算与差异分析相结合;将成本控制与成本计算相结合。这主要体现在:以标准成本为基础,把实际发生的成本与标准成本进行对比,揭示出成本差异,使差异成为向人们发出的一种信号。以此为线索,企业可以进一步查明差异形成的原因和责任,并据以采取相应的措施,实现对成本的有效控制。期终,还可以通过一定方法将标准成本和差异重新结合,确定产品的实际成本。由此可见,以标准成本为基础形成的标准成本制度,把成本的事先规划、日常控制和产品实际成本的计算有机结合起来,从而成为加强成本管理,全面提高企业经济效益的重要工具。

第二节　标准成本制定

一、 直接材料标准成本制定

(一) 直接材料价格标准的制定

直接材料价格标准是指取得某种材料所支付的单位价格。直接材料价格标准包括材料的购买价格以及预计的采购费用,如运输费、装卸搬运费等。制定直接材料价格标准时,应按照每一种材料分别计算。

(二) 直接材料用量标准的制定

直接材料用量标准即材料的消耗定额是指生产技术部门在一定条件下所确定的单位产

品所耗用的各种直接材料的数量,包括形成产品实体的材料数量、在正常情况下所允许发生的材料损耗,以及生产中不可避免的废品所耗费的材料数量。制定直接材料用量标准时,也应按各种材料分别计算。

(三) 直接材料标准成本的制定

某种产品的直接材料标准成本,是由生产该种产品所需要的每一种材料的标准价格和该种材料的标准用量的乘积相加求得的。其计算公式为:

$$直接材料标准成本 = \sum(直接材料用量标准 \times 直接材料价格标准)$$

【例 10-1】 方达企业生产 JIFG 产品需用 A 材料,其单位产品的直接材料的各种资料和标准成本的计算如表 10-1 所示。

表 10-1　　　　　　　　　单位产品直接材料标准成本计算表

标准	A 材料
价格标准	
发票价格(元/千克)	14.0
预计采购费用(元/千克)	1.00
材料价格标准(元/千克)	15.00
用量标准	
图纸用量(千克/件)	7.60
正常损耗(千克/件)	0.40
材料标准用量(千克/件)	8.00
成本标准	
A 材料(元/件)	120.00

二、 直接人工标准成本制定

(一) 直接人工价格标准的制定

直接人工价格标准(即工资率标准或工资单价),是指在计件工资条件下单位产品支付的直接人工工资,或在计时工资条件下每一标准工时应分配的工资。其计算公式为:

$$直接人工小时工资率标准 = 预计支付直接人工工资总额 / 标准总工时$$

其中,标准总工时是指企业在现有的生产技术和工艺水平条件下可能实现的最大生产数量,或是实现的最大生产能力,故亦称产能标准,通常用直接人工工作小时数或机器台时数来表示。

(二) 直接人工用量标准的制定

直接人工用量标准,即工时用量标准,也称工时消耗定额。它是指企业在现有的生产和技术水平的基础上,考虑到提高劳动生产率的要求,按照产品加工所经过的程序,详细测算所需耗用的工时数。制定工时消耗定额时,还要考虑必要的间歇和停工时间,以及在正常条件下不可避免的废品所耗用的工时。

(三) 直接人工标准成本的制定

制定了直接人工的用量标准和小时工资率标准后,就可以按照下列公式计算单位产品直接人工的标准成本:

$$直接人工标准成本=\sum(直接人工价格标准\times直接人工用量标准)$$
$$=\sum(小时工资率标准\times工时用量标准)$$

【例10-2】　方达企业生产产品加工的有关资料和单位直接人工标准成本的计算如表10-2 所示。

表 10-2　　　　　　　　　　　单位产品直接人工标准成本计算表

标准	生产工序
小时工资率	
基本生产工人人数(人)	30.00
每人平均可用工时(小时)	168.00(21×8)
每月总工时(小时)	5 040.00
每月生产工人工资总额(元)	80 640.00
每小时工资率(元/小时)	16.00
单位产品工时	
理想作业时间(小时)	10.00
调整设备时间(小时)	0.50
工休时间(小时)	0.30
其他必要时间(小时)	0.20
单位产品工时	11.00
直接人工标准成本(元)	176.00

三、 制造费用标准成本制定

(一) 制造费用价格标准的制定

制造费用价格标准,即制造费用分配率标准。制造费用分配率的大小一般取决于以下两个因素:生产量标准,即企业现有生产能力能达到的最高产量(通常用直接人工小时数或机器台时数表示);制造费用预算,即根据标准生产能力而确定的固定性制造费用预算和变动性制造费用预算数额之和。制造费用分配率的计算公式为:

变动性制造费用标准分配率=变动性制造费用预算÷标准总工时
固定性制造费用标准分配率=固定性制造费用预算÷标准总工时

(二) 制造费用用量标准的制定

制造费用用量标准,即制造工时用量标准。它与上述直接人工用量标准的制定原理相同。制造费用工时用量的计算公式为:

$$单位工时变动费用分配率标准 = 变动费用预算总额 \div 标准总工时$$
$$单位工时固定费用分配率标准 = 固定费用预算总额 \div 标准总工时$$

(三) 制造费用标准成本的制定

制造费用标准成本,又称制造费用预算,通常根据变动性制造费用和固定性制造费用分别编制。在完全成本法下,固定性制造费用预算可以参照历史资料并根据预算期间生产能力的利用程度加以估算,相应的生产量标准通常应选择预算产量标准工时。在变动成本法下,固定性制造费用属于期间成本,不存在分配率标准问题。制造费用标准成本是由单位产品用量标准与相应的标准分配率的乘积求得。单位产品制造费用标准成本计算公式为:

$$变动制造费用标准成本 = \sum(单位工时变动费用分配率标准 \times 标准工时)$$
$$固定制造费用标准成本 = \sum(单位工时固定费用分配率标准 \times 标准工时)$$
$$制造费用标准成本 = 单位产品变动制造费用标准成本 + 单位产品固定制造费用标准成本$$

【例 10-3】 方达企业生产的产品的制造费用资料和单位产品制造费用标准成本的计算如表 10-3 所示。

表 10-3 单位产品制造费用标准成本计算表

标准	金额(元)
变动制造费用预算	
间接材料	26 000.00
间接人工	18 000.00
维护费	2 800.00
水电费	1 600.00
其他	2 000.00
合计	50 400.00
生产量标准(人工工时)	5 040.00
变动制造费用标准分配率(元/小时)	10.00
直接人工用量标准(人工工时/件)	11.00
单位产品变动制造费用标准成本(元)	110.00
固定制造费用预算	
折旧费	15 000.00
维护费	8 800.00

（续表）

标准	金额（元）
管理费	3 200.00
保险费	3 000.00
合计	30 000.00
生产量标准（人工工时）	6 000.00
固定制造费用标准分配率（元/小时）	5.00
直接人工用量标准（人工工时/件）	11.00
单位产品固定制造费用标准成本（元）	55.00

以上各成本项目的标准成本制定后，企业通常还要为每一种产品设置一个标准成本计算单，来汇总计算最后的单位产品标准成本。标准成本计算单中应分别列明上述各成本项目的价格标准和用量标准，通过直接汇总的方法得出最终单位产品的标准成本，如表 10-4 所示。

表 10-4　　　　　　　　　　单位产品标准成本计算表

成本项目	用量标准	价格标准（分配率）	标准成本（元/件）
直接材料（A 材料）	8 千克/件	15 元	120
直接人工	11 小时/件	16 元	176
变动制造费用	11 小时/件	10 元	110
固定制造费用	11 小时/件	5 元	55
单位产品标准成本			461

第三节　差异分析法

一、成本差异分析的意义

成本差异是指在生产经营过程中发生的实际成本偏离预定的标准成本而形成的差额，它表示实际成本脱离标准成本的程度，反映成本控制的业绩。

标准成本差异产生的原因包括以下五个方面：执行偏差、预测偏差、计量偏差、模型偏差和随机偏差。其中，执行偏差是指由于执行过程中某种措施的不当或失误，或机器接受了错误指令等原因而产生的偏差；预测偏差是指由于标准成本的制定过程中未能准确预测而产生的差异；计量偏差是由于执行过程中计量错误而产生的差异；模型偏差是由于为制定标准成本或编制预算而建立某种模型时，对各因素之间的关系估计错误而产生的差异；随机偏差是指由于执行过程中各种随机因素变化而产生的差异。

实际成本低于标准成本的差额为顺差,即有利差异;实际成本高于标准成本的差额为逆差,即不利差异。计算并分析成本差异的主要目的是查明差异产生的原因,有针对性地指定调整和消除差异的措施,以进一步加强成本管理,降低产品成本,提高经济效益。

在标准成本法中,成本差异的计算与分析是最重要的一环,只有正确地分析成本差异形成的原因,才能提出恰当的成本控制措施。

成本差异可以分为两个方面,即数量差异和价格差异。其中,数量差异是指由直接材料的用量、直接人工的工时和制造费用的分摊基础等数量性质的因素变化引起的成本差异;价格差异是指由直接材料价格、直接人工工资率和制造费用分摊率等价格性质的因素变化引起的成本差异。

成本差异的通用计算公式如下:

$$成本差异=实际成本-标准成本$$
$$=实际数量×实际价格-标准数量×标准价格$$
$$=实际数量×实际价格-实际数量×标准价格+实际数量$$
$$×标准价格-标准数量×标准价格$$
$$=实际数量×(实际价格-标准价格)+标准价格$$
$$×(实际数量-标准数量)$$
$$=价格差异+数量差异$$
$$数量差异=(实际数量-标准数量)×标准价格$$
$$价格差异=(实际价格-标准价格)×实际数量(混合差异通常列入价格差异)$$

成本差异可用通用模式来表示,如图 10-1 所示。

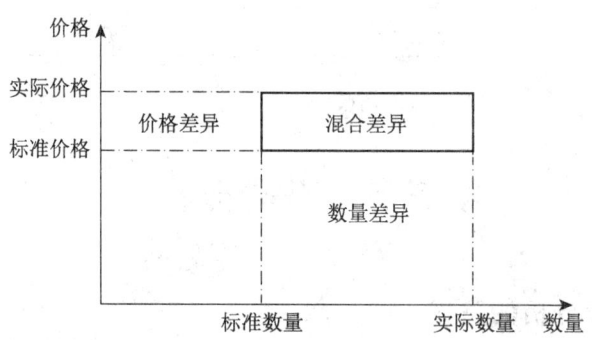

图 10-1　成本差异通用模型

二、 直接材料成本差异

直接材料成本差异是指直接材料实际成本与标准成本的差异,包括材料用量差异和价格差异两部分。材料用量差异是指实际使用的直接材料和实际产量下按标准应使用的直接材料数量之差乘以标准价格。材料价格差异是指原材料实际价格和标准价格之差乘以实际采购的原材料数量。相关计算公式如下:

$$材料用量差异＝(实际数量－标准数量)×标准价格$$

$$材料价格差异＝(实际价格－标准价格)×实际数量$$

$$直接材料成本总差异＝实际数量×实际价格－标准数量×标准价格$$

如果计算结果为正,表示逆差,是超支,为不利差异,说明企业直接材料实际成本大于标准成本;如果计算结果为负,表示顺差,是节约,为有利差异,说明企业直接材料实际成本小于标准成本。一般而言,直接材料差异的产生源于用量脱离标准形成的材料数量差异和价格脱离标准形成的材料价格差异。其中,材料数量差异产生于材料耗用过程中,如操作疏忽造成废品或废料增加、因技术进步而节省材料等;材料价格差异产生于采购过程中未按标准进货,如供应厂家价格变动、未按经济采购批量进货、未能及时订货造成的紧急订货等。材料浪费的情况也会导致材料成本差异。一般而言,一定数量的可预期材料浪费应当计入材料用量标准中,因此,在进行成本差异计算时,需要考虑到可预期的浪费调整标准用量。

【例 10-4】 宏盛公司生产甲产品,本期正常生产能力 1 500 小时,计划生产甲产品 250 件。期初在产品 10 件,本期产成品 210 件,期末在产品 20 件,期初、期末在产品完工率均为 50%,直接材料在生产开工时一次投入。有关的标准与实际资料如表 10-4 所示。

表 10-4 甲产品成本信息表

项目	标准成本			实际成本	
	单耗	单价	总金额	总用量	总金额
直接材料	5 千克	4 元		990 千克	4 158 元
直接人工	6 小时	5 元		400 小时	8 400 元
变动性制造费用	6 小时	1.6 元			2 380 元
固定性制造费用			1 800 元		1 700 元

实际耗用材料产量＝210＋(20－10)×100%＝220(件)

实际直接材料成本＝4 158(元)

标准直接材料成本＝220×5×4＝4 400(元)

直接材料成本差异＝4 158－4 400＝－242(元)

其中:数量差异＝220×(4.5－5)×4 ＝(990－220×5)×4＝－440(元)

价格差异＝220×4.5×(4.2－4)＝990×(4.2－4)＝198(元)

三、 直接人工成本差异

直接人工的成本差异由直接人工价格差异和直接人工数量差异构成,这两种差异的代数和直接反映了直接人工实际成本与直接人工标准成本之间的差额。

(一) 直接人工工资率差异

即直接人工价格差异。工资率差异是指每单位时间实际工资率与标准工资率之间的差异与实际工时的乘积。计算公式如下:

$$工资率差异＝实际工时×(实际工资率－标准工资率)$$

（二）直接人工效率差异

即直接人工的数量差异。它是指直接人工的实际工时与标准工时之间的差异与标准工资率的乘积。它反映了人工效率的变化。计算公式如下：

$$直接人工效率差异＝标准工资率×(实际工时－标准工时)$$

（三）直接人工成本差异

直接人工成本差异分析的任务是，分析差异受直接人工工资率差异和直接人工效率差异影响的方向和大小，也就是说，分析直接人工的成本差异中，哪些是由直接人工工资率差异造成的，又有哪些是因直接人工效率差异造成的。两者的关系式是：

$$直接人工成本差异＝实际人工成本－标准人工成本$$
$$＝直接人工工资率差异＋直接人工效率差异$$

直接人工效率差异的产生主要是生产部门的责任，如工人经验不足、设备故障较多、产量太少以至于无法发挥批量节约优势等。此外，材料质量不好也会影响生产效率；工资率差异主要由人事部门负责，工资率调整、加班或使用临时工、出勤率变化等都会导致工资率差异。

【例10-5】 大建公司生产甲产品，本期正常生产能力1 500小时，计划生产甲产品250件。期初在产品10件，本期产成品210件，期末在产品20件，期初、期末在产品完工率均为50%，直接材料在生产开工时一次投入。

另外，大建公司本期发生非生产工时100小时，实际支付非生产时间工资600元，即大建公司实际支付工资的生产人员的时间是1 500小时，其中包含有非生产工时100小时，实际支付生产人员工资9 000元，其中包含有非生产工时100小时的工资600元，详细情况如表10-5所示。

表10-5 甲产品成本信息表

项目	标准成本			实际成本	
	单耗	单价	总金额	总用量	总金额
直接材料	5千克	4元		990千克	4 158元
直接人工	6小时	5元		1 400小时	8 400元
变动性制造费用	6小时	1.6元			2 380元
固定性制造费用			1 800元		1 700元

实际耗用工时产量＝210＋(20－10)×50%＝215(件)

标准直接人工成本＝215×6×5＝6 450(元)

实际直接人工成本＝9 000－600＝8 400(元)

总差异＝9 000－6 450＝2 550(元)＝550＋1 400＋600

其中：非生产工时工资差异＝600(元)

工资率差异＝8 400－1 400×5＝1 400(元)

效率差异＝1 400×5－215×6×5＝550(元)

四、 制造费用成本差异

由于制造费用差异引起的因素包括费用预算的执行、产量的变化和效率的改变等,为了分析制造费用差异产生的原因,应分别对变动制造费用成本差异和固定制造费用成本差异进行计算与分析。

(一) 变动制造费用成本差异

变动制造费用成本差异是指实际变动制造费用与变动制造费用预算之间的差额,包括变动制造费用效率差异和变动制造费用耗费差异。变动制造费用效率差异是实际耗用工时脱离标准工时而导致的成本差异,又称变动制造费用的量差。变动制造费用耗费差异是变动制造费用实际耗费脱离标准而导致的成本差异,又称变动制造费用的价差。相关计算公式如下：

变动制造费用效率差异＝(实际工时－标准工时)×标准费用分配率

变动制造费用耗费差异＝(实际费用分配率－标准费用分配率)×实际工时

变动制造费用差异分析的任务是分清变动制造费用耗费差异和变动制造费用效率差异对变动制造费用差异影响的大小和方向。变动制造费用耗费差异主要受到变动制造费用的节约和浪费的影响,以及生产工时的影响。变动制造费用效率差异只受工时变化的影响。变动制造费用差异造成的原因主要是间接材料人工和其他费用的节约或超支,要减少不利差异就应强化车间管理,充分调动生产工人的积极性,提高工时利用效率和劳动生产率等。

(二) 固定制造费用差异分析

固定制造费用差异的分解方法包括两差异法和三差异法两种。

1. 两差异法

两差异法是指将固定制造费用差异分解为固定制造费用开支差异和固定制造费用数量差异两部分。其计算公式如下：

固定制造费用开支差异＝固定制造费用实际发生总额－固定制造费用预算总额

固定制造费用数量差异＝固定制造费用预算总额－固定制造费用分配额

＝(预算工时－标准工时)×标准分配率

2. 三差异法

固定制造费用三差异法是固定制造费用实际支出额与其标准支出额之间的差额,它通常包括固定制造费用耗费差异、效率差异和生产能力利用差异三个部分。其计算公式为：

固定制造费用耗费差异＝实际分配率×实际工时－标准分配率×预算工时

固定制造费用效率差异＝标准分配率×(实际工时－标准工时)

固定制造费用能力差异＝标准分配率×(预算工时－实际工时)

固定制造费用耗费差异主要受管理人员的工资率、税率和折旧率的影响,固定制造费用效率差异和生产能力利用差异的产生主要受现有生产能力利用程度的影响。因此,要降低固定制造费用就应精简管理人员,充分发挥固定资产的作用,充分利用现有生产能力。

固定制造费用能力差异衡量了生产能力的利用程度。当实际产量标准工时小于生产能力时,表明生产能力未被充分利用,企业应查明原因,如产品销路不畅导致生产量下降、资源供应不及时、生产安排不当等,并明确责任归属,及时采取调整措施。

在标准成本系统中,成本差异是管理当局需要的一项十分重要的管理信息,它反映了有关责任单位的工资质量和效果,据以发现问题,改进工作。为能够同时提供标准成本、成本差异和实际成本三种重要的成本信息,通常的办法是把实际发生的各项成本划分为标准成本和成本差异两个部分,并分别进行归集,期末予以调整,计算得出实际成本。

【例 10-6】 宏盛公司生产甲产品,本期正常生产能力 1 500 小时,计划生产甲产品 250 件。期初在产品 10 件,本期产成品 210 件,期末在产品 20 件,期初、期末在产品完工率均为 50%,直接材料在生产开工时一次投入。

另外,宏盛公司单位产品标准工时 6 小时,变动性制造费用标准小时费用率 1.6 元/小时。本期实际生产工时 1 400 小时,实际变动性制造费用 2 380 元。具体情况如表 10-6 所示。

表 10-6 甲产品成本信息表

项目	标准成本			实际成本	
	单耗	单价	总金额	总用量	总金额
直接材料	5 千克	4 元		990 千克	4 158 元
直接人工	6 小时	5 元		1 400 小时	8 400 元
变动性制造费用	6 小时	1.6 元			2 380 元
固定性制造费用			1 800 元		1 700 元

实际耗用工时产量＝210＋(20－10)×50%＝215(件)

标准变动性制造费用＝215×6×1.6＝2 064(元)

实际变动性制造费用＝2 380(元)

变动性制造费用成本差异＝2 380－2 064＝316(元)

其中:效率差异＝1 400×1.6－215×6×1.6＝176(元)

耗费差异＝2 380－1 400×1.6＝140(元)

【例 10-7】 宏盛公司生产甲产品,本期正常生产能力 1 500 小时,计划生产甲产品 250 件。期初在产品 10 件,本期产成品 210 件,期末在产品 20 件,期初、期末在产品完工率均为 50%,直接材料在生产开工时一次投入。

另外,宏盛公司本期正常生产能力 1 500 小时,单位产品标准工时 6 小时,固定性制造费用预算 1 800 元,标准小时费用率 1.2 元/小时。本期实际生产工时 1 400 小时,实际发生固定制造费用 1 700 元。具体如表 10-7 所示。

表 10-7 甲产品成本信息表

项目	标准成本			实际成本	
	单耗	单价	总金额	总用量	总金额
直接材料	5 千克	4 元		990 千克	4 158 元
直接人工	6 小时	5 元		1 400 小时	8 400 元
变动性制造费用	6 小时	1.6 元			2 380 元
固定性制造费用			1 800 元		1 700 元

固定性制造费用成本差异 = 1 700 - 215 × 6 × 1.2 = 1 700 - 1 548 = 152(元)

其中:预算差异 = 1 700 - 1 800 = -100(元)

产量差异 = 1 800 - 1 548 = 252(元)

或 = (1 500 - 215 × 6) × 1.2 = 252(元)

五、 差异分析账务处理

为了同时提供标准成本、成本差异和实际成本三项成本资料。标准成本系统的账务处理具有以下特点。

(一)"原材料""生产成本"和"产成品"账户登记标准成本

无论是借方和贷方均登记实际数量的标准成本,其余额亦反映这些资产的标准成本。

(二)设置成本差异账户分别记录各种成本差异

在需要登记"原材料""生产成本"和"产成品"账户时,应将实际成本分离为标准成本和有关的成本差异,标准成本数据记录;"原材料""生产成本"和"产成品"账户,而有关的差异分别记入各成本差异账户。各差异账户借方登记超支差异,贷方登记节约差异。

(三)各会计期末对成本差异进行处理

各成本差异账户的累计发生额,反映了本期成本控制的业绩。在月末(或年末)对成本差异的处理方法有结转本期损益法和调整销货成本与存货法两种。

1. 结转本期损益法

按照这种方法,在会计期末将所有差异转入"本年利润"账户,或者先将差异转入"主营业务成本"账户,再随同已销产品的标准成本一起转至"本年利润"账户。采用这种方法的依据是确信标准成本是真正的正常成本,成本差异是不正常的低效率和浪费造成的,应当直接体现在本期损益之中,使利润能体现本期工作成绩的好坏。此外,这种方法的账务处理比较简便。但是,如果差异数额较大或者标准成本制订得不符合实际的正常水平,则不仅使存货成本严重脱离实际成本,而且会歪曲本期经营成果,因此,在成本差异数额不大时采用此种方法为宜。

2. 调整销货成本与存货法

按照这种方法,在会计期末将成本差异按比例分配至已销产品成本和存货成本。

采用这种方法的依据是税法和会计制度均要求以实际成本反映存货成本和销货成本。本期发生的成本差异,应由存货和销货成本共同负担。当然,这种做法会增加一些计算分配的工作量。此外,有些费用计入存货成本不一定合理,例如,闲置能量差异是一种损失,并不能在未来换取收益,作为资产计入存货成本明显不合理,不如作为期间费用在当期参加损益汇总。

成本差异的处理方法选择要考虑许多因素,包括差异的类型(材料、人工或制造费用)、差异的大小、差异的原因、差异的时间(如季节性变动引起的非常性差异)等。因此,可以对各种成本差异采用不同的处理方法,如材料价格差异多采用调整销货成本与存货法,闲置能量差异多采用结转本期损益法,其他差异则可因企业具体情况而定。值得强调的是,差异处理的方法要保持历史的一致性,以便使成本数据保持可比性,并防止信息使用人发生误解。

思考题 ‖

1. 公司为什么要使用标准成本系统,与绩效管理之间的关系是什么?
2. 直接材料标准成本的制定包含哪些要素?
3. 固定制造费用和变动制造费用的标准成本制定包含哪些要素?

案例分析

宏运公司标准成本制定案例

新疆宏运纸业有限公司主要经营各种生活用纸和办公用纸,产品构成以原材料和人工成本为主。原材料以各种木材、麦草和废纸等为主,该部分成本占整个产品成本的50%以上,原材料的好坏对产品的品质影响较大,因此,严格控制原材料成本不仅可以保证产品质量,而且有利于降低产品成本。人工成本主要取决于企业的效益,同时也与当时的物价指数有一定的联系。因此,宏运公司产品成本控制的主要任务是对原材料成本的控制。

宏运纸业公司的产品主要满足疆内客户的需要,新疆地域广大,要将原材料及时运送到生产车间,将产品及时运送到客户手中,需要发生运输成本和仓储成本,而生产纸品的原料及产品本身的体积和重量都较大,因此,会发生大量的运输成本和仓储成本。在2005年以前,公司不重视成本控制,导致资源浪费,产品成本非常高,产品品质也亟待提高。此时,疆外大量知名品牌的纸品大量涌入疆内,宏运纸业的生存和发展面临严峻挑战。宏运高层意识到了问题的严重性,招集各部门主管商讨对策。经过研究,内部一致认为当务之急,公司应削减成本,改善质量,扩大销售。对此,财务主管分析认为,为了控制产品成本,企业应适时采用标准成本法。

标准成本法比较适用于品种不多的大批量生产的企业,且变动成本在产品成本构成中所占比重比较高的劳动密集型企业。而纸业公司正好符合以上情况,因此宏运总经理认为财务主管的建议可以一试,决定在企业内部施行标准成本法。现以 A31 纸品的部分原料消耗标准为例说明标准成本法的实施。

A31 产品主要由原料 A0010 和 B0112 生产制成,A0010 材料的标准消耗量为每吨 A31 产品消耗 750 千克,B0112 材料的标准消耗量为每吨 A31 产品消耗 120 千克,A0010 原料的标准单价为 0.8 元,B0112 的标准单价为 1.6 元。A31 产品的标准成本为 792 元,月末结算得出,当月 A0010 的实际消耗量为 780 千克,实际单价为 0.75 元,B0112 原料的实际消耗量为 100 千克,实际单价为 1.7 元,A31 产品的实际成本为 755 元。则:

A0010 材料成本差异=实际成本-标准成本=$780 \times 0.75 - 750 \times 0.8 = -15$(元)

总差异为有利差异。

其中:价格差异=实际用量×(实际价格-标准价格)=$780 \times (0.75 - 0.8) = -39$(元)

用量差异=标准价格×(实际用量-标准用量)=$0.8 \times (780 - 750) = 24$(元)

宏运公司根据 A0010 材料成本差异数量分析差异产生的原因。经调查分析,发现价格差异产生的原因是供应部门采购了档位稍低一些的 A0010 材料,从而降低了材料的价格;而生产车间则为用量差异负责,分析发现之所以 A0010 材料实际消耗量大于标准消耗量,是因为材料品质降低导致,因此,生产车间不需要为此浪费负太大的责任。总体来说,在不影响产品质量的前提下,总成本有所降低应归功于供应部门,因而给予供应部门适当的奖励,并鼓励供应部门继续努力寻找降低材料价格的途径,同时可以将单价标准适当降低,以利于下一阶段的比较分析。此外,还应鼓励生产车间尽量改善生产工艺,以节约材料用量成本。

接下来,在制定直接人工、能源及制造费用的标准成本时,根据各项成本构成要素进行。直接人工标准成本由标准工时及标准工资率构成,能源标准成本由标准单价及标准用量构成,而制造费用分为变动制造费用与固定制造费用分别制定标准成本。通过一系列标准成本的制定,宏运公司努力寻求各种降低产品成本的渠道,并取得了显著的成效,产品成本降低了,利润增加了,标准成本制度的成功实施使宏运公司找到了生存和发展的转机,产品不仅再次占领疆内市场,并逐步向外挺进。

请问一个企业应该如何制定标准成本?

——本案例参考百科知识,见网址 http://www.guayunfan.com/baike/902964.html

第十一章

责任中心

 **教学目标**

本章重点阐述责任中心的概念、不同责任中心的责任会计及特点以及内部转移价格等内容。学生通过学习能够了解责任会计的概念,重点掌握责任中心的种类、特征和考核指标,掌握责任会计的内容,熟悉内部转移价格的类型、制定方法和适用范围,并掌握责任中心在绩效管理中的应用。

第一节 组织结构与责任会计

一、 责任会计与责任中心

(一) 责任会计

责任会计(responsibility accounting)是现代管理会计的一个重要分支,是指为适应企业内部经济责任制的要求,对企业内部各责任中心的经济业务进行规划与控制,以实现业绩考核与评价的一种内部会计控制制度。责任会计主要通过对责任中心的经济业务进行规划与控制,从而实现对企业内部各责任单位的业绩考核与评价。

(二) 责任中心

1. 责任中心的含义

责任中心(responsibility center),是指承担一定经济责任,并拥有相应管理权限,享有相应利益的企业内部责任单位的统称。责任中心是责任会计核算的主体,科学地划分不同责任层次,建立分工明确、相互关系协调的责任中心体系是推行责任会计制度,确保其有效运作的前提。

2. 责任中心的特征

(1) 与企业总体管理相协调、与其管理职能相适应的经营决策权,使其能在最恰当的时刻对企业遇到的问题做出最恰当的决策。

(2) 与其经营权相适应的经济责任。

(3) 与责任相配套的利益机制,以使管理人员的个人权益与其管理业绩联系起来,从而调动全体管理人员和职工的工作热情和责任性。

(4) 各责任中心的局部利益必须与企业整体利益相一致,不能为了各责任中心的局部利益而影响企业的整体利益。

3. 责任中心的类型

根据企业内部责任单位的权责范围及业务活动的特点不同,可以将企业内部的责任中心划分为成本中心、利润中心和投资中心。

二、 企业的集权与分权

(一) 集权

集权是把企业经营管理权限较多集中在企业上层的一种组织形式。

其优点如下:

(1) 便于提高决策效率,对市场做出迅速反应。

(2) 容易实现目标的一致性。

(3) 可以避免重复和资源浪费。

其缺点是容易形成对高层管理者的个人崇拜,形成独裁,导致将来企业高管更替困难,影响企业长远发展。

(二) 分权

分权是把企业的经营管理权适当地分散在企业的中下层的一种组织形式。

其优点如下:

(1) 可以让高层管理者将主要精力集中于重要事务。

(2) 权力下放,可以充分发挥下属的积极性和主动性,增加下属的工作满足感,便于发现和培养人才。

(3) 下属拥有一定的决策权,可以减少不必要的上下级沟通,并可以对下属权限内的事情迅速做出反应。

其缺点是可能产生与企业整体目标不一致的委托-代理问题。

三、 企业组织结构

企业组织结构与其责任会计系统存在密切的关系,理想的责任会计系统应反映并支撑企业组织结构。

(一) 科层组织结构

1. 科层组织结构的管理结构

科层组织结构具体如表 11-1 所示。

表 11-1　　　　　　　　　　　　　　科层组织结构表

管理结构的类型	对应的管理人员	地位
直线指挥机构(如总部、分部、车间、工段和班组等)	直线人员(如总经理、分部经理、车间主任、工段长和班组长等)	主体
参谋职能机构(如研究开发部、人力资源部、财务部、营销部及售后服务部等)	参谋人员(如人力资源部部长、财务部部长、营销部部长等)	辅助

一般企业生产经营的决策权力主要集中在最高层的直线领导手中。

2. 科层组织结构的优缺点

1) 优点

(1) 各职能部门目标明确,部门主管容易控制和规划。

(2) 同类专业的员工一起共事,易于相互学习,增长技能。

(3) 内部资源较为集中,由同一部门员工分享,可减少不必要的重复和浪费。

2) 缺点

(1) 整个企业对外在环境的反应会比较迟钝。

(2) 只看到本部门的目标和利益,缺乏整体意识和创新精神。

(二) 事业部制组织结构

1. 含义

事业部制是一种分权的组织结构。在这种组织结构中,它把分权管理与独立核算结合在一起,在总公司统一领导下,按照产品、地区或者市场(客户)来划分经营单位(即事业部)。

2. 事业部制的特点

(1) 在总公司之下,企业按照产品类别、地区类别或者顾客类别设置生产经营事业部。

(2) 每个事业部设置各自的执行总经理,每位执行总经理都有权进行采购、生产和销售,对其事业部的生产经营,包括收入、成本和利润的实现负全部责任。

(3) 总公司在重大问题上集中决策,各个事业部独立经营、独立核算、自负盈亏,是一个利润中心。

(4) 各个事业部的盈亏直接影响总公司的盈亏,总公司的利润是各个事业部利润之和,总公司对各个事业部下达利润指标,各个事业部必须保证实现总公司下达的利润指标。

(三) 网络组织结构

网络组织结构是一个由众多独立的创新经营单位组成的彼此有紧密联系的网络。其主要特点如下:

(1) 分散性。它不是几个或几十个大的战略经营单位的结合,而是由为数众多的小规模经营单位构成的企业联合体,这些经营单位具有很大的独立性。

(2) 创新性。最高管理层的权力主要集中在驱动创新过程,创新活动已由过去少数高层管理人员推动转变为企业基层人员的重要职责。

(3) 高效性。行政管理和辅助职能部门被精简。基层企业可以自主地根据具体的市场情况组织生产经营活动,快速地对市场做出反应。

(4) 协作性。独立的小规模经营单位的资源是有限的,在生产经营中必须大量依赖与其他单位的广泛合作。

第二节 不同类型责任中心的责任会计及其主要特点

一、成本中心

(一) 成本中心的含义

成本中心(cost center),是指只对其成本或费用承担责任的责任中心。成本中心只对成本或者费用负责,不对收入、利润或者投资负责。企业的成本中心一般包括生产部门或后台提供服务的部门。

成本中心是企业最基础的责任中心,任何与成本有关的组织或者个人都可以成为成本中心。因此,成本中心的规模有较大差异,各个小的成本中心可以组成一个较大的成本中心,各个较大的成本中心又共同构成一个更大的成本中心,最终形成一个多层级的成本中心。

(二) 成本中心的特征

1. 成本中心只考评成本费用而不考评收益

企业的成本中心一般包括生产部门和服务部门,该部门不具有经营权和销售权,也不会形成真正意义上的货币收入。因此,企业对成本中心只衡量投入,而不衡量产出,这是成本中心最基本的特点。

2. 成本中心只对可控成本承担责任

成本按其责任主体对成本的控制权,将成本分为可控成本和不可控成本。可控成本必须同时具备三个条件:一是可预见性,可预见性是指责任主体可以预见该成本的发生;二是可计量性,可控成本的发生额必须是可计量的;三是可调控性,责任主体能够调节控制可控成本的发生额。不同时具备以上三个条件的成本都被称为不可控成本,责任主体不对其成本耗费负责。成本的可控性受到责任中心层次高低以及特定时间环境的影响。第一,成本的可控性与责任中心的权利层次有关。比如,某些成本对于较高层级的责任中心是可控的,但是对于其下属的较低层级的责任中心而言,可能是不可控的,因此,我们在定义可控成本时,首先要确定责任中心的层级。第二,从时间上来看,某些成本从短期来看是不可控的,但是从长期来看又是可控的。比如,生产设备的折旧,在短期内折旧费用是不可控的,但是当现有设备不能继续使用,需要新的设备来替换时,那么是否发生新设备的折旧费又成为可控成本。一般来说,成本中心的变动成本大多是可控成本,而固定成本大多是不可控成本;直接成本大多是可控成本,间接成本大多是不可控成本,因此,在实际生产过程中对于可控成本的定义要根据场景的不同进行调整。

3. 成本中心只对责任成本进行考核和控制

责任成本是成本中心当期确定或发生的各项可控成本之和。责任成本与产品成本是有所区别的。具体表现在:第一,成本计算的对象不同。责任成本是以责任中心为对象归集和分配生产费用,而产品成本则是以产品为对象归集和分配生产费用。第二,成本计算的原则不同。责任成本是按责任中心归类,谁负责,算在谁的账上,而产品成本是按客体归类的,谁受益,谁承担。然后,成本计算的内容不同。责任成本按照成本的可控性进行归类,只包括可控成本,不包括不可控成本,所以责任成本一般不是全部成本,而是某几个项目的成本,而产品成本则包括全部生产成本。第三,成本计算的目的不同。责任成本计算着重分清经济责任,考核责任中心业绩,向管理要效益,满足企业内部经营管理的需要,而产品成本计算则是考核产品成本计划的完成情况,为计算企业利润、为产品定价服务。

(三) 成本中心的分类

按照投入与产出之间的关系,成本中心可分为技术性成本中心和酌量性成本中心。

1. 技术性成本中心

技术性成本中心,又称为标准成本中心,是指通过技术分析可以相对可靠地估计出单位产品所需要投入量的责任中心,技术性成本中心的代表有制造业工厂、车间等。

2. 酌量性成本中心

酌量性成本中心,又称为费用中心,是指具体成本产出物不能用财务指标来衡量,或者投入与产出之间没有明显密切关系的成本中心,酌量性成本中心一般包括财务、人事等行政部门。

(四) 成本中心的考核

成本中心业绩考核的评价对象为责任主体的可控成本,即责任成本。因此,在成本中心的业绩评价过程中,应将可控成本实际发生额同预算额进行比较,并分析实际发生额与预算额产生差异的原因,进而对责任中心的工作成果进行评价。

企业一般通过责任成本的变动额和变动率两类指标,对成本中心进行考核评价,计算公式分别为:

$$责任成本变动额＝实际责任成本－预算责任成本$$
$$责任成本变动率＝(成本变动额÷预算责任成本)×100\%$$

【例 11-1】 某制造企业车间为成本中心,生产甲产品,预算产量 8 000 件,单位成本 50 元;实际产量 9 000 件,单位成本 45 元。分别计算该成本中心的责任成本变动额和责任成本变动率。

责任成本变动额＝实际责任成本－预算责任成本＝45×9 000－50×8 000＝5 000(元)

责任成本变动率＝(成本变动额÷预算责任成本)×100%＝(5 000÷45×9 000)×100%
＝－1.23%

根据对成本中心的考核,该成本中心的责任成本变动额为 5 000 元,责任成本变动率为1.23%。

(五) 管理层对成本中心的考核关注事项

在对成本中心进行考核时,管理者需要关注以下几点事项。

1. 成本转移

为提高成本中心的考核结果,成本中心责任主体会将可控成本转移为不可控成本以降低实际责任成本发生额,这种行为称作成本转移。但是从企业整体角度来看,成本转移对企业的长期整体利益不利。

2. 短期指标

对于成本中心的考核属于短期考核,因此,管理者为降低本期的责任成本发生额可能会牺牲未来的责任成本发生额,进而影响企业的长期发展。

3. 预算松弛

预算松弛指的是降低责任成本变动额,责任主体管理者会高估预算责任成本。预算松弛虽然可以降低责任主体管理者的风险,但是也增加了企业的决策难度。

二、 利润中心

(一) 利润中心的含义

利润中心(profit center),是指对利润负责的责任中心。利润是收入扣除成本费用的差额。因此,相较于成本中心只对成本负责,利润中心既要对成本负责,也要对收入负责。因此,利润中心适用于企业内部的较高层级,对企业内部产品或劳务生产经营决策有决定权的内部部门和有独立经营权的部门。

(二) 利润中心的特征

1. 独立性

利润中心对外虽无法人资格,但对内却是独立的经营个体,在产品售价、采购来源、人员管理及设备投资等,均享有高度的自主性。

2. 获利性

每一个利润中心都会有一张独立的损益表,并以其盈亏金额来评估其经营绩效。因此,每一个利润中心有一定收入与支出。非属对外的营业部门,就需要设定内部交易和服务的收入,以便计算其利润。

(三) 利润中心的分类

按照企业利润的来源,利润中心可分为自然利润中心和人为利润中心。

1. 自然利润中心

自然利润中心是指可以直接对外销售产品并取得收入的利润中心。这种利润中心本身直接面向市场,具有产品销售权、价格制定权、材料采购权和生产决策权。一般来说,一个完整的企业才能成为自然利润中心,如分厂等。

2. 人为利润中心

人为利润中心指在企业内部按照内部结算价格将产品或劳务提供给本企业其他责任中心取得收入,实现内部利润的利润中心。这类利润中心的产品主要在本企业内转移,一般不与外部市场发生业务上联系,它们只有少量对外销售,或者全部对外销售均由企业专设的销售机构完成,如各生产车间、运输队等。人为利润中心能够为成本中心相互提供产品或劳务规定一个适当的内部转移价格,使得这些成本中心可以"取得"收入进而评价其收益,因此,大多数成本中心总能转化为人为的利润中心。

(四) 利润中心的考核

对利润中心的考核主要是利润评价,但同时还要兼顾生产率和生产质量等非财务指标。

在对利润中心进行利润评价时,一般通过计算边际贡献、可控边际贡献、责任主体边际贡献和责任主体税前利润四个指标,计算公式为:

$$边际贡献=责任主体收入总额-责任主体变动成本总额$$

$$可控边际贡献=边际贡献-责任主体可控固定成本$$

$$责任主体边际贡献=可控边际贡献-责任主体不可控固定成本$$

$$责任主体税前利润=责任主体边际贡献-分摊的公司管理费用$$

利润中心定量绩效考核的方式为贡献收益表,以此来衡量利润中心的业绩。

【例 11-2】 某公司甲部门为利润中心,该利润中心的贡献收益表如表 11-1 所示。

表 11-1   甲部门的贡献收益表

单位: 元

项目	金额
销售收入	50 000
减: 变动成本总额	20 000
边际贡献	30 000
减: 责任主体可控固定成本	10 000
可控边际贡献	20 000
减: 责任主体不可控固定成本	5 000
责任主体边际贡献	15 000
减: 分摊的公司管理费用	6 000
责任主体税前利润	9 000

(1) 以边际贡献 30 000 元为甲部门的评价标准太过片面,因为基于边际贡献的考核方式并未包含所有可控成本。单纯依据边际贡献进行考核很可能会导致责任主体管理层操纵变动成本和固定成本边界。

(2) 以可控边际贡献 20 000 元为甲部门管理层的评价体系是最佳的,因为可控边际贡献考察了甲部门所有的可控成本,对部门经理有一定的激励和监督作用。

(3) 以责任主体边际贡献 15 000 元为甲部门整体绩效的考核是有效的,但是不适用于对甲部门管理层的考核。因为责任主体不可控成本对于部门管理层来说是不可控的,但是该部门反映了部门整体的资源占用情况。

(4) 责任主体税前利润 9 000 元不适合作为部门等责任主体的考核标准,因为管理费用超出了部分等责任主体的可控范围以及业务相关范围,容易挫伤责任主体的积极性。

三、投资中心

(一) 投资中心的含义

投资中心(investment center),是指既要对成本、利润负责,又要对投资效果负责的责任中心。它是比利润中心更高层次的责任中心。投资中心经常包含几个利润中心。除了对成本和利润享有决策权,还享有资本预算的决策权。投资中心与利润中心相比,其业绩考核还包括投资收益。

(二) 投资中心的特征

(1) 它是最高层次的责任中心,如事业部、子公司等,拥有最大的决策权,也承担最大的责任。

(2) 经理所拥有的自主权不仅包括制定价格、确定产品和生产方法等短期经营决策权(利润中心的权利),而且还包括投资规模和投资类型等投资决策权。

(三) 投资中心的考核

投资中心主要考核能集中反映利润与投资额之间关系的指标,包括投资报酬率、剩余收益和经济增加值。

1. 投资报酬率

投资报酬率(return on investment),是指通过投资而应返回的价值,企业从一项投资性商业活动的投资中得到的经济回报。它涵盖企业的获利目标。利润和投入的经营所必备的财产相关,因为管理人员必须通过投资和现有财产获得利润。投资报酬率也被称为投资的获利能力。它是全面评价投资中心各项经营活动、考评投资中心业绩的综合性质量指标。它既能揭示投资中心的销售利润水平,又能反映资产的使用效果。计算公式如下:

投资报酬率=利润÷资本=(利润÷销售额)×(销售额÷资本)=销售利润率×资产周转率

其中,利润为息税前利润;资本包括投资者投入的资本和借入的资本,它反映了企业的生产规模,通常由资产总额作为资本总额衡量标准。

投资报酬率的优点为:

(1) 它根据现有的会计资料进行计算,比较客观。

(2) 它可以用来评价部门业绩并提高其部门的投资报酬率,有助于提高整个企业的投资报酬率。

(3) 它还可以分为投资周转率和部门边际贡献率的乘积,并可以进一步分解为资产的明细项目和收支的明细项目等。但是部门经理会放弃高于资本成本而低于部门投资报酬率的机会,或者减少现有的投资报酬率较低但高于资金成本的某些资产,使部门的业绩获得较好评价,但这却会伤害企业整体的利益。

2. 剩余收益

剩余收益(residual income),是指投资中心所获得的营业利润,减去该中心占用的营业

资产(或投资额)按规定的最低报酬率计算的投资报酬(使用营业资产的机会成本)后的余额。计算公式为:

$$剩余收益＝营业利润－机会成本$$
$$＝营业利润－(营业资产×规定的最低报酬率)$$

剩余收益的优点为:

(1) 可以消除利用投资报酬率进行业绩评价所带来的错误信息,敦促公司管理当局重视对投资中心业绩的金额评价。

(2) 鼓励各个投资中心管理阶层接受有利的投资,使部门目标与公司整体目标趋于一致。

【例 11-3】 东方公司有一个投资中心,预计 2022 年部门营业利润为 480 万元,平均总资产为 2 500 万元,平均投资资本为 1 800 万元。投资中心要求的税后报酬率(假设等于加权平均资本成本)为 9％,适用的所得税税率为 25％。

目前还有一个投资项目现在正在考虑,该项目的平均投资资产为 500 万元,平均投资资本为 300 万元,预计可以获得部门营业利润 80 万元。

预计年初该投资中心要发生 100 万元的研究与开发费用,估计合理的受益期限为 4 年。没有其他的调整事项。

东方公司预计今年的平均投资资本为 2 400 万元,其中净负债 800 万元,权益资本 1 600万元;利息费用 80 万元,税后利润 240 万元;净负债成本(税后)为 8％,权益成本为 12.5％;平均所得税税率为 20％。

要求:

(1) 从投资报酬率和剩余收益的角度分别评价是否应该上这个投资项目。

(2) 说明剩余收益基础业绩评价的优缺点。

(1) ① 投资报酬率＝部门营业利润÷部门平均总资产×100％

如果不上这个项目,投资报酬率＝480÷2 500×100％＝19.2％;

如果上这个项目,投资报酬率＝(480＋80)÷(2 500＋500)×100％＝18.67％。

结论:不应该上这个项目。

② 剩余收益＝部门营业利润－部门平均总资产×要求的税前报酬率

如果不上这个项目,剩余收益＝480－2 500×9％÷(1－25％)＝180(万元);

如果上这个项目,剩余收益＝(480＋80)－(2 500＋500)×9％/(1－25％)＝200(万元)。

结论:应该上这个项目。

(2) 剩余收益基础业绩评价的优点:一是剩余收益着眼于公司的价值创造过程,二是有利于防止次优化。剩余收益基础业绩评价的缺点:一是不便于不同规模的公司和部门的业绩比较,二是依赖于会计数据的质量。

【阅读资料】 2021 年,嘉华公司因业务发展的需要,将原有的公司拆成三个子公司,并将财务下放到各子公司,林平也由原来的总公司归到了现在的嘉华电子公司,(嘉华电子公司是原嘉华公司的一个事业部,当时并没有独立的财务部,只有经营管理部),任财务部经负责报表分析和预算工作。这是一个很好的发展机会。"终于可独当一面了!"林平有些暗自庆幸。嘉华电子公司显然对他也很重视,公司老总亲自谈话,欢迎他加入电子公司,并谦逊地表示,电子公司没有财务上的经验,也没财务方面的专业人才,希望林平能带着所有原总公司财务部人员分到电子公司的建立一个运作良好的财务平台,为电子公司的二次创业提供决策信息保障。

财务部的职责是及时、准确地提供经营决策信息,具体地说,就是在保证核算准确的基础上,于每月 8 日出具报表,并做分析。这些在林平看来,可以使他在相关责权范围内,充分发挥其特长,并调动其部门人员的积极性,为公司服务。

现代企业的规模相当庞大,管理层次繁多,组织机构复杂,企业领导为了有管理这种庞大的经济组织,有必要将自己的一部分权限下放,以调动各级管理人员的积极性和主动性,于是纷纷实行分权管理。在分权管理体制下,就必须及时了解和考核各级、各部门的工作情况。责任会计正是为了解决这个问题而产生的。

第三节 内部转移价格

一、 内部转移价格的概念

内部转移价格是指企业内部各责任中心之间相互提供中间产品或劳务时进行结算的价格标准。内部转移价格采取"价格"的形式,使两个责任中心处于交易的"买、卖"双方,具有与外部市场价格相类似的作用,但内部转移价格与外部市场价格又有所区别。

内部转移价格所影响的买卖双方处于同一个企业之中。在其他条件不变的情况下,内部转移价格的变化会使买卖双方的收入或内部利润呈相反方向变化。在企业内部建立责任中心,合理确定内部结算价格,是实行责任会计的重要前提,也是利润中心得以存在和发挥功效的基础。

二、 内部转移价格的作用

制定内部转移价格有助于对企业责任中心的考核,具体作用体现在以下几个方面。

(一) 有助于明确划分责任中心的经济责任

明确责任中心的经济责任是实行责任会计的前提,而制定合理的内部转移价格是明确经济责任的重要手段。但是,内部结算价格制定得不合理会出现以下问题:①会导致卖方责任中心的过失或不良业绩直接转嫁给买方责任中心,从而使得将原本应由卖方责任中心承担的责任转嫁给了买方责任中心。②会导致买卖双方经常产生纠纷,如果高层过分干预,则违背了责任会计的初衷,并最终损害责任中心的经济利益。

(二) 有助于责任中心的业绩考核建立在客观可比的基础上

合理的内部转移价格,能够准确地计量和考核各责任中心责任预算的实际执行结果,恰当地衡量企业各责任中心的工作成绩,使各部门、各责任中心的工作成就和经营效果按照一个客观的标准进行统一的比较和综合的评价,使绩效考核工作得以顺利进行。

(三) 有助于制定正确的经营决策

通过制定和运用内部转移价格,可以把有关责任中心的经济责任、工作绩效加以数量化,使企业最高管理者和内部各业务职能部门的主管人员能根据企业未来一定时间的经营目标和有关的成本、收入、利润及资金情况,在分析比较的基础上,制定正确的经营决策,完成责任预算,实现预定目标。

(四) 有助于调动企业内部各部门的生产积极性

合理的内部转移价格,不但可以作为责任中心经济责任完成情况的客观标准,而且还可以发挥类似市场价格的辅助调节作用,在一定程度上调动责任中心主管人员和员工的积极性。

三、 内部转移价格的制定原则

当一种产品的最终完成需要在企业内部的多个责任中心之间进行转移,由多个责任中心共同的努力才能实现销售的话,那么即使仅有最终的产品才能为企业带来货币效益,实现的收益还是应该由这些中心共同分享。这时,内部转移价格的制定就成为企业内部的利益分配机制。为促使企业财务目标的实现,制定内部转移价格应遵循下列原则。

(一) 目标一致性原则

企业在制定内部转移价格过程中,应整体考虑企业全局利益和各责任中心的局部利益,并使之协调一致。如果内部转移价格制定不合理,可能损害企业的全局利益或挫伤各责任中心的积极性,在企业全局利益与各责任中心的局部利益发生冲突时,企业应从整体利益出发制定内部转移价格,以保证企业整体目标的实现。

(二) 公平性原则

企业制定出的内部转移价格,必须确保提供产品的责任中心和接受产品的责任中心双方均感到公平、合理,而不能使某些责任中心因内部转移价格上的缺陷而获得一些额外的收益,以致不能正确考评各责任中心的工作绩效,也就是说,根据内部转移价格确定出来的各责任中心的绩效应能够准确反映该中心对企业总体绩效所做的贡献。

(三) 科学性原则

这要求内部转移价格必须在较大程度上反映产品或劳务的实际劳动消耗水平,企业制定内部转移价格应该在广泛收集和认真整理相关资料的基础上,对各有关责任中心的成本费用开支状况进行科学的预计和分析,保证内部转移价格制定的科学性。同时,内部转移价格的制定,还应该有利于各责任中心科学决策。

四、 内部转移价格的类型

内部转移价格一般包括市场价格、以成本为基础的转移价格、协商价格和双重转移价格四种类型。

（一）市场价格

在存在完全竞争的市场条件下，一般采用市场价格。采用市场价格可以解决各部门间可能产生的冲突，生产部门有权选择其产品是内部转移还是卖给外部市场，而采购部门也有权自主决定。如果与市场价格偏离，将会使整个公司的利润下降。市场价格比较客观，能够体现责任会计的基本要求，但市场价格容易波动，在中国现阶段，信息处理能力较低，市场价格的准确性与可靠性易受影响，甚至有些产品无市场价格作为参考，市场价格作为内部转移价格存在很大的限制。

（二）以成本为基础的转移价格

成本转移是以产品或劳务的成本为基础而制定的内部转移价格。由于成本的概念不同，成本转移价格形式不同。其主要包括以变动成本为基础的转移价格和以完全成本为基础的转移价格。

1. 以变动成本为基础的转移价格——变动成本法

变动成本法是以变动成本作为内部转移价格的方法。这种转移价格要求"买方"准确地确定本中心有关产品的全部变动成本。在不能对机会成本进行准确衡量时，变动成本就是最有效的内部转移价格的选择，它反映了由于生产上一件产品而放弃的资源的价值。变动成本法确定的较低的价格使"买方"拥有从企业内部购买中间产品或劳务的激励，避免企业生产能力的闲置。它能够明确揭示成本与产量的关系，便于正确评价各责任中心的工作业绩，有利于各责任中心及时作出某些短期经营决策。同时，当中间产品或劳务存在外部竞争市场时，且"卖方"存在剩余生产能力时，变动成本可以比较真实地代表机会成本。当然，这种方法也存在一定的缺陷。

2. 以完全成本为基础的转移价格——完全成本法

这是以产品的完全成本为内部转移价格的方法。完全成本包括直接材料、直接人工、变动性制造费用和固定性制造费用。完全成本可划分为实际完全成本和标准完全成本，完全成本法也可以划分为实际完全成本法和标准完全成本法。采用完全成本法制定转移价格不一定会使公司利润最大化。然而它也有以下优点：

（1）这些成本信息可以从公司记录中找到，简便易行，降低了运用这一方面的成本。它消除了变动成本法中对变动成本与固定成本的重新划分所带来的不利影响，避免了无谓的"买方"与"卖方"之间的争论。

（2）它使"卖方"获得贡献毛益等于完全成本超过变动成本的差额，这会在一定程度上鼓励"卖方"进行内部交易。

（3）当企业的生产能力改变时带来的问题，完全成本法可更好地解决。

(三) 协商价格

所谓协商价格即供需双方以正常的市场价格为基础,本着公平、自愿的原则,通过"讨价还价"而协商达成的内部转移价格。一般来说,协商价格是一种准市场价格,它通常介于市场价格和成本价格之间,较正常市价稍低。如前所述,内部交易使卖方的管理费用和销售费用都可减少,当协商价格低于市价时,它的利益仍能得到保证。当转移价格不高于外部价格时,需求方同时也更加愿意在企业内部购买。一般情况下,它能够有利于企业整体利益最大化的实现。一旦对于能使利润实现最大化的产量的观点达成了一致,则转移价格就决定了总利润在"买方"与"卖方"之间的分配。协商转移价格同样存在一些缺点:①协商定价的过程耗时耗力,浪费双方责任中心管理者的大量时间和精力。过度的协商会影响管理人员的其他活动,在这种情况下,企业高层将会参与裁定,这样便弱化了分权管理的作用。②容易引起部门之间的矛盾冲突。

(四) 双重转移价格

双重转移价格,就是提供产品的责任中心转出产品与接受产品的责任中心转入产品,分别按照不同的内部结算价格结算,其差额由会计部门调整。例如,成本中心与利润中心之间相互提供产品,成本中心可以采用某种成本作为内部结算价格,利润中心则可以采用某种包括利润的内部结算价格计价。

【阅读资料】

避税天堂的快乐

英属维京群岛是避税天堂的代表。虽然只有 153 平方千米的面积,却汇集了近 40 万家公司在此注册。按照维京群岛的规定,任何个人或组织只要通过一家政府许可的中介机构(如律师事务所),一次性支付 1 700 美元的服务费,并通过该中介机构向当地政府缴纳 500 美元的服务费,再在当地的外资银行开设一个美元账户,就能通过该中介机构拿到公司注册的营业执照。营业执照一到手,该公司经营任何业务就都与当地政府无关了,而且当地政府不要求该公司在当地设立任何办事机构,也不需要企业年检、财务审计。可以说除了在那里挂个名,这个公司即便是去倒卖文物、偷运军火,当地政府也照样不闻不问。

目前,在维京群岛上注册的公司有两大类:一类是按 1885 年法律注册登记的居民公司,这类公司需要按照国家法律合理合法经营。另一类公司,是在 1984 年当地颁布《国际商务公司法》后建立的所谓的"离岸公司"。按该法令的规定,外国公司可以以离岸公司形式在岛上注册登记。注册登记后的国际商务公司办公地点和代理商名义上应该设立在岛上。公司不需要设立庞大的业务班子,只要业主或经理一个人挂名即可,纯粹是一个"信箱公司"。于是,很多国家的企业都来到这个被称作"避税天堂"的小岛安家,小岛内的企业以每月 200 家的速度递增。目前,在中国香港上市的 60 多家内地上市公司中,有 20 多家是在这个"避税天堂"注册的,如华晨中国(1114,HK)、神州数码(0861,HK)注册地是百慕大;TCL 国际(1070,HK)注册地是开曼。由于没有外汇管制、保密程度高、资金转移不受任何限制,"避税天堂"也成为国际洗钱活动最猖獗的地方,一度被指责成为国际犯罪分子洗钱的庇护所。它们正被"好景不长"的传闻困扰着。

2003年12月1日，英国对其属地开曼群岛发布了最后通牒，要求开曼遵守欧盟在2004年元旦生效的欧盟新《储蓄税收法》。这项新法律旨在打破银行账户保密制度，直接的矛头是指向瑞士，而开曼也被这支矛顺带刺中。

事实上，抛开洗钱这种刑事犯罪不说，通过离岸公司逃税也一直被各国所诟病。虽然有传统的中美洲加勒比海《国际商业公司法》这部国际法作为支撑，企业合理避税也情有可原，但由于这些避税地通常不与其他国家签订双重税收协定，导致很多国家资金外流和税收损失。

各国对避税地的认知也不尽相同，美国税务手册列举了30个避税地、德国列举了34个避税地、日本列举了39个、法国列举了47个。2000年6月，联合国经济合作与发展组织公布了"确定和消除有害税收活动进程"报告，列举了35个国家和地区为避税地，并提出了认定避税地的标准：对金融或其他服务所得不实行所得税或只有名义上的所得税，或将本地作为非居民逃避其居住国税收的场所；不能有效进行情报交换；缺乏透明度，如税收制度与税收征管不公平；有利于外国实体建立没有实质内容的经济活动组织。

2003年，维京群岛迫于国际压力已经修改了《国际商业公司法》。一是取消股票无记名制度；二是如果政府认为某个公司或账户涉嫌洗钱，当地最高法院发出搜查令后，离岸公司的资料必须公开。但专业人士分析说，这不过是迫于压力而摆出的一种姿态罢了，修改之处也十分高明：企业只需要改为发行记名股票就可以绕过托管规定，至于账户的信息公开是有条件的，而且由于司法效力的问题，在实践中很难操作，所以这种概率极低。

联合国经济合作与发展组织对在2000年报告中提出的35个避税地的有害税收竞争已经下了最后通牒：给上述避税地12个月的时间，让其决定是否与该组织合作，并在2005年年底之前取消有害税收制度。如果不与该组织合作，它们将受到国际社会的制裁。

——本案例参考百度文库，见网址 https://www.baidu.com/view/650b3a3e541810a6f524ccbff121dd36a32dc488.html

五、 内部结算方式

在责任会计制度下，企业内部各责任中心之间发生经济业务往来，除了要以内部转移价格作为计价标准进行计量，还必须按照一定的方式进行内部结算。按照内部结算采用的手段不同，企业内部结算方式通常包括以下几种。

(一) 内部支票结算方式

内部支票结算方式是指由付款一方签发内部支票通知内部银行从其账户中支付款项的内部结算方式。

该方式包括签发支票、收受支票和银行转账三个环节。签发支票就是指由付款一方根据有关原始凭证或业务活动证明签发内部支票交付收款一方；收受支票是指收款一方经过审核无误后接受付款一方的支票；银行转账就是指收款一方将支票送存内部银行办理收款转账。

内部支票一式三联：第一联为收款凭证，第二联为付款凭证，第三联为内部银行记账凭证。

内部支票结算方式主要适用于收、付款双方直接见面进行经济往来的业务结算,如车间到仓库领用材料、车间将完工产品交库等。采用这种方式可以使收付双方一手"钱"、一手"货",明确双方责任,避免由于产品质量、价格等原因在结算过程中发生纠纷,影响责任中心正常的资金周转。

(二) 转账通知单方式

转账通知单方式是由收款一方根据有关原始凭证或业务活动证明签发转账通知单,通知内部银行将转账通知单转给付款一方,让其付款的一种内部结算方式。

转账通知单一式三联:第一联为收款一方的收款凭证,第二联为付款一方的付款凭证,第三联为内部银行的记账凭证。

转账通知单方式适用于经常性的质量与价格较稳定的往来业务,如辅助车间向生产车间供气、供水、供电等业务,它手续简便,结算及时。但因转账通知单是单向发出指令,付款方若有异议,可能拒付,需要交涉。

(三) 内部货币结算方式

内部货币结算方式是使用内部银行发行的限于企业内部流通的货币(包括内部货币、资金本票、流通券、资金券等)进行内部往来结算的一种内部结算方式。这种结算方式是种典型的一手"钱"、一手"货"的结算方式。

内部货币结算方式比银行支票结算方式更为直观,可强化各责任中心的价值观念、核算观念、经济责任观念。但是,它也存在携带不便、清点麻烦、保管困难的问题。所以,一般情况下,小额零星往来业务以内部货币结算,大宗业务以内部银行支票结算。

上述各种结算方式都与企业的内部银行有关,下面简要介绍有关内部银行的相关知识。所谓内部银行是指将商业银行的基本职能与管理方法引入企业内部管理而建立的一种内部资金管理机构。它主要处理企业日常的往来结算和资金调拨、运筹,其设立的目的在于:强化企业的资金管理,更加明确各责任中心的经济责任,完善内部责任核算,节约资金使用,降低筹资成本。

内部银行的主要业务内容包括以下几个方面:

(1) 设立内部结算账户,即为企业内的每一个责任中心在内部银行开立账户。

(2) 发放内部贷款,就是内部银行根据财务部门核定的资金和费用定额及有关规定,对各责任中心所需的资金实行有偿贷放或全额贷款有偿使用,或只是超定额贷款有偿使用。

(3) 筹措资金,就是通过各种渠道,运用各种融资手段取得所需资金。

(4) 发行内部支票和货币等结算工具,是指内部银行根据企业实际需要印制发行各种结算凭据。

(5) 制定结算制度,进行内部控制,是指内部银行通过制定统一的内部结算方式、规定统一的结算程序和时间,使各责任中心的各种结算行为规范化。

(6) 建立信息反馈系统,是指内部银行定期或不定期地将企业资金流通状况以报表的形式反馈给责任中心和企业管理部门。

思考题

1. 不同责任中心的概念及其特征有哪些?
2. 不同责任中心的层级关系是如何体现的?
3. 投资回报率和剩余收益的优缺点有哪些?
4. 内部转移价格的方式有哪些? 内部结算方式有哪些?

案例分析

Technoco 案例

Ted Munsen 非常着急。他于 20 世纪 90 年代初创办了 Technoco 公司,该公司生产一种清洗装置,这种装置可以将工业烟囱造成的空气污染物除去。当时,该公司就由 Ted 和其他一些年轻的工程师组成,他们对装置的潜力非常兴奋。他们每周工作 7 天,每天工作 16 小时,要将理想转化现实。他们的辛勤工作有了回报,清洗装置很有用,并且效率很高。Technoco 公司的利润急剧攀升。多年来,Ted 和他的同事逐步收购了一些其他零散的从事污染清理工作公司,并在短短几年内,他的联合企业开始引人注目。如今,作为一家成熟公司的 CEO,Ted 面临着一些问题。他约见了 US 咨询公司项目经理 Steve Scully 来讨论这些问题。他们的谈话如下:

Ted:"Steve,看看这些预期的财务报表。我们的净收入几乎没怎么增长。我们的投资回报率实际上从去年起就下降了。区域经理应该合作的时候却为转移价格争吵不休,究竟发生了什么事? 我记得那时我们共有一个理想,我们不仅仅是为了自己工作,更是为了创造一个更好的世界。这听上去可能陈腐了些,但那种理想确实支撑我走过了一些相当黑暗的日子。"

Steve:"不要忘了黑暗的夜晚! 看,Ted,现在我们已经不再是新公司了,规模也变大了。对于一个拥有众多的分部的公司来说,要保持这种企业文化越来越难了。我几乎不认识我们一些新来的经理,更不能确信我们有同样的价值观。你能做什么呢? 我们只好接受不可避免的事实: 削减成本或什么的。我不知道,如果是通用电气或美国国际商用机器公司会怎么做呢?"

Ted:"我并不关心那些公司会怎么做——它们自己的问题够多了。我现在也不想认输。当然,我们可以制定一套奖励方案,让经理们的劲往一处使,让他们觉得这样做有劲头。我希望你能研究一下管理激励计划。看看别的公司怎么做的,可能也有其他公司面临这个问题而且已经解决了。两星期后我们再碰头讨论一下。"

两星期后。

Steve:"Ted,我可能找到了一个解决问题的方法。我跟我一个在 Thermo Electro 公司工作的朋友谈了这事。这个公司是做高技术设备的,比如说炸弹探测器和毒品检测仪,以及清洁被汽油污染的土壤的设备。它和我们公司很像,先是一个小公司,后来规模急速地扩大。它也曾面临怎样使企业精神充满活力的问题,所以它把公司的股票期权下放到经理们手里以激励他们,但是这似乎不管用。研发开支对公司长期的成功至关重要,但是却拖了盈利的后腿。不管怎么说,这家公司尝试着把整个公司进行拆分。首先,它出售了其中一个分部 Thermedies 16%的股权,该分部的管理人员购得了 3%的股份,这项举措实际上使他们成了承担风险的企业家,这个分部还因此筹集了 500 多万美元的资金。"

Ted:"到现在为止,一直都还不错,但投资回报怎么样呢? 其他的分部呢? 他们对 Thermedies 分部所得到的特殊待遇没有抱怨吗?"

Steve:"没有,因为其他的管理人员也有同样的机会。Thermo Electro 公司的其他分部也在相互竞争,也想成为能够进行资产分派的分部。现在有许多实行产权转让的公司了,包括 Thermo Fibertek(生产造纸和回收工业设备和产品的分部),Thermo Terra-Tech(工业外购和生产辅助部门),Thermo Lazer(弱激光脱毛部分的制造分部),以及 Thermo Cardiosystems(心脏辅助设备的开发分部)。每个分部都公开交易,并且拥有自己的股票代码。分部必须具备每年业务增长 30%的潜力,总公司才会考虑进行产权转让。Thermo Electro 每年的年投资回报率有 20%来自产权转让。"

Ted:"听上去很不错! 让我们看看这些分部的财务报表,看看能发现什么。也许我们可以把 Thermo Electro 公司的一些经验应用到我们公司来。"

——本案例参考百度文库,见网址 https://wenku.baidu.com/view/487f2cc3e309581b6bd97f19227916888486b933.html

思考:

1. Ted 作为一家拥有众多分部的大公司的 CEO,他面临着哪些在他还是一家小公司的负责人时不曾遇到的问题?

2. Steve 和 Ted 在公司建立初期有什么共同的价值观? 你认为现在的分部经理持有什么样的价值观? 以前的价值观和现在的价值观是否一样?

3. 管理价值观是怎样影响利润的? 这些价值观会影响利润吗?

4. 什么是管理激励方案? 你能想出一个或几个方案来帮助 Ted 和 Steve,使他们手下的管理人员按照他俩的思路去工作吗?

附　　录

附录1　复利终值系数表

期数	1%	2%	3%	4%	5%	6%	7%	8%	9%	10%
1	1.0100	1.0200	1.0300	1.0400	1.0500	1.0600	1.0700	1.0800	1.0900	1.1000
2	1.0201	1.0404	1.0609	1.0816	1.1025	1.1236	1.1449	1.1664	1.1881	1.2100
3	1.0303	1.0612	1.0927	1.1249	1.1576	1.1910	1.2250	1.2597	1.2950	1.3310
4	1.0406	1.0824	1.1255	1.1699	1.2155	1.2625	1.3108	1.3605	1.4116	1.4641
5	1.0510	1.1041	1.1593	1.2167	1.2763	1.3382	1.4026	1.4693	1.5386	1.6105
6	1.0615	1.1262	1.1941	1.2653	1.3401	1.4185	1.5007	1.5869	1.6771	1.7716
7	1.0721	1.1487	1.2299	1.3159	1.4071	1.5036	1.6058	1.7138	1.8280	1.9487
8	1.0829	1.1717	1.2668	1.3686	1.4775	1.5938	1.7182	1.8509	1.9926	2.1436
9	1.0937	1.1951	1.3048	1.4233	1.5513	1.6895	1.8385	1.9990	2.1719	2.3579
10	1.1046	1.2190	1.3439	1.4802	1.6289	1.7908	1.9672	2.1589	2.3674	2.5937
11	1.1157	1.2434	1.3842	1.5395	1.7103	1.8983	2.1049	2.3316	2.5804	2.8531
12	1.1268	1.2682	1.4258	1.6010	1.7959	2.0122	2.2522	2.5182	2.8127	3.1384
13	1.1381	1.2936	1.4685	1.6651	1.8856	2.1329	2.4098	2.7196	3.0658	3.4523
14	1.1495	1.3195	1.5126	1.7317	1.9799	2.2609	2.5785	2.9372	3.3417	3.7975
15	1.1610	1.3459	1.5580	1.8009	2.0789	2.3966	2.7590	3.1722	3.6425	4.1772
16	1.1726	1.3728	1.6047	1.8730	2.1829	2.5404	2.9522	3.4259	3.9703	4.5950
17	1.1843	1.4002	1.6528	1.9479	2.2920	2.6928	3.1588	3.7000	4.3276	5.0545
18	1.1961	1.4282	1.7024	2.0258	2.4066	2.8543	3.3799	3.9960	4.7171	5.5599
19	1.2081	1.4568	1.7535	2.1068	2.5270	3.0256	3.6165	4.3157	5.1417	6.1159
20	1.2202	1.4859	1.8061	2.1911	2.6533	3.2071	3.8697	4.6610	5.6044	6.7275
21	1.2324	1.5157	1.8603	2.2788	2.7860	3.3996	4.1406	5.0338	6.1088	7.4002
22	1.2447	1.5460	1.9161	2.3699	2.9253	3.6035	4.4304	5.4365	6.6586	8.1403
23	1.2572	1.5769	1.9736	2.4647	3.0715	3.8197	4.7405	5.8715	7.2579	8.9543
24	1.2697	1.6084	2.0328	2.5633	3.2251	4.0489	5.0724	6.3412	7.9111	9.8497
25	1.2824	1.6406	2.0938	2.6658	3.3864	4.2919	5.4274	6.8485	8.6231	10.8347
26	1.2953	1.6734	2.1566	2.7725	3.5557	4.5494	5.8074	7.3964	9.3992	11.9182
27	1.3082	1.7069	2.2213	2.8834	3.7335	4.8223	6.2139	7.9881	10.2451	13.1100
28	1.3213	1.7410	2.2879	2.9987	3.9201	5.1117	6.6488	8.6271	11.1671	14.4210
29	1.3345	1.7758	2.3566	3.1187	4.1161	5.4184	7.1143	9.3173	12.1722	15.8631
30	1.3478	1.8114	2.4273	3.2434	4.3219	5.7435	7.6123	10.0627	13.2677	17.4494

（续表）

期数	11%	12%	13%	14%	15%	16%	17%	18%	19%	20%
1	1.1100	1.1200	1.1300	1.1400	1.1500	1.1600	1.1700	1.1800	1.1900	1.2000
2	1.2321	1.2544	1.2769	1.2996	1.3225	1.3456	1.3689	1.3924	1.4161	1.4400
3	1.3676	1.4049	1.4429	1.4815	1.5209	1.5609	1.6016	1.6430	1.6852	1.7280
4	1.5181	1.5735	1.6305	1.6890	1.7490	1.8106	1.8739	1.9388	2.0053	2.0736
5	1.6851	1.7623	1.8424	1.9254	2.0114	2.1003	2.1924	2.2878	2.3864	2.4883
6	1.8704	1.9738	2.0820	2.1950	2.3131	2.4364	2.5652	2.6996	2.8398	2.9860
7	2.0762	2.2107	2.3526	2.5023	2.6600	2.8262	3.0012	3.1855	3.3793	3.5832
8	2.3045	2.4760	2.6584	2.8526	3.0590	3.2784	3.5115	3.7589	4.0214	4.2998
9	2.5580	2.7731	3.0040	3.2519	3.5179	3.8030	4.1084	4.4355	4.7854	5.1598
10	2.8394	3.1058	3.3946	3.7072	4.0456	4.4114	4.8068	5.2338	5.6947	6.1917
11	3.1518	3.4786	3.8359	4.2262	4.6524	5.1173	5.6240	6.1759	6.7767	7.4301
12	3.4985	3.8960	4.3345	4.8179	5.3503	5.9360	6.5801	7.2876	8.0642	8.9161
13	3.8833	4.3635	4.8980	5.4924	6.1528	6.8858	7.6987	8.5994	9.5964	10.6993
14	4.3104	4.8871	5.5348	6.2613	7.0757	7.9875	9.0075	10.1472	11.4198	12.8392
15	4.7846	5.4736	6.2543	7.1379	8.1371	9.2655	10.5387	11.9737	13.5895	15.4070
16	5.3109	6.1304	7.0673	8.1372	9.3576	10.7480	12.3303	14.1290	16.1715	18.4884
17	5.8951	6.8660	7.9861	9.2765	10.7613	12.4677	14.4265	16.6722	19.2441	22.1861
18	6.5436	7.6900	9.0243	10.5752	12.3755	14.4625	16.8790	19.6733	22.9005	26.6233
19	7.2633	8.6128	10.1974	12.0557	14.2318	16.7765	19.7484	23.2144	27.2516	31.9480
20	8.0623	9.6463	11.5231	13.7435	16.3665	19.4608	23.1056	27.3930	32.4294	38.3376
21	8.9492	10.8038	13.0211	15.6676	18.8215	22.5745	27.0336	32.3238	38.5910	46.0051
22	9.9336	12.1003	14.7138	17.8610	21.6447	26.1864	31.6293	38.1421	45.9233	55.2061
23	11.026	13.5523	16.6266	20.3616	24.8915	30.3762	37.0062	45.0076	54.6487	66.2474
24	12.239	15.1786	18.7881	23.2122	28.6252	35.2364	43.2973	53.1090	65.0320	79.4968
25	13.586	17.0001	21.2305	26.4619	32.9190	40.8742	50.6578	62.6686	77.3881	95.3962
26	15.0799	19.0401	23.9905	30.1666	37.8568	47.4141	59.2697	73.9490	92.0918	114.4755
27	16.7387	21.3249	27.1093	34.3899	43.5353	55.0004	69.3455	87.2598	109.5893	137.3706
28	18.5799	23.8839	30.6335	39.2045	50.0656	63.8004	81.1342	102.9666	130.4112	164.8447
29	20.6237	26.7499	34.6158	44.6931	57.5755	74.0085	94.9271	121.5005	155.1893	197.8136
30	22.8923	29.9599	39.1159	50.9502	66.2118	85.8499	111.0647	143.3706	184.6753	237.3763

（续表）

期数	21%	22%	23%	24%	25%	26%	27%	28%	29%	30%
1	1.2100	1.2200	1.2300	1.2400	1.2500	1.2600	1.2700	1.2800	1.2900	1.3000
2	1.4641	1.4884	1.5129	1.5376	1.5625	1.5876	1.6129	1.6384	1.6641	1.6900
3	1.7716	1.8158	1.8609	1.9066	1.9531	2.0004	2.0484	2.0972	2.1467	2.1970
4	2.1436	2.2153	2.2889	2.3642	2.4414	2.5205	2.6014	2.6844	2.7692	2.8561
5	2.5937	2.7027	2.8153	2.9316	3.0518	3.1758	3.3038	3.4360	3.5723	3.7129
6	3.1384	3.2973	3.4628	3.6352	3.8147	4.0015	4.1959	4.3980	4.6083	4.8268
7	3.7975	4.0227	4.2593	4.5077	4.7684	5.0419	5.3288	5.6295	5.9447	6.2749
8	4.5950	4.9077	5.2389	5.5895	5.9605	6.3528	6.7675	7.2058	7.6686	8.1573
9	5.5599	5.9874	6.4439	6.9310	7.4506	8.0045	8.5948	9.2234	9.8925	10.6045
10	6.7275	7.3046	7.9259	8.5944	9.3132	10.0857	10.9153	11.8059	12.7614	13.7858
11	8.1403	8.9117	9.7489	10.6571	11.6415	12.7080	13.8625	15.1116	16.4622	17.9216
12	9.8497	10.8722	11.9912	13.2148	14.5519	16.0120	17.6053	19.3428	21.2362	23.2981
13	11.9182	13.2641	14.7491	16.3863	18.1899	20.1752	22.3588	24.7588	27.3947	30.2875
14	14.4210	16.1822	18.1414	20.3191	22.7374	25.4207	28.3957	31.6913	35.3391	39.3738
15	17.4494	19.7423	22.3140	25.1956	28.4217	32.0301	36.0625	40.5648	45.5875	51.1859
16	21.1138	24.0856	27.4462	31.2426	35.5271	40.3579	45.7994	51.9230	58.8079	66.5417
17	25.5477	29.3844	33.7588	38.7408	44.4089	50.8510	58.1652	66.4614	75.8621	86.5042
18	30.9127	35.8490	41.5233	48.0386	55.5112	64.0722	73.8698	85.0706	97.8622	112.4554
19	37.4043	43.7358	51.0737	59.5679	69.3889	80.7310	93.8147	108.8904	126.2422	146.1920
20	45.2593	53.3576	62.8206	73.8641	86.7362	101.7211	119.1446	139.3797	162.8524	190.0496
21	54.7637	65.0963	77.2694	91.5915	108.420	128.1685	151.3137	178.4060	210.0796	247.0645
22	66.2641	79.4175	95.0413	113.573	135.525	161.4924	192.1683	228.3596	271.0027	321.1839
23	80.1795	96.8894	116.900	140.831	169.406	203.4804	244.0538	292.3003	349.5935	417.5391
24	97.0172	118.205	143.788	174.630	211.758	256.3853	309.9483	374.1444	450.9756	542.8008
25	117.390	144.210	176.859	216.542	264.68	323.0454	393.6344	478.9049	581.7585	705.6410
26	142.042	175.936	217.536	268.512	330.872	407.0373	499.9157	612.9982	750.4685	917.3333
27	171.871	214.642	267.570	332.955	413.590	512.8670	634.8929	784.6377	968.1044	1 192.533
28	207.965	261.863	329.111	412.864	516.987	646.2124	806.3140	1 004.336	1 248.8546	1 550.293
29	251.637	319.473	404.807	511.951	646.234	814.2276	1 024.0187	1 285.550	1 611.0225	2 015.381
30	304.481	389.757	497.912	634.819	807.793	1 025.926	1 300.5038	1 645.504	2 078.2190	2 619.995

附录2 复利现值系数表

期数	1%	2%	3%	4%	5%	6%	7%	8%	9%	10%
1	0.9901	0.9804	0.9709	0.9615	0.9524	0.9434	0.9346	0.9259	0.9174	0.9091
2	0.9803	0.9612	0.9426	0.9246	0.9070	0.8900	0.8734	0.8573	0.8417	0.8264
3	0.9706	0.9423	0.9151	0.8890	0.8638	0.8396	0.8163	0.7938	0.7722	0.7513
4	0.9610	0.9238	0.8885	0.8548	0.8227	0.7921	0.7629	0.7350	0.7084	0.6830
5	0.9515	0.9057	0.8626	0.8219	0.7835	0.7473	0.7130	0.6806	0.6499	0.6209
6	0.9420	0.8880	0.8375	0.7903	0.7462	0.7050	0.6663	0.6302	0.5963	0.5645
7	0.9327	0.8706	0.8131	0.7599	0.7107	0.6651	0.6227	0.5835	0.5470	0.5132
8	0.9235	0.8535	0.7894	0.7307	0.6768	0.6274	0.5820	0.5403	0.5019	0.4665
9	0.9143	0.8368	0.7664	0.7026	0.6446	0.5919	0.5439	0.5002	0.4604	0.4241
10	0.9053	0.8203	0.7441	0.6756	0.6139	0.5584	0.5083	0.4632	0.4224	0.3855
11	0.8963	0.8043	0.7224	0.6496	0.5847	0.5268	0.4751	0.4289	0.3875	0.3505
12	0.8874	0.7885	0.7014	0.6246	0.5568	0.4970	0.4440	0.3971	0.3555	0.3186
13	0.8787	0.7730	0.6810	0.6006	0.5303	0.4688	0.4150	0.3677	0.3262	0.2897
14	0.8700	0.7579	0.6611	0.5775	0.5051	0.4423	0.3878	0.3405	0.2992	0.2633
15	0.8613	0.7430	0.6419	0.5553	0.4810	0.4173	0.3624	0.3152	0.2745	0.2394
16	0.8528	0.7284	0.6232	0.5339	0.4581	0.3936	0.3387	0.2919	0.2519	0.2176
17	0.8444	0.7142	0.6050	0.5134	0.4363	0.3714	0.3166	0.2703	0.2311	0.1978
18	0.8360	0.7002	0.5874	0.4936	0.4155	0.3503	0.2959	0.2502	0.2120	0.1799
19	0.8277	0.6864	0.5703	0.4746	0.3957	0.3305	0.2765	0.2317	0.1945	0.1635
20	0.8195	0.6730	0.5537	0.4564	0.3769	0.3118	0.2584	0.2145	0.1784	0.1486
21	0.8114	0.6598	0.5375	0.4388	0.3589	0.2942	0.2415	0.1987	0.1637	0.1351
22	0.8034	0.6468	0.5219	0.4220	0.3418	0.2775	0.2257	0.1839	0.1502	0.1228
23	0.7954	0.6342	0.5067	0.4057	0.3256	0.2618	0.2109	0.1703	0.1378	0.1117
24	0.7876	0.6217	0.4919	0.3901	0.3101	0.2470	0.1971	0.1577	0.1264	0.1015
25	0.7798	0.6095	0.4776	0.3751	0.2953	0.2330	0.1842	0.1460	0.1160	0.0923
26	0.7720	0.5976	0.4637	0.3607	0.2812	0.2198	0.1722	0.1352	0.1064	0.0839
27	0.7644	0.5859	0.4502	0.3468	0.2678	0.2074	0.1609	0.1252	0.0976	0.0763
28	0.7568	0.5744	0.4371	0.3335	0.2551	0.1956	0.1504	0.1159	0.0895	0.0693
29	0.7493	0.5631	0.4243	0.3207	0.2429	0.1846	0.1406	0.1073	0.0822	0.0630
30	0.7419	0.5521	0.4120	0.3083	0.2314	0.1741	0.1314	0.0994	0.0754	0.0573

（续表）

期数	11%	12%	13%	14%	15%	16%	17%	18%	19%	20%
1	0.9009	0.8929	0.8850	0.8772	0.8696	0.8621	0.8547	0.8475	0.8403	0.8333
2	0.8116	0.7972	0.7831	0.7695	0.7561	0.7432	0.7305	0.7182	0.7062	0.6944
3	0.7312	0.7118	0.6931	0.6750	0.6575	0.6407	0.6244	0.6086	0.5934	0.5787
4	0.6587	0.6355	0.6133	0.5921	0.5718	0.5523	0.5337	0.5158	0.4987	0.4823
5	0.5935	0.5674	0.5428	0.5194	0.4972	0.4761	0.4561	0.4371	0.4190	0.4019
6	0.5346	0.5066	0.4803	0.4556	0.4323	0.4104	0.3898	0.3704	0.3521	0.3349
7	0.4817	0.4523	0.4251	0.3996	0.3759	0.3538	0.3332	0.3139	0.2959	0.2791
8	0.4339	0.4039	0.3762	0.3506	0.3269	0.3050	0.2848	0.2660	0.2487	0.2326
9	0.3909	0.3606	0.3329	0.3075	0.2843	0.2630	0.2434	0.2255	0.2090	0.1938
10	0.3522	0.3220	0.2946	0.2697	0.2472	0.2267	0.2080	0.1911	0.1756	0.1615
11	0.3173	0.2875	0.2607	0.2366	0.2149	0.1954	0.1778	0.1619	0.1476	0.1346
12	0.2858	0.2567	0.2307	0.2076	0.1869	0.1685	0.1520	0.1372	0.1240	0.1122
13	0.2575	0.2292	0.2042	0.1821	0.1625	0.1452	0.1299	0.1163	0.1042	0.0935
14	0.2320	0.2046	0.1807	0.1597	0.1413	0.1252	0.1110	0.0985	0.0876	0.0779
15	0.2090	0.1827	0.1599	0.1401	0.1229	0.1079	0.0949	0.0835	0.0736	0.0649
16	0.1883	0.1631	0.1415	0.1229	0.1069	0.0930	0.0811	0.0708	0.0618	0.0541
17	0.1696	0.1456	0.1252	0.1078	0.0929	0.0802	0.0693	0.0600	0.0520	0.0451
18	0.1528	0.1300	0.1108	0.0946	0.0808	0.0691	0.0592	0.0508	0.0437	0.0376
19	0.1377	0.1161	0.0981	0.0829	0.0703	0.0596	0.0506	0.0431	0.0367	0.0313
20	0.1240	0.1037	0.0868	0.0728	0.0611	0.0514	0.0433	0.0365	0.0308	0.0261
21	0.1117	0.0926	0.0768	0.0638	0.0531	0.0443	0.0370	0.0309	0.0259	0.0217
22	0.1007	0.0826	0.0680	0.0560	0.0462	0.0382	0.0316	0.0262	0.0218	0.0181
23	0.0907	0.0738	0.0601	0.0491	0.0402	0.0329	0.0270	0.0222	0.0183	0.0151
24	0.0817	0.0659	0.0532	0.0431	0.0349	0.0284	0.0231	0.0188	0.0154	0.0126
25	0.0736	0.0588	0.0471	0.0378	0.0304	0.0245	0.0197	0.0160	0.0129	0.0105
26	0.0663	0.0525	0.0417	0.0331	0.0264	0.0211	0.0169	0.0135	0.0109	0.0087
27	0.0597	0.0469	0.0369	0.0291	0.0230	0.0182	0.0144	0.0115	0.0091	0.0073
28	0.0538	0.0419	0.0326	0.0255	0.0200	0.0157	0.0123	0.0097	0.0077	0.0061
29	0.0485	0.0374	0.0289	0.0224	0.0174	0.0135	0.0105	0.0082	0.0064	0.0051
30	0.0437	0.0334	0.0256	0.0196	0.0151	0.0116	0.0090	0.0070	0.0054	0.0042

（续表）

期数	21%	22%	23%	24%	25%	26%	27%	28%	29%	30%
1	0.8264	0.8197	0.8130	0.8065	0.8000	0.7937	0.7874	0.7813	0.7752	0.7692
2	0.6830	0.6719	0.6610	0.6504	0.6400	0.6299	0.6200	0.6104	0.6009	0.5917
3	0.5645	0.5507	0.5374	0.5245	0.5120	0.4999	0.4882	0.4768	0.4658	0.4552
4	0.4665	0.4514	0.4369	0.4230	0.4096	0.3968	0.3844	0.3725	0.3611	0.3501
5	0.3855	0.3700	0.3552	0.3411	0.3277	0.3149	0.3027	0.2910	0.2799	0.2693
6	0.3186	0.3033	0.2888	0.2751	0.2621	0.2499	0.2383	0.2274	0.2170	0.2072
7	0.2633	0.2486	0.2348	0.2218	0.2097	0.1983	0.1877	0.1776	0.1682	0.1594
8	0.2176	0.2038	0.1909	0.1789	0.1678	0.1574	0.1478	0.1388	0.1304	0.1226
9	0.1799	0.1670	0.1552	0.1443	0.1342	0.1249	0.1164	0.1084	0.1011	0.0943
10	0.1486	0.1369	0.1262	0.1164	0.1074	0.0992	0.0916	0.0847	0.0784	0.0725
11	0.1228	0.1122	0.1026	0.0938	0.0859	0.0787	0.0721	0.0662	0.0607	0.0558
12	0.1015	0.0920	0.0834	0.0757	0.0687	0.0625	0.0568	0.0517	0.0471	0.0429
13	0.0839	0.0754	0.0678	0.0610	0.0550	0.0496	0.0447	0.0404	0.0365	0.0330
14	0.0693	0.0618	0.0551	0.0492	0.0440	0.0393	0.0352	0.0316	0.0283	0.0254
15	0.0573	0.0507	0.0448	0.0397	0.0352	0.0312	0.0277	0.0247	0.0219	0.0195
16	0.0474	0.0415	0.0364	0.0320	0.0281	0.0248	0.0218	0.0193	0.0170	0.0150
17	0.0391	0.0340	0.0296	0.0258	0.0225	0.0197	0.0172	0.0150	0.0132	0.0116
18	0.0323	0.0279	0.0241	0.0208	0.0180	0.0156	0.0135	0.0118	0.0102	0.0089
19	0.0267	0.0229	0.0196	0.0168	0.0144	0.0124	0.0107	0.0092	0.0079	0.0068
20	0.0221	0.0187	0.0159	0.0135	0.0115	0.0098	0.0084	0.0072	0.0061	0.0053
21	0.0183	0.0154	0.0129	0.0109	0.0092	0.0078	0.0066	0.0056	0.0048	0.0040
22	0.0151	0.0126	0.0105	0.0088	0.0074	0.0062	0.0052	0.0044	0.0037	0.0031
23	0.0125	0.0103	0.0086	0.0071	0.0059	0.0049	0.0041	0.0034	0.0029	0.0024
24	0.0103	0.0085	0.0070	0.0057	0.0047	0.0039	0.0032	0.0027	0.0022	0.0018
25	0.0085	0.0069	0.0057	0.0046	0.0038	0.0031	0.0025	0.0021	0.0017	0.0014
26	0.0070	0.0057	0.0046	0.0037	0.0030	0.0025	0.0020	0.0016	0.0013	0.0011
27	0.0058	0.0047	0.0037	0.0030	0.0024	0.0019	0.0016	0.0013	0.0010	0.0008
28	0.0048	0.0038	0.0030	0.0024	0.0019	0.0015	0.0012	0.0010	0.0008	0.0006
29	0.0040	0.0031	0.0025	0.0020	0.0015	0.0012	0.0010	0.0008	0.0006	0.0005
30	0.0033	0.0026	0.0020	0.0016	0.0012	0.0010	0.0008	0.0006	0.0005	0.0004

附录 3　年金终值系数表

期数	1%	2%	3%	4%	5%	6%	7%	8%	9%	10%
1	1.0000	1.0000	1.0000	1.0000	1.0000	1.0000	1.0000	1.0000	1.0000	1.0000
2	2.0100	2.0200	2.0300	2.0400	2.0500	2.0600	2.0700	2.0800	2.0900	2.1000
3	3.0301	3.0604	3.0909	3.1216	3.1525	3.1836	3.2149	3.2464	3.2781	3.3100
4	4.0604	4.1216	4.1836	4.2465	4.3101	4.3746	4.4399	4.5061	4.5731	4.6410
5	5.1010	5.2040	5.3091	5.4163	5.5256	5.6371	5.7507	5.8666	5.9847	6.1051
6	6.1520	6.3081	6.4684	6.6330	6.8019	6.9753	7.1533	7.3359	7.5233	7.7156
7	7.2135	7.4343	7.6625	7.8983	8.1420	8.3938	8.6540	8.9228	9.2004	9.4872
8	8.2857	8.5830	8.8923	9.2142	9.5491	9.8975	10.2598	10.6366	11.0285	11.4359
9	9.3685	9.7546	10.1591	10.5828	11.0266	11.4913	11.9780	12.4876	13.0210	13.5795
10	10.4622	10.9497	11.4639	12.0061	12.5779	13.1808	13.8164	14.4866	15.1929	15.9374
11	11.5668	12.1687	12.8078	13.4864	14.2068	14.9716	15.7836	16.6455	17.5603	18.5312
12	12.6825	13.4121	14.1920	15.0258	15.9171	16.8699	17.8885	18.9771	20.1407	21.3843
13	13.8093	14.6803	15.6178	16.6268	17.7130	18.8821	20.1406	21.4953	22.9534	24.5227
14	14.9474	15.9739	17.0863	18.2919	19.5986	21.0151	22.5505	24.2149	26.0192	27.9750
15	16.0969	17.2934	18.5989	20.0236	21.5786	23.2760	25.1290	27.1521	29.3609	31.7725
16	17.2579	18.6393	20.1569	21.8245	23.6575	25.6725	27.8881	30.3243	33.0034	35.9497
17	18.4304	20.0121	21.7616	23.6975	25.8404	28.2129	30.8402	33.7502	36.9737	40.5447
18	19.6147	21.4123	23.4144	25.6454	28.1324	30.9057	33.9990	37.4502	41.3013	45.5992
19	20.8109	22.8406	25.1169	27.6712	30.5390	33.7600	37.3790	41.4463	46.0185	51.1591
20	22.0190	24.2974	26.8704	29.7781	33.0660	36.7856	40.9955	45.7620	51.1601	57.2750
21	23.2392	25.7833	28.6765	31.9692	35.7193	39.9927	44.8652	50.4229	56.7645	64.0025
22	24.4716	27.2990	30.5368	34.2480	38.5052	43.3923	49.0057	55.4568	62.8733	71.4027
23	25.7163	28.8450	32.4529	36.6179	41.4305	46.9958	53.4361	60.8933	69.5319	79.5430
24	26.9735	30.4219	34.4265	39.0826	44.5020	50.8156	58.1767	66.7648	76.7898	88.4973
25	28.2432	32.0303	36.4593	41.6459	47.7271	54.8645	63.2490	73.1059	84.7009	98.3471
26	29.5256	33.6709	38.5530	44.3117	51.1135	59.1564	68.6765	79.9544	93.3240	109.1818
27	30.8209	35.3443	40.7096	47.0842	54.6691	63.7058	74.4838	87.3508	102.7231	121.0999
28	32.1291	37.0512	42.9309	49.9676	58.4026	68.5281	80.6977	95.3388	112.9682	134.2099
29	33.4504	38.7922	45.2189	52.9663	62.3227	73.6398	87.3465	103.9659	124.1354	148.6309
30	34.7849	40.5681	47.5754	56.0849	66.4388	79.0582	94.4608	113.2832	136.3075	164.4940

（续表）

期数	11%	12%	13%	14%	15%	16%	17%	18%	19%	20%
1	1.0000	1.0000	1.0000	1.0000	1.0000	1.0000	1.0000	1.0000	1.0000	1.0000
2	2.1100	2.1200	2.1300	2.1400	2.1500	2.1600	2.1700	2.1800	2.1900	2.2000
3	3.3421	3.3744	3.4069	3.4396	3.4725	3.5056	3.5389	3.5724	3.6061	3.6400
4	4.7097	4.7793	4.8498	4.9211	4.9934	5.0665	5.1405	5.2154	5.2913	5.3680
5	6.2278	6.3528	6.4803	6.6101	6.7424	6.8771	7.0144	7.1542	7.2966	7.4416
6	7.9129	8.1152	8.3227	8.5355	8.7537	8.9775	9.2068	9.4420	9.6830	9.9299
7	9.7833	10.0890	10.4047	10.7305	11.0668	11.4139	11.7720	12.1415	12.5227	12.9159
8	11.8594	12.2997	12.7573	13.2328	13.7268	14.2401	14.7733	15.3270	15.9020	16.4991
9	14.1640	14.7757	15.4157	16.0853	16.7858	17.5185	18.2847	19.0859	19.9234	20.7989
10	16.7220	17.5487	18.4197	19.3373	20.3037	21.3215	22.3931	23.5213	24.7089	25.9587
11	19.5614	20.6546	21.8143	23.0445	24.3493	25.7329	27.1999	28.7551	30.4035	32.1504
12	22.7132	24.1331	25.6502	27.2707	29.0017	30.8502	32.8239	34.9311	37.1802	39.5805
13	26.2116	28.0291	29.9847	32.0887	34.3519	36.7862	39.4040	42.2187	45.2445	48.4966
14	30.0949	32.3926	34.8827	37.5811	40.5047	43.6720	47.1027	50.8180	54.8409	59.1959
15	34.4054	37.2797	40.4175	43.8424	47.5804	51.6595	56.1101	60.9653	66.2607	72.0351
16	39.1899	42.7533	46.6717	50.9804	55.7175	60.9250	66.6488	72.9390	79.8502	87.4421
17	44.5008	48.8837	53.7391	59.1176	65.0751	71.6730	78.9792	87.0680	96.0218	105.9306
18	50.3959	55.7497	61.7251	68.3941	75.8364	84.1407	93.4056	103.7403	115.2659	128.1167
19	56.9395	63.4397	70.7494	78.9692	88.2118	98.6032	110.2846	123.4135	138.1664	154.7400
20	64.2028	72.0524	80.9468	91.0249	102.4436	115.3797	130.0329	146.6280	165.4180	186.6880
21	72.2651	81.6987	92.4699	104.7684	118.8101	134.8405	153.1385	174.0210	197.8474	225.0256
22	81.2143	92.5026	105.4910	120.4360	137.6316	157.4150	180.1721	206.3448	236.4385	271.0307
23	91.1479	104.6029	120.2048	138.2970	159.2764	183.6014	211.8013	244.4868	282.3618	326.2369
24	102.1742	118.1552	136.8315	158.6586	184.1678	213.9776	248.8076	289.4945	337.0105	392.4842
25	114.4133	133.3339	155.6196	181.8708	212.7930	249.2140	292.1049	342.6035	402.0425	471.9811
26	127.9988	150.3339	176.8501	208.3327	245.7120	290.0883	342.7627	405.2721	479.4306	567.3773
27	143.0786	169.3740	200.8406	238.4993	283.5688	337.5024	402.0323	479.2211	571.5224	681.8528
28	159.8173	190.6989	227.9499	272.8892	327.1041	392.5028	471.3778	566.4809	681.1116	819.2233
29	178.3972	214.5828	258.5834	312.0937	377.1697	456.3032	552.5121	669.4475	811.5228	984.0680
30	199.0209	241.3327	293.1992	356.7868	434.7451	530.3117	647.4391	790.9480	966.7122	1 181.8816

（续表）

期数	21%	22%	23%	24%	25%	26%	27%	28%	29%	30%
1	1.0000	1.0000	1.0000	1.0000	1.0000	1.0000	1.0000	1.0000	1.0000	1.0000
2	2.2100	2.2200	2.2300	2.2400	2.2500	2.2600	2.2700	2.2800	2.2900	2.3000
3	3.6741	3.7084	3.7429	3.7776	3.8125	3.8476	3.8829	3.9184	3.9541	3.9900
4	5.4457	5.5242	5.6038	5.6842	5.7656	5.8480	5.9313	6.0156	6.1008	6.1870
5	7.5892	7.7396	7.8926	8.0484	8.2070	8.3684	8.5327	8.6999	8.8700	9.0431
6	10.1830	10.4423	10.7079	10.9801	11.2588	11.5442	11.8366	12.1359	12.4423	12.7560
7	13.3214	13.7396	14.1708	14.6153	15.0735	15.5458	16.0324	16.5339	17.0506	17.5828
8	17.1189	17.7623	18.4300	19.1229	19.8419	20.5876	21.3612	22.1634	22.9953	23.8577
9	21.7139	22.6700	23.6690	24.7125	25.8023	26.9404	28.1287	29.3692	30.6639	32.0150
10	27.2738	28.6574	30.1128	31.6434	33.2529	34.9449	36.7235	38.5926	40.5564	42.6195
11	34.0013	35.9620	38.0388	40.2379	42.5661	45.0306	47.6388	50.3985	53.3178	56.4053
12	42.1416	44.8737	47.7877	50.8950	54.2077	57.7386	61.5013	65.5100	69.7800	74.3270
13	51.9913	55.7459	59.7788	64.1097	68.7596	73.7506	79.1066	84.8529	91.0161	97.6250
14	63.9095	69.0100	74.5280	80.4961	86.9495	93.9258	101.4654	109.6117	118.4108	127.9125
15	78.3305	85.1922	92.6694	100.8151	109.6868	119.3465	129.8611	141.3029	153.7500	167.2863
16	95.7799	104.9345	114.9834	126.0108	138.1085	151.3766	165.9236	181.8677	199.3374	218.4722
17	116.8937	129.0201	142.4295	157.2534	173.6357	191.7345	211.7230	233.7907	258.1453	285.0139
18	142.4413	158.4045	176.1883	195.9942	218.0446	242.5855	269.8882	300.2521	334.0074	371.5180
19	173.3540	194.2535	217.7116	244.0328	273.5558	306.6577	343.7580	385.3227	431.8696	483.9734
20	210.7584	237.9893	268.7853	303.6006	342.9447	387.3887	437.5726	494.2131	558.1118	630.1655
21	256.0176	291.3469	331.6059	377.4648	429.6809	489.1098	556.7173	633.5927	720.9642	820.2151
22	310.7813	356.4432	408.8753	469.0563	538.1011	617.2783	708.0309	811.9987	931.0438	1067.2796
23	377.0454	435.8607	503.9166	582.6298	673.6264	778.7707	900.1993	1040.3583	1202.0465	1388.4635
24	457.2249	532.7501	620.8174	723.4610	843.0329	982.2511	1144.2531	1332.6586	1551.6400	1806.0026
25	554.2422	650.9551	764.6054	898.0916	1054.7912	1238.6363	1454.2014	1706.8031	2002.6156	2348.8033
26	671.6330	795.1653	941.4647	1114.6336	1319.4890	1561.6818	1847.8358	2185.7079	2584.3741	3054.4443
27	813.6759	971.1016	1159.0016	1383.1457	1650.3612	1968.7191	2347.7515	2798.7061	3334.8426	3971.7776
28	985.5479	1185.7440	1426.5719	1716.1007	2063.9515	2481.5860	2982.6444	3583.3438	4302.9470	5164.3109
29	1193.5129	1447.6077	1755.6835	2128.9648	2580.9394	3127.7984	3788.9583	4587.6801	5551.8016	6714.6042
30	1445.1507	1767.0813	2160.4907	2640.9164	3227.1743	3942.0260	4812.9771	5873.2306	7162.8241	8729.9855

附录4　年金现值系数表

期数	1%	2%	3%	4%	5%	6%	7%	8%	9%	10%
1	0.9901	0.9804	0.9709	0.9615	0.9524	0.9434	0.9346	0.9259	0.9174	0.9091
2	1.9704	1.9416	1.9135	1.8861	1.8594	1.8334	1.8080	1.7833	1.7591	1.7355
3	2.9410	2.8839	2.8286	2.7751	2.7232	2.6730	2.6243	2.5771	2.5313	2.4869
4	3.9020	3.8077	3.7171	3.6299	3.5460	3.4651	3.3872	3.3121	3.2397	3.1699
5	4.8534	4.7135	4.5797	4.4518	4.3295	4.2124	4.1002	3.9927	3.8897	3.7908
6	5.7955	5.6014	5.4172	5.2421	5.0757	4.9173	4.7665	4.6229	4.4859	4.3553
7	6.7282	6.4720	6.2303	6.0021	5.7864	5.5824	5.3893	5.2064	5.0330	4.8684
8	7.6517	7.3255	7.0197	6.7327	6.4632	6.2098	5.9713	5.7466	5.5348	5.3349
9	8.5660	8.1622	7.7861	7.4353	7.1078	6.8017	6.5152	6.2469	5.9952	5.7590
10	9.4713	8.9826	8.5302	8.1109	7.7217	7.3601	7.0236	6.7101	6.4177	6.1446
11	10.3676	9.7868	9.2526	8.7605	8.3064	7.8869	7.4987	7.1390	6.8052	6.4951
12	11.2551	10.5753	9.9540	9.3851	8.8633	8.3838	7.9427	7.5361	7.1607	6.8137
13	12.1337	11.3484	10.6350	9.9856	9.3936	8.8527	8.3577	7.9038	7.4869	7.1034
14	13.0037	12.1062	11.2961	10.5631	9.8986	9.2950	8.7455	8.2442	7.7862	7.3667
15	13.8651	12.8493	11.9379	11.1184	10.3797	9.7122	9.1079	8.5595	8.0607	7.6061
16	14.7179	13.5777	12.5611	11.6523	10.8378	10.1059	9.4466	8.8514	8.3126	7.8237
17	15.5623	14.2919	13.1661	12.1657	11.2741	10.4773	9.7632	9.1216	8.5436	8.0216
18	16.3983	14.9920	13.7535	12.6593	11.6896	10.8276	10.0591	9.3719	8.7556	8.2014
19	17.2260	15.6785	14.3238	13.1339	12.0853	11.1581	10.3356	9.6036	8.9501	8.3649
20	18.0456	16.3514	14.8775	13.5903	12.4622	11.4699	10.5940	9.8181	9.1285	8.5136
21	18.8570	17.0112	15.4150	14.0292	12.8212	11.7641	10.8355	10.0168	9.2922	8.6487
22	19.6604	17.6580	15.9369	14.4511	13.1630	12.0416	11.0612	10.2007	9.4424	8.7715
23	20.4558	18.2922	16.4436	14.8568	13.4886	12.3034	11.2722	10.3711	9.5802	8.8832
24	21.2434	18.9139	16.9355	15.2470	13.7986	12.5504	11.4693	10.5288	9.7066	8.9847
25	22.0232	19.5235	17.4131	15.6221	14.0939	12.7834	11.6536	10.6748	9.8226	9.0770
26	22.7952	20.1210	17.8768	15.9828	14.3752	13.0032	11.8258	10.8100	9.9290	9.1609
27	23.5596	20.7069	18.3270	16.3296	14.6430	13.2105	11.9867	10.9352	10.0266	9.2372
28	24.3164	21.2813	18.7641	16.6631	14.8981	13.4062	12.1371	11.0511	10.1161	9.3066
29	25.0658	21.8444	19.1885	16.9837	15.1411	13.5907	12.2777	11.1584	10.1983	9.3696
30	25.8077	22.3965	19.6004	17.2920	15.3725	13.7648	12.4090	11.2578	10.2737	9.4269

（续表）

期数	11%	12%	13%	14%	15%	16%	17%	18%	19%	20%
1	0.9009	0.8929	0.8850	0.8772	0.8696	0.8621	0.8547	0.8475	0.8403	0.8333
2	1.7125	1.6901	1.6681	1.6467	1.6257	1.6052	1.5852	1.5656	1.5465	1.5278
3	2.4437	2.4018	2.3612	2.3216	2.2832	2.2459	2.2096	2.1743	2.1399	2.1065
4	3.1024	3.0373	2.9745	2.9137	2.8550	2.7982	2.7432	2.6901	2.6386	2.5887
5	3.6959	3.6048	3.5172	3.4331	3.3522	3.2743	3.1993	3.1272	3.0576	2.9906
6	4.2305	4.1114	3.9975	3.8887	3.7845	3.6847	3.5892	3.4976	3.4098	3.3255
7	4.7122	4.5638	4.4226	4.2883	4.1604	4.0386	3.9224	3.8115	3.7057	3.6046
8	5.1461	4.9676	4.7988	4.6389	4.4873	4.3436	4.2072	4.0776	3.9544	3.8372
9	5.5370	5.3282	5.1317	4.9464	4.7716	4.6065	4.4506	4.3030	4.1633	4.0310
10	5.8892	5.6502	5.4262	5.2161	5.0188	4.8332	4.6586	4.4941	4.3389	4.1925
11	6.2065	5.9377	5.6869	5.4527	5.2337	5.0286	4.8364	4.6560	4.4865	4.3271
12	6.4924	6.1944	5.9176	5.6603	5.4206	5.1971	4.9884	4.7932	4.6105	4.4392
13	6.7499	6.4235	6.1218	5.8424	5.5831	5.3423	5.1183	4.9095	4.7147	4.5327
14	6.9819	6.6282	6.3025	6.0021	5.7245	5.4675	5.2293	5.0081	4.8023	4.6106
15	7.1909	6.8109	6.4624	6.1422	5.8474	5.5755	5.3242	5.0916	4.8759	4.6755
16	7.3792	6.9740	6.6039	6.2651	5.9542	5.6685	5.4053	5.1624	4.9377	4.7296
17	7.5488	7.1196	6.7291	6.3729	6.0472	5.7487	5.4746	5.2223	4.9897	4.7746
18	7.7016	7.2497	6.8399	6.4674	6.1280	5.8178	5.5339	5.2732	5.0333	4.8122
19	7.8393	7.3658	6.9380	6.5504	6.1982	5.8775	5.5845	5.3162	5.0700	4.8435
20	7.9633	7.4694	7.0248	6.6231	6.2593	5.9288	5.6278	5.3527	5.1009	4.8696
21	8.0751	7.5620	7.1016	6.6870	6.3125	5.9731	5.6648	5.3837	5.1268	4.8913
22	8.1757	7.6446	7.1695	6.7429	6.3587	6.0113	5.6964	5.4099	5.1486	4.9094
23	8.2664	7.7184	7.2297	6.7921	6.3988	6.0442	5.7234	5.4321	5.1668	4.9245
24	8.3481	7.7843	7.2829	6.8351	6.4338	6.0726	5.7465	5.4509	5.1822	4.9371
25	8.4217	7.8431	7.3300	6.8729	6.4641	6.0971	5.7662	5.4669	5.1951	4.9476
26	8.4881	7.8957	7.3717	6.9061	6.4906	6.1182	5.7831	5.4804	5.2060	4.9563
27	8.5478	7.9426	7.4086	6.9352	6.5135	6.1364	5.7975	5.4919	5.2151	4.9636
28	8.6016	7.9844	7.4412	6.9607	6.5335	6.1520	5.8099	5.5016	5.2228	4.9697
29	8.6501	8.0218	7.4701	6.9830	6.5509	6.1656	5.8204	5.5098	5.2292	4.9747
30	8.6938	8.0552	7.4957	7.0027	6.5660	6.1772	5.8294	5.5168	5.2347	4.9789

（续表）

期数	21%	22%	23%	24%	25%	26%	27%	28%	29%	30%
1	0.8264	0.8197	0.8130	0.8065	0.8000	0.7937	0.7874	0.7813	0.7752	0.7692
2	1.5095	1.4915	1.4740	1.4568	1.4400	1.4235	1.4074	1.3916	1.3761	1.3609
3	2.0739	2.0422	2.0114	1.9813	1.9520	1.9234	1.8956	1.8684	1.8420	1.8161
4	2.5404	2.4936	2.4483	2.4043	2.3616	2.3202	2.2800	2.2410	2.2031	2.1662
5	2.9260	2.8636	2.8035	2.7454	2.6893	2.6351	2.5827	2.5320	2.4830	2.4356
6	3.2446	3.1669	3.0923	3.0205	2.9514	2.8850	2.8210	2.7594	2.7000	2.6427
7	3.5079	3.4155	3.3270	3.2423	3.1611	3.0833	3.0087	2.9370	2.8682	2.8021
8	3.7256	3.6193	3.5179	3.4212	3.3289	3.2407	3.1564	3.0758	2.9986	2.9247
9	3.9054	3.7863	3.6731	3.5655	3.4631	3.3657	3.2728	3.1842	3.0997	3.0190
10	4.0541	3.9232	3.7993	3.6819	3.5705	3.4648	3.3644	3.2689	3.1781	3.0915
11	4.1769	4.0354	3.9018	3.7757	3.6564	3.5435	3.4365	3.3351	3.2388	3.1473
12	4.2784	4.1274	3.9852	3.8514	3.7251	3.6059	3.4933	3.3868	3.2859	3.1903
13	4.3624	4.2028	4.0530	3.9124	3.7801	3.6555	3.5381	3.4272	3.3224	3.2233
14	4.4317	4.2646	4.1082	3.9616	3.8241	3.6949	3.5733	3.4587	3.3507	3.2487
15	4.4890	4.3152	4.1530	4.0013	3.8593	3.7261	3.6010	3.4834	3.3726	3.2682
16	4.5364	4.3567	4.1894	4.0333	3.8874	3.7509	3.6228	3.5026	3.3896	3.2832
17	4.5755	4.3908	4.2190	4.0591	3.9099	3.7705	3.6400	3.5177	3.4028	3.2948
18	4.6079	4.4187	4.2431	4.0799	3.9279	3.7861	3.6536	3.5294	3.4130	3.3037
19	4.6346	4.4415	4.2627	4.0967	3.9424	3.7985	3.6642	3.5386	3.4210	3.3105
20	4.6567	4.4603	4.2786	4.1103	3.9539	3.8083	3.6726	3.5458	3.4271	3.3158
21	4.6750	4.4756	4.2916	4.1212	3.9631	3.8161	3.6792	3.5514	3.4319	3.3198
22	4.6900	4.4882	4.3021	4.1300	3.9705	3.8223	3.6844	3.5558	3.4356	3.3230
23	4.7025	4.4985	4.3106	4.1371	3.9764	3.8273	3.6885	3.5592	3.4384	3.3254
24	4.7128	4.5070	4.3176	4.1428	3.9811	3.8312	3.6918	3.5619	3.4406	3.3272
25	4.7213	4.5139	4.3232	4.1474	3.9849	3.8342	3.6943	3.5640	3.4423	3.3286
26	4.7284	4.5196	4.3278	4.1511	3.9879	3.8367	3.6963	3.5656	3.4437	3.3297
27	4.7342	4.5243	4.3316	4.1542	3.9903	3.8387	3.6979	3.5669	3.4447	3.3305
28	4.7390	4.5281	4.3346	4.1566	3.9923	3.8402	3.6991	3.5679	3.4455	3.3312
29	4.7430	4.5312	4.3371	4.1585	3.9938	3.8414	3.7001	3.5687	3.4461	3.3317
30	4.7463	4.5338	4.3391	4.1601	3.9950	3.8424	3.7009	3.5693	3.4466	3.3321